U0165486

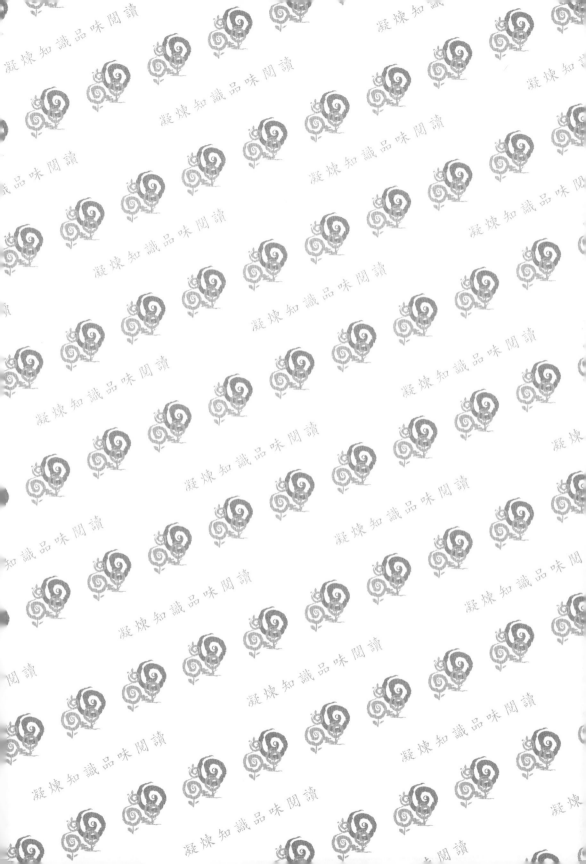

勞工法系列

勞工保護法
理論與實務

五南圖書出版公司 印行

楊通軒 著

自序

　　本書的寫作，主要是想把勞動保護的思想，從憲法及民法的角度，做一個較為全面性的整理。尤其是民法的概括條款與勞工保護的關聯密切，常為法院引為裁判的依據，其說明應具有實質的意義。而在個別法域上，本書以為應先檢視工作時間保護法制，建立工作時間法的體系，並且針對部分法院裁判見解加以評析。之後，屬於傳統技術性勞動保護法的職業安全衛生法，似有必要從法律面加以觀察與解釋。並且，將違反職業安全衛生法常肇致的職業災害，從各個法律的規定，其所可能涉及的學理問題，以及實務上的重要問題，一併予以檢討。本書所探討者，只是勞動保護的一小部分，也未必是最重要的議題，其他議題只能盼望來日再加臧否。

楊通軒

嘉義縣民雄鄉

國立中正大學勞工關係學系研究室

2019年5月12日

目錄

■ **第一章　總論（基礎理論／基本問題）** **1**

　　第一節　憲法中的勞工保護思想　　　　　　　　　　　1

　　第二節　勞工保護法於勞工法中之地位及內容　　　　13

■ **第二章　民法勞工保護的規範** **21**

　　第一節　勞工保護法於民法中之體／實現　　　　　　22

　　第二節　勞工保護法於損害填補制度中之地位　　　　54

■ **第三章　工作時間法** **101**

　　第一節　工作時間法之基本問題　　　　　　　　　　103

　　第二節　我國工作時間法制說明　　　　　　　　　　125

　　第三節　工作時間法之個別問題　　　　　　　　　　204

　　第四節　工作時間法與彈性化問題　　　　　　　　　243

■ **第四章　職業安全衛生法** **273**

　　第一節　基於雇主的保護照顧義務而來　　　　　　　274

　　第二節　職業安全衛生法之法律問題　　　　　　　　311

■ 第五章　職業災害救濟法 **335**

　　第一節　緒論　　　　　　　　　　　　　　336

　　第二節　職業災害的意義與成立要件　　　　338

　　第三節　多軌制的職業災害救濟制度　　　　362

　　第四節　通勤災害之救濟　　　　　　　　　414

■ 事項索引 **429**

第一章　總論（基礎理論／基本問題）

案例1

　　甲係一家從事石油及天然氣礦業（含販賣石油、天然氣）的國營事業，員工人數約一萬五千人。問：該事業單位內公務人員安全衛生之防護，是否適用職業安全衛生法之規定？為確保勞工的健康，其應依據何種法令採取何種保護措施？又，其應依據何種法令設置何種維護廠場安全的人事組織？最後，該公司如使用堆高機搬運物質，操作人員必須（依據何種法令）具備何種資格？

案例2

　　甲公司係一家虔誠信仰天主教的家族企業。在其與員工所簽訂的勞動契約中有一條文規定「本公司男女員工應盡心盡力於工作[1]，不得有戀愛之情形，一旦為公司查獲有此情形，員工即應在限定時間內結婚（所謂「結婚條款」）或同意自行離職。」A男B女陷入熱戀被甲公司A、B的上司C發現，但A、B拒絕在時限內結婚，也拒絕離職。問：此一規定有效否？

第一節　憲法中的勞工保護思想

　　所謂勞工保護，係指所有為保障被納入雇主的勞動組織或勞動場所

---

[1] 依據民法第972條、第973條、第980條規定，訂婚或結婚限於男女當事人。惟台灣在2016年底已經醞釀開始同性婚的立法行動，對於傳統婚姻及家庭制度恐將造成根本性的變革。影響所及，勞工法規及社會保險法規中與性別、婚姻（例如婚假）、家庭（例如育嬰假）有關的規定，恐將一併面臨修正的命運。

（或工作場所或作業場所[2]）中勞工之身體的及精神的不受傷害，所需採取的法規的、組織的、技術的及醫護上的措施。這也是在保障勞工在工作過程中，特定的人格權免於受到侵害（民法第192條、第195條參照）。

　　勞工保護法固然是勞工法中最古老、且最根深蒂固的一部分。但我國目前並無法定的勞工法律體系，故無一法典化的勞工法典。雖然勞政機關或學者專家編撰有勞工（動）法典，且有勞動保護法之分類，但畢竟只是參考專家學者的觀點及國內外的勞工法規體系，所成的法規輯要而已。因此，勞工保護法並非法定用語，學者間亦無對之做精確的定義。在學理上，一般係指所有藉由公法的行政強制（含監督與檢查）或刑事制裁的規定，以加諸於雇主（少數情況也包括勞工）履行保護勞工之義務的全部法規的總稱[3]。在此，主要是有為數眾多的技術性事項的勞動保護（包括廠場的安全衛生保護或危險防護）法規，規範身體安全健康的事項。與之相輔相成的，則是與勞動條件有關的社會福利事項的勞動保護（尤其是工作時間保護、精神壓力或疾病的防免）法規，其主要扮演健康保護的功能角色。除此之外，私法的一些強行規定，例如民法第483條之1及第487條之1，也具有勞工保護的效力[4]。倒是，為具體落實勞工保護的行政監督及程序性的法規，例如勞動檢查法，是否亦可視為勞工保護法？本書持肯定的見解，蓋其中亦不乏實體法規定（例如第26條）。

　　由上述法規觀之，其不僅具有防禦的性格（避免危險、傷害、霸凌[5]等），也有積極形成的性格（創造最符合人類的工作位置、安全衛生的勞動過程、勞動環境等）。

　　至於在建構勞工保護的理論與制度時，首應思考的是，憲法中有勞

2　職業安全衛生法施行細則第5條參照。

3　在我國，自營作業者〔解釋上包含電傳勞動者（Teleworker）、家庭代工者／家內勞動者（Heimarbeiter）、移動勞動者（Moblie worker）、家庭辦公室勞動者（Homeoffice worker）、群體勞工（Crowdworker）〕也在適用之列。請參閱職業安全衛生法第2條第1款、職業安全衛生法施行細則第2條第1項。

4　依理而言，民法第483條之1之保護效力，亦得類推適用於事業單位的委任經理人。

5　職業安全衛生法第6條第2項第2款參照。

工（動）保護的思想嗎？憲法是勞工保護法？或者，憲法第15條生存權、工作權與財產權、或憲法第153條保護勞工政策、中華民國憲法增修條文第10條第5項至第8項，可作為勞工保護法（例如工時保護法）的憲法依據[6]？而司法院大法官會議有無相關（技術性的或社會福利性的勞工保護）解釋，以具體化勞工保護的法律思想與原理原則？例如釋字第726號解釋：勞基法第84條之1核備之法律效力（第494號解釋亦是）[7]。

可以確定的是，國家基於社會國或福利國原則，根據憲法生命權與工作權的基本權保障，負有憲法上的保護義務功能，其不得恣意決定是否制定施行勞工保護法規。為了達到保護的目的，其得透過規定公法上的或／及私法上的義務、或經由一適當的機構與程序的方式實現之[8]。

上述憲法及大法官會議解釋所涉及之勞工保護，牽涉到憲法社會福利國目標的實踐、以及其條文中經濟憲法及勞動憲法規定的詮釋問題，以下即加以說明。

第一項　基本權利自由之保障

第一款　第三人效力理論

首先一言者，憲法固非勞工保護法。惟基於社會福利國家的體制，我國憲法前言及第1條均明確表達民主社會法治國家的精神與目標。並且，在憲法第15條具體規定，人民之生存權、工作權及財產權，應予保障。憲法第十三章基本國策第四節社會安全（第152條至第157條）並且明定勞工（含婦女、兒童）及農民之保護。至於憲法增修條文第10條第5項至第9項規定，則是進一步明確化社會福利國家的任務與作法。在這樣的憲政體制下，制定並推動社會安全制度及各種弱勢族群的保護政策與法令[9]，以強

---

[6] 以憲法第15條的工作權而言，也包括人民不工作的基本權。此除了不接受僱用之外，也包括在僱傭契約或勞動契約（甚至公務人員契約）進行中，擁有休息權及各種休假的權利（休息日、例假、國定假日、特別休假等）。

[7] 此號解釋即與工時保護法有關。

[8] BVerfGE 53, 30, 65.

[9] 例如在行政院長陳冲時代的「我國職業安全衛生政策展望」（2012年4月），即具有相

化私法的救濟規定（例如損害賠償），毋寧是一自然而然之事。所以，屬
於法律思想的勞動法的保護原則或勞工保護原則貫穿整個社會規範（So-
zialordnung），或經由公、私法的強行規定；或藉由集體勞動法規所賦予
勞工團體的力量，以提供弱勢的勞工保障[10]。

　　雖然憲法基本權利及基本國策的規定，有些已經明定於法律中，例如
民法第16條權利能力及行為能力及民法第17條自由之保障，即是憲法基本
權利的具體化規定。被害人在私法上並不得自由拋棄權利能力、行為能力
及自由。同樣地，民法第19條之姓名權、第195條之各種人格權的規定，
也是憲法基本權利及價值的表現。再依據民法第18條第1項規定，人格權
有受侵害之虞時，得請求防止之。更是賦予權利人一請求防止未發生的侵
害之權利（不作為請求權）[11]。

　　除此之外，長久以來，學者間及實務界大多認為憲法基本權利的規
定，係一防禦權設計，目地在避免遭受國家的不法或不當地侵害。惟基本
權利除了此一主觀權利的功能面向外，尚具有客觀的面向，即基本權利的
保護功能，使國家負有保護人民生命、健康、自由及財產安全的義務（國
家保護義務）[12]。國家必須在公、私法領域採取一定之作為[13]，以避免人

當重要的指標意義。之後，勞動部在2015年3月再次向行政院報告「職業安全衛生發展
及法展望」，可視為上述職業安全衛生政策的延續。

[10] 依據德國競爭法學者Volker Rieble的見解，保護原則原先並無競爭上的設計。但是，由
於勞工保護規定會限制雇主的活動可能性，所以在實際上會泛發限制競爭的效果：在德
國，雇主不得藉由僱用（非法的）童工，以改善其競爭地位。Volker Rieble, Arbeitsmarkt
und Wettbewerb, 1996, Rn. 180.

[11] 此一規定，並非僅是要求行為人停止加害行為而已，而是積極地防止來自於各方的侵
害。所以，其與雇主基於職業安全衛生法之公法上的預防義務（第5條參照）或民法第
483條之1之私法上義務，具有密切的關聯。

[12] 司法院大法官會議釋字第400號解釋參照。李建良，基本權利與國家保護義務，收錄
於：憲法理論與實踐，2000年，頁59以下。

[13] 包括建構損害或損失賠償（補償）制度、無過失補償及社會安全制度等。王澤鑑，損
害賠償，2017年3月，頁11以下、頁23以下。本書以為尚應納入必要的強制責任險的制
度。

民權利受到國家或第三人（私人、甚至是「自然災害」[14]）的侵害[15]。因此，人民當得依據憲法第15條之生命權、工作權及財產權之基本權利，要求國家提供一免於各種風險侵害之安全無虞的生活環境（含工作環境／勞動場所）[16]及符合人性尊嚴的工作條件（尤其是工作時間的保護）。

只是傳統上，人民並不得直接引用憲法基本權利及基本國策的規定，以作為主張權利的依據，而是必須以間接第三人效力理論，透過民法的概括條款（間接適用說），以實踐憲法所欲保障的基本人權。經由此一程序，特定人或特定族群的保護目的乃能達成[17]。此種經由私法之規定，尤其概括條款實踐憲法之基本人權價值，也在維護私法之獨立性、專業性及法律價值秩序之統一性，避免憲法規定的過度負擔或甚至憲法條文完全架空私法規定的後果[18]。相對地，針對司法院大法官會議對於特定勞工法令的解釋，例如第726號針對勞基法第84條之1核備所作的解釋，由於具體明確，性質上屬於解釋例，人民當得直接引用之作為權利主張的依據。

一旦憲法或憲法增修條文的基本權利價值已經明訂於法律的強行規定中（例如勞動基準法（以下簡稱「勞基法」）第19條、職業安全衛生法（以下簡稱「職安法」）第6條、就業服務法（以下簡稱「就服法」）第5條），則人民的約定與之牴觸者當然無效，如此一來，即不必再訴諸憲法基本人權及借道民法概括條款之適用。只是，法院裁判中幾乎都會同時引

---

[14] 司法院大法官會議釋字第571號解釋參照。
[15] 法治斌、董保城，憲法新論，2003年9月，初版，頁59以下。
[16] Isensee稱此為「安全保障的基本權利」（Grundrecht auf Sicherheit）。Josef Isensee, Das Grundrecht auf Sicherheit: Zu den Schutzpflichten des freiheitlichen Verfassungsstaates, 1983。轉引自王澤鑑，損害賠償，2017年3月，頁2。
[17] 王澤鑑，勞動契約上之單身條款、基本人權與公序良俗，收錄於：民法學說與判例研究第七冊，1994年8月，四版，頁36以下、48。
[18] 除此之外，同樣是基於憲法的第三人效力，基本權利亦可經由民法第184條第1項「權利」規定，而展開其規範效力。例如學者所提到的計畫外生育（wrongful birth）所涉及的墮胎自由與生育自主權。王澤鑑，損害賠償，2017年3月，頁24。本書以為，如以勞動契約法而言，或可思考兼職（權）及有限制的僱用請求權／就勞請求權是否亦在其規範範圍之內。

用憲法及法律的規定，以為裁判依據者。

第二款 平等與各種權利自由的保障

以勞動者的保障為例。主要係牽涉到勞工的工作權、生存權（憲法第15條）與雇主所欲主張的財產權（憲法第15條）及契約自由原則（憲法第22條）間的平衡調整的問題。在此，還必須加入社會秩序或公共利益限制（憲法第23條）的考量。而在以往所發生的實務案件中，也有主要以憲法第7條之平等權為爭議依據者。以下即分別簡要敘述之。

首先是單身條款（僱傭／勞動契約附解除條件）的合憲性及合法性問題。在此，單身條款約定涉及憲法第7條男女平等、第15條工作權、第22條婚姻／結婚自由（含生育）之基本人權，以及憲法增修條文第10條第6項等規定。司法實務在1992年1月16日公布施行性別工作平等法（以下簡稱「性平法」）第11條之前，係透過民法第72條之公共秩序處理[19]。之後，即可直接依據第11條認定為無效。須注意的是，在個案中，尚須考慮雇主有無要求女性或男性勞工受此限制之正當理由。亦即女性或男性勞工因結婚受家庭拖累而分心，導致嚴重影響工作之完成[20]。

其次，有關勞動契約中以年齡為標準（僱用、調薪、升遷、資遣或退休等）的年齡歧視問題，也涉及到違反憲法第7條平等權及第15條的工作權。最高法院認為依憲法第7條、第15條規定，人民之平等工作權應予保障，即國民就業機會均等，而得出應保障求職人之享有平等之工作機會，或受僱人享有薪資、退休、終止勞動契約等就業安全保障之待遇。否則即構成就業歧視。又從就服法第5條第1項推出不得以與工作無直接關聯之原因，對於求職者或受僱者不平等之待遇。其中包括直接以年齡因素之歧視及間接設定其他因素，並因該因素連結之結果，將與年齡發生必然之關連之間接歧視[21]。

---

[19] 台灣高雄地方法院78年度法律座談會、司法院民國78年8月（78）廳民一字第859號函復台高院。

[20] 另外，職業安全衛生法第30條禁止妊娠中之女性勞工從事特定的危險性或有害性工作，係基於生物上原因的考量，實際上也是在避免構成性別歧視。

[21] 最高行政法院101年度判字第1036號判決（日本航空公司案）。另請參閱楊通軒，就業

　　第三，針對勞工請求雇主發給工作／服務證明書，也與憲法第15條工作權有關。在一件訴請發給工作／服務證明書案件中，學校根據教師聘僱契約約定，對於中途離職的教師，拒絕發給離職證明書。惟法院認為此一約定違背公序良俗並我國歷來尊師重道傳統[22]。況且，教育事業雖非勞基法第3條適用之行業，但教師聘僱契約為廣義勞動契約之一種[23]，要非不能準用（類推適用）勞基法第19條規定。學者更有認為教師受僱於私立學校，不僅是僱傭契約，而且是勞動基準法所稱之勞動契約[24]。本書則以為該勞動契約的主張，只是單純學理上的見解，並不正確、也不可行。先就勞動政策而言，立法者目前並未將教育事業納入勞基法第3條的適用行業，而是將其作為獨立的業別處理[25]。再就教育的本質及劃入勞基法的影響而言，教育法規將教師界定為具有專業能力的受僱人（hochqualifizierte Angestellte），以與一般勞工做不同的對待與保障[26]。如將教師劃入勞基法，則以定量的工作時間而言，顯然係以集中在學校教學40小時為基本模式，此恐怕與教育工作不合，更不用說研究、輔導工作全部計算在40小時內的不切實際。而且，以勞基法的特別休假適用於教師，代表著原來寒暑假的可能（被討論）調整（或歸零）或換算成特別休假日數。

　年齡歧視法制之探討，東海法學研究，第48期，2016年4月，頁1以下。

[22] 台灣台北板橋地方法院79年台訴字第9號判決。

[23] 問題是，廣義的勞動契約還有哪些？民法上的僱傭契約？承攬契約？委任契約？或甚至是經理人契約、居間契約？或運送契約也是？

[24] 王澤鑑，雇主對離職勞工發給服務證明書之義務，收錄於：民法學說與判例研究第七冊，1994年8月，四版，頁186。

[25] 這主要是行業性質不合，而非如王澤鑑所言的「避免過分增加雇主之經濟負擔」的考量。王澤鑑，雇主對離職勞工發給服務證明書之義務，收錄於：民法學說與判例研究第七冊，1994年8月，四版，頁188。

[26] 依據德國勞工法學者Ulrike Wendeling-Schröder的見解，對於技術或專業能力越高的受僱人，自我負責原則（Prinzip Verantwortung）就越居於重要性，包括其是否具有勞工身分的認定、對於雇主負有較多保護或照顧責任、保密義務的提升，以及行使告密權（whistle blowing）的限制或排除等。Ulrike Wendeling-Schröder, Autonomie im Arbeitsrecht, 1994, 45 ff.

　　雖然如此，無論從憲法工作權保障或從勞工法雇主負有促進義務或照顧義務的角度，受僱人或勞工之契約終止，如無民法第489條或／及勞基法第12條之重大事由時[27]，均得向僱用人或雇主請求發給服務或工作證明書[28]。所以，在勞工未依勞基法第15條第2項預告雇主終止契約時，雖然違反勞動契約而應負民事損害賠償責任，但因未達勞基法第12條第1項之嚴重程度，故仍得請求服務證明書[29]。再以教師或教育人員而言，或者經由類推適用勞基法第19條規定的方式；或者在教育法規中明定學校或教育機構負有此一義務的方式為之。從體例一致性的考量，後者的處理方式似為較佳。如果係採取類推適用之方式，則基於身分上之差異及法律保留原則，在勞基法第79條對於違反勞基法第19條之制裁，並不得類推適用之。

第三款　生存權之體現及安全衛生之工作環境權

　　現代的社會，是一個隨時隨地充滿風險的「風險社會」，而現代的職場，則是一個布滿危機的「風險職場」。面對者此一風險，工作者必須謹慎思考如何因應（包括要求事業單位管控處置），惟更重要的，是國家機器如何運作加以消除（包括制定法規及採取各種行政管制措施）。職場風險的起因或危險源多端，並非僅只於天災或事變，還有人禍者[30]。傳統

---

[27] 反對說，王澤鑑，雇主對離職勞工發給服務證明書之義務，收錄於：民法學說與判例研究第七冊，1994年8月，四版，頁191。王澤鑑認為：「勞動契約之終止係由雇主為之時，例如雇主因勞工對其實施暴行或有其他重大侮辱之行為，不經預告之終止契約時（參閱勞基法第12條），勞工之請求權亦不因此而受影響。」此一見解似值得再斟酌。蓋在勞工本身有勞基法第12條之情事時，其要求雇主履行照顧或促進義務的基礎已經動搖或喪失。此應可從誠信原則獲得同樣的結論。即使勞基法第19條之立法說明，其所引用之工廠法第35條第1項，亦是以工人未具有工廠法第31條之可歸責事由為前提。又，即或納入服務證明書具有促進就業之功能，除非就業服務法有特別規定，否則仍應從照顧義務或促進義務思考此一問題之解決。

[28] 惟在受僱人或勞工離職後，其對僱用人或雇主亦負有促進義務或照顧義務，一般係指保密義務及約定的競業禁止義務（或甚至不挖角義務）而言。

[29] 同說，內政部民國75年11月04日台（75）內勞字第447854號函參照。

[30] 如果將職場風險擴充到職場外，最明顯的是，員工的通勤災害，可以說絕大多數起因於人禍。

上，職場風險主要肇因於危險機具設備、原物料／成品、以及不安全的廠房，惟現今則是受到新的科技設備、新的生產組織、結構或作業模（方）式[31]、以及煩雜冗長的生產步驟等的影響，日益深化。雖說事前防範勝於事後救濟，而職場風險也非絕對無法事前預防（主要是雇主的自我提防設施或措施、採取勞工健康保護措施，其次是輔以勞動檢查）。但是，卻可能（雇主與社會的）成本高昂、百密一疏，且事後的職業重建步步艱辛，成效也難以預料。所以，基於自主及自律的危險管制原則，對於職業場所的風險控管，經由自治的勞動保護設計（職業安全衛生法第23條以下參照），扮演著日益重要的角色。

第一目　生存權之體現

如上所述之雇主應採取各種措施或設施，以降低職場風險，實際上是憲法生存權之體現。此不惟憲法第15條明定「人民之生存權應予保障」，憲法第153條亦要求國家採取保護勞工之政策。而職司釋憲之司法院大法官會議，亦早已做成包括職業安全衛生及工作條件的保護（例如釋字第578號企業退休金）、甚至社會保險的保障（釋字第549號、第560號）等解釋，以要求雇主、社會保險機關履踐保障勞工生存權之義務。因此，雇主應遵守勞動保護的法令規定（含民法第483條之1、第487條之1），以保障勞工的生命、身體及健康等人格法益。為此，所屬之勞動場所及就業場所必須符合安全衛生規則的相關規定與標準。

附帶一提者，在勞工安全衛生法（以下簡稱「勞安法」）修正為職業安全衛生法的立法過程中，無論於修正總說明或立法說明中，立法者均未提及憲法生存權保障之要求。雖然如此，基於職安法為「勞工保護的憲法」的理念，已經在相關條文中授權制定維護勞工生命身體健康的相關規定，其中較重要的有：職業安全衛生設施規則、職業安全衛生管理辦法、勞工健康保護規則[32]、危險性機械及設備安全檢查規則等。除此之外，配

---

31 例如將自然人與機器人緊密結合完成工作的生產流程。

32 這其實是與廠場的健康管理（betriebliches Gesundheitsmanagement）有關，重在預防職業病及職業傷害的發生。

合職業安全衛生法令規定之事項，勞動檢查法、危險性工作場所審查及檢查辦法等，均在於落實生存權的保障。

其實，不只是職業安全衛生及勞動檢查的相關法令，對於勞工的人身安全提供技術性的具體保障。在其他勞工法規中（尤其是勞基法、性平法[33]），也有社會福利性的保護規定。更且，在其他非屬勞工法令的法規中，也有保護勞工人身安全的規定，諸如游離輻射防護法、個人資料保護法、管制性化學品之指定及運作許可管理辦法等。

另外，與勞工生存權保障難以切割的是：保障的對象是否應擴及於與勞工同居的親屬？例如以附第三人保護作用理論適用之？或者仍然停留在以一般侵權行為規定處理？此將於以下適當章節敘述之。

第二目　安全衛生之工作環境權

就國際公約觀之，聯合國1966年經濟社會文化權利公約第7條第2款規定，本公約締約國確保「人人享有安全衛生工作環境」之工作條件。同樣地，國際勞工組織（ILO）1981年第155號職業安全衛生公約要求所有從事經濟活動之部門的所有工作者（all workers），均應受到本公約之適用。該號公約可視為一般性的「勞動保護」公約，因其適用於有關工作之物質要素（如工作場所、工作環境、工具、機器與設備、化學品、物理與生物物質及媒體、工作過程）的設計、試驗、選擇、替代、裝置、安排、利用、及保養（第5條第1款），以及有關工作之物質要素與執行或監督工作之人員之間關係、及機器、設備、工作時間、工作組織及工作過程對勞工身心能力之影響（第5條第2款）。而除了第155號公約外，國際勞工組織更針對一系列具體的項目發布公約，例如工作時間（第1號）、幅射防護（第115號）、機器防護（第119號）、工作環境（第148號）、化學物品（第170號）。另外，勞動檢查目的也在落實勞工保護（第81號公約）。可以看得出來，這些公約的重點，都是在預防相關職業災害的發

---

[33] 包括產假、育嬰留職停薪（育嬰假）、育嬰留職停薪津貼（及生育給付）、哺乳時間等均屬於傳統勞工保護的內容。

生。

　　至於我國安全衛生之工作環境及符合人性尊嚴的職場生活，主要是由行政法加以規範[34]，例如1929年的工廠法[35]，以及早在1973年即已制定施行的礦場安全法[36]，均為較重要的法規。目前則主要在民法第483條之1、職業安全衛生法及其附屬法規中加以規定。這些規定的重點，也是置於相關職業災害的預防與處置。至於職業災害勞工保護法則是從社會救助的角度，提供補充性的補償，但亦將勞動保護的範圍擴充至預防及重建，形成職業災害勞工預防、補償、重建三位一體的防護網。另外，部分的勞工保護法，例如性別工作平等法中有關性騷擾防治之規定，對於友善職場及勞工心理、生理的健康保護，也扮演不可或缺的法律地位。

第二項　社會安全／社會保險與勞動保護

　　以上所言者，偏重於國家基於憲法的生存權、工作權，以及勞工保護政策的要求，制定相關法規或採行各種行政措施，要求雇主致力於技術的及社會的勞動保護義務。惟不寧唯此，國家之保護照顧義務，實際上包括公、私法上之一切措施，以實踐憲法上的勞工或受僱人保護政策。為此，除了建構民事上的損害或損失賠償或補償制度外，亦應逐步完備並實施社會安全制度。形成一個相輔相成的、現代化的多軌制救濟體系[37]。就我國實定法觀之，憲法第十三章（基本國策）第四節係唯一明訂「社會安全」（第152條至第157條）的規範所在[38]。雖有認為憲法增修條文第10條第8

---

[34] 廣義來講，勞工的工作環境權也是環境法的一環。環境憲法所要求之符合人性尊嚴之環境，與勞工保護法或職業安全衛生法要求符合人性尊嚴的職場生活，並無何不同。而民法第774條，即屬環境權的規定。另外，請參閱最高法院83年台上字第2197號判決。

[35] 該法已在2018年11月21日公告廢止。

[36] 相對於礦場，工作環境同樣危險、甚至更詭譎多變的遠洋漁場，我國則是在漁業法中，僅以有限的條文（第53條以下）來維持航行作業的安全。

[37] 其後所產生的問題是，如何將有限的資源做公平且符合效率的分配。具體而言，在那些狀況，應該使得被害人兼得賠償、補償與給付？在哪些狀況應該予以抵充？

[38] 或者說，基本國策「社會安全」的專節及幾個條文的規定，是社會安全權利的具體實踐。同說，陳新民，論「社會基本權利」，人文及社會科學集刊，第1卷第1集，1988

項也屬社會安全條款，惟其並無「社會安全」的用語。一般均以為全民健康保險法的醫療服務給付，以及勞工保險條例中的職災傷病給付與失能給付，即為社會安全制度的具體表現。

　　至於在司法院大法官會議，其大多在與社會安全及社會保險有關的解釋案件中，引用到憲法第153條勞動保護的規定，並且認為勞工保險係國家為實現憲法第153條保護勞工及第155條、憲法增修條文第10條第8項實施社會保險制度之基本國策而建立之社會安全措施（第549號及第560號解釋）。民法學者王澤鑑則是在（甚早之前的）一篇論述「稅捐、工資與抵押權」的文章中，依據憲法第153條規定，主張工資應優先於抵押權獲得保障[39]。由此加以連結，似乎憲法第153條的勞動保護政策與法令，屬於社會安全制度的內涵。

　　惟，豈其然乎？究竟社會安全制度的意義與範圍為何？對此，我國多數學者採取與國際上通用的狹義的社會安全定義或概念[40]。即使是國際勞工組織（ILO）1952年第102號有關社會安全之公約（社會安全最低基準公約），亦是採取狹義的定義。亦即社會安全制度係指一種提供人民由生到死，在面對疾病、傷害、失能／殘廢、老年、死亡[41]、職業災害、失業、照護需求、家庭過度負擔、貧窮等各種社會風險時，給予社會保障以免於貧乏、恐懼而維護人性尊嚴的社會機制[42]。其主要係透過國家的力量，給予人民最低生活的安全，其具有相當經濟性的意義，保障人民的生存權，落實人權的價值與要求。

年，頁200。

[39] 只不過，針對工資債權是否應優先於稅捐？王澤鑑則未表示其見解。對此，吾人觀國際勞工組織（ILO）第173號公約，則是持肯定的見解。

[40] 柯木興，社會保險，2007年11月，修訂版，頁24；郭明政，社會憲法─社會安全制度的憲法規範，收錄於：部門憲法，2006年，頁342以下。

[41] 惟此一因面對死亡風險而須要受到社會保險適用之人，究竟要多廣？是否包括未受被保險人扶養之兄弟姐妹？我國勞保條例第63條第2項五（二）持否定的態度。

[42] 柯木興，社會保險，2007年11月，修訂版，頁24以下；郭明政，社會安全制度與社會法，1997年，頁98以下。

　　在狹義的社會安全定義或概念下，社會安全僅侷限於社會保險、社會補償及社會救助。反之，廣義的社會安全制度固然也在確保勞工的生存，但卻擴大及於勞動保護、勞工參與及財產保障。因此，憲法第153條之勞動保護政策與法令，屬於廣義的社會安全制度的內涵[43]。由此觀之，勞基法第59條之職業災害補償，一方面係無過失責任，另一方面與勞工保險條例共同組成職業災害勞工之補償責任，應係廣義的社會安全制度的一環。

　　上述廣義的社會安全制度，似乎有為我國勞工法學者所接受者[44]。蓋其在論及民法第483條之1的僱用人保護義務時，認為此一義務「性質上雖非受僱人之直接對價，然其應為基於誠信原則，為保護受僱人安全所產生之『社會安全義務』（Verkehrssicherungspflicht）[45]，為法律上的『特別結合關係』，僱用人應履行之注意義務，具有獨立請求之必要性，實應將『保護義務』提升為僱用人之『從義務』，進而類推適用民法第264條同時履行抗辯權之規定，如僱用人未為必要之預防措施，應依民法第227條負債務不履行損害賠償責任。」

第二節　勞工保護法於勞工法中之地位及內容

第一項　概說

　　除了憲法中勞工保護的思想及規範外，我國自1929年制定施行民法起，即無勞工保護的明文規定，只不過，此種欠缺法定的勞工保護法的規範狀態，學者間早已經由演繹的方式，透過概括條款（第71條、第72條、

---

[43] 司法院大法官會議釋字第422號參照。

[44] 郭玲惠，勞動契約法論，2011年9月，頁82。

[45] 此一德文譯語「社會安全義務」（Verkehrssicherungspflicht），亦為我國民法學者王澤鑑新近的著作「損害賠償」所採。王澤鑑，損害賠償，2017年3月，頁9。在此之前，王澤鑑及勞動法學者林更盛均將之譯為「交易安全義務」，以要求行為人在法律行為中，確保相對人人身安全之義務。雖此處的行為人及相對人，也包括僱傭／勞動契約當事人在內。惟其似乎與通稱的「社會安全」（制度）無關。

第148條等）、侵權行為（民法第190條、第191條、第191條之3等）及債務不履行（民法第213條以下、第247條之1等）等規定的解釋，逐步地釐清其社會連帶或寓有社會公平正義與弱勢保護思想的本質[46]。如從法律思想的角度看，民法第1條的法理也帶有自然法社會正義的認識內涵，得作為勞工保護的依據。更重要的是，司法實務多有將憲法規定（第7條、第15條）與民法概括條款結合運用，以實踐勞工保護的目的者。此乃逐步構成及完備法官形成的勞工保護法。

　　所以，我國一直要到1999年修正增訂民法第483條之1、第487條之1之時，勞工保護的要求始被明定。在此時期之前，立法者以特別法之方式，制定1929年工廠法、工廠工人退休規則、廠礦工人退休解僱辦法、1936年勞動契約法中之部分規定，立法體例形成與民法規定併行之現象。在當時，法院面臨工廠工人相關權益之保護爭議時，多有引用工廠法等特別法加以裁判者。

　　時至今日，依本書所見，民法相關規定仍然可發揮勞工保護的功能。為此，除了將民法的相關規定與理論運用於勞動保護外，還要作到如下三點：勞動保護思想的建立與釐清（現代化）、勞動法原則的確定／立與更新（現時化）、勞動法規的制定與檢討（現行化）。勞動保護的目標，是在達到一個人性化的勞動生活。

　　雖然如此，如前所述，以各界所引用的1929年工廠法為例，可見勞工保護法早已在我國發軔運作，且逐漸茁壯繁密，形成勞工法令中數量最多、體系也最完整的一個法域。從勞工法的起源觀之，原本即在保護勞工，所以，勞工法一直為勞工保護法的化身或代名詞。只是，勞工法的內涵今日已呈現多樣化及細緻化，並且也必須適度尊重勞雇雙方當事人的意志與自由。論者間固然有採廣義的勞工保護法見解者，並且視勞動契約法與集體勞工法為勞工保護法，我國集體勞工法的發展，例如勞動三法之納

---

[46] 有關民法學者對於勞工保護法的期待，尤其以王澤鑑教授最為殷切。請參閱王澤鑑，勞工法之社會功能及勞工法學之基本任務，收錄於：民法學說與判例研究（二），1981年8月，三版，頁347以下。

入不當勞動行為，並且經由中央勞政機關的推動，也確實有趨近勞工保護法的現象。惟其畢竟與職業安全衛生法及勞基法（尤其是工作時間）之嚴格意義下的勞工保護法有所不同。

從學理上而言，所謂（狹義的）勞工保護法，係指立法者基於社會福利國的思想，制定法令加以雇主履行勞動關係特定責任之義務，以保障勞工的身心安全健康及財物無虞。其本質為單方強制雇主的法律。此類責任事項，有些本具有強烈的公法誡命要求（例如禁止強制勞動、職業安全衛生設備的提供等），不容當事人違反或更易。但也有些責任事項涉及私法上的關係（例如工資、工時、退休等），因執政者的規範意志，經由立法者制定為強行法，以排除雇主與勞工任意約定變更或廢棄的自由。誠如法院所言[47]：按雇主與勞工間所訂立之勞動契約，為私人間對等權利義務關係，具私法性質，並有私法自治原則[48]之適用。然則，如容認私法自治原則無限上綱，因資本家與勞動者擁有之資源有絕對性落差，談判條件懸殊，於過往實證經驗上，其結果就是勞動者之生存條件被大量剝削，以為資本家私經濟上的滿足，導致勞動者基本尊嚴喪失，資本家予取予求，社會基本結構因此崩壞[49]。是以，保障勞工乃為基本國策，國家必須於一定條件下介入勞雇雙方之契約談判，而有勞動基準法之制定，一方面對勞工之勞動條件設有最低水準之保障，一方面強制雇主履行一定之公法上義務，以為勞工履行勞動條件之保證；亦即，國家為達成保障勞工權益，而就勞資雙方之私法契約關係納入諸多法律強行規定，並課以中央及地方勞工行政主管機關對於違反該法強行規定時，施以行政檢查並裁處之權責。

再一言者。勞工保護法與集體勞工法之產生，均與勞工無法經由契約自由原則獲得足夠的保護有關。換言之，兩者均在修正或限制契約自由。並且作為勞工保護的最低基準，勞雇雙方得（於僱傭／勞動契約）約定高

---

[47] 台北高等行政法院104年度訴字第1452號行政判決參照。

[48] 法院一般係以契約自由原則作為論證的依據，此處用私法自治原則，其適用範圍更廣。

[49] 依本書所見，法院並不得引用社會政策作為裁判依據。惟本案法院以下有引用勞基法，故並非單純引用社會政策。

於兩者的保護條件或要求。惟勞工保護法既是國家意志所訂的最低標準，自然不應受到集體勞工法的低過，亦即不容集體勞資關係當事人（工會、雇主）約定較勞工保護法為低的技術性的或社會福利的條件。這表示：集體約定（通常是團體協約）只能優於勞工保護法的規定。一個值得觀察的法規現象是：立法者多有在勞工保護法規定中，置入集體勞工法機制之設計者，例如要求經過工會或勞資會議的同意（例如勞基法第30條、第30條之1、第32條第1項，以及第49條第1項但書規定）。這顯示其強化勞動保護的用意，但並非謂集體勞工法性質為勞工保護法。在此種立法者的意志下，勞工團體（工會）或準／半勞工團體（勞資會議）取得全體勞工的發言權，傳統集體勞工法所謹守之非會員的消極團結權，將會受到侵害[50]。

　　整體而言。如同德國的勞工保護法制般（雙軌制的勞工保護制度das duale Arbeitsschutzsystem）[51]，我國的勞工保護法，也可以區分為法定的「堅核」（harten Kern）及自治的兩部分。前者，主要係規定在（將民法第483條之1具體化的）職業安全衛生法及其附屬法規中，具有不可更易性（Unabdingbarkeit）／強制性的性質，其主要係在技術的勞動保護；後者，則係由勞雇團體自治地在團體協約、勞資會議決議或其他類似的集體協議中約定（團體協約法第12條第1項第6款、職業安全衛生法第34條、第37條第1項參照）。其主要係在社會的／福利的勞動保護，所以，尤其是與工時保護有關的約定，但也包括符合人因工程（Ergonomie）的工作位置及醫藥的勞工保護，其目的在於創造一具有人性尊嚴的勞動環境及人性化的勞動生活（人性化的職場及合乎人性尊嚴的工作位置）[52]。勞工主

---

[50] 相關的討論，請參閱楊通軒，個別勞工法—理論與實務，2017年9月，五版，頁19、401。

[51] 德國法定的勞工保護法令，主要有：勞工保護法（ArbSchG，類似台灣的職業安全衛生法。勞工保護法第3條至第5條規定雇主的基本義務），工作現場保障法（ASiG），聯邦禁止不利物質排放法（BlmSchG），勞工安全設施規則（ArbStaettV），危險物品管制規則（Gefahrstoff-Verordnung）以及化學物質管制法（Chemikaliengesetz）等。

[52] 差別點是：德國的雇主同業（Berufsgenossenschaft）擁有監督勞動保護法令及發布相關命令的權限。

管機關及勞動檢查機構會監督檢查勞工保護規定的落實（勞動檢查法第11條、第15條參照）[53]，並且在雇主違反時採取行政管制措施（例如限期改善）、甚至行政處罰或刑事制裁。

另外，在民法第483條之1與職業安全衛生法及其附屬法規適用關係上，原則上後者係前者最高標準的具體化規定[54]，設定了雇主所應遵循的行為基準，故前者只具有攔截條款或概括條款的功能。亦即補充目前職業安全衛生法令尚未規定之保護設施或措施。惟不只民法第483條之1保障受僱人的範圍較廣，而且，針對例外特別需要保護的受僱人，其亦得依據第483條之1，要求雇主採行超出職業安全衛生法令所規定之措施。

第二項　社會的與技術的勞動保護之分野

傳統的勞工（動）保護法包含兩個部分，一是社會的／福利的勞動保護（sozial Arbeitsschutz），另一是技術的勞動保護（technisch Arbeitsschutz）。前者，是指有關工作時間及青少年／兒童、女性、母性等勞工的保護。屬於此一社會的勞動保護的法規，主要是在維持勞動力或照顧需要特殊保護的族群。例如勞基法第35條所規定的休息，體現出休息權是每一個人生存及發展人格的基本權利，屬於人格權的必然組成要素。後者，含括有關廠場的或勞動場所的、原料的、或工具的安全保障。其通常被稱為勞動安全法（Arbeitssicherheitsrecht），其所規定的安全保護措施，目的在確保勞工免於因為作業活動，而遭受職業災（傷）害。台灣現行的職業安全衛生法（以下簡稱職安法），主要係技術的勞動保護的規範，但也有部分的社會的勞動保護規範，此觀職安法第6條第2項第2、3款規定，即可得知。屬於職安法範圍者，還有勞動醫學或健康保護，以及人體（因）工程學的部分。

---

[53] 針對諸如海上工作人員（船員）及礦坑工作者的特殊環境，勞工主管機關或者基於法令或者基於實際上的困難而無法進行勞動檢查，則應讓由目的事業主管機關（交通部、經濟部、農委會等）獨立進行，或者機關間彼此配合同時或前後實施檢查。

[54] 此一最高的標準，無疑地會影響小型廠場或企業的人力聘用及大幅度擴廠。

　　緣勞工在工作過程中，雖然面對著各種不同的風險。但在傳統國際競爭的考量下，受到技術的勞動保護適用的行業及勞工，實際上即會受到一定程度的限縮，例如職安法前身的勞工安全衛生法（以下簡稱勞安法）僅適用於營造業、製造業第14業別，而且其保護對象僅限於受僱勞工。所以，其並非在追求最大限度的勞動保護的目的。換言之，其係在避免職業災害、職業病，以及減少或避免與工作有關的危險。因此，其僅在提供工作場所的保護而已，工作位置或工作場所外的保障，並非傳統勞動保護法的任務。只不過，由於我國勞工及社會保險法規中，僅有勞安法第2條第4項對於職業災害有加以定義，因此，經由勞安法施行細則第4條的規定及學說的演繹、實務的運作，似乎早已將勞動保護的範圍擴充至工作場所之外（即日常居住所與就業場所之應經途徑亦在其內）。這相當程度降低勞工身心安全所必須面對的無法預測的風險（即轉由勞工保險及雇主所承擔）。

　　在職安法施行後，職業災害的定義並未有所改變，惟職安法的適用對象卻已擴充到「工作者」，所以，有問題的是，對於非勞工的其他工作者，勞動保護的範圍是否亦應擴充至工作場所之外？對此，本書毋寧採取否定的見解，蓋多數學說及實務係將重點置於職業災害是否包括通勤災害，而非勞動保護的範圍是否延伸至工作場所之外。其係以擴張解釋的方式，將勞安法第2條第4項的職業災害定義，適用至勞基法及勞保條例的職業災（傷）害，以使勞工獲得賠償或補償。惟職安法的目的是在「防止職業災害，保障工作者安全及健康」，並非如勞基法的職災補償重在雇主的補償責任或勞保條例的職災給付重在風險的分攤。假設雇主未盡到通勤路線的職業災害預防責任，但勞工並未遭到通勤災害，現行職安法中並無處罰規定。這無非顧慮到事業單位或雇主畢竟無力於或甚難防免工作場所外的風險所致，而且，其他的工作者，有者係必須自己面臨經營風險者（例如自營作業者），有者並無提供勞務之事實，（例如職業訓練機構的學員），其身分多有不同，並不宜令事業單位或雇主負擔防免通勤路線風險的責任。其與職安法第5條第1項的雇主對於勞工所負的一般責任，尚有不同。依據該條項的立法說明，一般責任於實務上之考量要件為：(1)危

害確實存在：(2)該危害可經確認；(3)該危害會導致或可能導致勞工嚴重之傷害或死亡；(4)此種危害情況可改善，或是可以合理達到危害預防目的。

再就2013年7月3日修正施行的職業安全衛生法一言者，該法僅是有關職業安全衛生的一般規定而已。只是，正如同美國1970年12月29日職業安全衛生法（Occupational Safety and Health Act, OSHA）的設計一般，我國職安法也並未全面適用於各行各業的所有勞工安全事項。針對特定行業或特定工作者／勞動者的安全健康保障，如已有特別規定者，即應以之為準（職安法第1條參照）。諸如公務人員保障法、礦場安全法、消防法、道路交通管理處罰條例、鐵路法、船舶法、游離輻射防護法、毒性化學物質管理法及爆竹煙火管理條例等。至於根據該等法律授權所制定之相關規定，同樣亦應優先適用。例如根據公務人員保障法第19條規定，主管機關已訂定公務人員安全及衛生防護辦法。

至於有關社會的勞動保護部分，還包括勞工工作條件的保障。例如一定數額或月份的積欠工資之墊償。亦即積欠工資與擔保物權之受償順位問題。對此，早在勞基法第28條制定施行前，我國民法學者王澤鑑即已數度為文討論。只是，他並未語及積欠工資及積欠稅捐間，何者應該優先獲得清償。

第二章　民法勞工保護的規範

 案例1

　　甲勞工向乙雇主應徵外（業）務員工作，負責開發新客戶、收取帳款等工作。乙出示事先印好的僱傭契約書一份，請甲過目後如無問題即簽字同意上班。在該契約書中載明甲負有認真工作、不收取廠商不當或不法餽贈之義務。對於攜帶至公司處的私人物品，甲應自行負擔保管責任，惟乙同意提供置物櫃一個。甲並且同意離職後，他本人及配偶、直系血親卑親屬不從競爭業務之行為，如違約應負以離職當月為準之十二個月工資的違約金，乙則同意依法按月給予補償費。甲後來常常因不明原因而生病，他懷疑與乙公司的廠房或原物料有關。他要求乙同意予以資遣，並給予資遣費，乙拒絕之，希望甲自行離職。甲離職後仍然向乙主張資遣費，甲並主張其配偶及直系血親卑親屬不得競爭業務的約定及違約金條款無效，乙則以契約自由原則抗辯之。問：

1. 僱傭契約有關認真工作及不收受不當或不法餽贈之義務條款有效嗎？
2. 乙負有對於甲攜帶至公司處的私人物品保管責任嗎？
3. 雇主與勞工所約定的競業禁止條款，其義務人得擴充至勞工之配偶、直系血親卑親屬？是否違反誠信原則？
4. 勞工違反競業禁止之違約金條款有效嗎？其最高額度的限制為何？
5. 甲對於本身不明原因的疾病，得否引用民法第483條之1對乙主張權利？
6. 甲對於本身常常不明原因的生病，如已達重大程度，得否主動向乙主張終止契約關係並要求給付資遣費？
7. 甲對於定型化僱傭契約，如何保障其勞動權益？

案例 2

甲勞工受僱於乙公司擔任人資工作。一日,乙公司的高壓電發生故障,乙指示甲從事修理。甲以其無電力專業知識而拒絕,但禁不起乙的要求,乃配戴簡易的手套與丙同事一起前往修理。過程中,因為丙不小心碰撞甲的身體,導致甲被高壓電電擊,甲嚴重受傷。問:

1. 甲向乙主張損害賠償時,乙得否以其選任監督丙並無過失,而主張甲應向丙求償?
2. 甲向乙或╱及丙主張損害賠償時,乙或╱及丙得否以甲與有過失而主張過失相抵?
3. 丙受到求償時,得否以勞動保護的思想,主張免除賠償責任的全部或部分?
4. 精神慰撫金是否具有勞工保護的思想?丙的父母子女得否以與甲的身分法益受害而主張慰撫金?

第一節　勞工保護法於民法中之體╱實現

第一項　市場經濟的民法與勞工保護

我國的社會安全制度,係以市場經濟及資本主義(的社會經濟制度)作為其基石。自1930年代以來,民法即是規律市場經濟的基本法,[1]民法諸編的規定,尤其是債編及物權編,即是在規範市場經濟所須遵循的法則。尤其是契約自由原則及所有權絕對原則即是憲法中平等、自由、獨立的個人,其所享有之基本權利的具體化規定。

第一款　私法自治(契約自由)與契約╱社會正義、社會安全

在市場經濟的社會中,個人經由契約以實現私法自治的理念。為此,

---

[1] 王澤鑑,台灣的民法與市場經濟,收錄於:民法學說與判例研究第七冊,1994年8月,四版,頁3。

必須確保當事人有締結契約之自由。因此，契約自由為私法（尤其是債法）的基本原則之一，也是私法自治的最重要內容，受到憲法的保障（憲法第7條、第11條表現自由、第15條、第22條及第23條參照）。契約自由包括五種自由（訂約、相對人選擇、方式、內容、解除或終止）。惟自由如無勢均力敵或差堪比擬的「平等」為前提，即容易陷入一方強制他方接受所提條件的情境（買賣、互易、甚至婚姻契約皆是如此）。因此，必須適當限制契約自由，平衡調整雙方的權利義務關係，以促進契約正義的實現[2]。

　　此種契約正義的要求，其實與個人係生存在有機體的團體或有機社會，其個人的自由平等應在社會安全制度下始能獲得保障，有關[3]。也就是說，應賦予契約一定社會作用的本質與使命。因此，除了所有權及債權應負擔及發揮其社會機能外，國家亦應限制契約自由（例如工廠法、勞動基準法）、積極干預私法，以保護社會上弱勢的個人。西方國家早期勞工的組織團體及契約協商與訂定的團體化，也都是國家基於社會政策所容許的對於契約自由的限制與修正。民法學者有稱之為勞動契約的社會化與團體化者[4]。

　　雖然如此，社會安全制度或措施只是在輔助或適當限制個人自由而已，究非在全盤否定或推翻之[5]。因此，並非以契約正義取代契約自由、也並非以全體主義取代個人主義。同樣地，與契約自由原則連動的過失責任原則，亦無法由無過失責任原則全面取代之[6]。這將會牽動到我國市場

---

[2] 王澤鑑，債編總論第一卷，頁71；王澤鑑，台灣的民法與市場經濟，收錄於：民法學說與判例研究第七冊，1994年8月，四版，頁23。

[3] 孫森焱，民法債編總論（上），2012年2月，修訂版，頁3以下。

[4] 王澤鑑，台灣的民法與市場經濟，收錄於：民法學說與判例研究第七冊，1994年8月，四版，頁30。

[5] 從社會安全制度與損害賠償法關係觀之，前者可以適度和緩或降低後者的冷酷無情或冷靜理性，蓋在加害人無力負擔損害賠償時，由社會安全制度或社會福利制度適度補充不足之處，可以一定程度減少加害人長期地背負損害賠償債務的窘境。

[6] 孫森焱，民法債編總論（上），2012年2月，修訂版，頁198。即使2018年12月5日制定

經濟與資本主義的根本翻轉（Umbruch），而非個別法律思想或原則的改變或修正而已。所以，在立法政策上，必須盱衡社會生產活動、文化進展，以及人民價值觀，而在個別事項上決定是否採取無過失責任或推定過失責任的規定。現行民法有關無過失責任、推定過失責任及連帶責任的規定，兼顧科技文明的進步及個人舉證責任的困難，試圖增加被害人的賠償機會，但又不至於過度加重侵害人的責任，即係一中庸的立法。再加上特別法的規定，例如勞動基準法、職業安全衛生法及性別工作平等法第31條規定，使得企業經營人增加安全及防害措施，以免遭受民事責任，甚至行政或刑事責任的不利後果。另一方面，契約當事人如為適度提高他方的注意力或增加受償的機會，也可約定他方對於事變及不可抗力亦應負擔債務不履行的責任。此從民法第222條的反面解釋亦可得出。

契約正義係屬平均正義。以雙務契約為主要適用對象，要求一方給付與他方對待給付間，必須具有等值性〔所謂等值原則（Äquivalenz-prinzip）〕。本來，民法基本上採取主觀等價原則，尊重當事人主觀上認為等價的給付與對待給付（例如特定工作或勞務應該給付多少工資），不問其客觀上是否等價，主管機關及法院也不干預或介入審查。惟例外地，在暴利行為時，法院得撤銷法律行為或減輕給付（民法第74條）；在買賣標的物具有瑕疵時，買受人得請求減少價金或解除契約（民法第359條），均是在回復或追求客觀的等價原則。另外，民法關於當事人行為能力之要求、意思表示錯誤、被詐欺或脅迫之撤銷，也具有維護契約內容合理之機能。至於因情事變更，致當事人之給付關係顯失公平時，應適用誠實信用原則加以調整（民法第227條之2），也都具有回復實質平等之用意與功能。

契約正義除在追求及落實等值原則外，還在合理地分配契約上的負擔與危險。亦即避免締約強勢之一方，將負擔及風險均轉由弱勢的一方承擔。以買賣契約為例，民法第373條係以「交付」作為買賣標的物利益及

公布的勞動事件法第37條（推定工資）及第38條（推定工時），性質上僅是舉證責任倒置而已，而非無過失責任。

危險之中樞點。惟在實務上，締約強勢之一方，多有藉由定型化契約條款排除債法上的任意規定，或訂定有利於己的條款，致使契約上的負擔或危險不合理分配者。對此，基於積極中立的要求，國家實應透過立法、行政介入及法院解釋之手段，以調和契約自由及契約正義兩大原則。在具體作法上，除了訂定保護專法或特別法（例如公用事業法規、醫療法規、身心障礙者權益保障法、原住民族工作權保障法、勞動基準法、勞動契約法）外，即應善用現行民法之概括條款及侵權行為或債務不履行規定，以求取自由與正義的最大實現。

　　以供應自來水、電力等公用事業及從事醫護救治之醫療院所而言，基於其供應的獨占性、排他性、專業性及維護生命身體法益的必要性與及時性，相對人一旦提出締約之要求，即負有與之締約之義務（強制締約）[7]。在此，相對人民生必須物質供應的必要性或生命身體健康保障的法益，顯然高過於締約自由及相對人選擇自由。藉由締約強制，始能回復締約地位的平等，進而落實契約正義。民法學者認為契約的強制，還包括工廠不得僱用非工會會員之限制者[8]。

　　與此不同的是，身心障礙者權益保障法及原住民族工作權保障法並未賦予身心障礙者及原住民有一強制締約（強制僱用）的請求權，而是以較為緩和的繳交行政罰鍰（代金）的方式，處罰未達晉用比例或人數的事業單位。雖然如此，其亦係在追求契約正義的實現，具有勞動保護的思想，且也達到一定的功效。

　　以下即說明民法概括條款與勞動保護思想之關係。

---

[7] 孫森焱，民法債編總論（上），2012年2月，修訂版，頁36以下。王澤鑑認為法無明文強制締約之供應民生必須物資之事業，例如瓦斯，應可由民法第184條第1項後段導出強制締約義務（所謂「間接強制締約」）。王澤鑑，債編總論第一卷，頁94以下。

[8] 孫森焱，民法債編總論（上），2012年2月，修訂版，頁37：舉日本勞動組合法第7條為例。惟台灣團體協約法第14條事實上即有如此之規定。

第二款　民法概括條款與勞動保護思想

第一目　強行規定（民法第71條）

一、強制禁止規定

　　勞動保護的規定，皆為強制或禁止的性質（民法第71條）。當事人行為違反者，無效，除非法律另有規定[9]。最明顯者，民法強行規定適用於童工及青少年工的僱用、禁止青少年工及女工從事一定的危險性或有害性工作（職安法第29條、第30條），以及禁止非法外國籍勞工的僱用。以非法外國籍勞工的僱用而言，其將會危害我國人民的工作權（含國人無法受僱或工作條件變差），使得勞工保護的設計原意落空。此處外勞的僱用，並不以其有賺取工資的意圖為限，而是只要經由各種勞務提供契約（含僱傭、承攬、委任、居間、甚至自營作業等）的完成，能夠獲得相當程度的經濟上的利益者，即屬之。

　　民法第483條之1是私法中的強行規定，僱傭契約當事人並不得約定變更或排除適用。惟此一僱用人的保護照顧義務，只具有私法上的強制力，並無如嚴格意義的勞工保護法的主管機關的監督、檢查，以及行政的或刑事的制裁。換言之，對於僱用人的違反義務，僅受到私法的制裁，受僱人僅得請求履行或損害賠償[10]。在此，民法第483條之1為民法第184條第2項之保護他人之法律，僱用人應負推定過失責任。

二、定型化契約條款（民法第247條之1）

　　民法除了強制禁止規定與勞動保護有所關連外，債法的定型化契約條款／附合契約（民法第247條之1）規定，亦可作為規整勞動契約之用（使

---

[9] 相關說明，請參閱孫森焱，民法債編總論（上），2012年2月，修訂版，頁35以下。

[10] 台灣高等法院105年度勞上字第59號民事判決參照。值得注意的是，在該判決中，法院也引用公民與政治權利國際公約及經濟社會文化權利國際公約施行法第2條、第3條、經濟社會文化權利國際公約第6條、第7條第4項規定及經濟社會文化權利國際公約第18號一般性意見揭示，作為其判決雇主應負保護義務的依據。對此，由於公約施行法已將「經濟社會文化權利國際公約第6條、第7條第4項規定及經濟社會文化權利國際公約第18號一般性意見揭示」轉換為國內法，故應可作為裁判依據。

顯失公平的條款無效）[11]。例如民法第217條與有過失為任意規定，但排除或限制的特約內容不得違反強行規定或公序良俗。假設雇主在定型化契約中有排除或限制與有過失的約定，即應受到民法第247條之1的規範。即其在規整欠缺獨立平等的契約自由，以追求契約正義的實現。其適用對象為所有的契約當事人，與消費者保護法之適用對象僅限於「消費者」尚有不同。所以，所謂的「定型化勞動契約」，只是用語便宜地取法於消費者保護法中的「定型化契約」而已，並非用語精確的法律名詞，法院似未對「定型化」勞動契約之有效性表示過意見，並不得適用或類推適用消費者保護法的規定。蓋勞工相對於雇主，並不得稱之為「消費者」。如果以世人一般所謂的「勞工是在出賣勞力」，則雇主反而才是消費者。因此，對於定型化勞動契約的司法控制，係以由誠信原則為基礎之民法第247條之1作為法律依據，而非消費者保護法之定型化契約的規定。

所謂定型化契約條款／附合契約／一般交易條款，係指由一方當事人（通常為企業廠商）為與多數人簽約而事先擬定，而由相對人決定是否接受的契約。如果只是使用坊間格式契約書（例如買賣或租賃契約書範本），則不屬之。依本書所見，不惟立法者基於規範的目的，在法規中所要求的最低規範條款（例如勞基法施行細則第7條的勞動契約內容）固不屬之，即使按照主管機關所提供給各界參考使用的契約範本（例如勞動契約範本或團體協約範本），也不屬之。

定型化契約條款固有其經濟上的效率與好處，但其所引發的問題，係經濟上強勢之一方，基於契約自由之名，行單方擬定有利於己、而不利於他方（消費者）條款之實，例如免責條款、失權條款、法院管轄地條款[12]（甚至約定仲裁條款）等，將契約上之危險及負擔作不合理之分配與

---

[11] 孫森焱，民法債編總論（上），2012年2月，修訂版，頁38。依據2018年12月5日制定公布的勞動事件法第33條第2項規定：「勞工與雇主間以定型化契約訂立證據契約，依其情形顯失公平者，勞工不受拘束。」

[12] 依據2018年12月5日制定公布的勞動事件法第7條第1項規定：「勞動事件之第一審管轄合意，如當事人之一造為勞工，按其情形顯失公平者，勞工得逕向其他有管轄權之法院起訴；勞工為被告者，得於本案言詞辯論前，聲請移送於其所選定有管轄權之法院，但

歸與。所以，以契約正義矯正此一不良之現象，適度保障經濟上的弱者，乃成為社會福利國家基於保護義務所需完成的任務之一[13]。至於具體的作法，在立法上，得增訂強行規定（民法第247條之1），包括要求先經核准、核備程序（甚至備查程序亦具有一定行政強制力）；在行政上，行政機關在依法行政原則下，加強監督管制；在司法上，則是由法院審查契約條款之效力。其中，由法院擔負起規整不合理契約條款的社會任務，尤具重要性。

在早期，司法院即已認為農會所出具的聘僱契約書有一結婚即辭職之約定，可認為具有「附合契約」之性質，非當然具有其所約定之效力，仍應就約定之內容為具體衡量，以定其效力之有無[14]。

而在法院審理定型化契約條款時，除適用契約解釋的一般理論外，尤應採行三項原則：客觀解釋原則、限制解釋原則、不明確條款解釋原則[15]。另外，基於解釋統一的必要性，定型化契約條款的解釋屬於法律問題，得上訴第三審。而在定型化契約條款的內容經由解釋確定後，即應進而依據民法第247條之1，以及民法的概括規定檢查條款之合理性，即：強行規定（民法第71條）、公序良俗（民法第72條）[16]、以及誠實信用原則（民法第148條第2項）。雖然這些概括條款在個別契約的有效性及合理性上，已在發揮其規範的效力。但是，面對著定型化契約條款的內容，尤其應加深及加廣其規範的功能。其中，誠實信用原則從公平合理的角度，衡

經勞動調解不成立而續行訴訟者，不得為之。」

[13] 另一個途徑，是將僱傭契約予以社會化。亦即在民法體系之外，另外以特別法的方式，制定勞動契約法、勞動保護法，以及集體勞動法。1929年的工廠法及工會法、1930年的團體協約法，以及1936年的勞動契約法（未施行），即是與民法形成雙軌並行的勞動法令，其係在落實社會國家的理念與要求。

[14] 司法院民國78年8月廳民一字第859號函復台高院，司法院公報，第31卷第9期，頁74。

[15] 王澤鑑，債編總論第一冊，頁79以下；王澤鑑，台灣的民法與市場經濟，收錄於：民法學說與判例研究第七冊，1994年8月，四版，頁28以下。

[16] 最高法院73年度第10次及第11次民庭會議決議參照，兩次決議均涉及金融機關定型化契約條款的效力問題。最高法院以其違反公共秩序而無效。

量定型化契約條款的有效性，其補充公序良俗的不足，形成最後的審查準繩，也是維持契約正義的最後一道防線。於此，不可否認的是，即使在我國僱傭契約社會化的程度日益提高，個別勞工法及集體勞工法的法令燦然大備，惟無論是個別契約或定型化契約條款，仍然有賴於法院運用上述概括條款以達定紛止爭之效。

第二目 公序良俗

公共秩序及善良風俗（公序良俗）亦會發生勞動保護的作用。依民法第72條規定：「法律行為，有背於公共秩序或善良風俗者，無效。」民法第17條第2項也規定：「自由之限制，以不背於公共秩序或善良風俗者為限。」緣公共秩序及善良風俗是國家公共利益的要求，國民倫理的反映，故法律行為之內容不得違反之。而自由也是個人發展健全人格，人類發展文化所須，其限制當然也不得違反公共秩序或善良風俗。其中，所謂公共秩序，通說認為係指國家社會一般利益，其代表當時的社會價值觀念。在此，隱含著個人利益必須因公共秩序而退讓。隨著國家政策或社會觀念的改變，公共秩序也會因之轉變或調整[17]。公共秩序之實踐，除了藉由法規或政策、措施具體明確化外，主要係以概括條款的方式存在，而此即需要透過法院實務個案具體判斷之。舉例而言，競業禁止條款之有效性是否應加入公共秩序審查？

有關違反公序良俗的例子有：例如甲欠乙債，約定終身為奴[18]。另外，最高法院80年台上字第792號判決認為旅行契約免責條款因違反公共秩序而無效。在本案中，甲偕其妻參加乙旅行社舉辦的非洲旅行團。乙委託肯亞旅行社辦理當地旅行活動，因發生車禍，甲重傷，其妻死亡。甲向乙請求損害賠償。乙以其在旅行契約中訂定有不對債務履行輔助人的過失

---

[17] 王澤鑑認為公序良俗在具體化國家社會利益的過程，帶有繼受功能、轉換功能及正當化功能。王澤鑑，勞動契約上之單身條款、基本人權與公共秩序，收錄於：民法學說與判例研究第七冊，1994年8月，四版，頁49。

[18] 按照本書作者的看法，其實即使短暫為奴的約定，同樣是無效。刑法第296條也有使人為奴隸罪的制裁。這與約定為家庭幫傭者，尚有不同。

負責的條款，拒不賠償。最高法院認為肯亞旅行社為乙的債務履行輔助人[19]，並且「旅行業者印就之定型化旅行契約附有旅行業者就其代理人或使用人之故意或過失不負責之條款，但因旅客就旅行中之食宿交通工具之種類、內容、場所、品質等項，並無選擇之權，此項條款與公共秩序有違，應不認其效力。」[20]

　　至於與僱傭／勞動契約有關者：教師聘僱契約約定教師中途離職者，學校得不發給離職證明書，此一約定違背公序良俗[21]。又，性交易行為違背公序良俗而無效，不發生約定的報酬請求權[22]。也就是說，現實的工作實態上，存在著特種行業之公主條款或牛郎條款，要求當事人必須提供有關性的服務。由於台灣現行法令尚不允許性產業工作者[23]，因此，該約款亦屬無效。而且，針對已經提供的服務，當事人也不得主張事實上勞動關係之適用。依據本書所見，即使是媒介色情交易者（俗稱皮條客），其與

---

[19] 最高法院97年度台上字第593號判決同樣認為國外旅遊業者為國內旅遊業者之履行輔助人。其認為：「旅遊營業人將其與旅客約定所應提供之旅遊服務，委由國內或國外之他旅遊營業人代為處理，其彼此間所成立者，或為委任，或為承攬，或為無名之契約，端視契約實際約定之內容及其屬性如何定之，不可一概而論。……原審將國內旅遊業者委由國外旅遊業者提供旅遊服務之契約，一律解為利益第三人契約性質，復將兩造間前述之交易方式為由，而未調查審認兩造間所訂契約是否附有向旅客為給付之第三人約款，並敘明其認定所憑之證據，即認兩造間所成立者係利益第三人之旅遊契約，被上訴人所招攬之旅客，得直接對於上訴人主張旅客之一切權利，非但所持之法律見解可議，抑且有判決不備理由之違法，兩造間之契約關係為何？攸關系爭費用應由何人負擔，自應先予釐清。」

[20] 王澤鑑雖基本上肯定最高法院80年台上字第792號判決的結論，但認為此涉及契約上危險的合理分配，應以誠實信用原則為控制標準，而非以公共秩序作為定型化契約無效的理由。請參閱王澤鑑，台灣的民法與市場經濟，收錄於：民法學說與判例研究第七冊，1994年8月，四版，頁30；王澤鑑，定型化旅行契約的司法控制，收錄於：民法學說與判例研究第七冊，1994年8月，四版，頁70。

[21] 台灣台北板橋地方法院79年台訴字第9號判決參照。

[22] 值得注意的是，社會秩序維護法第80條設有例外規定。

[23] 雖然社會秩序維護法第91條1規定：「直轄市、縣（市）政府得因地制宜，制定自治條例，規劃得從事性交易之區域及其管理。」惟目前台灣各地方政府並無制定性交易的自治條例者。

僱用人間之僱傭契約亦屬無效，不存在僱傭契約的權利義務問題。

第三目　誠信原則（含情事變更原則、權利失效）

　　民法的誠實信用原則（誠信原則）尤其會發揮勞動保護的規整作用。依據民法第148條第2項規定，「行使權利，履行義務，應依誠實及信用方法。」所謂誠實信用，係指於具體的法律關係中，依公平正義理念[24]，就當事人之利益為衡量、運用之意。誠信原則是法律的最高原則，為帝王條款（Königlicher Paragraph），其係道德觀念化身於法律的表現，具有將社會共通的價值觀念，在個案中予以具體化的功能[25]。其適用的對象，雖有主張僅只於債之關係[26]，惟多數學者[27]及法院[28]認為適用於一切法律關係，不以債權債務關係為限，蓋其規範的重點在於公平較量當事人雙方之利益，以求交易上的合理妥當。所以，既適用於所有法律領域，其自當適用於勞工法領域。法院也多引用為解釋補充或評價法律行為的準則。法律行為違反誠信原則時，不發生行使權利及履行義務的效力。

　　在實務上，法院偶有引用公平原則作為裁判依據者，其似為誠信原則的表現。例如針對勞工因雇主未盡到職業安全衛生法規而致職業災害，如其由親屬照顧時，得否向雇主請求看護費用？法院有認為：按親屬代為照顧被害人之起居，固係基於親情，但親屬看護所付出之勞力並非不能評價為金錢，雖因二者身分關係而免除被害人之支付義務，惟此種基於身分

---

[24] 公平正義或社會正義也是自然法的法律思想，具有民法第1條法理的效力，得作為權利主張的依據。

[25] 王澤鑑稱其為實體法之窗戶，使得實體法得以與現實社會互通聲息，並且不斷地成長與豐富。王澤鑑，誠信原則僅適於於債之關係？收錄於：民法判例與學說第一冊，1980年6月，五版，頁329以下。

[26] 最高法院61年台上字第413號判決參照。

[27] 王澤鑑，誠信原則僅適於於債之關係？收錄於：民法判例與學說第一冊，1980年6月，五版，頁329以下；劉春堂，判解民法債編通則，2011年2月，修訂六版二刷，頁221以下，226以下。

[28] 最高法院58年台上字第2929號判例：委託人為避免報酬之支付，故意拒絕訂立媒介就緒之契約，再由自己與相對人訂約，仍應支付報酬。

關係之恩惠,自不能加惠於加害人,故由親屬看護時雖無現實看護費之支付,仍應認被害人受有相當於看護費之損害,得向加害人請求賠償,始符公平原則,被害人仍得依民法第193條第1項規定求償[29]。

除了民法第148條第2項誠信原則的一般規定外,民法也有加以具體化的規定,情事變更即屬其一。緣在情事變更時,法院得依聲請為增減給付或變更其他原有效果之判決(民法第227條之2)。此處所謂的「情事」,係指契約成立當時,作為其基礎、背景或環境之一切客觀的情況,非指當事人個人之情事或其主觀的意思。包括經濟的情事及非經濟的情事在內[30],前者例如通貨膨脹、能源危機、經濟蕭條、罷工等,後者例如天災、交通中斷、傳染病蔓延、政變、戰爭[31]。解釋上,法規的重要改變亦屬於非經濟的情事。至於所謂的「變更」,則係指上開情況在客觀上發生變動而言,與當事人個人情事的變動無關,例如生重病或陷於支付能力不足均不屬之。由此看來,針對2016年12月21日修正公布施行的勞基法第36條第1項規定:「勞工每七日中應有二日之休息,其中一日為例假,一日為休息日。」(所謂的一例一休),由於已動搖當初勞僱雙方簽約的基礎,似宜將之歸類為情事變更事件處理。

以下擬針對誠信原則進一步說明各種義務(群)。

一、先契約義務:尤其是締約上過失理論(民法第247條、第91條、第110條)

當事人因締結契約而接觸、磋商、談判、甚至訂立契約時,負有說明、告知、注意、保護照顧及其他義務。這是由於在此一階段,雙方已由一般關係,進入他方得影響或管轄的領域,雙方具有「類似契約關係」(Vertragähnliche Verhältnisse),所以,以適用於一般人之侵權責任漸

---

[29] 最高法院94年度台上字第1543號判決、台灣高等法院105年度重勞上更(一)字第3號判決參照。

[30] 劉春堂,民法債編各論(中),2011年11月,初版,頁222。

[31] 有關台灣與中國因政治意見(例如有無「九二共識」)的重大分歧,所(可能)導致的兩岸政治協議(例如三通、漁業協議)的擱置不用,如係長期地影響我國廠商及人民的生活事實時,似乎亦可歸類為此處之非經濟情事。

減，而趨近於契約關係的契約責任則漸增[32]，產生出一種特殊民事責任：針對締約上過失（Culpa in contrahendo），依據契約法之規定，處理締約上過失之責任[33]。在此一階段，並得類推適用民法第224條代理人或使用人的故意過失責任。

　　此種債之關係，並非基於法律行為而來，而係屬於法定債之關係。在此，行為人應負消極利益（信賴利益）的損害賠償責任。這是指契約雖因故無法有效成立，但當事人為締結契約已付出相關費用、準備履行契約所需費用及放棄與其他雇主訂立勞動契約所生之損害，此類費用得請求賠償。民法第91條即對此加以規範[34]。舉例而言，學經歷俱佳之求職人甲，應徵乙雇主的求才活動，卻因性別歧視因素而未被錄取。

　　此一締約上過失責任理論，亦適用於協商簽訂勞動契約時的勞動保護。蓋求職人與雇主進行契約磋商時，已經進入雇主的廠場或實力可影響的範圍，基於控制及排除場所危險因子的責任，雇主負有求職人保護照顧義務，以免其受到人身上的傷害及財產上的損害。不如此，雇主即需負起締約上過失責任。惟解釋上，此一保護義務，其範圍並不包括求職人往返面試場所或磋商地、簽訂地所受到的傷害（尤其是交通事故）及財產上的損害（例如在公共交通工具上失竊財產）。

二、債之關係履行中之附隨義務（非從給付義務）

　　在債之關係上，當事人間存在給付關係，構成法律上之特別結合關係[35]。至於結合的程度，視債之關係存續期間的長短而定，在一時性契約（例如買賣、贈與）較弱，在繼續性債之關係（例如僱傭、租賃、合夥、

---

[32] 王澤鑑稱此為「介於『契約責任』與『侵權責任』間之一種特殊民事責任」。王澤鑑，債編總論第一冊，頁170。

[33] 惟第91條、第247條並非無過失責任。

[34] 與此相對的，民法第110條之無權代理人責任，固然仍係屬於法定債之關係，惟此一基於民法規定而發生的特別責任，屬於原因責任、結果責任或無過失責任之一種。無權代理人並且應負履行利益的損害賠償責任。最高法院56年台上字第305號判例參照。

[35] 王澤鑑，債之關係的結構分析，收錄於：民法判例與學說第四冊，頁83以下；Burkhard Boemke, Arbeitsrecht, 2001, § 6 Rn. 28.

居間）則較強[36]。其與是否具有「從屬性」並無必然關聯，甚至即使派遣勞工與要派公司間雖無勞動契約關係，基於誠信原則考量，也有相同的保護需求[37]。且隨著時間的拉長，雙方間給付關係的結合也不斷強化。此不獨在給付義務如此，從給付義務及附隨義務亦是如此。而且，繼續性之結合關係，特別重視當事人間之信賴與合作，一旦信賴基礎喪失，當事人之一方即得行使契約終止權（民法第489條[38]、第549條、第263條準用第260條參照）。在繼續性契約關係中，以僱傭關係而言，各種企業經營風險也不斷增加或產生，例如天災、事變或突發事件（勞基法第32條第3項參照）[39]。其將會造成嗣後給付不能之後果（客觀不能、事實不能）（民法第225條參照），並使僱傭關係受到影響（給付義務、附隨義務），嚴重時，甚至會導致僱傭關係的終止。

　　所謂的給付義務或給付關係，視狀況而定，有時是指給付行為（Leistungsverhalten），有時是指給付效果（Leistungserfolg）。以僱傭關係而言，受僱人所負之給付義務，為給付行為，而非給付效果。此與承攬關係不同。受僱人只需盡到行為上之義務，即使僱用人未能獲有財產利益，仍得請求對待給付（不過，雇主所給付之工資，可以加入以績效為準

---

[36] 以旅行契約而言，雖然旅客與旅行社的法律關係會存在一段期間，但傳統上並未將之歸類為繼續性債之關係。這就像運送契約期間可能長達數周或數月一樣。只不過，在旅行契約存續期間，當事人雙方的附隨義務即不斷地產生。以旅行社而言，有告知（旅遊地的政治穩定度或社會治安狀況）、說明、保護、照顧（旅客的行李）、交付文件等義務，而旅客則有協力、守時、守法（不攜帶違禁品、不性騷擾同團旅客）、守分（尊重當地風俗習慣）等義務。

[37] 台灣高等法院105年度重上更（一）字第3號民事判決（中華工程公司案）參照。

[38] 依據民法第489條第1項：「當事人之一方，遇有重大事由，得終止契約。」其所謂的重大事由，並不以存在於契約相對人者為限，而是包括本身的事由。例如勞工有長期重病的事由，而雇主未依勞基法第11條第5款予以資遣時，勞工即得引用民法第489條第1項及勞基法第14條第1項第6款終止契約，並請求雇主給付資遣費。

[39] 嚴格而言，勞基法第32條第3項之「突發事件」有可能是可歸責於雇主的事由（例如機器突然無法運作或突然欠缺材料）（民法第226條參照）或不可歸責於勞雇雙方、但卻非天災事變之事件（例如台電突然大停電）。

之項目）[40]。亦即在提供勞務後，風險及負擔已轉至僱用人身上。在此，勞工的提供勞務，意指其必須「依約準時工作」，否則即屬嗣後給付不能（民法第226條參照）。連帶地，勞工如欲終止契約離去，亦必須遵照預告期間（勞基法第15條第2項參照）[41]，這也是主要義務的內涵。不如此做，雇主即可依勞基法第12條第1項第6款終止契約，並且請求所生損害的賠償（主要是指無人可接替工作或調度不及所生之損害）。至於徵才廣告的費用，如果是一般市場行情的費用，因為勞工即使合法預告終止時，雇主同樣需要支付該筆費用，故無損害可言[42]。但假使是雇主因急需用人，而付出較一般行情高之徵才費用，即可就超出之部分請求賠償。

　　除了主給付義務（民法第199條參照）外，在契約關係上，當事人之一方基於從給付義務及附隨義務[43]，負有保護照顧他方及其他輔助主給付義務實現之義務[44]。其中，特別是在繼續性債之關係，基於誠實信用原則而來之附隨義務，更是要求契約各個階段的保護義務。緣附隨義務並非自始確定，而是隨著契約關係的進展，按照具體的狀況，衍生出一系列作為或不作為之義務，以維護相對人之人身及財產利益[45]。無論違反給付義務

---

[40] 最高法院45年台上字第1619號判例「受僱人供給之勞務不生預期之效果」。

[41] 如果勞工在工作中未預告終止契約即轉往他處任職或自行創業（不告而別），亦是屬於民法第226條的嗣後給付不能，必須負擔損害賠償責任。實務上雇主為避免此種狀況，多有以違約金約定加以因應者。與此略有不同的是，由於不提供勞務性質上為給付不能（嗣後主觀給付不能）、而非給付遲延，一旦勞工終局地、明確地表達不再提供勞務後即行離去，其即已違反忠實協力義務，雇主無須再等待連續曠職三日或一個月曠職六日（勞基法第12條第1項第6款），當得立即僱用他人工作，並向勞工為終止契約及請求債務不履行損害賠償的意思表示。其法律依據，我國多數學者採取「給付拒絕」為一種獨立的債務不履行型態的見解。惟王澤鑑則是引用民法第227條之不完全給付。王澤鑑，損害賠償，頁238以下、241。

[42] BGH 296, 157, 173.

[43] 從給付義務及附隨義務的具體態樣，包括保管義務、保密義務及協力義務等。

[44] 相異於我國民法第199條僅有給付義務的規定，德國民法第241條第1項為給付義務的規定，同條第2項則是保護義務的規定。

[45] 即使在企業併購階段，新雇主依據企業併購法第16條第1項之通知被商定留用勞工，此一「通知義務」亦屬附隨義務，具有保護勞動關係的程序正義的功能。有疑問的是，在

或附隨義務，均會構成不完全給付之債務不履行責任。以僱傭／勞動契約而言，在經過漫長的法治發展後，我國民法第483條之1及職業安全衛生法已將保護義務明確規定[46]，以具體化憲法第15條工作權、生存權及第153條勞工保護的基本權利與基本國策。例如，依據職業安全衛生法第32條規定，雇主應施行從事工作與預防災變所必要之安全衛生教育及訓練；第33條規定，雇主應宣導職業安全衛生法及有關安全衛生之規定，使勞工周知。另外，雇主應告知勞工機器之特殊使用方法及其危險性，並且身體力行地實際教導勞工如何避免發生危險，等到勞工達到操作嫻熟的地步始能停止。基於僱傭契約並無瑕疵擔保之規定，在勞雇任何一方違反給付義務或附隨義務之瑕疵給付時，即必須適用不完全給付之規定（民法第227條），如其能補正者，適用給付遲延規定（民法第229條以下）[47]；不能補正者，適用給付不能規定（民法第226條）。

再就照顧義務及保護義務（Schutzpflicht）一言者，其適用於勞工人身安全及勞工帶至廠場的必要物品（工具、衣服）[48]。其與私法上的勞工保護義務（民法第483條之1）限於生命身體健康者，保護範圍尚有不同。其功能有二：(1)促進實現主給付義務（輔助功能）[49]；(2)維護他方當事人人身（及資訊／料保護）或財產上利益（保護功能）〔完整利益（Integritätsinteresse）或維持利益（Erhaltungsinteresse）〕[50]。既謂「他方當

通知當時，新雇主尚未與被通知留用的勞工發生勞動關係，其是基於準備與留用勞工繼續勞動關係的立場而為通知？或者其是屬於傳統先契約義務的內涵？或者其係由舊／前雇主授權而為？依本書所見，在當時，勞動關係既然仍存在於舊／前雇主與勞工間，即應由舊／前雇主履行「通知義務」始為正確。

[46] 德國文獻，請參閱Burkhard Boemke, Arbeitsrecht, 2001, § 6 Rn. 28.

[47] 例如工資的給付。

[48] 也就是說，不包括金錢、有價證券、珠寶或其他貴重物品。除非勞工與雇主另外成立一寄託契約，勞工明確地報明雇主寄託物的性質及價值，並且為僱用人所接受（民法第639條參照）。

[49] 本書認為這一點與從給付義務之「確保債權人之利益能夠獲得最大的滿足」應無不同。

[50] Hans Brox and Wolf-Dietrich Walker, Allgemeines Schuldrecht, 36 Aufl., 2012, § 2 Rn. 11, 12; Burkhard Boemke, Arbeitsrecht, 2001, § 6 Rn. 27 ff., 32.

事人」，當然包括勞工對於雇主也負有保護義務[51]，例如勞工在工作中，對於自己負責或控制的工作領域已經發生或即將發生的損害，負有通知雇主之義務[52]；並且，應依規定或視現場工作之狀況，將危險機具收好，以避免危害雇主及其他勞工（或其他第三人）。其中，維護他方當事人人身或財產上利益的保護義務，其性質同於侵權行為法上之交易安全義務／社會安全義務（Verkehrssicherungspflicht/Verkehrspflicht）[53]，與給付義務的關聯較為疏遠。基於對特定物品具有管領力者（建築物所有人、商業經營人、事業單位所有人等），即具有較大管控危險源之能力之思想，其乃有採取組織措施、安全措施之維護相對人交易安全之義務[54]。所以說，此一通知、保護、照顧之附隨義務，具有預防危險（害）之功能，違反者，必須負不完全給付之債務不履行責任（民法第227條第2項參照）。

再者，保護義務不僅存在於契約的每個階段或履行過程，如前所述，在協商締約的階段，實際上即會發生先契約義務（vorvertragliche Pflicht），一旦違反，即須負締約上過失責任（民法第247條）。解釋上，即使勞動契約基於某種原因而自始無效，惟只要勞工已提供勞務，雇主即須負保護義務[55]。而在契約履行過程，更應注意避免侵害相對人的人身或財

---

[51] 王澤鑑，債之關係的結構分析，收錄於：民法判例與學說第四冊，頁94以下。台北地院87年度勞訴字第33號判決似亦採此看法。其實，德國職業安全衛生法（Arbeitsschutzgesetz, ArbSchG）第三章（第15條、第16條）即為受僱人的義務規定。

[52] Burkhard Boemke, Arbeitsrecht, 2001, § 11 Rn. 37 ff.

[53] Josef Esser and Eike Schmidt, Schuldrecht Band I Allgemeiner Teil Teilband 1, 7. Aufl., 1992, S. 77; Hans Brox and Wolf-Dietrich Walker, Allgemeines Schuldrecht, 36 Aufl., 2012, § 28 Rn. 3.

[54] 有關交易安全義務之說明，請參閱王澤鑑，民法實例研習叢書第一冊，1982年10月，頁79以下；Meinhard Heinze, Unerlaubter Handlungen, in: Lexikon des Rechts, Schuldrecht, 1996, S. 215 ff. 另外，台北地院87年度勞訴字第33號判決亦有引用交易安全義務。

[55] 所以，針對派遣勞工與要派機構間不存在勞動關係，台灣高等法院105年度重勞上更（一）字第3號民事判決（中華工程公司案）認為：「要派公司於派遣勞工給付勞務時，與其有一緊密的社會接觸，且在派遣關係上，要派公司類同雇主實際指揮監督派遣勞工並實質使用派遣勞工，依誠信原則考量，就工作環境及勞務給付可能性之風險控制上，派遣勞工如同要派公司自己雇用之勞工，在保護需求上應無不同。」

產上利益，否則即須負不完全給付責任〔積極侵害債權（positive Forder-ungsverletzung）〕（民法第227條）[56]。惟勞工如係在勞動關係中／休止期間（留職停薪期間），雇主之保護義務亦隨之暫時中止。同樣地，在罷工或鎖廠期間，解釋上勞動關係亦暫時中止，雇主亦無保護義務可言。有問題的是，勞工在勞基法、勞工請假規則、性別工作平等法、工會法等勞工法令及各機關函示所規定的各種假別期間，雖然勞動關係存續，但由於勞工並未提供勞務，雇主是否仍負有保護義務？對此，本書以為以否定為宜，蓋雇主之繼續給付工資性質上為社會性的給付。最後，勞工如係依據勞基法第16條第2項請謀職假期間，由於並非在工作場所提供勞務，雇主只需按照勞動契約的一般照顧義務准假即可，並不負謀職假期間的保護義務，連帶地，如其在謀職假期間遭遇意外事故，亦只是普通傷害、而非職業災害。

三、後契約義務

基於當事人在債之關係中，係一法律上之特別結合關係，不僅給付義務，即使附隨義務都有緊密結合、層層相扣的關係。尤其是附隨義務中的保護照顧義務，不獨發生在履約階段或過程，更且延伸至協商締約的先契約時期，而在債之關係結束後，特定附隨義務仍然繼續發揮其效用，學者稱之為後契約義務（nachvertragliche Pflicht）[57]。

此一後契約義務，也是基於勞工保護的法律思想而來。亦即要求契約關係結束後，當事人仍負有某種作為或不作為義務，以維護給付效果，或協助相對人處理契約終了後義務。例如勞動契約終止後，勞工負有保密義務、而雇主負有發給服務／工作證明書義務（照顧義務或促進義務）。兩者均為獨立之後契約義務。任何一方違反後契約義務時，均應負債務不履行之損害賠償責任。

此處可再一言者，學者間認為基於債之關係所生之對於相對人之人身

---

[56] Burkhard Boemke, Arbeitsrecht, 2001, § 6 Rn. 33, 36.

[57] Josef Esser and Eike Schmidt, Schuldrecht Band I Allgemeiner Teil Teilband 1, 7. Aufl., 1992, S. 111 f.；王澤鑑，債之關係的結構分析，收錄於：民法判例與學說第四冊，頁97以下。

上及財產上利益之保護照顧義務，並不以契約成立生效為前提。換言之，即使契約不成立、被撤銷（民法第92條參照）或無效，如果相對人權利受到侵害，亦得依不完全給付之規定，請求損害賠償。以勞動契約而言，即使求職人面試未獲錄取，但其在面試場地因地面濕滑跌倒受傷，即得依債務不履行規定，請求損害賠償。

四、附保護第三人作用理論之引進

上述債之關係所衍生之對於相對人保護照顧之附隨義務，無論是契約簽訂前、契約關係進行中或契約結束後、甚至契約不成立、被撤銷或無效，均是以「契約相對性」理論作為運作基礎。亦即保護照顧對象限於契約相對人。而在契約當事人之一方違約（違反附隨義務）時，基於「債權人利益理論」（Dogma der Gläubigerinteresse），損害賠償請求人必須具備責任成立要件〔構成要件原則（Tatbestandsprinzip）〕，並僅得請求本身所受的損害[58]。

惟在德國法上，早已發展出「附保護第三人作用的契約」（Vertrag mit Schutzwirkungen zugungsten Dritter）理論，將契約附隨性之保護義務，擴張及於與債權人禍福具有利害關係之第三人（例如與承租人或受僱人同居的親屬）[59]。此一理論，使得保護義務與主給付義務及從給付義務正式地「脫鉤」[60]。

德國法上的「附保護第三人作用契約」理論，擴張契約關係對於第三人之效力，使債務人對於與債權人具有特殊關係之人（例如同居的親屬），亦負有保護照顧等義務。一旦債務人違反此一義務，即應依契約法上之原則負賠償責任。但是，在此一理論之下，第三人對於債務人並無契約上的給付請求權。[61]「附保護第三人作用契約」係建立在基於誠信原則

---

[58] 王澤鑑，損害賠償，2017年3月，頁15、307以下。

[59] 相關說明，請參閱王澤鑑，債編總論第一卷，1988年1月，頁31。

[60] 楊通軒，論勞動派遣關係當事人之權利與義務，東海大學法學研究，第33期，2010年12月，頁287。

[61] 其實，在派遣勞動關係中，從勞動契約來看，要派機構係第三人、而派遣勞工是債務人；如從派遣契約來看，則要派機構為債務人，而派遣勞工是第三人。因此，要派機構

而發生之保護照顧等附隨義務上。從而在債務人與第三人間，產生了一種
以誠實信用為其基礎，以照顧及保護義務為內容之法定債之關係。此一理
論之最大困難，是如何界定第三人之範圍。為免過大而造成債務人義務範
圍擴張，應該將其限於債權人對於該等人或基於親屬、勞動、租賃等人格
法上的關係，[62]而應該負擔保護照顧義務者。[63]

　　由此看來，與勞工同財共居的家屬因勞工由工作地或廠場帶回的致病
源（通常附著在穿戴的衣物及配件或交通工具上）而傷亡者，本來並非債
之關係保護照顧義務的適用對象，而應依一般侵權責任救濟。惟其與勞工
具有密切的禍福利害關係，解釋上應可援引「附保護第三人作用契約」理
論，依債務不履行之規定請求損害賠償[64]。

五、不真正義務

　　在債之關係上，除了給付義務及附隨義務外，尚有一強度較弱之不真
正義務（Obliegenheit）。這通常是指權利人具有一定失權行為的情事而
言。緣權利人本有自由處分權利或利益的權限，而不負不損害自己權益之
義務[65]。即其並非如真正的債務人負有一定作為或不作為之義務，所以，
相對人也無所謂的履行請求權或損害賠償請求權可言。但是，另一方面，
放任自己的權利或利益損害而不加以維護照顧，致使相對人負擔更大或更
重的責任，究不得謂合乎公平。因此，既然權利人有一定的失權行為，則

與派遣勞工應該對於他方負有保護照顧義務。

[62] 王澤鑑，契約關係對第三人之保護效力，收錄於：民法學說與判例研究第二冊，1981年
　　8月，三版，頁41；承攬不在此一人格法上關係之內。

[63] 王澤鑑，契約關係對第三人之保護效力，頁34以下。Hans-Joachim Musielak, Grundkurs
　　BGB, 7. Aufl., 2002, Rn. 895 ff.

[64] 王澤鑑認為締約上過失、不完全給付、具保護第三人作用契約等，均係以保護義務為
　　內容，構成了所謂「無原始義務之法定債之關係」（gesetzliche Schuldverhältnisse ohne
　　primäre Leistungspflicht）。王澤鑑，債之關係的結構分析，收錄於：民法判例與學說第
　　四冊，頁97以下。

[65] 同理，事業單位經營人負有提供符合工安法令的職場環境之義務，勞工並不負選擇一符
　　合工安法令的職場環境之義務。雇主不得以勞工自願承受危險為由，而主張免除職業災
　　害賠償或補償責任。

基於公平原則或誠實信用原則，自不應令其得向相對人主張全部的權利或利益，而允宜使其蒙受部分權利減損或喪失之不利益。一般係以損益相抵（民法第216條之1）／過失相抵（民法第217條）或解除權消滅（民法第262條）作為不真正義務之例。

　　其中，由於職業災害的勞工，如依民法侵權行為規定向雇主請求損害賠償時，雇主往往援引民法第217條之過失相抵作為對抗依據。由此看來，不真正義務與勞動保護也具有一定的關連。

　　值得一提的是，依據民法第487條之1規定：「受僱人服勞務，因非可歸責於自己之事由，致受損害者，得向僱用人請求賠償。前項損害之發生，如別有負責任之人時，僱用人對於該應負責者，有求償權。」其中，「因非可歸責於自己之事由」是否為受僱人之不真正義務？對此，似應採肯定的見解，蓋無論法院[66]或論者間有持第487條之1為「無過失賠償義務」規定者，藉由此一受僱人如有可歸責事由即喪失部分或全部求償權之設計，乃得以適度緩和僱用人之責任。由此觀之，該條文並非全然（換言之：只是有條件）採取無過失責任主義。

第二項　民法中個別勞務提供契約之（強制保護）規定

第一款　僱傭契約：民法第483條之1及第487條之1

　　僱傭／勞動關係為勞雇雙方之特別結合關係，依據民法第482條規定，雙方間除給付義務外，並且互負有附隨義務：雇主之照扶（保護及照顧）義務及勞工之忠實／誠義務[67]。此一雇主之照扶／附隨義務，在民法第483條之1獲得進一步的體現，亦即雇主對於勞工之生命、身體及健康負有保護之義務。

　　必須注意的是，雇主基於民法第482條之保護及照顧義務，並不區分

---

[66] 台灣高等法院104年度勞上字第54號民事判決參照。

[67] 值得思考的是，勞工的忠實義務解釋上是否也包括對於雇主的保護照顧義務？例如盡力避免機器設備傷害雇主及同事？告知雇主瀕臨的或有立即明顯危險的機器設備上的瑕疵？似應予以肯定，即使認其非嚴格意義之保護義務，但至少應視為勞工的不真正義務（民法第217條參照）。

人身上的或財產上的利益[68]。惟，如果依據民法第483條之1規定：「受僱人服勞務，其生命、身體、健康有受危害之虞者，僱用人應按其情形為必要之預防。」因其用語「其生命、身體、健康有受危害之虞者」，可知要求僱用人先為預防措施，其並不以臨近的或迫近的危險為要[69]（此與職安法第18條之退避權要件尚有不同）。觀察民法第483條之1的立法理由，雇主基於民法第483條之1所負之保護義務，只限於確保受僱人之生命、身體及健康免於受到工作場所[70]、設備[71]、工具[72]之傷害。所以，一者，至少在1999年4月21日修正增訂第483條之1時，其似乎只針對技術的勞動保護而言，而不及於社會的／福利的勞動保護（勞動條件）。二者，其所保護者，並不包含確保受僱人攜帶至事業單位中與工作有關連性的財產（工具、衣服）不受侵害（含損害及遺失）。後者，係雇主基於一般的保護照顧義務所生者，而且，也包括寓有（促使）勞工經濟的向上在內。也就是說，針對受僱人對於因執行職務所遭受的財物上損害，除了依侵權行為請求回復原狀或金錢賠償（民法第213條以下），如其財物受有毀損請求賠

---

[68] 依本書所見，王澤鑑所持的保護照顧義務包括財產上的利益，所以其法律依據為民法第482條，而非民法第483條之1。請參閱王澤鑑，債法原理第一冊，2006年9月，頁44以下。

[69] 本來，保護義務並不以預防為限，也包括人身受到侵害的即時救護／助。惟此處重在臨近危險之防止，一旦危險已經現實化，即轉由損害賠償或補償的法律機制處裡。

[70] 雇主此一工作場所之保護義務，解釋上尚不包括提供一個完全無吸煙（免於受到菸害）的環境（反對說：郭玲惠，勞動契約法論，2011年9月，頁82）。另外，此一工作場所也不包括廠場內的動物，例如勞工被雇主所飼養的犬隻咬傷，其只能依據民法第190條向占有人請求損害賠償。倒是，一旦勞工進廠工作，雇主是否即負有一個避免其受到事業場所外第三人（路人甲或仇人乙或搶匪丙）人身傷害之義務？對此，似應區分狀況而定，惟原則上似應採限縮解釋，即雇主只要提共必要的門禁管制措施（包括警衛保全），即已履行此一保護義務矣。這裡還要考慮到：雇主並不會期待勞工與非法入廠者進行追捕或格鬥的行動。

[71] 此處的設備，解釋上也包括保護衣（Schutzkleidung），亦即此部分的費用應由雇主負擔。

[72] 其實，不僅工作場所，設備及工具的之意義，也應該採取最廣義的解釋，包括機器、原料、保護服裝等所有為完成工作所需之物品，如桌椅、安全鋼盔。

償減少之價額（民法第196條）外，並且應可類推適用民法第546條第3項規定，向僱用人求償。

上述民法第483條之1只限於技術的勞動保護，也可從當時施行的勞工安全衛生法及其附屬法規旨在保障勞工人身上的權利，獲得印證。惟在2013年7月3日職業安全衛生法修正公布（並自2015年1月1日起施行）後，由於在第6條第2項新增與工作時間有關的疾病（例如過勞死）及他人行為所造成的身體或精神不法侵害（例如職場霸凌[73]）之預防，以落實工作環境安全衛生及人性化的工作環境。這使得部分的社會的／福利的勞動保護，也在民法第483條之1保護義務之內。在此，解釋上，民法第483條之1之保護，其範圍也同於職業安全衛生法規所強調的預防、補償、及重建三個部分。只是，職業安全衛生法第6條第2項外之絕大多數的勞動條件（例如勞動基準法所規定之工資、童工女工、退休、職業災害等），仍然不在其中，雇主僅須按照各該勞工法令盡其義務責任即可，無須再受到民法第483條之1之適用。

有問題的是，雇主按照性別工作平等法第12條、第13條所負之防治性騷擾之義務，是否亦為民法第483條之1的適用範疇或具體內容？對此，雖然法院實務上有持肯定見解者[74]，惟本書毋寧採取否定的見解。蓋性別工作平等法除在第12條、第13條有防治性騷擾的規定外，並且在第27條及第28條明定性騷擾賠償責任，尚且在「工作場所性騷擾防治措施申訴及懲戒辦法訂定準則」嚴密規定雇主所須採行之防治措施。所以，雇主既已遵照相關規定履行其義務，則即使仍不免發生性騷擾事件，究不宜再課雇主負擔不完全給付之債務不履行責任[75]，以免過度擴大責任範圍導致落入無過失責任或結果責任之實。事實上，性別工作平等法第27條第1項但書與

---

[73] 但有關性騷擾應該依據性別工作平等法第12條等規定處理，而不在職安法第6條第2項第3款「身體或精神不法侵害」之內。

[74] 板橋地院96年訴字第774號判決參照。

[75] 同說：焦興鎧，我國防治性騷擾法制之建構，法令月刊，第57卷第5期，2006年5月，頁463。

第2項、第28條規定，即已明定雇主所應該負擔債務不履行損害賠償的要件（包括債務人對於履行輔助人之責任，民法第224條）[76]，故除非具有法律漏洞，否則法律解釋應以文義解釋為先。而且，這與勞工心理健康之保護或安全的工作環境，並無必然的關聯[77]。蓋幾乎所有的勞動條件都涉及到勞工的心理或生理健康與工作環境的安全舒適。

又，論者間有從職業安全衛生法及其附屬法規的角度出發，認為此等法規加以雇主公法上的義務與責任，勞工得基於雙重效力理論（Doppelwirkung）或雙重性格原則（Grundsatz der Doppelnatur）[78]，以該等法規作為私法上權利之依據者。事實上，早在勞工保護法〔尤其是（舊）勞安法及其相關子法、勞基法等〕及勞保條例的職業災害給付制定施行之前，對於工廠法第7條第7款、第11條、第12條、第42條至第44條及第45條、第46條等規定，學者或者將之解釋為無過失責任的規定，或者將之解釋為推定過失責任的規定（即民法第184條第2項的「保護他人之法律」）[79]。並有認為保護勞工之立法，亦具有私法上之效果。勞工保護立法之規定得形成勞動契約之內容，自動成為最低之勞動條件。依本書的看法，這種主張其實就隱含雙重效力理論的內涵。此一理論的產生，在德國可以遠溯至1920

---

[76] 反對說：性別工作平等法第27條第1項規定係參照民法第188條規定而來，屬侵權行為責任。劉志鵬，職場性騷擾之法律救濟─板橋地院96年訴字第774號判決評釋，台灣勞動法學會學報，第8期，2009年12月，頁136；侯岳宏，性別工作平等法上職場性騷擾雇主之民事責任，月旦法學雜誌，第196期，2011年9月，頁217。

[77] 台灣板橋地方法院96年度訴字第774號判決參照。反對說：郭玲惠，兩性工作平等法實施成效之檢討─以司法實務為核心，國家政策季刊，第4卷第1期，2005年4月，頁7、16-17；徐婉寧，民法第483條之1之研究─以我國實務見解及日本法為素材，政大法學評論，第138期，2014年9月，頁258以下、268。

[78] 林更盛，承攬關係中職業災害案例評釋，法學叢刊，第174期，1999年4月，頁169以下；MünchArbR and Blomeyer，§ 96, Rn. 6.

[79] 黃茂榮，非財產上損害及減少勞動力之算定，收錄於：民事法判解評釋（I），1978年9月，初版，頁296以下：採取推定過失責任說。

年代[80]，甚至更早[81]。此一理論的轉變，最主要的貢獻，是勞工無須再回頭引用無期待可能原則（Prinzip der Unzumutbarkeit），而是可以直接引用積極侵害債權／不完全給付的規定（德民第278條），要求雇主負擔債務不履行責任。

　　上述雙重效力理論或雙重性格原則固然無誤。惟，追根溯源，既然職業安全衛生法及其附屬法規係民法第483條之1之具體規定（或具體範例）及標準，則雇主之遵守公法上的勞工保護法令，實係植基於照扶義務而來（而照扶義務或保護照顧義務又是從誠信原則而來）。而這也是勞工請求權依據之所在。即勞工得將職業安全衛生法及其附屬法規所規定的設置與管理義務，直接作為勞動契約之內容，援引職業安全衛生法及其附屬法規的規定行使其權利[82]。而雇主亦得主張其已履行職業安全衛生法的安全衛生設施章及安全衛生管理章，以及職業安全衛生法附屬法規的規定，所以

---

[80] 在德國，Nipperdey早在1929年即已主張公法上的義務，同時構成勞動契約的義務，雇主必須履行之。惟Nipperdey的主張，一直要到第二次世界大戰之後，才被德國法學界及實務界所接受。Hans Carl Nipperdey, Die privatrechtliche Bedeutung des Arbeitsschutzrechts, in: Die RG-Praxis im deutschen Rechtsleben, Bd. 4, 1929, 203-230, 215 ff.另請參閱王澤鑑，雇主未為受僱人辦理加入勞工保險之民事責任，收錄於：民法學說與判例研究第二冊，1981年8月，三版，頁250。

[81] 其實，早在1911年，德國法律學者Theodor Kipp所著Über Doppelwirkung im Recht一文中，即已提出法律上雙重效果的理論，雖然其主要係針對私法上的法律效果而為（尤其是「無效法律行為之撤銷」），但是否對於勞工保護法的具有私法效力的發展，有所影響，由於時間上的相近，實在難以去除本書作者如此的聯想，不過這有待於學者的進一步了解與研究。相關介紹，請參閱王澤鑑，法學上的發現，收錄於：民法學說與判例研究第四冊，1982年4月，四版，頁13以下。Kipp, Über Doppelwirkung im Recht, insbesondere über die Konkurrenz von Nichtigkeit und Anfechtbarkeit: Festschrift Maritiz (1911), 211 ff.

[82] 根據徐婉寧的整理研究，法院實務上鮮少如學說就勞工安全衛生法規是否直接構成僱用人僱用契約上的保護照顧義務加以探討。雖然如此，分析法院的判決，或者將勞動安全法規的內容即等同於保護照顧義務之內容。或者實際上常將勞工安全衛生法規所課以雇主公法上的義務視為保護照顧義務內容之具體範例。徐婉寧，民法第483條之1之研究——以我國實務見解及日本法為素材，政大法學評論，第138期，2014年9月，頁251以下。

已盡到民法第483條之1之保護義務。法院實務上即是以雇主有無盡到職業安全衛生法及其附屬法規的義務，作為有無違反民法第483條之1保護義務的認定基準[83]。

　　民法第483條之1固然並非僅是道德義務、也不是不真正義務，惟因勞工保護法規已日益完備、且趨向龐雜[84]，故此一抽象的規定，目前只扮演一攔截條款（Auffangtatbestand）或概括條款的功能而已，即在個案適用上，需要具體化其內容[85]。惟，其雖為強行規定，但並不需與職業安全衛生法採取同樣的處理，即該法並不問僱用人有無故意過失，一旦違反即應負擔損害賠償責任。此處則是雇主得舉證其並無故意過失而免責。雖其原則上只適用於技術的勞動保護，但其保護的範圍（保護義務具體內容）並不以職業安全衛生法及其附屬法規的設施或措施為限[86]，而且，其適用的對象也並無如職業安全衛生法有適用行業及工作者之限制。故其並非僅是一具文規定或只具有訓示意義的性質而已[87]。例如針對受僱人被工廠鋁門玻璃掉落傷害，勞工安全衛生法規並無對於鋁門設置之特別規定，法院則是認為僱用人應注意鋁門之保養，以免玻璃掉落傷人[88]。否則，即應負民法第184條第1項前段之侵權行為責任。在此，對於目前礙於「因事業規

---

[83] 惟依本書所見，即使雇主已盡到職業安全衛生法及其附屬法規的義務，但仍然發生職業災害時，雇主仍難免於勞基法之職業災害補償責任及民法第487條之1之有條件的無過失責任。

[84] 假設未來勞雇雙方自治的勞工保護約定也日趨健全，則民法第483條之1的重要性或許要再向後退縮。

[85] 值得注意的是，為了確保特定事業單位（礦坑／場、工廠或其他相類之場所）中所有人員（包含雇主及勞工）的生命身體健康不受傷害，我國刑法第189條及第189條之1規定有損害保護生命設備罪的制裁，以處罰犯罪人故意或過失之行為。

[86] 徐婉寧，民法第483條之1之研究─以我國實務見解及日本法為素材，政大法學評論，第138期，2014年9月，頁264以下。

[87] 所以，郭玲惠認為：「若無其他安全保護法規之規定，民法第483條之1將僅具有訓示意義，受僱人仍無法主張。」其見解似乎有誤。郭玲惠，勞動契約法論，2011年9月，頁81。

[88] 台南地方法院99年度勞訴字第6號判決參照。

模、性質及風險等因素」尚未被納入職業安全衛生法適用的行業或工作者（職業安全衛生法第4條參照），在特定民法第483條之1保護義務的具體內容時，固然無須受到職業安全衛生法及其附屬法規（尤其是職業安全衛生設施規則）直接拘束，而是得採取較為寬鬆的標／基準。惟基於保護的必要性及人身安全受害的嚴重性，法院判決多有直接引用勞工（職業）安全衛生設施規則的規定者[89]。依本書所見，其應係採取類推適用的法學方法。

　　另外一言者，此處之雇主，原係指負擔企業經營風險之人。惟解釋上，參與企業經營、並具有相當決策權限之人（所謂「功能性的雇主」），例如委任經理人、人事經理等人，亦應在內。除此之外，雖非勞動契約當事人之第三人，如其與原雇主簽訂一契約關係、藉此以使用勞動力者（或可稱為「事實上雇主」），例如借調勞動關係之第三人[90]、勞動派遣關係中之要派機構。這是由於勞務提供的指揮命令權已移轉至第三人或要派機構，而且鑑於機器設備危害的急迫性與重大性、以及勞工生命、身體及健康保護的必要性，使得負擔保護義務之雇主概念隨之擴大。且並不以原雇主與勞工簽訂利益第三人契約為必要[91]。

　　與民法第483條之1具有一定的關聯，且具有勞工保護思想的是民法第487條之1規定。此一規定，與第483條之1相同者，其適用的對象也並無如職業安全衛生法有適用行業及工作者之限制。而且，對於目前尚未被納入勞保條例或勞動基準法適用的受僱人，仍然具有一定程度的保護意義。

---

[89] 台北地方法院93年度勞訴字第37號判決，台灣高等法院高雄分院97年度勞上字第4號判決。引自徐婉寧，民法第483條之1之研究—以我國實務見解及日本法為素材，政大法學評論，第138期，2014年9月，頁253以下。

[90] 有關借調之勞動關係之定義，請參閱行政院勞委會民國82年7月29日台勞動3字第41107號函。

[91] 最高法院105年度台上字第769號民事判決、台灣高等法院105年度重勞上更（一）字第3號民事判決、最高法院107年度台上字第1910號民事裁定參照。三個裁判案例事實相同，法院一致認為要派公司（中華工程股份有限公司）應對派遣勞工與負擔保護照顧及職業安全衛生法上之義務。

在1999年民法第483條之1制定施行前，民法僱傭契約雙方當事人間，係以具有可歸責事由（故意、過失）時，始負債務不履行的損害賠償責任。因此，如果受僱人服勞務受到損害，僱用人無可歸責事由時，即不負損害賠償責任[92]。惟在1999年民法第487條之1制定施行後，配合第483條之1雇主保護義務的明文化，採取與民法第546條第3項危險責任相同之立法例，（至少針對具有一定危險性之事務者）如受僱人非可歸責之事由受害者，即得請求損害賠償[93]。即不問僱用人有無故意過失，在沒有其他應負責任之人時（第487條之1第2項參照），原則上均應負損害賠償責任。法院實務也認為屬無過失責任之歸責原則中所謂危害責任原則之一類型，是其為僱用人本於僱傭契約對受僱人所負之責任[94]，與侵權行為損害賠償責任不同[95]。可見其具有受僱人／勞工保護的思想。在立法規範上也類似於民法第191條之1的設計，而且，僱用人也可以舉證受僱人具有可歸責事由而免責，所以，其事實上為推定過失責任主義的表現[96]。

也就是說，雖然民法學者認為民法第487條之1為僱用人無過失責任的規定（屬於危險責任的一種類型），蓋受僱人之請求損害賠償，固以損害之發生，非可歸責於自己之事由所致者為限，惟對僱用人而言，此項損害賠償責任，不問僱用人有無過失，對於受僱人因服勞務所遭受之損害，均應負損害賠償責任[97]。然而，該條文並非全然採取無過失責任主義。受

---

[92] 只是，如果損害係由僱用人的其他受僱人（即同事）所造成時，受僱人應該仍得引用民法第224條（履行輔助人）主張其權利。

[93] 民法研究修正實錄—（十），立法院第三屆第六會期第十二次會議議案關係文書，頁309、310。

[94] 這是指不完全給付責任而言。

[95] 台灣高等法院104年度勞上字第54號判決（宇鴻公司案）參照。

[96] 不同意見說：陳建志，安全保護義務規範之研究—以僱傭、勞動關係為中心，中國文化大學勞工研究所碩士論文，2001年6月，頁222：無過失責任。

[97] 林誠二，論勞工服勞務受害之賠償請求權，台灣本土法學雜誌，第15期，2000年10月，頁125；劉春堂，民法債編各論（中），2011年11月，初版，頁15。須注意者，民法第546條第3項也有相同的規定方式，「受任人處理委任事務，因非可歸責於自己之事由，致受損害者，得向委任人請求損害賠償。」民法學者也認為該條項係無過失責任的規

僱人如依該條文起訴請求者，仍須證明造成損害之違法的事實存在。而僱用人如欲免除損害賠償責任，則須證明「受僱人具有可歸責之事由」始可，單純地證明自己並無故意、過失或損害的發生起因於其他的原因或損害的發生別有應負責之人時，均不足以使其免除責任[98]。雇主一旦證明受僱人具有可歸責之事由，解釋上，並非謂受僱人之損害賠償請求權即全被排除，而是應受到與有過失之適用。

第二款　承攬、委任（含無因管理）、經理人及居間契約等之規定

第一目　各種規定及其理由

一、承攬契約外之勞務提供契約

　　民法第188條之僱傭並不以嚴格意義的僱傭契約為限，而是只要外觀上具有選任監督關係即可，即以事實上之僱傭關係為標準[99]。受僱人必須接受僱用人的指示，但不若勞動關係下勞工受到拘束的強度，故其仍有某種程度的自主及活動自由。解釋上，民法第188條之僱傭包括委任（含醫院僱用的醫師）、經理人、居間等契約、甚至無法律關係者（例如靠行關係、無因管理人）。至於有無報酬、勞務種類、期間為何，均不問。但不包括承攬契約或法定代理人。

　　值得一提者，民法學者邱聰智認為：「將自己所有車子借人駕駛，自己同車搭乘而於途中為指示者，駕駛人亦為本條項所稱之受僱人，如其因駕駛不慎肇事者，同乘者仍應負僱用人責任[100]。」對此，本書頗表懷

定。劉春堂，民法債編各論（中），2011年11月，初版，頁181；鄭玉波，民法債編各論（下冊），1980年1月，五版，頁446；史尚寬，債編各論，1981年7月，頁382。

[98] 由此觀之，民法第487條之1的規定，與德國民法第618條之採取受僱人負「釋明義務」之立法例，尚有不同。蓋德國民法第618條係為了減輕受僱人的舉證責任而為，僱用人如能舉證自己並無故意、過失或損害的發生起因於其他的原因者，即可免責。有關德國民法第618條「釋明義務」之說明，請參閱MünchArbR and Blomeyer, § 96, Rn. 34; MünchKomm and Lorenz, a.a.O., Rn. 74; Schaub, Arbeitsrecht-Handbuch, 12. Aufl., 2007, S. 1087 Rn. 41.

[99] 最高法院45年台上字第1599號判例、57年台上字第1663號判例參照。

[100] 邱聰智，新訂民法債編通則（上），2003年1月，自刊，頁210。

疑，主要是該借用人並非在僱用他人駕駛，該駕駛人也並非在執行職務。借用人既是無償借物供他人使用，並不宜加以太重的責任。倒是，同乘者在駕駛人行駛中提出行駛路線或調整車速的建議或提醒，是否得解釋為在行使指揮監督權？似乎亦不宜遽然肯定。只不過，由於民法第224條的履行輔助人（使用人）並不以指揮監督關係者為限[101]，包括受任人（郵局、物流公司、旅行業者所選用的遊覽公司或餐廳）、無法律關係者也屬之，所以，只要在當事人間存在債之關係，解釋上即得將駕駛車輛者作為使用人看待，並且由出借車輛者負同一責任[102]。

　　另外，在法院判決中，也有將民法第482條之僱傭契約擴大到僱傭關係以外者。在一件承攬人因搭建鐵皮屋（自距地面5公尺處）墜地死亡，是否有民法第483條之1保護義務適用之爭議案例中，法院多次使用僱用人與受僱人的用語，認為縱非勞基法上之「雇主」[103]，仍有民法第483條之1僱用人對受僱人的保護義務，「僱用人僱用林○○等人搭建鐵皮屋，需在離地面2公尺以上高處作業，並未注意依規定設置或促使其設置安全網，或使其設置安全網、安全帶或其他必要之防護具，致發生高處墜落死亡事故，為有違反僱用人對受僱人之保護義務。」[104]依本書所見，此一判決的見解並不可採，蓋本案當事人為承攬法律關係，其間的權利義務（包含職業災害的法律後果）自應依承攬契約關係處理。依據文義解釋，民法第483條之1之僱用人與受僱人之定義或概念，並不包括承攬人（民法第490條以下）及受任人（民法第527條以下）。況且，無論是勞基法第62條、第63條或職業安全衛生法第25條、第26條，均未規定定作人應

---

[101] 反對說：最高法院97年度台上字第980號判決參照。法院實務通說是採「監督指揮說」。

[102] 最高法院90年度台上字第1046號判決亦將駕駛機車者認定為搭乘者的使用人。

[103] 這裡所牽涉的另一個問題是：職業安全衛生法第2條第3款之雇主定義，是否包括定作人？

[104] 台灣高等法院高雄分院97年度勞上字第4號判決。引自徐婉寧，民法第483條之1之研究－以我國實務見解及日本法為素材，政大法學評論，第138期，2014年9月，頁253以下。

為承攬人之職業災害負擔補償或賠償責任。主因是基於專業信賴及風險歸屬理論。也就是說，承攬人既係以為定作人完成一定工作為業，則其理應擁有完成一定工作的機器設備及專業知識、能力，其也較有能力避免職業災害的發生。基於現代社會專業分工的法則，原則上不應課定作人負職業災害賠償或補償責任。所以，只在承攬人為自然人（即所謂的自然承攬人Solosebständiger）、且無僱用勞工的情形，基於其與勞工地位的類似性及面對企業經營風險的能力有限，使其得主張類推適用勞基法第62條之職業災害補償[105]或民法上的損害賠償。

二、承攬契約

　　民法有關承攬關係規定在二處，一為民法第490條以下，另一為第189條。兩處規定大抵相同，但後者但書「定作人於定作或指示有過失」卻係一特殊的規定，使得定作人例外地須連帶負損害賠償責任。民法學者對於「定作人的定作或指示」大抵並未加以質疑，且有藉由案例說明其意義者[106]。另外，也有從定作人的義務面，認為定作人對於承攬人雖無監督指揮之義務，但對於定作及工作之指示，仍有加以注意之義務，如其於此有過失，自應負責[107]。較具釐清價值的，是學者間有指出第189條只不過係一注意規定，並非請求權基礎。被害人無論是向承攬人或定作人請求損害賠償，均必須依據民法第184條或第185條請求[108]。

　　對於上述民法學者之說法，本書以為有加以釐清之必要。亦即，基於承攬人的獨立性及專業性，承攬人並且必須獨立承擔業務經營盈虧的風險，定作人並無干涉經營之權。隨之而來的，是承攬工作（物）有瑕疵時，承攬人負有修補／補正之義務。所以，其對於承攬人業務之進行，係無監督指揮之「權限」，而非有監督指揮之「義務」。故應將第189條之

---

[105] 楊通軒，個別勞工法—理論與實務，2017年9月，五版，頁67。

[106] 林誠二，民法債編總論新解（上），2010年9月，頁302以下。

[107] 邱聰智，新訂民法債編通則（上），2003年1月，自刊，頁140。

[108] 孫森焱，民法債編總論（上），2012年2月，修訂版，頁305-307；王澤鑑，侵權行為法第二冊，2006年7月，頁169；李淑明，債法總論，2013年9月，六版，頁274以下。

「定作人於定作或指示有過失」作目的性限縮解釋，將「指示」侷限在與工作完成無直接關連之一般事項，否則，承攬人即可拒絕其指示。因此，如其果然違反承攬契約的本質進行指示、甚至指示違反法規或承攬實務的作法而造成損害者，以其為共同侵權行為（民法第185條）而負連帶損害賠償之債，本屬當然。

　　惟此一定作人對承攬人之侵害第三人責任，只是一故意過失責任，其原始設計上並未具有勞工保護的思想。雖然如此，此一受害的第三人，也包括承攬人本身所僱用的員工。所以，如果定作之事項具有侵害他人權利之危險性，因承攬人之執行，果然引起損害者。例如承攬的事項是在土石滑動的山坡施作固定土石的防置網；或明知承攬人為不適格營造商而仍使之承攬，而果然造成承攬人的員工傷亡者。定作人應負連帶賠償責任。如此看來，第189條但書規定，有利於承攬人所僱用勞工之人身安全保障。

　　另外，假設承攬人係到定作人處執行工作，例如承攬員工餐廳或廠場的清潔工作，而使用定作人之工作物（民法第191條），如其因執行承攬事項而不法侵害他人權利，則應優先適用第189條，而不適用第191條規定[109]。如此的責任劃分，正可與勞基法第63條第1項定作人之督促（勞動條件符合法令規定）義務，形成互補的作用。這也表示：對於承攬人所屬員工的社會的／福利的勞工保護，仍係由承攬人負責，定作人只負有督促義務而已。惟不同的是，針對技術的勞工保護，立法者將勞基法第63條第2項與職業安全衛生法第26條掛勾連動運用[110]，課以定作人（較高的）連帶補償責任。

　　無論如何，依據勞基法第62條第1項規定，對於承攬人所僱用之員工，其因工作而遭致傷亡者，無論定作人有無定作或指示，均應與承攬人

---

[109] 邱聰智，新訂民法債編通則（上），2003年1月，自刊，頁140。

[110] 由於職業安全衛生法第25條第2項係規定：「原事業單位違反本法或有關安全衛生規定，致承攬人所僱勞工發生職業災害時，與承攬人負連帶賠償責任。再承攬者亦同。」解釋上，其並非違背勞工安全衛生法「有關對於承攬人、再承攬人應負責任之規定」。故其係一獨立的責任類型。

負職業災害補償責任。此一規定為特別法規定，應優先適用。

第三款　物權之規定

　　我國民法固無環境權之明文規定。惟民法不動產所有權的相鄰關係，例如第774條及第795條規定，似乎即與環境保護具有一定之關聯[111]。前者，「土地所有人經營工業及行使其他之權利，應注意防免鄰地之損害」可視為環境權的一般規定。後者，第795條之噪音、震動、空氣污染、熱氣等規定，更是各種環境保護法令（噪音管制法、空氣污染防制法、水污染防治法）的規範對象。此種環境權之理念，早已被最高法院83年台上字第2197號判決所肯認。依之，「土地所有人經營工業及行使其他之權利，應注意防免鄰地之損害，民法第七百七十四條定有明文。而空氣污染防制法係行政法，其立法目的，僅在維護國民健康、生活環境，以提高生活品質，此觀該法第一條之規定自明。故工廠排放空氣污染物雖未超過主管機關依空氣污染防制法公告之排放標準，如造成鄰地農作物發生損害，仍不阻卻其違法。」在本案中，最高法院認為相較於空氣污染防制法，民法第774條給予當事人更廣的空氣污染防制保護。並且以上訴人空氣污染侵害鄰地農作物的發育與結果，依民法第184條判決被上訴人（原告）勝訴。

　　在另一件涉及噪音侵害的案件中，最高法院92年台上字第164號判例認為「於他人居住區域發出超越一般人社會生活所能容忍之噪音，應屬不法侵害他人居住安寧之人格利益，如其情節重大，被害人非不得依民法第一百九十五條第一項規定請求賠償相當之金額。」在本案中，最高法院認為「居住安寧」屬於民法第195條第1項之「其他人格法益」之一般人格權。

　　吾人由上述最高法院肯定民法第774條為環境權的一般規定，以及噪音侵害居住安寧（民法第793條）為侵害他人之人格權，似可將之類推適用於勞工的工作環境權。且不惟工作現場，即使雇主所提供的居住環境（尤其是宿舍、休息場所）亦有其適用。也就是說，雖然職業安全衛生法

---

[111] 相關說明，劉春堂，債編通則，2011年2月，六版，頁119。

及其附屬法規已大體上具體化工作環境權的項目。惟仍難免有未在其內者（尤其是新興的環境權利），此實有待藉由概括規定、並透過實務運作予以具體落實。在此，勞工似得主張類推適用民法第774條或第793條規定，並且依據民法第184條第2項所稱保護他人之法律，而請求損害賠償。

第四款　親屬法之規定

以上所述者，均屬與民法債編有關之債之關係，尤其是基於僱傭／勞動關係而來。有問題的是，民法親屬編中的家事勞動，是否有適用或類推適用僱傭／勞動關係中的保護照顧義務或委任契約規定的可能？這是指：家屬提供家事勞動（家庭勞務）（民法第1003條之1第1項參照）時[112]，如其並非傳統的家事（例如烹飪、掃地）、而是具有經濟性價值的工作（例如幫忙從事販賣食物或水果），在其受到傷害或死亡時，得否類推適用家事工作者（幫傭、看護工）之保護規定？如依民法第1125條規定：「家務由家長管理。但家長得以家務之一部，委託家屬處理。」家屬與家長之間似乎為無償的委任關係。果爾，似可適用或類推適用民法第546條第3項規定。

第二節　勞工保護法於損害填補制度中之地位

在私法三大原則（契約自由原則、所有權絕對原則、故意過失責成原則）中，侵權行為損害賠償責任與勞工保護具有相當程度的關連。侵權行為與債務不履行，均會造成損害賠償的後果，並且適用共同的損害賠償法原則（回復原狀原則、全部損害賠償原則、禁止得利原則、符合經濟性原則、債權人利益理論與構成要件原則）[113]。惟除了共同適用的規定（民法第213條至第218條）外，侵權行為亦有特殊的規定（民法第193條至第

---

[112] 有問題的是，有關家庭生活費用，除了夫妻之外，其他共同生活之家屬（例如子女）是否亦應分擔之，以免家庭成為一個免費的旅館？

[113] 王澤鑑，損害賠償，2017年3月，頁14以下。

195條）[114]。在侵權責任由故意過失發展到推定過失責任、無過失責任或危險責任的過程，正與雇主責任的加重亦步亦趨。其係基於勞工保護的思想而來。亦即課以雇主職業安全衛生及工作條件的保護責任。

　　另外，一般以為僱用人基於契約自由原則，遂得以藉由僱傭契約之簽訂與施行，而達到剝削受僱人之實。為了矯正此一不義現象，除了藉由民法的概括條款及制定特別法或勞動保護法外，在經過漫長的歲月後，我國終於在1999年增訂民法第483條之1，加以僱用人保護照顧的義務。所以，一旦簽訂僱傭契約，僱用人即負有保護照顧受僱人的義務。惟其只適用於人身的傷亡。針對受僱人帶到事業單位的財物（包括交通工具）的受害，則回到民法的侵權行為及債務不履行的規定處裡，與勞工保護無關。如果是陪同勞工到事業單位受傷者，例如親職日的幼兒，其因廠房設備所致者／或者在事業單位托兒所之幼兒，因設施不良受傷者，也不在勞工保護範圍。另外，勞工的家屬因勞工帶回的致病病源（尤其是化學物質）而傷亡者，亦係依一般侵權責任或責務不履行的法理處理[115]，與勞工保護無關。只不過，本書以為似可依德國「附保護第三人作用契約」理論的法理，將雇主基於勞動契約之保護照顧範圍或對象，擴張及於與勞工的家屬[116]。

　　再者，勞工如因公受傷全身癱瘓，需要家人全天候的照顧，造成家人精神上痛苦不堪，家人得否基於親情、倫理、生活扶持之利益受損，依民

---

[114] 惟依據民法第227條之1規定：「債務人因債務不履行，致債權人之人格權受侵害者，準用第一百九十二條至第一百九十五條及第一百九十七條之規定，負損害賠償責任。」

[115] 在此，不可混淆的是，勞工的家屬是直接被害人，而非間接被害人。我國間接被害人得請求損害賠償的例外規定（特例），是在民法第192條第1項規定。另外，勞工及其家屬因勞工「隨身衣物」帶有化學物質病源，解釋上，該「隨身衣物」應非民法第191條之3的工具可言。

[116] 有關附保護第三人作用契約的說明，請參閱王澤鑑，民法判例與學說第四冊，頁97。本書以為，勞工家屬亦得以雇主違反特定有毒化學物質法律，依據民法第184條第2項主張推定過失責任。

法第195條第3項規定，請求侵害身分法益之損害賠償？對此，吾人如參照最高法院92年度台上字第1507號判決意旨，似應持肯定的見解[117]。

第一項　損害賠償之基本問題

損害賠償係民法的核心制度。國家藉由損害賠償法具體化其所負之保護義務，被害人得以依照損害賠償法的原理原則或相關的規定，實現其損害的救濟[118]。如上所述，民法的契約自由原則及故意過失責任原則固非針對僱傭／勞動關係而為，惟其適用對象也包括僱用人及受僱人。所以，對於發生工作意外的受僱人，即可依照損害賠償法的相關規定與原理原則主張其權利。亦即適用民法第213條以下之回復原狀，第194條、第195條之非財產上的損害賠償（慰撫金）等規定。至於受僱人之父、母、子、女或配偶亦得依據民法第195條第3項規定，以身分法益受害而各自請求非財產上的損害賠償。

對於受僱人所遭受的損害，其固得依民法第213條第1項請求回復原狀，另外，其亦得行使同條第3項所賦予的代替權（選擇權），即對於物的損害及人身上的損害請求回復原狀所必要之費用，以代回復原狀（損害賠償的「金錢化」）。此一代替權的設計，既未損及維護被害人完整利益的功能，而且，又隱含著尊重當事人的利益期待、具有促進經濟效益的作用、並且藉以實踐損害賠償的經濟性原則。有疑問的是，針對人身上的損害，受僱人得否將所取得之回復原狀所必要之費用，不用於治療身體之用，而將之使用於其他用途？對此，本書以為身體健康的回復對於受僱人本身利益的完整及整體企業的發展，具有其重要性與特殊性，而且，回復原狀所必要之費用也難以事先加以預估，再加上民法第18條第2項及第195條已經有回復原狀及慰撫金的特別規定，解釋上不應任令受僱人拋棄

---

[117] 王澤鑑，損害賠償，2017年3月，頁16說明。

[118] 民法第213條第1項即是差額說的具體化。又，這裡的被害人，當然也包括雇主。例如勞工有勞基法第12條第1項第2款實施暴行之情事，致雇主身體健康受害而喪失勞動能力，雇主即得依民法第193條請求損害賠償。最高法院63年台上字第1394號判例參照。

治療而將回復原狀之費用移作他用[119]。這應該也較符合現代職災治療及重建的實務與理論。況且，依據民法第215條規定之「價值賠償」[120]，其中之「回復顯有重大困難」並不適用於人身損害，也就是說，基於身體健康的人格價值（無價性），即使醫療費用高昂（再加上難以期待治療效果時），加害人亦不得主張以金錢賠償取代回復原狀[121]。在利益的衡量上，必須以被害人的人格法益為重。如此，始能保護受僱人生命身體健康的完整利益[122]。

　　整體而言，即使就勞工在勞動關係中的保護觀之，也與基於侵權行為或債務不履行而生之損害賠償密切相關。例如，依據最高法院88年度台上字第1828號判決，在親屬受傷時，由其他親屬照顧生活起居，雖無看護費之支付，但應衡量及比照僱用職業護士[123]看護情形，認被害人受有相當於看護費之損害，而得請求損害賠償。此乃現今實務上所採之見解，亦較符公平正義原則。吾人以為此一根據公平正義原則而生之親屬看護被害人的損害賠償請求權，實際上是損害規範評價的過程（而非採概念法學的損害概念），對於個別損害項目的認定，尤其能發揮分配正義的功能，類似於誠信原則的作用，故亦適用於職業災害勞工的身上。

　　以下即先針對損益相抵及與有過失／過失相抵加以說明之。

一、損益相抵

　　問題較為複雜的是：在損害賠償範圍上，必須遵守損益相抵（民法第

---

[119] 反對說：王澤鑑，損害賠償，2017年3月，頁135。

[120] 此條文係誠信原則的具體化規定，目的在保護加害人，以免其受到回復原狀費用過鉅的不利。

[121] 至於「不能回復原狀」之情形，例如受僱人死亡或受傷殘障而喪失勞動能力，雇主固得主張以金錢賠償損害。此係針對民法第192條、第193條而言。而勞基法第59條第3款及第4款之殘廢補償、死亡補償，也是採取「價值賠償」的規範方式。

[122] 對此，勞基法第59條第2款採取不同的哲理思考與補償設計，即以二年為醫療期間的上限，給予雇主選擇終結補償的權限。

[123] 此處的職業護士，應係指擁有護理師證照之我國籍勞工而言，而非指外國籍勞工（即使擁有來源國的護理師證照）。

216條之1）及與有過失／過失相抵（民法第217條）規定，以免被害人獲得不當利益[124]。原本，民法第267條但書、第487條但書、636條第2項等規定，即隱含損益相抵之原則。我國最高法院很早也已肯定之[125]。立法者則是遲至1997年，始增訂第216條之1損益相抵之一般性規定，立法理由重申避免不當利益之用意。亦即被害人基於同一原因事實受有損害並受有利益時，即應由損害額中扣除利益額，以其餘額為請求之賠償額。損益相抵為損害計算問題，雖是由加害人所提出，但並非在使加害人對於被害人取得一對待給付請求權，所以，並不存在損害與利益的互相抵銷之問題。在一些損害類型，損益相抵也涉及代位求償。只不過，被害人基於同一原因事實受益態樣眾多，有可能基於第三人給付、也可能基於非第三人給付的其他類型（例如節省費用、繼承遺產），加害人並非均得主張損益相抵。而是需要依據個案而定。在此，除了相當因果關係外，還必須進行法律的規範評價，以免損益相抵過於寬鬆影響被害人的權益。

　　以勞工遭受第三人侵害的普通傷病為例，其所面臨的損益相抵，首先是普通傷病醫療給付的問題。依據全民健康保險法第40條第1項、第60條規定，保險人（全民健康保險署）提供醫療服務給付。即提供醫療費用支付。也就是說，以公法保險的方式，先由被保險人及投保單位繳交保險費，而在發生保險事故時，獲得醫療費用支付。這是被保險人為確保本身的醫療費用利益所採行的先行措施，目的並不在取代第三人侵權行為的損害賠償（即使第三人也是參加全民健保的被保險人，且也繳交保險費）。因此，依據法律評價，第三人並不得主張損益相抵。再依據全民健康保險法第95條規定，針對一定之事故（汽車交通事故、公共安全事故、其他重大之交通事故），保險人（全民健康保險署）得代位行使損害賠償請求

---

[124] 請參閱民法第216條之1的立法理由。其實，民法第218條損害賠償酌減規定，對於法人（雇主）亦有適用，以免因損害賠償而影響經營能力或財務的調度，甚至陷於無支付能力或破產，而終局地損害股東及員工之生計。這在雇主應負擔職業災害賠償或補償責任時，應該也有適用。至於雇主積欠工資、資遣費或退休金部分，由於勞基法第28條及積欠工資墊償基金管理辦法已經有特別規定，民法第218條應無適用之餘地。

[125] 最高法院22年上字第353號判例、27年滬上字第73號判例參照。

權。在個案中，應視其是否為第95條所定之事故，而決定能否代位求償。例如針對一般的侵權行為（第三人因行車糾紛而傷害被保險人），即不得代位求償。

其次，是傷病療養期間雇主繼續給付工資的問題。對此，依據勞工請假規則第4條第3項規定，勞工普通傷病假一年內未超過三十日部分，工資折半發給，其領有勞工保險普通傷病給付未達工資半數者，由雇主補足之。也就是以公法保險的勞工保險方式，由勞工保險局依據勞工保險條例第33條及第35條規定，給付工資半數的普通傷病補償，如未達工資半數，再由雇主補足之。依據立法意旨，除非團體協約或勞動契約另有約定，雇主並無義務給付半數工資以上之工資，且義務期間一年內只有三十日。其規範目的，係在補償勞工傷病期間的工資損失，以確保其基本生活無虞，而非在使加害人免責。所以，無論是勞工保險局或雇主給付半數工資（補償）或雇主繼續給付工資，第三人均不得主張扣抵。倒是，假設雇主給付全額工資或給付期間超過一年內三十日以上，本書以為解釋上雇主得要求勞工讓與對於第三人（加害人）的損害賠償請求權。

再者，在實務上最具爭議的，毋寧是加害人得否主張扣抵商業保險公司依據保險法所為之傷害保險給付？在此，無論該傷害保險之保險費係由勞工自行負擔或由雇主所負擔（勞基法施行細則第10條第8款參照），如同上述之全民健康保險一般，目的在確保勞工的所得（雇主還有免除自己賠償之用意），而非在為加害人免除損害賠償責任。保險人（商業保險公司）依據保險法第103條、第130條及第135條規定，針對人身保險之人壽保險、健康保險、傷害保險，並無代位權。結論相同，但理由不同的是，最高法院歷來所持的見解[126]，則是認為「按保險制度，旨在保護被保險人，非為減輕損害事故加害人之責任。保險給付請求權之發生，係以定有支付保險費之保險契約為基礎，與因侵權行為所生之損害賠償請求權，並非出於同一原因。後者之損害賠償請求權，殊不因受領前者之保險給付而

---

[126] 最高法院68年台上字第42號判例參照。

喪失。兩者除有保險法第53條關於代位行使之關係外[127]，並不生損益相抵問題。」

以受僱人遭受職業災害傷亡而言，可區分為由第三人所引起及由雇主所引起兩種原因。先就第三人所為之侵權行為而言，其最主要的類型，是因執行職務而受到第三人（尤其是客戶）侵害及交通意外導致勞工傷亡。在此，無論是勞動基準法之職業災害補償或勞工保險之醫療給付、傷病給付或是商業保險之人身意外保險給付，規範目的均在確保勞工受傷後之所得來源，而非在為第三人免除損害賠償責任。因此，職災勞工可以兼得保險給付與加害人的損害賠償。而無論是勞工保險條例或保險法，保險人均無代位求償權。

再就起因於工作的職業災害而言。勞工在發生職業災害後，得依據勞基法第59條及依據勞保條例第34條、第36條請求職業災害補償。前者，由雇主負擔給付責任；後者，由勞工保險局給付之。以勞基法第59條規定而言，採取無過失責任，規範目的是在確保勞工獲得補償，避免依據民法損害賠償責任可能無法受償之窘境。其並非在使被害人同時獲得民法損害賠償及勞基法職業災害補償雙重給付。因此，雇主得依據勞基法第60條規定，主張抵充賠償金額[128]。另外，在工傷事件後，部分雇主會先致送慰問金或奠儀（勞基法施行細則第10條第6款），此一給付，實務上認為事後在計算損害賠償或職業災害補償的金額時，得主張損益相抵[129]。惟此是否妥當？慰問金或奠儀的規範目的何在？是在撫平被害人及其家屬的傷

---

[127] 依據保險法第53條規定：「被保險人因保險人應負保險責任之損失發生，而對於第三人有損失賠償請求權者，保險人得於給付賠償金後，代位行使被保險人對於第三人之請求權；但其請求之數額，以不逾賠償金額為限（第1項）。前項第三人為被保險人之家屬或受僱人時，保險人無代位請求權。但損失係由其故意所致者，不在此限（第2項）。」

[128] 最高法院96年度台上字第1227號判決參照。

[129] 不同的是，如果是無法律或契約義務之第三人（例如親戚好友、學校師生）所為的自願給付（贈與），目的在同情被害人的遭遇，希望減輕被害人財務上的負擔，固非在為加害人清償損害賠償責任。所以，加害人不得主張損益相抵。

痛？或為保護照顧不周而致歉？或為職災賠償的先行給付[130]？從我國禮教文化、道德風俗及人民感情來看，似不應承認慰問金或奠儀具有可抵充性。至少，除非雇主先行聲明慰問金或奠儀係將來損害賠償或補償的先行給付，而勞工或其家屬也確實了解，始能承認其可抵充性。

　　至於勞工本人或其遺屬依據勞保條例所取得之職災傷病給付、失能給付或死亡給付，由於職業災害保險費係由雇主獨力負擔，其目的係在確保勞工或其遺屬基本生活的無虞。因此，解釋上應有損益相抵之適用[131]。同樣地，對於依據工廠法第48條，凡依法未能參加勞工保險之工人，因執行職務而致傷病殘廢死亡者，不問是否起因於雇主之故意或過失之侵權行為，其所給予之補助費或撫卹費，亦得作為減免雇主賠償費用之用[132]。此一

　　規定與勞保條例之保險給付，均為社會安全制度之一環，不應做不同之處裡。

二、與有過失／過失相抵

　　除了上述的損益相抵外，與有過失（民法第217條）對於損害賠償範圍的計算，也具有重大的意義。此一與有過失規定（包括被害人的故意或過失行為），也在修正全有或全無原則。蓋基於誠信原則及公平思想，對於損害的造成或擴大與有責任（Mitverantwortlichkeit）的被害人〔即違反自我權益維護之不真正義務（Obliegenheit）〕，本不應令其獲有全部的賠償請求權。故其係在認定有無相當因果關係後，基於「共同造成損害、分配責任範圍」的法律原則，以達到損害賠償的正義。雖其原係適用於過失責任原則，惟判例學說亦將民法第217條類推適用於加害人一方或雙方均應負無過失責任（危險責任）之情況[133]。至於在司法實務上，法院不待當事人主張過失相抵，只要當事人有提出相對應之事實，即可依職

---

[130] 原則上，雇主所為之慰問金或奠儀，並非民法第406條以下的贈與。
[131] 反對說：最高法院48年台上字第257號判決參照。
[132] 反對說：王澤鑑，損害賠償，2017年3月，頁153；最高法院49年台上字第406號判例。
[133] 王澤鑑，損害賠償，2017年3月，頁342。

權加以審究（原因力之強弱及過失之輕重），並且作出減輕或免除之裁判[134]。加害人為免受到與有過失的損失，負有不存在與有過失事實的舉證責任[135]。在此一理論下，被害人基於利益的考量，即會採取迴避損害的措施，衍生出預防損害的功能。例如勞工騎機車上下班時，會注意機車的剎車靈不靈及配戴安全帽。

　　有關過失相抵之適用於勞工與雇主間之責任分配，可區分為涉及事業外第三人及單純是雇主或同事業的其他勞工（同事）兩種情形。以涉及事業外第三人而言，例如勞工（甲）上班途中被第三人（乙）開車撞傷，因甲走行人穿越道時低頭滑手機，故在其請求損害賠償時，乙得抗辯過失相抵。同樣地，甲未配戴安全帽被乙撞傷頭部，也有過失相抵之適用[136]。不同的是，未領有機車駕駛執照的勞工（甲）騎乘機車上班，被開車闖紅燈的第三人（乙）撞傷，甲向乙請求侵權行為損害賠償時，乙不得主張過失相抵。因為甲雖無駕照，但對發生車禍受傷並無相當因果關係[137]。實務上爭議較大的是，受僱擔任駕駛之勞工，因執行職務而肇事致第三人人身及財務上損失者，第三人得依民法第188條及民法第224條向雇主（及勞工）主張損害賠償責任。然而，依據民法第188條第3項規定，僱用人賠償損害時，對於為侵權行為之受僱人，有求償權。有問題的是，基於工作風險全部轉由受僱人承當的不當性，並且考量僱用人所提供機器設備本身的瑕疵[138]，以及指揮命令的缺失或不夠完整，受僱人得否主張類推適用

---

[134] 最高法院54年台上字第2433號判例、85年台上字第1756號判例；最高法院93年度台上字第1612號判決參照。

[135] Salamon and Koch, Die Darlegungs und Beweislast des Arbeitnehmers bei der Gefährdung-shaftung des Arbeitgebers, NZA 2012, 658 ff.

[136] 最高法院92年台上字第439號判決參照。

[137] 依據勞工保險被保險人因執行職務而致傷病審查準則第18條第2款規定，未領有駕駛車種之駕駛執照駕車者，於上下班途中發生車禍，不得視為職業災害。因此，並不得向勞工保險局申請職業災害給付。換言之，其僅得請領普通傷病給付。倒是，其仍得依勞動基準法第59條向雇主請求職業災害補償。在此，雇主得依勞動基準法第59條本文但書規定，予以抵充。

[138] 例如車輛帶有瑕疵而勞工不知或無法預知（例如車輛突然失去動力或引擎室突然起火

民法第217條規定，以減輕或免除損害賠償責任？對此，本書持肯定的見解，並且也認為德國的「具損害工作理論」得作為我國處理類似案例參考之用[139]。

　　如再就涉及雇主或同事業的其他勞工（同事）的過失相抵而言，主要是與工作意外有關。首先，即使勞工的工作帶有極高的危險性（例如車床、駕駛怪手），只要勞工按照操作手冊或相關規定操作，一旦發生意外，雇主不得以勞工自甘冒險為由，主張適用與有過失規定。其次，在職業災害實務上，此一與有過失的規定，對於間接被害人依據民法第192條及第194條主張療養費、扶養費、慰撫金的損害賠償，是否應承擔直接被害人（勞工）就其死亡的與有過失，尤其具有重大意義。對此，民法固未設有明文，惟最高法院認為民法第192條間接被害人雖係行使固有之權利，但依公平之原則，亦應有民法第217條過失相抵之適用[140]。另外，父母子女及配偶依據民法第195條第3項規定，基於身分法益向加害人請求慰撫金時，亦須承擔直接被害人的與有過失。問題較大的，是勞工如依勞動基準法第59條主張職業災害補償，則在無過失責任或危險責任下，雇主得否向勞工提出過失相抵的抗辯？對此，基於勞動基準法的職業災害補償，只是採取與勞工保險條例「職業災害補償」相同的用語，其本質上為雇主的損害賠償責任，況且，如前所述，基於民法第217條類推適用於無過失責任（危險責任）之一般法理[141]，職業災害補償似應做相同的處理[142]。

　　而無法行駛）。假設勞工知悉車輛有瑕疵（剎車不靈、方向燈毀壞等），則必須先通
　　知雇主修繕，之後，其因駕駛而受傷害始得免除與有過失的適用。

[139] 楊通軒，個別勞工法－理論與實務，2017年9月，五版，頁24以下。另請參閱最高法院
　　71年度台上字第749號判決。

[140] 最高法院73年台再字第182號判例參照。倒是，此一公平原則是否根據民法第148條誠
　　信原則而來？由於公平正義本為誠信原則的內涵，故似應肯定之。

[141] 最高法院88年度台上字第2302號判決參照。

[142] 採取同說者：林誠二，論勞工服勞務受害之賠償請求權，台灣本土法學，第15期，
　　2000年10月，頁131。反對說：王澤鑑，損害賠償，2017年3月，頁383；最高法院68年
　　度第3次民庭庭推總會議、最高法院82年度台上字第1472號判決參照。

第一款　損害填補與預防

　　首先，我國損害賠償採取「全有全無原則」（Alles oder Nichts Prinzip），亦即具備責任成立要件時，被害人得請求賠償全部的損害（包括所受損害、所失利益），反之，加害人即無須賠償任何損害。為了適度緩和「全部賠償原則」的嚴屬性，在責任成立及責任範圍的認定上，必須接受相當因果關係的檢驗。即以行為與客觀發生的事實觀之，依經驗法則，無此行為，雖必不生此種損害（「若無，則不」but-for），但有此行為，通常即足生此種損害者，則條件與結果間即有相當因果關係。藉由此一法的價值判斷（通常是由法官實踐），排除與造成結果無關或關連疏遠的事物。

　　也就是說，損害賠償的責任成立，必須同時具備「責任成立因果關係」及「責任範圍因果關係」[143]。前者，指行為與權益侵害間須有因果關係；後者，指權益侵害與損害（範圍）間須有因果關係。兩者同樣均依條件關係（先）及相當性（後）加以判斷，亦即先確定條件關係的因果性（屬於自然科學的事實認定）[144]，而後再檢視該條件關係是否具有相當性（屬於規範的法律評價）。經由前後雙重的因果關係審查、並且確定有相當因果關係後，損害賠償請求權於焉形成。我國民法及職業災害救濟法制均是採取相當因果關係說[145]，以界限責任的成立及範圍[146]。如依民法的規定而言，第184條第1項前段、第227條、第227條之1為責任成立

---

[143] 王澤鑑，損害賠償，2017年3月，頁59以下；林更盛，勞基法上職業災害因果關係的判斷─評台灣高等法院87年勞上字第5號判決，台灣本土法學雜誌，第40期，2002年11月，頁25以下。

[144] 在此一階段，對於責任的成立或範圍，所有的條件均為等值，故又稱等值說（Äquivalenztheorie）。

[145] 例如最高法院77年度台上字第479號判決認為甲勞工在乙雇主處雖有肺塵症（Alles oder Nichts Prinzip）而喪失勞動力，但因之前在其他礦坑工作達10年之久，故其與在乙處從事礦工工作並無相當因果關係。

[146] 惟誠如王澤鑑所言，實務上多概括地依相當因果關係加以論斷，而未分別條件關係及相當性，依序加以檢查認定。並且未區別「責任成立因果關係」及「責任範圍因果關係」加以論述。王澤鑑，損害賠償，2017年3月，頁93。

規範之所在；而第213條至第218條，第192條至第198條則是責任範圍規範之所在。而在勞保條例上，其第55條第1項之身體同一部位失能程度加重，對於加重部分之失能給付，其認定亦是屬於責任範圍因果關係的範疇[147]。

　　實務上，在認定勞工的傷亡是否起因於執行職務的關係，即其是否為職業災害（包括過勞死），亦是採取相當因果關係說[148]（業務執行性與業務起因性），以免職災的認定過於寬濫。只是，不明的是，實務上所採用之業務執行性與業務起因性，是否僅針對「責任成立因果關係」？亦或及於「責任範圍因果關係」？學說實務少有提及者，惟吾人如以勞工也有以工傷而引發憂鬱症主張職業災害補償，而中央勞政機關（尤其是勞工保險機關、爭議審議機關）及法院均加以實際審查者，似可得出肯定見解。

　　上述相當因果關係說係一合理限制損害的歸責原則，其對多數案例（含職業災害之無過失責任主義）已可公平合理解決。惟針對少數偶發狀況以致於不當加諸行為人責任，學者間乃創設規範目的論／法規目的論，以作為第二種「具法律評價規範性」的歸責原則，藉之限縮行為人的歸責可能性。亦即針對具有相當因果關係者，根據法規所欲達到的保護目的與範疇，再進行第二次的規範評價。例如甲無駕照騎機車，後載未戴安全帽的乙，被開車違規超速的丙擦撞，甲乙均倒地受傷。乙以甲無照駕駛或疏未令其配戴安全帽致使其受傷，而主張身體健康受害之損害賠償。最高法院101年度台上字第443號判決認為甲固然有違反交通法規之情事，但按諸一般情形，卻未必會發生車禍導致人員受傷之結果。即雖有條件關係，但不具相當性。所以並無成立侵權行為之債所須之相當因果關係（責任成立

---

[147] 惟這是針對能夠區分原來的局部失能及加重（惡化）之部分，而且勞工保險機關已經在補償原來的局部失能而言。如果無法區分兩者，則全部失能均難免被視為具有責任範圍因果關係，除非勞工保險機關能夠舉證證明勞工原已有局部失能。至於在雇主個人的職業災害殘廢補償部分，同樣地，雇主只能在舉證勞工原已有局部殘廢時，始能免除該部分的補償責任。

[148] 最高法院77年度台上字第839號判決參照。

之相當因果關係）。只不過，依照王澤鑑的見解[149]，上述案例實際上係涉及規範目的，而非相當因果關係。換言之，法律禁止無駕照者不得駕駛機車（道路交通管理處罰條例第21條第1項第1款）及駕駛人或乘客必須穿戴安全帽（道路交通管理處罰條例第31條第4項），目的均不在於保護被載之人（乘客）免於受到他人侵害。前者，係在保護他人安全（尤其是路人）；後者，則是在保護汽機車駕駛人或乘客本身的身心安全，而非在讓未促使乘客穿戴安全帽或安全帶而致傷亡時，負擔侵權行為責任[150]。

　　其實，依本書所見，上述案例同時涉及「責任成立之相當因果關係」及規範目的雙重具規範性的法律評價。乙無論依據哪一規範評價，均無損害賠償請求權可言。但是，以職場而言，如果雇主未使勞工配戴安全裝備即上工，以致於發生職業災害，雇主是否亦無侵權行為責任？例如依據職業安全衛生規則第238條規定：「雇主對於工作場所有物體飛落之虞者，應設置防止物體飛落之設備，並供給安全帽等防護具，使勞工戴用。」此一物體飛落防止的目的，似乎亦在於保護勞工的生命身體的安全，而非在於加以雇主未提供安全帽等防護具、以致勞工發生工安事故時，應負侵權行為責任。雖然如此，職場安全與交通安全的立法宗旨、保護對象、所須採取的保護設施或措施等，畢竟有所不同。且由於職業安全衛生法屬於勞工保護法之一環，其目的在於「（為）防止職業災害，保障工作者安全及健康」，所以規範重點並不在於職業災害的賠償或補償。而是雇主一旦違反職業安全衛生法或職業安全設施規則的規定（例如職業安全衛生法第32條之安全衛生教育及訓練義務；第33條之周知義務），即便未發生職業災害，雇主仍應受到職業安全衛生法的制裁（第43條第2款參照）[151]。在此一階段，由於勞工並未發生職業災害的侵權行為事實，因此，民法第184

---

[149] 王澤鑑，損害賠償，2017年3月，頁111。

[150] 同樣地，當勞工因職業災害受傷而無法騎乘租來的大型重機享受乘虛御風的快樂時，此種不能對物使用的損失，因不在職業災害救濟法制規範目的之內，所以也無法請求支出租金的損害賠償。

[151] 相對地，職業安全衛生法第40條第1項、第41條第1項第1款、第42條第1項規定，均是針對已發生職業災害者。

條第2項的推定責任並無適用之餘地。

　　另一方面，勞工一旦發生職業災害，學者間及實務界大多引用職業安全衛生法第2條第5款職業災害的定義，作為職業災害認定之依據。職業安全衛生法第25條並且為職業災害補償的規定。由此可知職業安全衛生法及其附屬法規的規範目的，仍然有職業災害救濟的用意。因此，勞工依據民法第184條第2項主張雇主應負侵權行為責任，並無何不妥。這也表示：即使職業災害補償採取無過失責任主義（勞基法第59條；勞保條例第34條及第36條），職業災害的認定仍然必須符合相當因果關係及規範目的的審查。而在符合規範目的下，其實在職業災害救濟法制上，德國學者尚有提出「重要條件理論」者[152]，以對於被認定有相當因果關係者，予以適度地限縮，以免無過失責任主義造成雇主過度的負擔。在層層檢驗的架構下，勞工的自我致殘行為（通常是藉由機器設備自殺或自傷，而且不以目的在取得職災賠償或補償為限）[153]能否向雇主主張侵權行為的賠償或補償，即不無疑義，蓋其即使具有條件關係，亦無相當性可言，而且不符合職業災害救濟法制（民法、勞基法、勞保條例等）的規範目的[154]，即使從重要條件理論來看，亦難謂其為重要條件。與此略有不同的是，超商店員甲（尤其是工讀生）受到不知名人士乙搶劫而與之格鬥或在馬路上追逐而被車輛撞傷，甲的受傷與乙的搶劫具有相當因果關係。但是，此並不符合職業災害救濟法制的規範目的，亦即其係在保障因「工作」而受到傷亡者，而非在保障其抗禦搶劫者而受到傷亡者，況且，從契約目的來看，雇主希望勞工依約提供勞務而獲得經濟上利益，而非從事抗禦或追捕搶劫

---

[152] 楊通軒，職業災害之賠償與補償，收錄於：勞動基準法釋義－施行二十年之回顧與展望，2009年9月，二版，頁541以下。

[153] 楊通軒，職業災害之賠償與補償，收錄於：勞動基準法釋義－施行二十年之回顧與展望，2009年9月，二版，頁543。

[154] 依據勞工保險條例第23條規定：「被保險人或其受益人或其他利害關係人，為領取保險給付，故意造成保險事故者，保險人除給與喪葬津貼外，不負發給其他保險給付之責任。」另外，自我致殘應該也是法秩序所非難的自害行為，而且為公序良俗所不容。

者的行為。雇主也不會期待超商店員從事此類可能招致更大損害的危險行為[155]。

　　再就勞工在勞動關係中遭遇損害而言，其所謂的損害概念，原則上係採取傳統民法差額說的理論，以「權益受侵害比較上的損失」（差額）作為賠償範圍[156]。此一差額，包括所受損害及所失利益的比較。惟為避免個案情形下，加害人以被害人（勞工）未有財產上的損失為由，而脫免賠償責任，故兼採規範的損害概念實有其必要。例如勞工因遭受第三人傷害而無法工作[157]，雇主本得依勞工請假規則第4條第3項減免工資的給付（一年內未超過三十日部分），而由勞工對第三人請求工資的損失及其他的損害（醫療費用、人格權受害的慰撫金等）[158]。然雇主如依約（僱傭契約或團體協約）或自願繼續給付全額工資時，則在勞工未工作期間（可能持續數月或一年以上），則第三人得否以差額說拒絕賠償？對此，即應採損害的規範化，認為損害仍然存在（因雇主並非意在為第三人清償損害賠償之債），而肯定勞工的賠償請求權。

　　如上所述之勞工遭遇人身傷害，可能導致其收入減少、甚至勞動力減損[159]而長期的收入短缺，這均屬於民法第216條之所失利益[160]。而為減輕被害人關於所失利益的舉證責任，第216條第2項甚至採取「推定及反證」

---

[155] 與此又略有不同的是，對於單純吃霸王餐而落跑的人，勞工追上要求付款之行為，即使穿梭在馬路中，仍然屬於勞動契約的工作內容。除非特殊繁忙或危險的街道／路口，否則，其遭遇車禍受傷，解釋上符合相當因果關係及法規目的論。同樣地，如果該顧客轉而與勞工衝突、甚至鬥毆，以致勞工傷亡者，仍然符合雙重規範性的要求。

[156] 曾世雄，損害賠償法原理，2013年，三版，頁153。

[157] 此為民法上的給付不能（民法第225條），本會發生民法上的終止契約後的損害賠償請求權（民法第263條準用第260條）。惟因勞工法令有特別規定，即被排除適用。

[158] 此還會涉及勞工保險條例第33條或第35條的勞保傷病給付。

[159] 最高法院106年度台上字第749號民事判決：按民法第193條第1項所謂減少勞動能力，乃指職業上工作能力一部之減失而言。

[160] 此一勞動力減損之工資短缺損失，實際上也明定在勞基法第59條第2款的工資補償及終結補償。

的規範模式[161]，加害人只在能反證所失利益將因一定事由不能實現時，始能免責。至於民法第193條第1項之增加生活上費用（例如看護費），是否確實有此需要，其認定時點為最後事實審言詞辯論終結時之事實狀況[162]。

上述之規範的損害概念，似乎即為我國法院實務所採。緣在傳統損害填補制度下，損益相抵（民法第216條之1）所要求之禁止得利原則、以及過失相抵（民法第217條）所意含之全部損害賠償則之限制，理應適用於勞工保護思想或制度中。前者，係基於避免被害人受有不當之利益，民法第267條但書、第487條但書、第638條第2項等，均寓有此一原則[163]；後者，則係謀求加害人與被害人的公平處遇。只不過，在實務運作上，法院對於損益相抵所根據之「出於同一原因（事實）」之認定，並非全然無疑。舉例而言。乙勞工除加保勞工保險外，並且投保人身傷害保險，某日乙上班途中為第三人甲開車撞傷。對此，最高法院一向認為「保險給付請求權之發生，係以定有支付保險費之保險契約為基礎，與因侵權行為所生之損害賠償請求權，並非出於同一原因」，不生損益相抵問題，乙得兼得勞工保險職業傷病補償、人身傷害保險的保險給付，以及第三人甲的損害賠償[164]。

第二款　慰撫金與勞工保護

依據民法第18條第2項規定，人格權受侵害時，以法律有特別規定者為限，得請求慰撫金（人格權保護的原則）。第194條規定，不法侵害他

---

[161] 王澤鑑，損害賠償，2017年3月，頁81以下。

[162] 最高法院88年度台上字第1771號判決參照。

[163] 同樣地，第487條但書：「但受僱人因不服勞務所減省之費用，或轉向他處服勞務所取得或故意怠於取得之利益，僱用人得由報酬額內扣除之。」亦是基於損益相抵的思想而來。

[164] 最高法院68年台上字第42號判例參照。反對說：王澤鑑，損害賠償，2017年3月，頁329以下。王認為之所以不將保險給付的利益予以扣除，並非不是出於同一原因事實，而是基於保險契約之目的，即被害人為自己利益支付保險費而發生的保險給付，應歸被保險人終局取得，不予相抵而使加害人免負責任。

人致死者,被害人之父、母、子、女及配偶,雖非財產上之損害,亦得請求賠償相當之金額。第195條規定:「不法侵害他人之身體、健康、名譽、自由、信用、隱私、貞操,或不法侵害其他人格法益而情節重大者,被害人雖非財產上之損害,亦得請求賠償相當之金額。其名譽被侵害者,並得請求回復名譽之適當處分(第1項)。前二項規定,於不法侵害他人基於父、母、子、女或配偶關係之身分法益而情節重大者,準用之(第3項)。」在實務上,職業災害勞工本人或其父、母、子、女及配偶,殆皆請求雇主賠償慰撫金。使得慰撫金具有勞工保護的作用[165]。如同財產的損害賠償般,慰撫金也具有一定程度預防職業災害發生的功能。

　　在慰撫金的量定上,應綜合考量被害人及加害人方面的各種因素。以被害人(勞工)而言,其身體健康受害的嚴重度、所需醫療期間的長短、甚至達到輕殘或重殘的程度而減少或喪失原有的工作能力等,都會影響慰撫金的高低。民法第217條與有過失之規定,亦適用於慰撫金的量定。而在法院實務上,則是將加害人及被害人雙方的身分資力作為量定因素(如醫師、一般勞工[166]、無業者),但未將加害人的故意或過失納入斟酌(最高法院51年台上字第223號判例)。此涉及慰撫金的性質與功能。緣我國的慰撫金制度係在賠償肉體上或精神上痛苦無法回復原狀的損害,故其僅具有損害填補的功能,而無制裁性的作用(此與瑞士、德國的民法規定不同)。必須法律有特別規定時(民法第18條、第194條、第195條、第227條之1;性別工作平等法第29條)[167],被害人始得請求慰撫金。在此,即使被害人依據勞基法第59條或職業災害勞工保護法第7條請求職業災害補償或賠償,如果其同時引用民法第184條第1、2項、第195條,其慰

---

[165] 比較特殊的是,針對旅遊契約,依據民法第514條之8規定,旅客就其時間浪費,得按日請求賠償相當之金額之非財產上損害。

[166] 即使是勞工,也必須因其職務、職位、工資高低、學經歷,而作慰撫金高低量定的依據。

[167] 在此,姓名權受害之情形,依據民法第19條規定「得請求損害賠償」,用語與第18條第2項「得請求損害賠償或慰撫金」殊異,故解釋上應不得請求慰撫金。

撫金的請求即屬合法，並未違反民法第18條第2項規定[168]。

　　雖然如此，學者間有認為非財產上損害不同於財產上損害，需考慮加害人的故意或過失輕重，始能使金錢賠償具「相當性」，以慰撫被害人精神或肉體上的痛苦。將故意或過失納入斟酌，並不使慰撫金成為一種懲罰制裁的制度[169]。本書以為損害賠償法也必須與時俱進，以符合現代法的功能與使命，所以，令具有故意或重大過失的行為人負擔較重的慰撫金，使慰撫金制度肩負部分的制裁性任務，當會符合人民的期待，且朝向更公平合理的社會進步。如此，也能更加強化慰撫金預防職業災害的功能。這樣的解釋，亦可適度補強我國勞工法令並無美國法上的punitive damages（懲罰性賠償金）的闕漏[170]，另一方面亦可避免過度地在所有法令中增訂懲罰性賠償金的法律體系與規範功能混淆的後果[171]。

第二項　侵權行為

　　我國民法侵權行為的規定，分為一般侵權行為與特殊侵權行為。其中，民法第188條僱用人之侵權責任，即屬於特殊侵權行為的規定。對於加害人之侵權行為責任，係以過失責任為主，兼採無過失責任及衡平責任。但推定過失責任（中間責任）的重要性則與日俱增。

　　侵權行為並無人的範圍限制。也就是說，任何人均受到適用，具有絕對的且對世的效力。所以，除無契約關係的一般第三人外，也適用於契約當事人間。且不以僱用人／雇主對於受僱人／勞工為限，受僱人也不得侵害僱用人。另外，所有提供勞務之當事人，均在適用之內，包括委任契

---

[168] 反對說：最高法院107年度台上字第873號民事判決（江申公司案）參照。依其見解：觀諸職保法第7條之規定，並無關於賠償非財產上損害之規定，原判決依職保法第7條規定准上訴人鄧○○關於非財產上損害（即精神慰撫金）之請求，於法無據。

[169] 王澤鑑，損害賠償，2017年3月，頁40以下。

[170] 其實，依據營業秘密法第13條第2項規定：「依前項規定，侵害行為如屬故意，法院得因被害人之請求，依侵害情節，酌定損害額以上之賠償。但不得超過已證明損害額之三倍。」此一規定亦適用於勞工洩漏營業秘密之情形。

[171] 以勞資關係而言，吾人究不宜以勞雇雙方權力地位失衡或勞工保護為由，而欲針對雇主違反義務之行為，在勞動法令普遍增訂懲罰性賠償金。

約、承攬契約、派遣勞動契約,以及技術生、實習生、建教生等以學習技能為目的之非勞動關係當事人。

值得思考的是:回復原狀是否具有勞動保護的思想?原本,侵權行為之民事責任機能,係在於懲戒的機能或不法行為的預防機能。但目前已偏重於填補損害之機能[172]。無論是無過失責任或衡平責任,其對於弱勢者的公平賠償,均寓涵著社會政策的原理。其對於勞雇關係中責任的分擔,應亦可發揮其平衡利害的功能。

對於所侵害的權利,民法第192條、第193條、第194條及第195條之生命權、身體權、健康權、人格權尤其與勞工保護有關。此特別是發生在職業災害時。至於民法學者所主張之環境權[173],也已經在職業安全衛生法第6條第2項所規定,勞工得據之向雇主主張權利。

第一款　過失責任主義:民法第184條第1項規定

在市場經濟採取個人自由主義之下,為了確保個人活動的自由,以追求對己最大的經濟利得,如其並非故意或過失地侵害他人權利或利益,並無庸負損害賠償責任。所以,過失責任主義的哲理(Logik),係立基於個人自由活動最小限制的思想[174]。因此,產生「無歸責事由,即無責任」「無過失,即無責任」原則。加害人僅在具有「特殊理由」時,始需負擔損害賠償責任。此處所重者,不在加害人之行為,而在其故意或過失的心理狀態(過失責任)。另外,加害人所需負擔的「特殊理由」還有:衡平責任、危險責任。

依據民法第184條第1項規定,加害人應就其故意或過失負責。侵權行為之過失,採取與刑法過失相同的定義,指應注意能注意而不注意而言(刑法第14條第1項參照),即行為人(加害人)未能盡到注意義務之意。此處之過失,是指抽象輕過失而言,行為人必須盡到善良管理人之注

---

[172] 劉春堂,判解民法債編通則,2011年2月,修訂六版二刷,頁109。

[173] 劉春堂,判解民法債編通則,2011年2月,修訂六版二刷,頁119。

[174] 孫森焱,民法債編總論(上),2012年2月,修訂版,頁1以下;王澤鑑,損害賠償,2017年3月,頁45以下。

意義務，否則即有過失。與其個人主觀上的注意能力無關。行為人是否已盡到善良管理人之注意義務，因事件的特性或具體狀況而有不同，所以必須綜合考量行為人所從事的職業（或事業種類／行業）、其所投入防範災害的成本或實際迴避災害的作為、被害法益之輕重，以及危害的嚴重性等[175]。例如對於可能造成生命之危害，行為人所必須盡到善良管理人之注意義務，即相對的高（嚴格）。

　　惟在經濟活動中，參與交易的行為人必須盡到「交易安全注意義務」。依據民法學者王澤鑑的見解，社會安全義務（或稱「交易安全注意義務」）（Verkehrssicherungspflicht或Verkehrspflicht），係在要求行為人須盡交易上應有的注意，以防範危險，保護他人權益不受侵害。此一侵權行為法上之義務，具有引導行為人趨利避害、預防危險之機能[176]。

第二款　推定過失責任（中間責任）主義：民法第184條第2項規定

　　推定過失責任為過失責任之一種。即其本質上仍為過失責任，侵害人仍須具有故意、過失，僅係可歸責事由之過失，由法律所推定而已。民法第184條第2項採取舉證責任倒置之設計，侵害人必須舉證其無故意或過失，始得免責。在1999年民法修正時，將其修改為獨立之侵權行為類型，掃除了多年來學者間的爭議[177]。至於其所保護的利益範圍，由於其並無如第1項本文（權利）及但書（利益）的規範設計，故解釋上包括權利及利益在內。

　　至於何謂「保護他人之法律」？通說認為指以保護個人權益為目的之法律。即以防止危害權益或禁止侵害權益之法律。舉凡該法律直接以預防個人或特定範圍之人損害發生為目的均屬之，解釋上，不問民事、刑事及行政法規、行政措施均在其內，但應該排除單純保護國家公益或社會秩序

---

[175] 在刑事上，對於行為人科刑之輕重，法院應依刑法第57條審酌一切情狀，其中第8款「犯罪行為人違反義務之程度」、第9款「犯罪所生之危險或損害」，事實上亦適用於民事責任過失認定的標準。

[176] 王澤鑑，損害賠償，2017年3月，頁9。

[177] 李淑明，債法總論，2013年9月，六版，頁153。

而當事人只是受到反射利益者，例如內亂罪、外患罪等。由於何謂「保護
他人之法律」不明，所以必須將所涉及的相關法規、行政措施、實際案例
進行類型化。最高法院100年台上字第390號判決認為「違反保護他人之法
律，係指保護他人為目的之法律，為防止危害他人權益或禁止侵害他人權
益之法律；或雖非直接以保護他人為目的，而藉由行政措施以保護他人之
權利或利益不受侵害者，也屬於保護範圍內，但行為人有違反保護他人法
律之行為及其造成之損害間以有相當因果關係為必要。」最高法院99年台
上字第1258號判決認為民法第794條之相鄰地關係亦屬之。

　　依本書所見，勞工保護法殆皆為此處之「保護他人之法律」[178]。例
如（截至2018年11月21日有效施行之）工廠法、勞動基準法、職業安全衛
生法（例如第5條參照）及其附屬法規（職業安全衛生設施規則、機械器
具防護標準、鉛中毒預防規則等）、職業災害勞工保護法第7條[179]、勞動
檢查法，以及雇主依民法第483條之1之保護義務，均屬之。至於性質屬於
社會法的勞工保險條例、全民健康保險法亦屬之。而工會與雇主所簽訂的
團體協約或其他協議，性質仍為契約，故其並非第184條第2項所指之保
護他人之法律。另外，學者間也有認為為避免第184條第2項的適用範圍
過廣，以致於同條第1項無適用餘地，實應採取目的性限縮解釋，以法律
有明文規定者為限，例如限於有公示方法（登記制度）者，如商標、專利
等，或雇主應依勞保條例規定，為勞工投保勞工保險[180]。

　　回顧過去，其實早在1950年代，最高法院49年台上字第406號判決
中，針對非法僱用童工所導致的職業災害所生的損害賠償，認為工廠法
第5條、第6條、第7條為民法第184條第2項保護他人之法律[181]。之後，在
1960年代，最高法院56年台上字第540號判決，同樣係涉及非法僱用童工

[178] 同說：林誠二，民法債編總論新解（上），2010年9月，頁338圖表。
[179] 最高法院102年度台上字第1593號判決（坤保案）參照。
[180] 林誠二，民法債編總論新解（上），2010年9月，頁266以下。
[181] 本案之評釋，請參閱黃茂榮，投保責任保險不排除侵權責任，收錄於：民事法判解評
　　　釋（I），1978年9月，初版，頁310以下。

所導致的職業災害的損害賠償事件，法院也認為工廠法第7條、第11條、第12條為民法第184條第2項保護他人之法律[182]。由於受害的童工受僱時及遭遇職業災害事故時，尚未滿14歲，因此，僱用人其實還違反工廠法第5條規定。

在實務上，最高法院88年台上字第1862號判決認為勞工安全衛生法，由其第1條之立法目的及第2條第4項的定義觀之，其係第184條第2項保護他人之法律。此固然無疑。有問題的是，最高法院認為由第2條第4項以觀，「須引起勞工疾病、傷害、殘廢或死亡之結果，始有勞工安全衛生法之適用。」此一用語，實有待釐清。在此，勞工安全衛生法（目前已修正為職業安全衛生）係在藉由各種設施或措施及管理的規定，以防止職業災害的發生，故其規範重點係置於事業單位有無依法履行設施或措施及管理之義務。一旦事業單位違反義務，即使未發生職業災害，事業單位亦會受到職業安全衛生法規定的制裁。只是，勞工如欲依據民法第184條第2項請求損害賠償，則必須因事業單位違反職業安全衛生法的規定，而致有疾病、傷害、殘廢或死亡之結果（必須有侵權行為之結果）。另一方面，職業災害勞工依據勞基法第59條請求職業災害補償時，雖係採取無過失責任主義，但同樣必須因事業單位之設施或措施及管理所引起者始可（這是針對與職安法的關係而言，並未排除職業災害肇因於事業單位外第三人的可能性）。

又，在針對兩位勞工分別擔任與鉛的製作有關的大爐冶煉及助理工程師之工作，但兩人均在工作一年多後，發生鉛中毒的各種疾病。兩位勞工在主張侵權行為損害賠償時，援引當時的勞工安全衛生設施規則第十三章第323條（修正後為職業安全衛生設施規則第292條）[183]之規定。並主張（舊）勞安法及（舊）勞工安全衛生設施規則係民法第184條第2項之保護

---

[182] 本案之評釋，請參閱黃茂榮，非法僱用童工與其所受損害間的因果關係，收錄於：民事法判解評釋（I），1978年9月，初版，頁296以下。

[183] 依據職業安全衛生設施規則第292條之規定，雇主對於有害氣體、蒸氣、粉塵等作業場所，應依規定採取一定的防護措施。

他人之法律，一旦雇主因違反該等法規，即應推定其具有過失，構成民法第184條第1項之侵權行為。最高法院91年度台上字第2466號判決認為原告之主張有理。

　　上述之推定過失責任，均係以特定的法規為民法第184條第2項之保護他人之法律為對象。惟民法第187條法定代理人所負的責任[184]、第188條僱用人對於受僱人侵權行為所負之責任[185]、第190條動物占有人責任[186]、第191條工作物所有人責任，本質上亦為推定過失責任。緣從公平正義原則觀之，依特殊方法、特殊的物或人、或利用特殊的法律制度，享有特別利益時，對於伴隨利益之發生所致損害，自亦應由享有利益之人負擔之。民法第188條僱用人的責任，即是依此而來[187]。惟少數學者認為：「僱用人既無侵害行為之事實，即應無過失可言，故應為無過失，是為一種代負責任[188]。」

　　至於民法第191條之工作物所有人責任，通說認為係一中間責任，所有人得舉證主張免責[189]。此處之工作物，包含建築物、設備（機械）[190]之設置保管有欠缺[191]，但不含原料、成品，例如堆疊於地上之鋼板係單

---

[184] 李淑明，債法總論，2013年9月，六版，頁266。

[185] 劉春堂，判解民法債編通則，2011年2月，修訂六版二刷，頁138；邱聰智，民法債編總論，1997年10月，六版，頁105。

[186] 台灣高等法院台中分院106年度勞上字第42號民事判決（航翊科技公司案）參照。

[187] 孫森焱，民法債編總論（上），2012年2月，修訂版，頁199。

[188] 林誠二，民法債編總論新解（上），2010年9月，頁236、284。

[189] 孫森焱，民法債編總論（上），2012年2月，修訂版，頁308以下；李淑明，債法總論，2013年9月，六版，頁275以下。但林誠二認為是無過失責任，設置保管無欠缺或防止損害之發生，已盡相當之注意者，僅係免責要件。林誠二，民法債編總論新解（上），2010年9月，頁311。

[190] 通說認為工廠內之機械若能移動，則非工作物。本書以為此一見解並不正確。蓋第191條之規範重點，並不在定義定著物及工作物，而是在保障第三人的權利。即使是能移動的機械造成第三人受害，應亦可依此條文求償，而毋須回到民法第184條。

[191] 最高法院107年度台上字第317號判決（富士達公司案）認為手扶梯之緊急停止按鈕未加裝防護蓋，即有民法第191條之1第3項規定商品之生產、製造或加工視為有欠缺。

獨之動產，非上開規定所稱之工作物[192]。解釋上，此一第三人亦包括工作物所有人的受僱人。所以，工作物所有人之善盡設置保管責任，即在盡其保護照顧的義務。雖然民法第191條之3之經營事業人責任，亦適用於危險工作人與其所僱用員工，惟第191條之3只是危險責任之一般規定，應優先適用第191條之特別規定。

　　又，工作物所有人如對於工作物的設置保管並無欠缺，而係因自然事實（如颱風、地震、洪水等）或第三人之行為導致工作物侵害第三人之結果者，所有人本得舉證主張免責。惟如工作物的設置保管有欠缺，再與自然事實或第三人行為結合而導致侵害第三人之結果者，所有人仍須負責[193]。此時，工作物所有人與第三人對被害人負不真正連帶債務。假設第三人為工作物所有人的受僱人，而其行為與工作物的設置保管欠缺結合而導致侵害事實者，應適用民法第217條過失相抵之規定。只不過，由於勞動基準法職業災害補償採取無過失責任主義，應優先適用此一特別法的規定。

第三款　無過失責任主義

第一目　無過失責任理論

　　就民事責任的沿革觀之，其係由結果責任主義（原因主義）到過失責任主義，再由過失責任主義發展到無過失責任主義。主義的變更，代表著責任內部思想與理論結構的轉變。無過失責任係從公平妥當的立場，要求損害的填補。並且也影響到被害人的受償可能性與受償範圍的大小。近代私法係建立在所有權絕對、契約自由及過失責任的理論上。理性的個人得自由地發揮其聰明才智，追求其最大的利益或財富，「每一個人僅就其有意識的行動，負其責任」。惟此一基本思想，已因現代使用機械的危險或

---

[192] 最高法院105年度台上字第1500號民事判決（舜昕公司案）參照。

[193] 劉春堂，判解民法債編通則，2011年2月，修訂六版二刷，頁144。與此相關的，依據勞工保險被保險人因執行職務而致傷病審查準則第13條本文規定：「被保險人於執行職務時，因天然災害直接發生事故導致之傷害，不得視為職業傷害。」

不可控制力增加而被修正或推翻。

　　就責任理論依據的演變觀之，古羅馬時期所採的結果責任，係基於報復刑的思想，要求加害人不論有無可歸責事由，均應負損害賠償責任。至於現代之無過失責任理論根據，則為報償責任說或危險責任說或兼採二者之混合說[194]。加害人即使無識別能力，亦可構成侵權行為而應負無過失責任。結果主義或原因主義與無過失責任主義的結論相同，但後者在理論上具有較崇高的理想[195]。

　　面對著新式機器設備的危險增加，各種科技產品（核子設備、民用航空器等）所帶來無法預測的巨大損害（民法第191條之1、第191條之2及第191條之3經營事業人責任[196]參照），過失責任主義難以確保被害人（尤其是經濟上的弱勢者）能獲得賠償，因此，無過失責任遂漸受重視，並且逐步落實於制定法中。此處所重者，不在具有責難意義的損害賠償，而在於損害的補償或填補，亦即侵權行為責任的社會化[197]。以第191條之3而言，按經營一定事業或從事其他工作或活動之人，對於因其工作或活動之性質或其使用之工具或方法有生損害於他人之危險，對於他人之損害，依民法第191條之3規定，應負損害賠償責任；但損害非由於其工作或活動或其使用之工具或方法所致，或於防止損害之發生已盡相當之注意者，不在此限。此處之危險製造人與被害人間，並不以具有僱傭關係為限[198]。而在被害人依此請求賠償時，只需證明加害人之工作或活動之性質或其使用之工具或方法，有生損害於他人之危險性已足，無須證明有相當因果關

---

[194] 林誠二，民法債編總論新解（上），2010年9月，頁235、239。

[195] 孫森焱，民法債編總論（上），2012年2月，修訂版，頁197。

[196] 最高法院107年度台上字第803號民事判決參照。

[197] 孫森焱，民法債編總論（上），2012年2月，修訂版，頁197、322以下；曾世雄，損害賠償法原理，1989年10月，三版，頁3以下。

[198] 最高法院107年度台上字第803號民事判決參照。在該案中，危險製造人係買受真空壓鑄機設備之人，而被害人則係受僱於出賣人，並由出賣人派往買受人處從事安裝系爭設備，而在使用買受人提供之吊車及其吊掛之鋼索設備受到傷害。

係[199]。

　　況且，相對於第191條之3之危險責任的一般規定，國家甚至進一步制定特別法以規制之，例如職業安全衛生法。所以，其與勞動保護思想也有關連。國家並且制定並實施社會保險制度，以補償被害人的損害。由社會全體或具有一定身分所組成的風險團體所共同分擔損害的制度（尤其是職業傷病保險及失能保險），遂補充或取代原來加害人與被害人間的損害賠償方式[200]。甚且，顧及損害額之無法確定及損害長時間性，其賠償方法，外國立法例大多採用成立賠償基金方式，例如醫療賠償、污染賠償等是[201]。

　　而為了避免無過失責任的過於寬鬆，以致於不當加重責任負擔，所以，加害人之無過失責任，以法有明定為限。也就是說，不得類推適用相關規定。例如工業災害、核子／放射線傷害、交通事故、公害、消費性服務或商品。但此並非謂該等機械設備或科技產品所帶來的公害或製造的危險，絕對無法採取預防措施或設施予以預防或排除。反而是說：即使加害人已經採取防備措施或設施，但仍然發生損害時，其仍然應該負擔損害賠償責任。其所重者，在於結果的發生。不過，如前所述，本書以為在無過失責任主義之下，仍應有過失相抵／與有過失之適用，以適當修正全部損害賠償責任，緩和加害人的責任負擔[202]，至少在加害人能舉證努力預防

---

[199] 這是民法第191條之3的立法理由，也為台灣高等法院102年度重勞上字第7號判決所採。只不過，高院的此一見解，卻為其後的最高法院判決所不採，後者認為：此須以具有因果關係合理蓋然性判斷為基礎。最高法院107年度台上字第803號民事判決參照。本書以為最高法院似乎未能正確了解危險責任的規範原意，且忽視民法第191條之3但書舉證責任倒置的設計。

[200] 孫森焱，民法債編總論（上），2012年2月，修訂版，頁2。

[201] 在我國，則有以制定特別的審定準則，來對於特定的職業傷病加以認定者，例如針對台灣煤礦工人的肺塵疾病，行政院勞工委員會制定「勞工保險塵肺症審定準則」以為處理依據。行政院勞工委員會民國84年7月26日台勞保3字第125902號令參照。

[202] 林誠二，論勞工服勞務受害之賠償請求權，台灣本土法學，第15期，2000年10月，頁131。另請參閱最高法院97年台上字第453號民事判決（源柏洲案）。此部分說明，亦可參閱鄭玉波，民法實用－債之通則，1980年10月，六版，頁308以下。

損害發生而未果時，應採如此之處置。

第二目　僱傭及其他勞務提供契約之責任

無過失責任固然是現代危險／風險社會的責任思想與制度的表現。然而，我國民法相關行為人之責任，是否有此類無過失責任之規定？並非無疑。

先就民法第188條之僱用人責任而言，有肯定其為無過失責任者，蓋從公平正義原則觀之，依特殊方法、特殊的物或人、或利用特殊的法律制度，享有特別利益時，對於伴隨利益之發生所致損害，自亦應由享有利益之人負擔之。民法第188條僱用人的責任，即是依此而來[203]。亦有認為僱用人既無侵害行為之事實，即應無過失可言，故應為無過失（責任），是為一種代負責任。其屬於勞工保護的規定[204]。至於僱用人應為受僱人負責任的理論基礎有三：危險說、報償說、倫理說[205]。

不過，我國學者也有主張民法第188條僱用人對於受僱人侵權行為應負中間責任者[206]，其性質為推定過失責任，與民法第187條法定代理人所負的責任相同[207]。既然是推定過失責任，即代表僱用人／法定代理人得舉證其無故意或過失而免責。

其實，上述學者見解的差異，主要是從被害人（損害賠償請求權人）或從受僱人的角度觀察的不同而已。本書以為綜合觀察第188條第1項、第2項及第3項規定的原意，我國並非採僱用人無過責任說。蓋僱用人固然應對受僱人的行為負擔保責任，但依第188條第1項本文及但書觀之，實際上，僱用人只是擔保其選任監督無過失而已。如其選任監督無過失，即可依第188條第2項向被害人主張不負連帶賠償責任，而由受僱人單獨負

---

[203] 孫森焱，民法債編總論（上），2012年2月，修訂版，頁199。

[204] 林誠二，民法債編總論新解（上），2010年9月，頁338圖表。

[205] 林誠二，民法債編總論新解（上），2010年9月，頁236、284以下：採混合說。

[206] 劉春堂，判解民法債編通則，2011年2月，修訂六版二刷，頁138；邱聰智，民法債編總論，1997年10月，六版，頁105。

[207] 李淑明，債法總論，2013年9月，六版，頁266。

責或由僱用人負衡平責任。如此一來,自然不宜解為「僱用人負無過失責任」。

再從受僱人的角度觀之,僱用人得依據民法第188條的3項規定,向受僱人行使求償權,如此,受僱人即應終局地負賠償責任。然而,為符合責任公平分配之原則及彰顯勞動保護的精神,實應對僱用人的求償權採取限縮解釋,也就是說,以僱用人選任監督無過失為前提。一旦僱用人本身選任監督有過失,不惟其不得(向被害人)主張免除賠償責任,其亦不得向(受僱人)求償。如此的解釋,也才符合民法第217條與有過失或德國法具損害工作理論的的精神與要求。至於由僱用人負衡平責任,本書也以為寓有勞動保護的思想。

上述求償權之限制,實際上還牽涉到另一個更複雜的問題,亦即:精神慰撫金之賠償限制。緣基於加害行為係由受僱人所為的緣故,僱用人在賠償損害後,得全部向受僱人求償。有問題的是,被害人可能請求精神慰撫金之賠償。如此一來,在將僱用人的資力納入慰撫金量定的考量後,勢必增加慰撫金的數額。而在僱用人之後向受僱人求償時,恐使受僱人陷於無法賠償的困境。果如此,似不得謂平。畢竟,受僱人係在執行職務之際犯下加害行為。所以,學者間有主張應在第三人請求慰撫金的情況,限制僱用人向受僱人請求的數額[208]。其理論為:為兼顧受僱人之境況,在僱用人與受僱人之內部求償關係上,宜加以限制,例如考慮企業之危險性如何、收入之利益如何、工資是否低廉、勞務是否過度、企業設施是否完備、有無適當的指示等,依過失相抵之法理(民法第217條參照)或求償權之濫用,認為僱用人亦應負責,而限制僱用人之求償權。本書以為慰撫金求償限制之理論基礎,也在於勞動保護的思想。

最後,在保護對象上,民法第188條之被害人須為第三人,但並不包括僱用人。此一第三人包括其他的受僱人(即同事)。惟必須係為履行僱傭債務所造成的侵害,否則,即應由加害的受僱人依民法第184條自負侵

---

[208] 劉春堂,判解民法債編通則,2011年2月,修訂六版二刷,頁140;鄭玉波,民法債編總論,1980年8月,八版,頁186以下。

權行為責任[209]。

第三目　危險責任：民法第191條之3包括工業災害（受僱人也受到保障）？

　　依據王澤鑑的定義，「所謂危險責任，顧名思義，係以特定危險的實現為歸責理由。申言之，即持有或經營某特定具有危險之物品、設施或活動之人，於該物品、設施或活動所具有危險的實現，致侵害他人權益時，應就所生損害負賠償責任，賠償義務人對該事故的發生是否具有故意過失，在所不問。」[210]危險責任的用意，也在使接近危險源、且具有較佳控制能力者，努力於避免危險出現。由此可知，危險責任係一無過失責任的表現，並不在於追究加害人的故意過失責任，而是在於將文明社會無法或難以避免的損害，轉由經濟上較為強勢的一方負責。其內含有社會正義的要求，以追求公平社會的落實。

　　就民法規定觀之，第191條之3即係一針對「現代意外事故」的規定。基於「誰製造危險源而獲利者、誰即應盡到控制危險責任」，以及使被害人獲得賠償之公平正義的思想，立法者乃在第191條之3設定危險責任的一般規定[211]。被害人一旦因工作或活動而受害，無論是人身傷害或物的損害，均無須證明其間有相當因果關係，即得請求賠償。由於民法第191條之3僅是危險責任的一般／補充規定（經營事業人責任或危險工作人責任），對於他人利益具有特別危險之事業或行為所致損害，課以負擔特別賠償責任。如有其他特別法的規定，例如空氣污染防治法、職業安全衛生法等，甚至民法第191條規定，即應適用特別法的規定[212]。

---

[209] 倒是勞委會有函示認為基於私人恩怨所遭致的傷害，仍然屬於勞基法第59條之職業災害。

[210] 王澤鑑，侵權行為法第一冊，2000年9月，頁17。另請參閱Meinhard Heinze, Gefähr-dungshaftung, in: Lexikon des Rechts, Schuldrecht, 1996, S. 61 ff.

[211] 劉春堂，判解民法債編通則，2011年2月，修訂六版二刷，頁157。

[212] 邱聰智，危險責任與民法修正，收錄於：民法研究（一），1986年3月，頁297以下；陳聰富，危險責任與過失推定，月旦法學雜誌，第55期，1999年12月，頁33以下；李淑明，債法總論，2013年9月，六版，頁293以下。

　　進一步言之。我國民法學者或司法實務在論及無過失責任時，常兼及於危險責任，兩者間本難以區隔，或者危險責任只是無過失責任的一個類型而已。吾人觀責任理論的發展，係由結果責任→過失責任→無過失責任。之後，面對著由危險機具設備、原物料或成品、廠房、以及新的科技與組織或工作模式[213]所帶來的「風險職場」或「風險社會」，必須課以危險源者或藉此獲利者危險責任，以公平地分擔利益與責任。危險責任遂漸為各界所關注[214]。只是，如上所述，我國民法僅有過失責任及推定過失責任的設計，並未規定無過失侵權責任，現行的無過失責任，殆皆規定在民事特別法中[215]。即使現行民法的危險責任，究其本質，實際上也只是推定過失責任。針對第191條之3，論者間認其為推定過失責任，危險工作人得舉證主張免責[216]。這是與許多國家採取「無過失責任」的規定不同之處。

　　以第191條之3而言，危險責任人必須為經營一定事業或從事其他工作或活動之人。解釋上，本條之「人」包括自然人及法人，但不包括受僱人。受僱人因執行危險性工作而致第三人受害，第三人依據第191條之3規定，對於事業經營人求償。亦得依第188條對於僱用人及受僱人請求連帶賠償[217]。另一方面，此處受害的第三人，應該包括受僱人在內，即其得對事業經營人求償。在此，另須注意的是，除了侵權行為規定外，被害的受僱人亦得依據民法第487條之1規定請求債務不履行的損害賠償[218]。在此，乃會發生請求權競合之現象。通說採法規競合說，認為被害人只能依

---

[213] 包括過度的工作流程簡化，大大地提升工作者的體力負擔或精神壓力。

[214] 即使刑法的公共危險罪（第189條及第189條之1），也有損害礦坑／場、工廠或其他相類之場所內關於保護生命設備罪，以確保勞工及雇主的生命身體健康。其處罰雖以故意為主，但偶亦及於過失犯。

[215] 例如民用航空器法、核子損害賠償法、消費者保護法等。

[216] 王澤鑑，損害賠償，2017年3月，頁49；李淑明，債法總論，2013年9月，六版，頁292。

[217] 林誠二，民法債編總論新解（上），2010年9月，頁336。

[218] 林誠二認為民法第487條之1課僱用人無過失責任。

民法第487條之1之特別規定主張。惟民法學者林誠二認為並無所謂同一性質事項而有特別規定之問題，故其採請求權自由競合說，由被害人自由主張[219]。

　　另外，事業經營人只在工作或活動之性質或其使用之工具或方法有損害於他人之危險時，始應負責。有問題的是，何謂或如何界定工作或活動之性質或其使用之工具或方法具有造成損害之危險？對此，對於特別法已有規定之適用對象，例如空氣污染防制法、水污染防治法、職業安全衛生法等，自得認該等事業具有危險。然而，無數的危險性工作、活動、工具或方法，卻未有特別法律的規範。因此，自應由法院依據個案具體判斷之，並且經由類型化的過程，具體化及明確化危險性工作、活動、工具或方法。

　　以最高法院95年度台上字第677號判決（基隆區漁會案）為例，該案即涉及民法第189條、第191條及第191條之3、勞工安全衛生法（以下簡稱勞安法）第17條等規定。該案中，對於勞安法第17條之告知義務及採取勞安法規定措施之義務[220]，基隆區漁會既已告訴甲下面會臭，要他小心，足見並非未於事前提醒甲關於污水集中池之情況。「查基隆區漁會是否已具辨別有毒氣體之化學知識，或認知該集中池有毒氣體存在？未據原審查明，則若該會人員未具備上開有毒氣體之知識或認知，能否徒以該會人員僅為上開提醒，即令負未告知危險因素之過失之咎？亦待釐清」。依本書所見，基隆區漁會依據民法及勞安法相關規定所負者，應係危險責任，故其是否「具有專業的化學知識」或「認知該集中池有毒氣體存在」似非重要，重要者，係其必須自行或委請專業的人士或廠商進行防止毒氣外洩或甚至中毒的工作。故如其所委任之甲係具有專業知識的合格廠商，當即已盡到防止危險發生之義務，應可依據民法第191條之3但書主張免責。在接受承攬後，甲即應自備儀器測量有毒氣體之存在及濃度為何。

---

[219] 林誠二，民法債編總論新解（上），2010年9月，頁336以下。

[220] 有關職業安全衛生法之告知義務及提供安全衛生設備義務與危險責任（民法第191條之3）間之關係，另請參閱最高法院97年度台上字第453號判決（源柏洲案）。

第四款　衡平責任主義（民法第187條第3項、第188條第2項）

我國民法第187條第3項及第188條第2項係基於衡平考量所為之責任規定。其所著重者，不在加害人之過失，而在加害人及被害人的經濟情況。某種程度而言，其係以立法的方式，要求加害人負擔道德上的責任[221]。即衡平責任係基於社會政策的考量，希望公平衡量雙方當事人之經濟狀況，以達到保障經濟弱者之目的。這與無過失責任或推定過失責任也具有社會立法政策的構想，並無不同。即使以僱傭契約而言，其雖在衡量僱用人與被害人之經濟狀況，僱用人依第188條第3項規定，在一部或全部賠償後，得向受僱人求償。惟如前所述，基於勞動保護的思想（納入勞動保護的考慮），實應將第188條第3項作限縮解釋，以僱用人本身無選任監督過失時，始得行使求償權。

有關民法第188條第2項之僱用人責任，多數學者間認為衡平責任屬於無過失責任之一種，但稱其為衡平責任。惟亦有直接稱之為「無過失責任」者[222]。只不過，林誠二則是認為結果責任之無過失責任，凡有因果關係之損害均應全部賠償，性質上係填補性的損害賠償[223]。只不過，衡平責任尚有不同。其係一部或全部之損害賠償，由法院裁量之。原本，基於填補損害原則，在決定損害賠償範圍時，並不考慮加害人與被害人的資力（經濟狀況）。且既在保障經濟上的弱者，則非因果關係內之損害亦須賠償。雖然如此，本書以為衡平責任固為無過失責任，但僱用人僅需為有相當因果關係之損害負賠償責任。

再一言者，此種衡平責任的設計，亦見之於性別工作平等法第27條：「受僱者或求職者因第十二條之情事，受有損害者，由雇主及行為人連帶負損害賠償責任。但雇主證明其已遵行本法所定之各種防治性騷擾之規定，且對該事情之發生已盡力防止仍不免發生者，雇主不負賠償責任

---

[221] 王澤鑑，損害賠償，2017年3月，頁47：此種道德化規定陳義雖高，實務上殆無適用的案例。

[222] 孫森焱，民法債編總論（上），2012年2月，修訂版，頁299以下。

[223] 林誠二，民法債編總論新解（上），2010年9月，頁233、293。

（第1項）。如被害人依前項但書之規定不能受損害賠償時，法院因其聲請，得斟酌雇主與被害人之經濟狀況，令雇主為全部或一部之損害賠償（第2項）。雇主賠償損害時，對於為性騷擾之行為人，有求償權（第3項）。被害人因第十二條之情事致生法律訴訟，於受司法機關通知到庭期間，雇主應給予公假[224]（第4項）。」

第五款　責任保險／雇主強制責任保險

　　這是屬於雇主個人責任。緣在損害賠償制度上，為了填補被害人的損害，傳統上係採取個人主義的損害賠償制度，亦即由加害人個人獨立負擔賠償責任。我國民法第213條以下之損害賠償，即係採取此一制度。此制度的特色，係將損害賠償關係侷限於加害人與被害人之間，原則上不至於將責任人牽（株）連到（尤其是具有身分關係的）第三人或者將求償權人擴充至（受到間接損害的）第三人，而是由加害人單獨以其財務負完全的賠償責任。此一個人責任的優點是，損害賠償內容因被害人而異，並不採所謂的「平等原則」（反面言之，即是採取「差別處遇原則」），所以，無論是財產上損害（如喪失勞動力，民法第193條）或非財產上損害（慰撫金，民法第195條），其額度之高低，均按照被害人的身分、地位、學經歷、職業而予以認定。舉例而言，被害人或為醫師、或為一般勞工、或為家庭主婦／夫、或為無業遊民，其能獲賠的額度或範圍即有不同[225]。

　　個人責任主義雖由加害人以其全部財產負無限清償的責任，惟此一制度亦有其缺點，即其以加害人個人的財力作為清償的基礎，故難免會陷入無力承擔或清償，以致於被害人的損害無法獲得全部弭平之境地[226]。也就是說，會陷入人身侵害只是「理論上」獲得賠償而已。為避免此一現

---

[224] 此一「公假」的規定，係因雇主未能盡到防止性騷擾發生之義務，故責令其提供有薪事假。本質上與國家或社會有關之公共利益並無直接關聯。至於人民享有訴訟之基本權利（憲法第16條參照），係人民與國家間之關係，與此處雇主之給予公假無關。

[225] 最高法院63年台上字第1394號判例參照。王澤鑑，損害賠償，2017年3月，頁25以下。

[226] 在此，如果是雇主，其亦可主張民法第218條損害賠償減少的適用，以保障本身及員工的生計。

象，因應現代風險社會賠償或補償哲理的轉變，將民法的損害賠償制度重新配置或重心轉移，例如適度地賦予定期金制度的社會安全功能或色彩，係一可思之計。具體的作法，是在實務運作上，將損害賠償定為以支付定期金為主、一次金為輔（民法第193條第2項的反面），並適度地提高賠償水準。如此，或可更有效率地賠償被害人的損害。此不僅於財產上的損害，即使是非財產上的損害（慰撫金）亦應以定期金的支付為主。

惟更重要的，是集合眾人之（資）力，以集體連帶補償的方式（勞基法第59條參照）或保險方式〔勞工保險職業災害保險或失能保險、全民健康保險、強制（汽車）責任保險〕[227]、或甚至藉由商業保險的共同分擔危險機制，以分攤偶發風險所產生的損害（失）。這也是狹義的或廣義的社會安全制度的一環[228]，具有適度緩和損害賠償法的「冷靜理性」或冷酷無情的作用（指對於無力負擔損害賠償的加害人而言）。在此種集體清償制度下，採取平等原則的救濟，每一被害人獲得相同計算方式的補償。其或者取代私人賠償責任制度（所謂之「集體補償制度」）、或者與之混（結）合使用（所謂之「混合清償主義」）（勞基法第59條、勞保條例第34條、第36條、第54條參照）。而無論是「集體補償制度」或「混合清償主義」，由於都涉及加害人外之第三人連帶或共同負責之情形，故其會產生內部責任之分擔或終局歸屬之問題。也就是說，在多數責任主體時，內部會發生代位求償或損害賠償請求權移轉等問題，並且確定最後賠償責任

---

[227] 此處以保險方式的補償，兼含公、私法的規定。本書以為即使積欠工資墊償基金制度（勞基法第28條參照），也是採取雇主工資連保的作法，具有保險的色彩。相關著作，王澤鑑，勞工法之社會功能及勞工法學之基本任務，收錄於：民法學說與判例研究第二冊，頁349。該文中，主要是談及雇主的物保（抵押權）與勞工保護責任的先後問題。

[228] 與此也略有相關的是：多年來，我國公務機構或公立學校的受僱人（含工讀生）因執行職務受傷，法院多有捨職業災害救濟管道，而直接認定成立國家賠償者。此種作法，除了未能釐清僱傭契約的私法本質外，也誤將國家賠償作為社會安全制度運用，本書以為並不可採。蓋果如此，則所有公務機構受僱人（含約聘僱人員）的職業災害，將溢出於職業安全衛生法及私法的職業災害救濟法制之外矣。

人（民法第273條、勞基法第62條、職業安全衛生法第26條參照）[229]。此
種集體清償的制度設計，可謂將被害人獲償的機率極大化，而將無法獲得
代償的風險留存在責任主體之間。

　　這種集體責任體系的建立，除了因應交通意外等無法預知或難以防
範的社會風險外，最主要的，是與新式機器設備所新增的危險、以及各種
科技產品（核子設備、民用航空器等）所帶來無法預測的巨大損害（民法
第191條之1、第191條之2及第191條之3參照）有關。因此，一方面，由
於過失責任主義已難以確保被害人能獲得賠償，無過失責任遂逐漸受到重
視，並且逐漸見之於制定法中。另一方面，國家制定並實施各種責任保險
及社會保險制度（或社會安全制度），以補償被害人的損害。由社會全體
或具有一定身分所組成的風險團體所共同分擔損害的制度，遂補充或取代
原來加害人與被害人間的損害賠償方式[230]。這是有鑒於危險性事業的增
加，遂出現商業保險，希望透過價格機能分散，使危險分擔減低[231]。本
書以為必要的強制責任險，應係廣義的社會安全制度的一環，目的在確保
當事人面對生、老、病、死等各種困境時，生存的安全無虞[232]。

---

[229] 王澤鑑，損害賠償，2017年3月，頁27。

[230] 孫森焱，民法債編總論（上），2012年2月，修訂版，頁2。對於勞工保險性質似有誤
解的是，黃茂榮認為就傷殘給付或死亡給付而言，勞工保險實有責任保險之性質，故
在此情形，保險人於保險給付後，對於勞工所屬之廠礦或機關團體，並不享有保險
法第53條之代位權。請參閱黃茂榮，非法僱用童工與其所受損害間的因果關係，收錄
於：民事法判解評釋（I），1978年9月，初版，頁299。

[231] 林誠二，民法債編總論新解（上），2010年9月，頁234。

[232] 在責任保險制度下，由於繳交一定的費用，即可免除個人責任，因此，難免誘發行
為人無意於「預防損害」的動機，形成另一種道德風險。為此，加入代位求償的規定
（強制汽車責任保險法第29條第1項參照）、或將個人責任與責任保險混合行之、或在
責任保險中加入「預防損害」的功能，即有必要。例如按照事故發生率來訂定保險費
率。此在勞工保險條例之職業災害給付，即是採取經驗費率的作法（勞工保險條例第
13條第3項參照）。另外，劉宗榮認為在例外的狀況下，亦即被保險人故意或重大過失
肇致損害時，保險人即得行使代位求償權。劉宗榮，新保險法，2011年，二版，頁422
以下、425。

第三項　債務不履行

在債務人未依債的本旨而為給付，所發生之回復原狀或金錢賠償，是否亦有如同侵權行為的勞動保護思想？對此，由於回復原狀或金錢賠償屬於損害賠償法的內容，基於趨利避害的人類本性，行為人當會採取避免造成債務不履行（尤其是不完全給付）的行動，故具有預防職場風險之機能。而在僱傭契約納入勞動保護規定之前，有關勞工保護的理論，大多經由不完全給付加以推出與實踐。

所以，僱傭契約的勞動保護規定與不完全給付具有一定的關聯。在1999年民法第483條之1制定施行前，民法僱傭契約當事人雙方間，係以具有可歸責事由（故意、過失）時，始負債務不履行的損害賠償。1936年公布（但未施行）的勞動契約法，由於屬於私法的性質（屬於社會的勞動保護），同樣採取故意過失責任主義。倒是，與民法債編同一時期施行之1929年工廠法，則是強制工廠必須履行法定的工作條件，故其性質為勞工保護法（同時兼具技術的及社會的勞動保護規定）。工廠如未遵守規定，不問其有無過失，均受到行政制裁（無過失責任主義）。工廠法中屬於技術的勞動保護，與民法僱傭契約形成雙軌制的現象。而在1999年民法第487條之1制定施行後，配合第483條之1雇主保護義務的明文化，採取與民法第546條第3項危險責任之立法例，（至少針對具有一定危險性之事務者）如受僱人非可歸責之事由受害者，即得請求損害賠償[233]。即不問僱用人有無故意過失，原則上均應負損害賠償責任。蓋僱用人基於僱傭契約，得使受僱人為其服勞務而受有利益，則亦應承擔受僱人因服勞務所受損害的賠償[234]。可見其具有受僱人／勞工保護的思想。只是，在立法規範上類似於民法第191條之1的設計，而且，僱用人也可以舉證受僱人具有可歸責事由而免責，故事實上為推定過失責任主義的一種。

---

[233] 民法研究修正實錄一（十），立法院第三屆第六會期第十二次會議議案關係文書，頁309、310。

[234] 只是，民法第487條之1及第546條第3項在實務上究竟有無適用的案例？本書頗表懷疑。

　　在債的人的適用範圍上，基於債權相對性，只有契約當事人相互間始負有履行債務之義務。根據法規競合說，並不另論侵權行為責任。例如醫師忘記紗布於病人體內、受僱司機因過失車禍而致貨物毀損。這兩個例子，都是屬於債務不履行中不完全給付（加害給付）的類型。由於在僱傭契約中，勞雇雙方有關主給付義務、從給付義務及附隨義務之債務不履行，主要都是不完全給付（瑕疵給付、加害給付）的範疇[235]。也就是說，針對僱傭／勞動關係，無論違反給付義務或附隨義務，只要具有可歸責事由，都會構成不完全給付之債務不履行責任。以雇主的保護照顧義務而言，其所提供的工作場所、設備、工／器具帶有缺陷，致勞工傷亡時，即屬附隨義務或從給付義務之不完全給付。由於僱傭契約並無瑕疵擔保之規定，在勞雇任何一方違反給付義務或附隨義務之瑕疵給付時，即必須適用不完全給付之規定[236]，如其能補正者，類推適用給付遲延規定（民法第229條以下）；不能補正者，類推適用給付不能規定（民法第226條）。此一補正／修補權利或義務，尤其會發生在雇主所負的預防職業災害的設施、措施或管理上。

　　進一步言之。基於勞動契約，雇主只能請求勞工給付勞務而已[237]，並無支配勞工人身的權利，也不得強制其工作（即欠缺執行力），否則將會構成強制勞動的事實[238]。蓋即使勞工與其勞動力緊密結合、難以切

---

[235] 例如雇主洩漏勞工的個人資料。

[236] 這表示：受僱人或勞工並不負無瑕疵提供勞務之責任或者說「帶有傷病的受僱人或勞工仍得受僱工作」之意。蓋自然人難免傷病或甚至帶有身心障礙，基於憲法人性尊嚴、生存權及工作權的保障，不得否認或剝奪其從事有酬活動的權利。

[237] 由於我國法院實務並不承認勞工的就勞請求權，因此，雇主並不負受領勞務之義務，雇主拒絕受領勞務時，即使會陷入受領遲延而導致不利益或失權的效果（民法第235、487條），但究不能謂雇主構成不完全給付之債務不履行責任。只不過，2018年12月5日制定公布的勞動事件法第49條已經有限度地承認就勞請求權，雇主在一定條件下負有繼續僱用勞工及給付工資之義務。

[238] 另一方面，對於不履行勞務已達「重大事由」程度者（民法第489條第1項），僱用人即得終止契約，此並不構成強制勞動。倒是，王澤鑑認為民法第489條第1項之終止契約，直接影響勞工的工作權及生存權。此一見解似有問題。蓋民法第489條第1項係將

割，但勞動契約只能衍生出請求權，而非支配權。所以，就算勞工同意如奴隸般工作或終身為奴，亦因自由不得拋棄（民法第17條第1項）而無效[239]。同樣地，雇主對於無意願工作的勞工，亦無私力實現之權限（民法第151條）。由於強制力的排除，所以雇主對於勞工要求提供勞務的債權，性質上為不完全債權（或不完全債務）[240]。其實，此處的「不得就應履行之給付為強制執行」，解釋上包括委任、承攬等勞務提供契約，例如約定開刀或繪像、完成雕刻品。

　　至於就雇主所負之義務而言，如係給付工資義務，勞工當得透過行政程序（勞基法第27條參照）救濟，亦得直接訴請雇主履行之。至於附隨義務部分，長久以來，勞動契約理論均認為勞雇任何一方對於他方並無履行請求權，而僅有在他方違反附隨義務致其權利受害時，得請求損害賠償。在此，雇主違反保護義務時，即應負不完全給付的損害賠償責任[241]。依據論者所見，原則上，附隨義務或從給付義務（或可稱為獨立的「附隨義務」）之不履行，僅構成未依債之本旨而為給付，債權人得依民法第227

催傭契約當事人任何一方的終止契約權，限制在具有「重大事由」時，目的即在限制契約（解約或終止契約）自由，勞基法第12條第1項及第14條第1項即是重大事由的具體化規定。

[239] 至於民法第17條第2項：「自由之限制，以不背於公共秩序或善良風俗為限。」在勞動實務上，一般係以競業禁止條款為例，即離職勞工同意在原雇主提供補償金等相對義務的條件下，自我部分限制轉職或創業的自由。勞動基準法第9條之1參照。

[240] 王澤鑑，債之關係的結構分析，收錄於：民法學說與判例研究（四），1982年4月，初版，頁111以下。

[241] 此不完全給付似有實踐勞動保護的功能。至於損害賠償的範圍有：醫療費用及其他造成的費用（例如搭計程車的費用）、生活輔具、喪葬費用、扶養費用。而且，勞工因受傷轉換工作位置所致之薪資損失，理論上也應該包含在內。對此，依本書所見，勞基法第59條第2款之工資補償及終結補償，或許即具有此一用意。由此衍生而來的問題是，假設雇主將職災勞工調職，即使獲得其同意或者職災勞工工作能力確實已減損、甚至達於不能勝任工作之程度者，雇主仍有賠償或補償工資損失差額之義務。勞基法第10條之1第2款「對勞工之工資及其他勞動條件，未作不利之變更」，對於職災勞工之調職，亦有適用。

條主張不完全給付損害賠償[242]。根據傳統勞動契約的學說，雇主違反附隨義務中之保護照顧義務時，原則上勞工並無權請求履行，而且，亦不得解除或終止契約[243]。

　　為了解決上述勞工無履行請求權及契約解除權或終止權的困境，論者間遂有主張保護義務與工資給付具有同等的主給付義務位階、或認為雇主基於勞工保護原則，為受領勞務，負有先履行勞動保護之義務者。否則，即會陷入受領遲延，致使勞工無再提供勞務之義務[244]。

　　惟依本書所見，立法者只是藉由民法第483條之1、職業安全衛生法及其附屬法規，將附隨義務中最為重要的保護義務予以具體化、明確化而已（一類為「安全衛生設施整備義務」，另一類為「安全衛生管理義務」）[245]。其目的在凸顯雇主負有一「高度的保護義務」、提示雇主之保護意識，而非在將保護義務提升為主給付義務的性質[246]。而學者也從法院對於職災損害賠償請求的判決，得出法院未直接以民法第483條之1為請求權基礎，而多以第184條第2項保護他人之法律為損害賠償請求權之基礎，可推知實務見解採附隨義務[247]。所以，充其量，由於勞工人身安全

---

[242] Hans Brox and Wolf-Dietrich Walker, Allgemeines Schuldrecht, 36 Aufl., 2012, §2 Rn. 11, 12。另外，請參照台北地院87年度勞訴字第33號判決。

[243] 與此不同的是，最高法院100年度台上字第2號判決認為：「附隨義務性質上屬於非構成契約原素或要素之義務，如有違反，債權人原則上固僅得請求損害賠償，然倘為與給付目的相關之附隨義務之違反，而足以影響契約目的之達成，使債權人無法實現其訂立契約之利益，則與違反主給付義務對債權人所造成之結果，在本質上並無差異（皆使當事人締結契約之目的無法達成），自亦應賦予債權人契約解除權，以確保債權人利益得以獲得完全之滿足，俾維護契約應有之規範與功能。」

[244] 相關說明，陳建志，安全保護義務規範之研究－以僱傭、勞動關係為中心，中國文化大學勞工研究所碩士論文，2011年6月，頁16以下、213以下。

[245] 徐婉寧，民法第483條之1之研究－以我國實務見解及日本法為素材，政大法學評論，第138期，2014年9月，頁267。

[246] 否則，雇主根據勞基法第19條之發給服務證明書之義務，也將會被作為主給付義務看待。

[247] 徐婉寧，民法第483條之1之研究－以我國實務見解及日本法為素材，政大法學評論，第138期，2014年9月，頁247。另外，最高法院100年度台上字第2號判決參照。

保護的必要性及職業災害的頻繁性與嚴重性，立法者欲藉由民法第483條之1、職業安全衛生法及其附屬法規，貫徹其立法意志，故可將雇主之保護義務重新界定為具有獨立的附隨義務性質的從給付義務，賦予勞工對請求雇主履行必要之注意義務的權利（Erfüllungsanspruch）或獨立訴請履行的權利[248]。

　　在此，須注意者，並非所有的公法上的勞工保護及防止意外之法規，均同時為勞工提供一私法上的請求權，而是該等法規「適合於建構一勞動契約的義務之標的」始可。至於所謂公法上的勞工保護及防止意外法規之內容「適合於建構一勞動契約的義務之標的」，係指該等法規的目的在於直接提供個別勞工的保護，亦即勞資雙方可以自由地約定給予勞工一「履行請求權」（Erfüllungsanspruch），始足以當之。換言之，公法上的規定如果僅有組織的或規範法上的（ordnungsrechtlich）功能，或者其係以全體的勞工為對象者，即未能自然的或經由雙方的約定而具有私法上的效力[249]。因此，勞工是否具有履行請求權，必須將所涉及的公法的規定，在民法第483條之1的規範目的下，逐案地加以審查；惟如經個案審查而仍有疑義時，原則上即視其具有私法上的效力，勞工可以依之要求雇主履行之[250]。

　　所以，問題較大的是，勞工基於雇主的附隨義務或從給付義務，要求

[248] 對於以團體協約約定的勞工保護措施（團體協約法第12條第1項第6款參照），已成為契約的主給付義務，勞工或工會本得請求履行之（包括獨立訴請履行）或以債務不履行請求損害賠償。解釋上，即使是個別勞動契約所約定的勞工保護措施，亦應做同樣的處裡。

[249] Alfred Söllner, Grundriß des Arbeitsrechts, 11. Aufl., 1994, 214 f.; Zöllner, Loritz and Hergenrörder, Arbeitsrecht, 6. Aufl., 2008, 322 f。同理，同樣是規定在道路交通管理處罰條例中之禁止行為，如是要求汽車駕駛人在特定地點減速慢行，否則處以一定罰鍰者（第44條）。其立法目的是在保護參與交通者之安全，應屬「保護他人之法律」。反之，如是禁止慢車駕駛人裝載有惡臭氣味貨物，而不為適當之裝置者（第76條），其目的應係在維護環境的整潔，故非屬「保護他人之法律」。

[250] 林更盛，承攬關係中職災補償責任－最高法院90年度台上字第948號判決評釋，台灣本土法學雜誌，第34期，2002年5月，頁73；MünchKomm and Lorenz, a.a.O., Rn. 7, 21.

雇主「按其情形為必要之預防」（民法第483條之1參照），其範圍（具體內容）顯得抽象而難定[251]。對此，如果係職業安全衛生法適用的行業，即應指雇主須提供符合職業安全衛生法及其附屬法規之設施或措施或安全衛生的管理而言（如果非職業安全衛生法適用的行業，則按照行業的屬性及工作的種類、具體工作的現場而定）。惟對於其他保障勞工人身安全之勞工保護法令之規定，勞工同樣得要求雇主提供各種預防之設施或措施（只是，勞工必須具體特定雇主所應為的設施或措施或管理行為為何[252]）。只有在保護設施或措施、安全衛生的管理已具體特定之情況下，雇主才能為必要之預防，也才有違反保護義務之可能。為免勞雇雙方對於保護義務具體內容意見不一，似應由勞雇雙方事先達成合意（包括透過工會同意、勞資會議決議，以及個別勞工同意等方式）。

另外一個問題是，在雇主違反保護義務時，尤其是未盡到保護設施或措施、或安全衛生的管理之義務時，勞工是否即得行使給付拒絕權？對此，學者間有認為事涉勞工之人身安全、或者以雇主之附隨義務與勞工的服勞務間實質上具有牽連性，應類推適用同時履行抗辯權之規定[253]。惟本書以為有條件的勞務拒絕權為宜，以免勞工動輒以職業安全設置或管理有缺失為由，而拒絕提供勞務。學者間似乎亦有採取相同看法者，其以為「然保護照顧義務實為受僱人服勞務之前提，若僱用人不履行該等義務，則無法達成契約之目的，且於有危害生命身體健康之虞時，特別是當工作

---

[251] 其所可能造成的反效果是：受僱人傾向不依民法第483條之1主張債務不履行，而是轉依侵權行為法的規定請求損害賠償。徐婉寧，民法第483條之1之研究－以我國實務見解及日本法為素材，政大法學評論，第138期，2014年9月，頁241。

[252] 對於此一勞工所具體特定的設置或管理行為，雇主得加以異議或提出替代方案，法院也得加以審查其合適性。

[253] 林誠二，論勞工服勞務受害之賠償請求權，台灣本土法學雜誌，第15期，2000年10月，頁126：此義務為雇主之附隨義務，而非勞工之服勞務之對待給付義務，理論上無民法第264條同時履行抗辯權之適用，但為保障勞工之安全，本文以為此二債務實質上有牽連性，應類推適用同時履行抗辯權之規定，使勞工於雇主善盡其保護義務之前，得拒絕服勞務。

場所已現實地發生職業災害時，實難期待勞工仍不拒絕服勞務而僅依民法第483條之1請求事後之救濟。因此不論從保護受僱人或預防職業災害的觀點而言，皆應肯認受僱人得拒絕服勞務[254]。」

　　詳言之。在此，如果雇主提供之防護設施或措施不完全或有缺陷，雖然僱傭契約並無如承攬契約之瑕疵擔保規定（民法第492條），承攬人因此負有修補之義務[255]。但是，基於雇主根據勞動契約履行保護照顧義務的重要性，勞工得因不完全給付理論或類推適用民法第492條規定，訂一合理的期間，要求雇主除去或補正後重新提出[256]。只是，如果屆期雇主未從事除去或補正，或雖已進行除去或補正，但仍然未達到法定的要求或標準時（例如公車上未配備滅火器或公車方向指示燈毀損），除非其嚴重程度已達危及勞工的生命、身體、健康權，否則，（一方面雇主應受到公法規定的制裁，另一方面）勞工仍然負有提供勞務之義務[257]。在此，「設施或措施瑕疵已達嚴重危及勞工人身安全之程度」，與職業安全衛生法第18條第1項及第2項「工作場所有立即發生危險之虞」之情形，尚有不同（雖兩者的區隔界線未必分明）。依本書所見，只須達到前者的嚴重程度，勞工即可「自行停止作業及退避至安全場所」，亦即行使勞務拒絕權或類推適用民法第264條之同時履行抗辯權[258]。並無須達到後者「工作場所有立即發生危險之虞」之程度。只不過，根據職業安全衛生法第36條第1項的「勞工於停工期間應由雇主照給工資」，則是限於同法第18條第2項

---

[254] 徐婉寧，民法第483條之1之研究－以我國實務見解及日本法為素材，政大法學評論，第138期，2014年9月，頁248以下。

[255] 類似的規定，亦見之於買賣契約（民法第364條參照）。

[256] 李淑明，債法總論，2013年9月，六版，頁376以下。在此，承攬人所負交付無瑕疵工作之義務，係一無過失擔保責任。對於定作人而言，其擁有一修正的履行請求權，在承攬人除去瑕疵前，定作人對於承攬人的請求給付價金，得行使同時履行抗辯。

[257] 依據徐婉寧的整理研究，受僱人有無勞務拒絕權或履行請求權，實務上似無直接相關之案例。徐婉寧，民法第483條之1之研究－以我國實務見解及日本法為素材，政大法學評論，第138期，2014年9月，頁247。

[258] 最高法院74年度台上字第355號判決參照。另請參閱王澤鑑，民法判例與學說研究（六），1994年8月，八版，頁179以下。

「勞工執行職務發現有立即發生危險之虞時」之情形。另外，無論是前者或後者，由於工作場所、設備或工具的瑕疵已嚴重危及勞工的人身安全，如果雇主無法在合理期間或勞工所訂期間內除去或補正者，勞工即可依民法第489條之「重大事由」或勞基法第14條第1項第6款之「雇主違反勞動契約或勞工法令，致有損害勞工權益之虞者」，終止勞動契約。

　　另一個問題是，債務人依民法第224條為履行輔助人（代理人、使用人）之行為所應負擔之責任（擔保責任）。在此，其責任依據為：債務人既藉由履行輔助人擴大其交易活動範圍、並且從中獲利，則只要有履行輔助的事實，不問債務人有無選任、監督之餘地或選任、監督或指揮履行輔助人有無過失，均應負法定擔保責任（通說認為係無過失責任）[259]。惟債務人得與債權人特約免除為履行輔助人負擔責任。且解釋上包括故意重大過失責任[260]。另一個相關的問題是：履行輔助人是否應負侵權行為責任？例如旅館之經理、服務生在發生火災時，未盡到通知顧客逃生之義務，即先行逃走，是否構成「不作為」之侵權行為？學者有持肯定說者[261]。

　　至於債務人所應負責任之範圍。民法第224條所指之債之履行行為，除了實施行為之際損害相對人物品（安裝熱水器之際，因工具墜落而打破客戶之玻璃）（不完全給付）亦屬之外，是否包括履行之際給予機會之行為？例如趁安裝熱水器之際，偷取客戶錢包。對此，通說認為其與債務履行不具直接內在之關連，係侵權行為而非債務不履行，應適用民法第188條規定。惟劉春堂則認為其與債務之履行具有密切之關連性，應令債務人依民法第224條負責較妥。

---

[259] 劉春堂，判解民法債編通則，2011年2月，修訂六版二刷，頁226；李淑明，債法總論，2013年9月，六版，頁314以下。惟林誠二認為是過失之擴大。林誠二，民法債編總論新解（上），2010年9月，頁287。若依林誠二之意，似乎是故意過失責任的見解。

[260] 不同意見說：王澤鑑，為債務履行輔助人而負責，收錄於：民法學說與判例研究（六），2006年9月，頁71以下。

[261] 林誠二，民法債編總論新解（上），2010年9月，頁243。

　　民法第224條最大的爭議，毋寧在於代理人及使用人所指者為何。尤其是後者的對象。一般以為代理人包括意定代理人及法定代理人[262]。至於所謂使用人，乃指基於債務人之意思，為債務履行所使用之人，惟使用人並不以受債務人監督或指示為必要[263]。包括受僱人[264]、受任人[265]、運送人、旅行社（雖然其為法人）[266]等均是。但不包括承攬人[267]。其重在為債務人服勞務，事實上輔助債務人履行債務。其與債務人間不必具有僱傭或委任等契約關係，而在有契約關係時，並不問其是否有償，亦不問其輔助係一時性的或繼續性的，例如幫債務人倒垃圾之受託人（跑腿幫）（然而在鄰居有事時，暫時受託看小孩，應該只是敦親睦鄰之舉，不必將之視為履行輔助人）。惟對於無法干涉履行輔助人行動者，例如郵局為債務人遞送郵包因過失而遺失，通說不認為是使用人。惟亦有學者從法定擔保責任及債務人擴大交易活動範圍之角度，持肯定的立場[268]。然而，如從債務人與使用人內部關係間，可能引起債務不履行的損害賠償或求償關係，似乎應以通說的見解為是。

　　如上所述，履行輔助人（代理人、使用人）並不以自然人為限，最

[262] 李淑明，債法總論，2013年9月，六版，頁313。

[263] 惟最高法院則是持肯定說，請參閱最高法院97年度台上字第980號判決：「所謂使用人，係指為債務人服勞務之人，凡事實上輔助債務人履行債務之人均屬之，不以負有法律上義務為必要，故不限於僱傭人與受僱人關係，亦不以在經濟上或社會上有從屬地位為限。只要債務人於必要時，即得對該第三人之行為，加以監督或指揮者即足。故得選任、監督或指揮第三人，為履行債務而服勞務者，該第三人即屬使用人，其所服之勞務不問為履行債務之協力，或為全部或一部之代行均足當之。」

[264] 實際例子，李模，民法問題研究，1989年4月，增訂七版，頁109以下。

[265] 例如甲開車撞毀乙所有之機車，甲將該機車交由丙機車行修理。在此，丙為甲的受任人。

[266] 王澤鑑，為債務履行輔助人而負責，收錄於：民法學說與判例研究（六），2006年9月，頁67。

[267] 但次承攬人為承攬人的履行輔助人。王澤鑑，為債務履行輔助人而負責，收錄於：民法學說與判例研究（六），2006年9月，頁67。

[268] 劉春堂，判解民法債編通則，2011年2月，修訂六版二刷，頁225以下。

高法院亦採此見解。例如最高法院80年台上字第792號判決認為旅行契約免責條款因違反公共秩序而無效。在該案中，甲偕其妻參加乙旅行社舉辦的非洲旅行團。乙委託肯亞旅行社辦理當地旅行活動，因發生車禍，甲重傷，其妻死亡。甲向乙請求損害賠償。乙以其在旅行契約中訂定有不對債務履行輔助人的過失負責的條款，拒不賠償。最高法院認為肯亞旅行社為乙的債務履行輔助人[269]，並且「旅行業者印就之定型化旅行契約附有旅行業者就其代理人或使用人之故意或過失不負責之條款，但因旅客就旅行中之食宿交通工具之種類、內容、場所、品質等項，並無選擇之權，此項條款與公共秩序有違，應不認其效力。」倒是，身為履行輔助人（使用人）之肯亞旅行社，其所僱用之人（司機），是否亦為乙旅行社的使用人？對於司機肇事之損害，乙是否亦應負民法第224條本文之責任？對此，民法學者似有持肯定說者[270]，惟本書以為應以否定說為是。亦即僅有肯亞旅行社為乙的使用人。至於乙應否負責，則應回歸到乙旅行社與肯亞旅行社的契約關係而定。如其為委任契約或承攬契約，則應由肯亞旅行社為其所僱用之司機負損害賠償責任。

　　此處亦應釐清的是，受僱人是否限於自然人？或者包括法人或事業單位？對此，如上所述，為債務人輔助履行債務之使用人，包括受僱人、受任人、旅行社等，也就是包括自然人及法人。民法學者有認為受到選任監

---

[269] 最高法院97年度台上字第593號判決同樣認為國外旅遊業者為國內旅遊業者之履行輔助人。其又認為：「旅遊營業人將其與旅客約定所應提供之旅遊服務，委由國內或國外之他旅遊營業人代為處理，其彼此間所成立者，或為委任，或為承攬，或為無名之契約，端視契約實際約定之內容及其屬性如何定之，不可一概而論。……。原審將國內旅遊業者委由國外旅遊業者提供旅遊服務之契約，一律解為利益第三人契約性質，復將兩造間前述之交易方式為由，而未調查審認兩造間所訂契約是否附有向旅客為給付之第三人約款，並敘明其認定所憑之證據，即認兩造間所成立者係利益第三人之旅遊契約，被上訴人所招攬之旅客，得直接對於上訴人主張旅客之一切權利，非但所持之法律見解可議，抑且有判決不備理由之違法，兩造間之契約關係為何？攸關系爭費用應由何人負擔，自應先予釐清。」

[270] 王澤鑑，定型化旅行契約的司法控制，收錄於：民法學說與判例研究第七冊，1994年8月，四版，頁69。

督之旅行社，即為民法第188條之受僱人[271]。雖然如此，本書以為應以否定為宜。蓋僱傭契約與委任契約、承攬契約之區別，即在於受僱人只限於自然人，而受任人及承攬人則可為自然人或法人。

　　最後，附帶的問題是，如果參照最高法院對於履行輔助人（代理人、使用人）的見解，那麼，一個在勞動實務上類似的人力使用狀況，即會出現問題，亦即：要派機構是派遣機構的履行輔助人？尤其是法院實務上也有引用第三人利益契約處理債務人、履行輔助人及債權人間之關係者。此在派遣勞動關係中，第三人利益契約理論的適用，同樣也引起爭議[272]。

---

[271] 王澤鑑，勞動契約上之單身條款、基本人權與公序良俗，收錄於：民法學說與判例研究第七冊，1994年8月，四版，頁62。

[272] 楊通軒，個別勞工法─理論與實務，2017年9月，五版，頁206、211以下。

第三章　工作時間法

 案例1

　　甲受僱於客運公司（乙）擔任司機一職，負責往返台北與桃園國際機場來回的運送。其工作型態為做一休一。依照乙的規定，甲到機場乘客下車後到下班次發車的時間空檔（約20分鐘）為休息時間。乙與甲並且約定，將休假日移調為工作日，甲在其他工作日排休。請附理由（法條）回答下列問題：

1. 針對職業駕駛，乙得否與之約定待命時間？現行法有無待命時間的限制？
2. 依工作時間法理而言，待命時間是勞工保護法的工作時間？還是工資法的工作時間？
3. 甲得否主張班次之間為待命時間而非休息？待命時間與休息有何異同？
4. 針對職業駕駛，其休息時間得否依勞基法第35條但書處理？現行交通法令有無特殊規定？
5. 休假日得否調整為工作日？甲當日工作得否要求加發一日的工資？

 案例2

　　本案被告係一家大型的教學醫院，原告等人分屬於被告工務室各組之技工人員，負責醫院之電梯、醫療氣體、水電等項之維護及修理工作。為維持醫院每日24小時醫療工作之順利進行，並需輪值工作，每日由三人一組進行。原告於週一至週五的排班輪值，工作時數為16小時，除得於翌日補休8小時外，另8小時則以每小時新台幣45元計算加班工資。於例假日、休假日排班輪值時，工作時數則為24小時，除得於翌日補休8小時外，另16小時則以每小時新台幣45元計算加班工資。行政院勞工委員會在民國86年9月1日公告醫療保健服務業（醫師除外）自民國87年7月1日起適用勞基法。請附理由（法條）回答下列問題：（最高法院97年度台上字第1358號民事判決：行政院國軍退除役官兵輔導

委員會台北榮民總醫院案）

1. 一個思考：應將醫師納入勞基法適用之政策上依據為何？其與律師納入適用的政策考量有何不同？

2. 勞基法第84條之1第1項各款規定之性質特殊工作者，包括醫療保健服務業。惟醫療產業的特殊性為何？

3. 何謂值班（值日／夜）？休息時間可否值班？值班與待命時間的區別為何？值班可否構成加班？又，何謂輪班或輪值加班／輪值工作？其是否可構成加班？（最高法院97年度台上字第2505號民事判決參照）

4. 值班可否請求加班費？值班費或值班津貼（加上補休）是否即為加班費？勞基法第32條延長工時之規定，有區分加班與值班嗎？內政部74年12月5日所頒「事業單位實施勞工值日（夜）應行注意事項」的法律性質為何？有無牴觸勞基法之規定？尤其是值班費／值班津貼的計算標準。（亦即：允許值班，將之與加班區隔的理由為何？）

5. 勞工在正常工作時間外，如為雇主輪值工作（即從事與勞動契約約定工作性質相同，但勞力密集度較低之工作），是否可以構成加班？本案最高法院持肯定的見解。（惟：此是否會混淆加班與值班的界限？）

6. 輪班性工作是「值班」嗎？（法院：三班制輪班工作係固定工作制度，再審被告輪班於夜間工作乃屬具有一貫性、常態性之工作型態，與為因應臨時業務需要而偶發之值班工作，不同）需要再給加班費？其與加班如何切割？（台灣高等法院95年度重勞再字第6號民事判決，前審最高法院95年度台上字第2165號裁定）

7. 針對延長工時工資及例休假日工資之總和，可否以基本工資作為基準計算（而非以經常獲得之報酬為基礎）？（肯定說：最高法院85年度台上字第1973號民事判決、台灣高等法院97年度重勞上字第11號民事判決）（否定說：最高法院97年度台上字第929號民事判決、最高法院97年度台上字第1358號民事判決）

第一節　工作時間法之基本問題

第一項　工作時間在勞工保護法中之地位

　　工作時間與應從事之工作、工作場所及工資相同，是勞動條件重要因素之一，也是勞資關係中主要問題。工作時間保護法（以下簡稱工時保護法）居於工作時間法的核心位置。勞基法則是我國工時保護的主要法律規定所在。法院間也有引用公民與政治權利國際公約及經濟社會文化權利國際公約施行法第2條、第3條、經濟社會文化權利國際公約第6條、第7條第4項規定及經濟社會文化權利國際公約第18號一般性意見揭示，以凸顯出勞動保護及工時保護的重要性者[1]。依據一般性意見揭示：「工作必須是尊嚴勞動，尊重工作者在從事就業時的身體和心理健康，本公約締約國確認人人有權享受公平與良好之工作條件，尤須確保休息、閒暇、工作時間之合理限制等。」

　　如本書第一章所述，工作時間保護一直被視為社會事項勞動保護根深蒂固的一部分。相較於僱傭／勞動關係的其他勞動條件，工作時間不僅是計算工資的基礎或標準（所謂「工資法的工時」概念），而且顯然帶有較為濃厚的勞動保護的政策內涵與構想（所謂「勞工保護法的工時」概念）[2]，所以具有較多技術性的及細節性的規定（含行政機關的公告、指定、行政指導等）[3]。除此之外，工作時間還涉及（準）勞工團體的參與（例如勞基法第30條第1項、第32條第1項）（所謂「集體勞工法的工時」概念）及勞工保險的保障範圍參與（例如勞工保險被保險人因執行職務致傷病審查準則第5條至第8條）（所謂「社會保險法的工時」概念）。惟

---

[1] 台灣高等法院105年度勞上字第59號民事判決參照。

[2] 例子之一是：在107年3月1日修正施行前的勞基法第38條第4項規定：「勞工必須在年度終結前休完特別休假，不得單方決定或與雇主雙方合意延至下一年度使用。」惟之後已加入但書：「但年度終結未休之日數，經勞雇雙方協商遞延至次一年度實施者，於次一年度終結或契約終止仍未休之日數，雇主應發給工資。」

[3] 例如「2016工時制度及工作彈性化措施手冊」及「勞工在事業場所外工作時間指導原則」均屬之。

另一方面，在勞動關係彈性化的規範上，僱用（含選擇訂立定期或不定期契約）、工資、解僱、退休等均有較高穩定的要求，以給予勞工較明確的保障，因此，立法者可思採取的立法選擇及作為，除了休息日（勞基法第36條第3項）、休假與特別休假日（勞基法第39條）得工作外，或在於給予勞雇雙方適度約定彈性運用工作時間的長度及方式（例如夜間工作、輪班工作[4]），以因應勞動關係內在的變化（例如勞工基於家庭照顧責任而主動提出部份工作時間或彈性工作時間的要求）及外在經營環境挑戰（例如彈性工時、變形工時）。台灣在2017年12月至2018年1月勞基法的工時彈性化修法過程中，即使秉持著保護與彈性兼顧原則，但從各界此起彼落、紛紛擾擾的意見交換，透露出一項社會現實：社會各界對於工時法制的彈性化，其關注的程度往往要勝於保護法制化的立法程序。而這也反映出一個社會焦慮：工時法制的彈性化可能帶給勞工不可預測的身心壓力與傷害，甚且危害工時保護在勞工保護法中的根本地位。所以，無論從雇主的保護照顧義務或避免發生傷病的預防義務觀之，基於現行勞基法及其他勞工法令已經明定彈性工時方式，似無再給予勞雇雙方任意擴充約定其他彈性工時方式（例如幅度過大的工作時間戶頭，以及包括各種假的使用方式[5]）的空間。

第一款　工時保護之緣起及其目的

　　在經過約兩百年的實踐及法制建構後，在今日，工作時間（以下簡稱「工時」）保護已是勞工保護不可動搖的一部分。這是根基於勞工健康保護的思想[6]，很早即在勞工保護法制上，出現工作時間的限制。惟，另一

---

[4]　其實，連特別休假的遞延至次一年度實施，也是屬於工時彈性化的一環，影響到勞雇雙方工時的規畫與運用。

[5]　例如勞雇雙方不得約定勞工放棄休婚假或喪假，而在勞工工作時給予兩倍工資。此雖未在勞基法中有所規定，但從婚假或喪假設立的目的觀之，應係一當然之解釋。

[6]　可區分為一體適用於所有勞工的法規及只適用於具特殊身分勞工的法規。後者，指女工（含母性勞工）、童工／青少年工、身心障礙勞工等。但不包括原住民族或少數民族勞工。

方面，隨著現代生活的演進，工作時間法制也不斷注入勞工休憩及家庭生活、甚至營造社會生活的要素，以促成其人格的形成與社會價值的實現。

　　以我國而言，早在1929年的工廠法，即已有第三章（工作時間）及第四章（休息及休假）的重要規定，工廠違反者，其負責人將會受到罰金之制裁（第68條至第71條參照）[7]。工廠法施行細則第9條至第17條更進一步加以細部規定，且多涉及工時的實質問題者[8]。在1984年8月1日勞動基準法第四章（工作時間、休息、休假）及1985年3月1日勞動基準法施行細則第四章（工作時間、休息、休假）施行前，工廠法及工廠法施行細則有關工作時間、休息、休假的規定，係工時的主要法令依據所在，提供工人健康保護無可取代的角色[9]。除此之外，依據團體協約法第12條第1項第1款規定，團體協約得約定工時相關事項，賦予團體協約當事人對於健康保護的形成權限。另外，1936年的勞動契約法也有「勞動者於勞動時間外，無勞動之義務，但法令或團體協約有特別規定者，不在此限」（第12條）。如果依據此一規定，在現代一些雇主在勞工下班後，以line指示工作之情形，當可以適度予以杜絕（但這並非謂勞工可以關閉所有聯繫管道）。

　　惟勞基法的工時規定並不適用於尚未納入勞基法的行業或工作者（例如受僱醫師）[10]、公務人員、教育人員、外籍幫傭看護工[11]、具有學習身分的非勞工（例如高級中學的建教生[12]），以及特定身分的人員（例如商

---

[7] 相關判決，最高法院49年度台上字第406號判決、56年度台上字第540號判決。

[8] 內政部一直到65年6月24日始發布施行工廠法施行細則。

[9] 工廠法在107年11月21日經公布廢止適用，在此之前，在此之前，一些工時規定，難免與勞基法重疊。對此，基於後法優於前法的原則，無論工廠法的規定較為有利或不利，在當時均已無適用餘地。

[10] 最高法院106年度台上字第15號民事判決（奇美醫院案）：「然蔡○○為外科住院醫師，工作性質有別於一般勞工，為不適用勞基法之行業，其合理工時似應酌其工作性質加以評定；以勞基法工時相關規定檢視定其合理工時，是否允洽，洵非無疑。」

[11] 行政院勞工委員會民國88年6月3日台勞職外字第710097號函參照。

[12] 高級中等學校建教合作實施及建教生權益保障法第24條參照。

船船員[13]）。其或者依照民法僱傭契約章解決其工時問題，或者按照公教人員法令、或者針對特定身分者而制定的專法。基於屬地主義的原則，勞基法工時規定也不適用於在其他國家或地區工作的我國籍人民。

再以勞工法發展甚早的德國為例。早在1839年3月9日的普魯士「工廠僱用青少年工規範法」（Regulativ über die Beschäftigung jgendlicher Arbeiter in Fabriken v. 9.3.1839），即已禁止青少年工夜間工作。而在所謂的「工人保護法」（Arbeiterschutzgesetz）的1891年6月1日的工廠法（Gewerbeordnung）中，增訂星期日及國定假日工作的限制規定。其後，在第一次世界大戰後，再訂定成年男性工人的工作時間，原則上每日不得超過8小時。這些工作時間的保護規定，是伴隨著特殊族群的保護及其他的保護規定〔例如禁止實物給付制度（Trucksystem）〕[14]一起發展的，而且訂定有主管機關的監督管制機制，從一開始的警察機關、到工廠檢查員、再到工廠監督公務員，最後，再加入雇主同業公會所指派的公務員，來擔任監督檢查的任務[15]。其發展，是由一般的、非專業的機關檢查，逐漸成為公法上的專業的機關／人員檢查。

由工時保護的發展歷史觀之，其主要目的是在健康保護及人格發展的保護（Persönlichkeitsschutz）[16]。為了避免勞工身體及精神受到過度的負擔，必須給予足夠的休息時間及使其以合理的節奏完成工作。工作時間的長度及各種情況（夜間工作、輪班工作、週六工作、排班／調班等），

---

[13] 船員法第32條、第33條參照。基於特別法優先於普通法之原則，有關船員之工作時間，因船員法已有規定，爰應優先適用該法規定。勞動部民國104年1月9日勞動條3字第1030034867號書函參照。

[14] 我國1936年的勞動契約法第24條也有同樣的規定：「雇方不得強制勞動者向其指定商店或其他處所購買物品。」

[15] Alfred Söllner, Grundriß des Arbeitsrechts, 11. Auf., 1994, 212 f.

[16] 雖然，法院也有持以下之論調者，最高法院判決97年度台上字第1358號判決：「勞基法為保護勞工免受雇主剝削，故於第三十條第一項規定勞工正常工作之最高時間；而同法第三十二條係就雇主延長勞工工作時間之事由、時數及程序為規定，旨在限制雇主任意延長勞工之工作時間，貫徹保護勞工之本意。」

會影響勞工私人生活的安排，例如每日生活作息、休閒、接受各種訓練、參加公共活動等[17]。惟從工人體力及工作能量觀之，工作效率會隨著工時超過8小時後的拉長，而逐漸遞減。而且，發生職業傷病的機率也會隨之增加。所以，工時保護也在保護雇主獲得最高的經濟利益（勞動力的永續使用）[18]。在現代，工作時間法制除了仍保有保護的功能外，因應企業的競爭及各行各業的特殊性，也不得不加入彈性化的設計與規定。此一彈性化的規範，即使在某些人士稱為過度管制或僵硬的勞基法中，亦得見之，例如彈性工時（勞基法第30條第8項參照），變形工時、責任制工時等規定，均屬之。而在2018年1月10日修正、並自3月1日施行的勞基法中，也進一步擴大工時彈性化的範圍，包括加班彈性（勞基法第32條第2項參照）、排班彈性（勞基法第36條第4項參照）、輪班間隔彈性（勞基法第34條第2項參照），以及特休運用彈性（勞基法第36條第4項參照）等，此舉乃引起工時保護受到侵蝕的疑慮。

第二款　工時所引起之相關問題

　　工作時間係量定報酬的標準，故其為僱傭契約的要素。雖民法僱傭契約章未對此有所明文規定，但從第482條「於一定或不定之期限內為他方服勞務」，亦可知其以經過一段期間為特徵。所以，與一時性契約關係（例如買賣關係）不同的是，僱傭契約與租賃契約同為繼續性的契約關係，當事人的權利義務關係持續一段期間，而非在一個時間點即結束。此不僅指按時計酬者，包括按件計酬者亦然。倒是，在租賃關係存續期間，出租人必須不間斷地提供租賃物供承租人使用，並由此獲得對價（租金）。惟受僱人在僱傭關係中，並無法連續不斷地在提供勞務（工作），而是需要免除主要義務（不工作）的時段，以獲得短暫的或數日以上的喘息或休息機會，也就是說，僱傭關係期間會交叉出現工作時間、休息時

---

[17] 相對地，由勞雇主雙方在勞動契約約定的每日上下班時間（勞基法施行細則第7條第2款參照），雖無經過勞工團體同意的程序（勞基法第30條第1項參照），但具有一定程度的穩定性及可預測性，對於勞工生活安排的影響可降到最低。

[18] 黃劍青，勞動基準法詳解，1988年10月，再版，頁282以下。

間、下班時間、以及例休假時間等狀況。而民法僱傭契約章並未規定受僱人不工作期間，是否仍有報酬請求權。

　　相較於民法僱傭契約章未特別規定（每週或每日的）工作時間長度、休息、休假，以及未工作期間有無報酬請求權，勞動保護法制中的工作時間法制顯然較為明確而積極。從正常工作日的工作時間長度的演變史觀之，世界各國大體上呈現每週時數逐漸減少的趨勢（但是，在2015年，我國就業者平均每年工時為2,104小時。其實，在2005年到2015年間，就業者平均每年工時一直徘徊在2,104小時～2,183小時[19]，但未逾2,200小時）。法定的週工時，大多從二十世紀開始的每週60小時，逐漸縮短為每週40小時（所謂週休二日）或者更短[20]。這除了科技進步及生產組織調整所伴隨的生產效率提高外，另一方面是由於人們休閒（休息權或不工作特權）意識的提升。如果是前者，代表勞工必須增加工作的速度以消化工作量。那麼，其健康可能會受到危害。為此，勞工可能需要更長的休息時間（形成某種程度的惡性循環）。而為了增加休息日，世界各國一般係以週休二日或增加特別休假日或有薪事假的方式為之，但在我國則有相當程度係以國定假日的方式為之（勞基法第37條第1項參照），形成國際上少有的特例（也一定程度降低雇主與勞工自由約定增加休假日的空間）。

　　由於每週工時的縮短，所以首先會在總體經濟面出現問題，亦即：一、假設繼續朝向縮短38或36、35小時發展，則立法上或勞雇雙方（尤其是工會與雇主）可否考慮將每週工作日縮短為四日？或者規定每日正常工時為6小時[21]？如此一來，每週有長週末或者每日有較長自由運用時間？則其對於提升就業率、打擊失業率或促進消費究竟有無正面影響[22]？二、

---

[19] 行政院主計總處，薪資與生產力統計年報，2016年。

[20] 由於法定的週工時及每日的正常工時具有法律的強制效力，所以，除非有例外延長工時的必要外，無論以勞動契約、團體協約、工作規則或雇主行使指示權，等方式違反之，在法律評價上均為無效。受僱人並無遵守之義務。

[21] 這表示必須放棄傳統三八制的工作時間設計。

[22] 依據Zöllner, Loritz, Hergenröder所見，假設國家並無充足的健康保護理由，而只是基於勞動市場的目的遂強制地限制最高工作時間，則此舉是否合憲？並非無疑。Zöllner, Lo-

又由於工時的縮短,是否會造成勞工收入的減少?例如2017年1月1日一例一休的施行,是否造成實質工資短少?或者工時縮短使得加班時數增加、而推升勞工的收入?這裡還會牽涉到加班工資率的問題(勞基法第24條參照),尤其是勞工在勞基法第36條所定休息日工作,其(在2018年3月1日前的舊法時代的)工作時間及工資之計算的大幅提高(這符合經濟法則及世界各國通例嗎?),可能迫使雇主採取不加班的方式因應;三、另外,法定的工時減少,只是針對勞工而已。對於為數不少的自營作業者、經理人或自由業者並不適用,導致其工時仍然居高不下的情況。此種兩極化的現象,是否會拉高雙方所得的差距,而使得平均正義的理想更為遙不可及?

與上述法定工時縮減不可混淆的是:縮短工時的工作。這是在企業經營中,事業單位因景氣因素面臨訂單衰退、原物料短缺、或電力供應不足,為避免資遣勞工,與勞工團體或個別勞工共同合意所採取的短時性的措施。由於其限於總體經濟環境的影響,而且工時縮短的範圍及施行時間的長短影響勞工權益甚大,因此,並無法在勞動契約中事先約定(同意或不同意)。勞基法施行細則第7條第2款規定的諸款事項,解釋上也不包括縮減工時(無薪休假)。此處勞雇雙方的縮短工時的合意,雖不限於明示的合意,但在發生勞工是否有默示同意或只是單純沉默的爭議時,雇主應負舉證責任。

一般所稱的「無薪休假」,實際上是勞雇雙方約定免除勞務、並且免付工資之意。其所影響者,係勞雇雙方終止勞動契約,在計算平均工資時,應扣除實施減少工時及工資之日數。除此之外,由於縮短工時工作與部分時間工作的本質不同,勞工的其他權利與福利、以及勞雇雙方的附隨義務,原則上不應受到影響。例如員工適逢產假並不會受到無薪休假的影響[23]。同樣地,勞工在職業災害醫療期間(勞基法第59條第2款參照),雇主仍應按其原領工資數額予以補償。至於在無薪休假期間若受僱者提出

---

ritz and Hergenrörder, Arbeitsrecht, 6. Aufl., 2008, 16.

[23] 行政院勞工委員會民國98年3月17日勞動3字第0980130196號函參照。

安胎休養請假、產檢假或陪產假申請，雇主應依法給假不得拒絕，且該期間應依原勞動契約所約定工資數額給付，而安胎休養請假期間薪資則依相關法令規定。

由於部分免除勞務，代表工作時間的減少。如為求勞資關係和諧，勞雇雙方可透過工會或勞資會議，就應否採行所謂「無薪休假」進行討論，惟前開協議，因涉個別勞工勞動條件之變更，仍應徵得勞工個人之同意[24]。此種作法的合法性及正當性，係建立在國家避免失業的公共政策上，而非在雇主人事政策或薪資政策的考量，所以，其運用必須經公權力的介入管制。我國勞基法第11條以下的資遣相關規定及就業保險促進就業實施辦法第5條以下之僱用安定措施，並未規定雇主行使資遣權之前，必須先採行縮短工時的措施，畢竟，對於勞工而言，縮短工時是否較資遣有利，並不容易判斷，尤其是長時間的或重複性的縮短工時，對於勞工及社會經濟的不利影響尤其明顯。也就是說，相對於資遣，縮短工時工作並非較為溫和的手段[25]。

與縮短工時外表相同，但法制內涵不同的是部分時間工作。此一部分工時工作的採行，意味著勞動契約並不以全時工作為限。雇主與勞工遂有自由決定工作時數的自由，連帶地，其也可以決定與多數的勞工或雇主訂定部分時間工作勞動契約[26]。我國勞基法對於部份時間工作並無限制規定，亦無授權中央勞政機關訂定相關辦法的規定。現行勞動部所發布的「僱用部分時間工作勞工應行注意事項」及「部分時間工作勞工勞動契約參考範本」，性質上為行政指導，並無法令的拘束力，目的在提供勞雇雙方參考之用。惟其除允許工作分攤（享）及傳喚性的工作[27]（僱用部分時

---

[24] 行政院勞工委員會民國98年4月24日勞動2字第0980070071號函參照。

[25] 反對說：最高行政法院101年度判字第1036號判決。

[26] 如從工時保護法制來看，無論是工作日的正常工時或每月延長工時的上限等，對於勞工與多數雇主所簽訂的契約型態，亦有其適用。在法律處理上，以勞工與後面簽約雇主的工時已達8小時或延長工時已達46小時之際，即應禁止其再與其他雇主簽約、或禁止其超過法定工時或延長工時後繼續工作。

[27] 相關函釋，請參閱行政院勞工委員會民國80年2月21日台（80）勞動2字第03420號函。

間工作勞工應行注意事項第4項第2、3款參照）外，對於工作條件的要求卻都是強制性的規定與用語，與勞基法之規定用語無殊。混亂了行政指導的本質。且由於其強制性的規定，雖保護勞工的權益，卻也降低雇主使用部分工時勞工的意願。這或許可以達到適度降低「強制性部分工時」的目的[28]，但也不利於部分工時發揮降低失業率的功能。整體來看，我國的部分時間工作係採取「契約訂定從寬、但契約條件從嚴」的作法。這適用於固定式的部分時間工作（例如每日工作幾小時），基本上沒有問題。但對於工作分攤（享）及傳喚性的工作即會面臨困難，尤其是立法者並未對工作分享加以定義及規範參與工作分享勞工彼此間的權利義務（例如工作分享勞工是以二人為限？或者可以是多人？勞工間可以自行決定工作的時數與起迄點？在另一人無法工作時，成為當然的代理人？其中一勞工契約終止時，其他勞工是否同時終止？），使得此種工作型態充滿了不確定性，不利於此種工作型態的採用或推廣。

　　最後，與工時保護及工時彈性有關、但常被忽略的是：輪班工作。此種工作方式的產生，或者係基於機器設備昂貴早日回收成本的考量，藉由輪班工作人員充分利用設備；或者係基於擴大盈利的考量，藉之消化過多訂單。目前，例如交通運輸業、醫療保健服務業等則是以輪班制工作，以提高服務能量或效率或保障服務的不中斷。台灣勞基法的輪班工作的採行，除了（可能涉及）跨越二曆日工作者，其工作時間合併計算外（勞基法施行細則第17條參照），只有勞工不同意每週更換一次或多次[29]及更換班次時給予適當休息時間之限制（勞基法第34條參照）[30]，而無如勞基法

---

[28] 相關說明，請參閱楊通軒，保險業務員勞工法律問題之探討—以契約定性為中心，東吳法律學報，第25卷第3期，2014年1月，頁86以下。

[29] 依據勞基法第34條第1項但書「但經勞工同意者不在此限」，解釋上勞工也可以同意每三天或每天換班一次（雇主可能藉由勞工事先所同意的排班方式為之）。反面言之，對於雇主所提出的此類要求，勞工得拒絕之。

[30] 2016年12月6日修正之勞基法第34條第2項規定：「依前項更換班次時，至少應有連續十一小時之休息時間。」惟由於行政院並未公布施行日期，因此，實際上並未生效施行。在2018年3月1日修正施行的勞基法第34條第2項，已經加入但書：「但因工作特性

第30條、第30條之1或第32條需經工會或勞資會議同意之規定。亦無「輪班津貼」的強制要求[31]。更重要的是，並無輪班工作「必要性」的條件設計，遑論必須與勞工家庭取得一個利益平衡。因此，基本上係由雇主單方考量決定[32]。此種法規設計的哲理似難理解，或許係在於：與其採取一班制的工作型態，勞工可能不斷地延長工作時間（甚至過勞），並且也無助於失業者的重回職場，採取輪班制則可以藉由工人的輪班，使得機器工時不斷延長（工人不會過勞），而且輪班工人的增加有助於失業率的降低。無論如何，在我國實務上，輪班工作一直占有相當高的比例。惟由於不斷地更換班次，尤其是大夜班工作，對於勞工的身心健康及社會生活造成一定程度不利的影響[33]。為此，職業安全衛生法規設有保護輪班工作者的規定（職業安全衛生法第6條第2項第2款、職業安全衛生法施行細則第10條與第39條、職業安全衛生設施規則第324條之2、女性勞工母性健康保護實施辦法第3條參照）。惟，除此之外，對於童工（勞基法第48條參照）或女工（勞基法第49條參照）夜間工作的禁止或限制，以及例休假日、國定假日禁止工作的規定（勞基法第47條參照），輪班工作是否當然可以突破之[34]？或者應該受到規範或至少給予一定的補償或津貼／加給？都有待於釐清或增設相關規定。

或特殊原因，經中央目的事業主管機關商請中央主管機關公告者，得變更休息時間不少餘連續八小時。」

[31] 雖然如此，實務上也有一些事業單位有給付輪班津貼者，惟這又會引起津貼是否為工資的疑慮。所以，有些事業單位係以夜點費之名、行輪班津貼之實。

[32] 這與勞工每日正常工時為8小時，雇主必須與勞工共同決定上班時間及下班時間者，尚有不同。勞基法施行細則第7條第2款也只考慮輪班制的「換班」而已。

[33] 所謂的勞工「輪班工作的時間常在主流休假時間，而其休假時間則常在主流工作時間」。

[34] 依據國際勞工組織（ILO）的1919年工業工時公約第4條規定，如遇某種工作程序，因工作性質必須數班工人連接工作時，則無論如何應不影響國內法所規定給予工人之星期休息。

第二項　工作時間的規範體系

　　由上之說明，可知工作時間的法律基礎，除了公法的保護規定外，還包括集體法的（尤其是工會及勞資會議對於工時彈性的同意、團體協約法第12條第1項第1款工時約定）與個別勞動契約法上的（尤其是勞基法施行細則第7條第2款工時約定）規定。如再將之細分，工作時間的法律體系，約可區分為勞工保護法的、勞動契約法的、工資法的、集體勞工法的及社會保險法的等五個面向，各個面向各有其規範的目的與功能，雖難免有重疊之處，但仍有其本質上的差異，不宜不分青紅皂白的一體適用。其中，尤其有疑義的，是我國實務界及學術界長久以來將被列入勞工保護範疇的工作時間，即直接加以雇主給付工資的責任。此處，主要是涉及工作時間（法）之「工作」與勞動契約（法）之「工作」內涵／範圍的廣、狹問題。即其並非單純工作時間的問題，而是還涉及勞動契約「應從事之工作」（勞基法施行細則第7條第1款參照）的問題，不宜混淆不清。例如開會或教育訓練時間是否為工作時間、進而雇主負有給付工資的義務？又例如勞工依照職業安全衛生法規穿戴安全衛生設備的時間，是否應將之劃歸勞工保護法範疇的工作時間，而非工資法上的工作時間？

一、勞動契約法的工作時間

　　依據勞基法施行細則第7條第2款規定，勞動契約應約定工作時間之相關事項：「工作開始與終止之時間、休息時間、休假、例假、休息日、請假及輪班制之換班。」勞雇任何一方欲變動時，屬於勞動契約的變更，必須取得他方的同意[35]。此處的「工作」開始與終止之時間、……等，應係針對同條第1款「應從事之工作」而言，採取狹義的工作內容，即只限於所擔任的職務內容（含雇主具體指示完成的工作）[36]。而不及於工作前後的準備或收拾行為、與工作密接或具關連性之行為（例如穿戴或脫卸職安法規所要求之安全防護裝備）、出公差或事業單位非生產的活動（例如體

---

[35] 由於團體協約法第12條第1項第1款有工時的規定，因此，一旦團體協約有所約定，則勞動契約的約定即會受到修正或取代。

[36] 這裡包括公差行為。

育活動、康樂活動、敦親睦鄰的社區服務等）。由於勞動契約所約定者，包括應給付工資的工作與休假時間，以及無薪的休息時間，所以，與工資法上的工作時間仍然有些微差異。

在此，首先，由於工作時間為勞動契約的要素，未明定工作時間者，恐致使勞動契約自始未能成立（民法第153條第1項參照）。雖然如此，如參酌民法第483條的立法意旨，雖未明定報酬，仍應以其他特定報酬之方法，維持僱傭契約之效力。因此，假設勞動契約未明確約定每日工作時間或每月工作時間總數，而只是約定「全時僱用」，則解釋上似不應令契約無效，而允宜以事業單位內一般全時僱用勞工的工時為準。

其次，此一勞動契約法的工作時間，雖不得違反勞工保護法的工時規定[37]，但也並非將勞工保護法（尤其是勞基法、性平法）的工時規定照章全錄，而是由勞雇雙方具體約定之。蓋勞基法僅設定框架的標準，例如「每日正常工作時間8小時」、「繼續工作4小時，至少應有30分鐘之休息」、「每七日中應有二日之休息，其中一日為例假，一日為休息日」、「工作採輪班制者，其工作班次，每週更換一次。但經勞工同意者不在此限」。至於工作的起迄時間、何時休息與休息多久、何日為例假或休息日，以及具體的輪班時間，均留由勞雇雙方按照事業單位的經營實況與勞工個人的需要具體約定之。此不應或不宜由立法者統一訂定之。至於「請假」，解釋上並不以事假為限，依據勞工請假規則第10條規定「勞工請假時，……」。所以，應是勞工請假規則中之各種假別，包括婚假、喪假、普通傷病假、公傷病假、事假及公假等。

除了勞基法施行細則第7條第2款外，勞基法第70條第1款及第3款也規定，雇主應在工作規則中訂立如下事項：「工作時間、休息、休假、國定紀念日、特別休假及繼續性工作之輪班方法」、「延長工作時間」。此一規定與勞基法施行細則第7條第2款規定用語略有不同，惟似應將「工作時間」與「工作開始與終止之時間」、「休假、國定紀念日、特別休

---

[37] 例如約定每日工時超過8小時者，因違反民法第71條之禁止規定而無效。

假」與「休假」、「繼續性工作之輪班方法」與「輪班制之換班」作同一解釋。至於「延長工作時間」，則是要求將勞基法第32條第2項予以具體化，具有獨立的規範意義，與「工作開始與終止之時間」並無關聯。另外，勞基法施行細則第7條第2款之「例假、休息日、請假」，並未見於本條。只是，本條僅是授權雇主訂定工時的最低規範而已，並無礙於工作規則訂定「例假、休息日、請假」事項。在此，由於工作規則性質上為勞動契約之一部分，因此，其亦只在具體化勞動契約之用，而且，不得牴觸勞動契約之約定。換言之，雇主固然擁有一定程度形成工作規則之權，但如與勞動契約約定牴觸，則其工時的規定並不生效。另外，依據本書所見，立法者既然在勞基法施行細則第7條第2款及勞基法第70條第1款及第3款要求勞動契約及工作規則應明訂工作時間的相關事項，勞雇雙方自須事前明示的協商約定之，因此，勞雇任何一方欲變更約定的事項，解釋上亦應由雙方重新協商明示約定之，以落實勞工保護的目的。換言之，我國實務上事業單位慣行以排班（表）的方式，要求勞工配合工作及休息、休假的默示變更勞動契約，並非沒有疑慮。況且，經由排班（表）也侵害勞工本可在國定假日休假的特殊紀念意義與國定假日工作的加倍工資，難謂合法妥當。

二、集體勞工法的工作時間

　　所謂集體勞工法的工作時間，首先是指上述勞動契約法上的工作時間，由工會或勞資會議以團體的力量，與雇主進行協商或對話達成共識，甚至簽訂團體協約而言。團體協約法第12條第1項第1款即規定，團體協約得約定工時事項。經由此一集體協商或對話，勞工庶幾能得到較佳的工時保障。在此，所應注意者，勞基法施行細則第7條第2款及勞基法第70條的工時規定，其中的例假、休息日、休假（含國定紀念日）、特別休假所涉及的因季節性關係而有趕工必要者，勞基法第39條已有「經勞工或工會同意照常工作者，亦同。」的特別規定，解釋上應已排除團體協約法第12條第1項第1款約定工時之適用。

　　其次，爭議較大的，是勞基法中工會或勞資會議對於延長工作時間（勞基法第32條第2項）、各種變形工時（勞基法第30條第2項、第3項、

第30條之1）、女性勞工夜間工作（勞基法第49條）、輪班制勞工變更休息時間（勞基法第34條第3項）、例假之調整（勞基法第36條第5項）等同意權之行使。此一部分的規定，一方面具有加強限制、但另一方面也有加以工會或勞資會議決定是否工時彈性的用意（為勞動保護經濟化的表現），其屬於強行規定，並不受到團體協約法第12條第1項第1款約定工時之影響、也獨立於勞資會議實施辦法決議事項及決議效力之外，具有法律效力。至於受到適用的勞工，由於上述勞基法條文的立法理由中並未有特別說明，故基於消極團結權之保障，解釋上應以會員為限。而無論是工會或勞資會議的同意，不僅具有使得雇主免於勞基法第79條第1項第1款行政處罰的意義，也具有補充或取代勞動契約相關工時約定的效力。也就是說，工會或勞資會議的同意，雖不致使勞動契約變更，但會使勞動契約相關工時的約定暫時中／停止其效力，一直到同意的次數或期間結束為止。

三、勞工保護法的工作時間

我國有關工作時間的規範，主要是在勞基法等勞工保護法中。此一法域的特徵，係事業單位必須有記載與交付勞工（勞基法第30條第5項、第6項、勞基法施行細則第21條第2項）、公告周知（勞基法施行細則第20條）等義務，而主管機關則有監督與檢查（勞基法第十章、勞動檢查法第4條第2款）、進行行政處罰（勞基法第十一章）的權限。須注意者，此種出勤紀錄的記載，只在實踐工時的正義，而非工資的正義。所以，雖然原則上與工資法上的工作時間一致，但勞工如未實際工作（含加班），雇主仍得舉出相關事證推翻之。換言之，該出勤紀錄只具有推定的效力而已。

一旦勞雇雙方成立勞動關係，除了當事人得自由約定的私法部分（勞基法施行細則第7條第2款、勞基法第70條與團體協約法第12條第1項第1款的工時規定）外，基於雙重效力理論或雇主的附隨義務，勞工保護法工作時間的強行規定，即當然成為勞動關係的內容之一。此處的工時規定，也包括計算延長工時的工資規定（勞基法第24條參照）。勞工保護法的工時規定，即為民法第184條第2項保護他人之法律。

勞基法的工時保護規定，除了適用於在固定地點工作的勞工外，也及於在事業場所外工作（勞基法施行細則第18條）及在同一雇主不同事業場

所工作（勞基法施行細則第19條）的勞工。以符合現代勞動環境的現況。另外，針對特殊族群勞工，例如童工、女工、母性勞工、未滿18歲之青少年工，在勞基法（第47條、第48條、第49條、第52條）、性平法（第18條、第19條）、職安法（第29條第3項）中亦設有特殊的保護規定。甚至對於不屬勞動關係的技術生、建教合作生，勞基法第69條及高級中等學校建教合作實施及建教生權益保障法第24條也有工時保護的準用或適用規定。

除了勞工法令外，針對特殊工作者，例如客運業職業駕駛，汽車運輸業管理規則第19條之2亦有工作時間的規定，其雖非勞工保護法，但卻具有對於客運業者及職業駕駛強行的效力。不過，此一汽車運輸業管理規則是否符合勞基法第1條第1項「本法未規定者，適用其他法律之規定」的要求，並非無疑。如為避免牴觸勞基法工時規定的疑慮，至少應在公路法中予以明定。

四、社會保險法的工作時間

所謂社會保險法的工作時間，係指社會保險機構將勞工非真正工作、但卻與提供勞務具有前後牽連或連動的時間，作為保險保障範圍者。一般而言，通勤災害所保障者（勞工被保險人傷病審查準則第4條），即為此種時間。在我國，此一社會保險法的工作時間，其範圍與勞工保護法的工作時間幾乎完全重疊，而且一旦保險人應負給付責任，雇主亦必須同負責任。

其實，除了通勤時間外，被保險人於作業前後因一定行為而發生事故（勞工被保險人傷病審查準則第5條）及於作業時間休息中因就業場所設施或管理上之缺陷而發生事故（勞工被保險人傷病審查準則第4條），該時間均為社會保險法上的工作時間，目的在提供被保險人充分的職災保障，而非在給予工資請求權。

五、工資法的工作時間

上述四個面向或範疇的工作時間，除了有各自的功能與作用外，均會涉及雇主是否應給付工資的問題。對此，並不宜驟然全面採取肯定的態度，而是應視各種狀況而定。例如對於勞動契約所約定的工作開始及終止

的時間，本為計算工資的基礎，所以在勞工遲到或曠職時，雇主即可依實際工作時間發給工資。至於勞動契約或團體協約所約定的休息時間及事假，雇主並無給付工資之義務，除非勞雇雙方約定雇主應給付工資。至於社會保險法上的工時，如果是勞工被保險人傷病審查準則第4條及第5條所規定者，如上所述，勞工並無工資請求權。

而在勞工保護法的工作時間部分，勞工的休息、輪班制勞工更換班次時的連續11小時休息時間或變更後不少於連續8小時休息時間、勞工請事假（勞基法第43條）、受僱於僱用三十人以上雇主之受僱者，為撫育未滿3歲子女，而請求每天減少工作時間1小時（性平法第19條第1款）、家庭照顧假（性平法第20條第2項），雇主亦無需給付工資。雖然，勞動契約得約定工資的給付。

即使在勞基法的工時彈性規定部分，二週或八週變形工時之分配無須工作之日、四週變形工時分配於正常工時8小時後的2小時，並不生延長工時工資之問題。惟勞基法第84條之1特殊工作者的彈性調整工作時間，目的在配合工作者的身分或工作的特殊性，以免制式性的工時無法滿足勞動過程的需要，並非在免除雇主（延長）工時工資的給付。

較有問題的，是待命時間、候傳時間（on call）、輪值加班、間歇性輪值工作[38]，以及值班之工資給付問題。這些時間，勞工或者尚未真正工作、或者工作的密度（具有間歇性）或強度不如正常的工作時間、或者並非從事勞動契約所約定之工作。因此，固然待命時間[39]、輪值加班、間

---

[38] 此一工作型態，係指勞雇雙方約定勞工在正常工時後，至第二日工作時間開始之時，負有停留於事業單位值班，並且處理臨時工作之義務。其具有間歇性的性質，停留於事業單位的時間較輪值加班為長。

[39] 行政院勞工委員會民國86年4月23日台（86）勞動3字第015845號函參照。倒是，在該號函釋中，否定空服員在外地停留休息中，所發生之傷病事故為職業災害。其實，依本書所見，其所謂休息，係指下班時間及非在就業場所休息而言。蓋針對休息，依據勞工保險被保險人傷病審查準則第6條規定：「被保險人於作業時間中斷或休息中，因就業場所設施或管理上之缺陷發生事故而致之傷害，視為職業傷害。」在此一部分，休息即具有社會保險法上的工作時間性質。而且，也屬於勞工保護法的工作時間。

歇性輪值工作，以及值班為勞工保護法[40]及社會保險法上的工作時間。不過，除了勞動契約將之約定為工資法上的工時外，針對候傳時間，雇主無須給付工資或津貼。至於其他的時間，亦不應將之視為工資法上的工作時間。也就是說，雇主得以按原工資的一定比例或補休的方式（待命時間、輪值加班、間歇性輪班工作）、或以值班費（值班）的方式，作為對價。無論如何，這些時間並非延長工時工作（加班）可言。本書將於下面適當處再說明之。

　　實務上爭議較多的，是勞工教育訓練及參加會議是否為工作時間的問題。對此，除了職業教育訓練應區分為按照法令（職業訓練法、勞基法的技術生訓練、教育法規，尤其是高級中等學校建教合作實施及建教生權益保障法等教育法規等）、實習生契約或由雇主所施行的一般職業訓練外，另外，似可區分為適用勞基法之行業及不適用勞基法之行業而分別對待。先就前者而言，一般所爭議的工作時間問題，主要是針對由雇主所施行的、在勞動關係下所進行的職業教育訓練而言，對此，自應依不同情況而認定其是否為工作時間。惟如係按照職訓教育法規及實習生契約而做的職業教育訓練，在其符合教育訓練的前提要件下（亦即並非假訓練、真工作），即為教育訓練關係，而非勞動關係，因此，其教育訓練時間即非工作時間可言。例如依據職訓法所設立的職業訓練機構與受訓者成立職前訓練契約，施以專業的或特殊的訓練，並且於訓練及格後，當事人雙方始訂立勞動契約，並無違反勞基法第21條第1項可言。在此，並非受訓者之受通知錄取並完成報到手續即已成立勞雇契約，也不宜以從屬性加以審查，蓋受訓者也具有類似勞動契約之「人格從屬性」及「親自履行」的特徵。

　　再就區分為適用勞基法之行業及不適用勞基法之行業而言，以往中央勞政機關之函釋似乎只針對適用勞基法之行業而為。至於不適用勞基法行業勞工，例如適用船員法之船員，其教育訓練是否算工時？即應依船員

---

[40] EuGH v. 2.10.2000, AP 2 zu EWG-Richtlinie 93/104 (SIMAP) = NZA 2000, 1227; EuGH v. 9.9.2003, AP 7 zu EWG-Richtlinie 93/104 (Jaeger) = NZA 2003, 1019; EuGH v. 1.12.2005, AP 1 zu EWG-Richtlinie 93/104 (Dellas) = NZA 2006, 89.

法、海商法、職業訓練法等法令規定而定，否則當事人雙方得自由約定。這主要係因船員資格應符合航海人員訓練、發證及當值標準國際公約與其他各項國際公約規定，並經航海人員考試及格或船員訓練檢覈合格，經有船員資格者，應向航政機關提出申請，並經主管機關核發適任證書，始得執行船員職務。此種教育訓練，係在符合法令的要求，而非基於雇主的指揮監督關係而來。

　　針對適用勞基法之行業，中央勞政機關主要是在解釋其是否為工作時間，但也有兼及於是否應給付（延長工時）工資者。以參加會議而言，對於在正常工作時間外的集會，勞工如屬自願性參加者，即不屬工作時間[41]。反之，雇主如要求勞工在工作時間外開早會，即應列入工作時間[42]。至於輪班人員於非約定出勤時間出席法定會議（董事會、勞資會議、職工福利委員會、職業安全衛生委員會及勞工退休準備金監督委員會等），除各該法律或法規命令有明定該會議期間應視為工作時間外，非屬勞動基準法所稱工作時間[43]。吾人以此推知，如係在約定出勤時間出席法定會議期間，即應為勞動基準法所稱工作時間。此處的「勞動基準法所稱工作時間」，是否可解釋為勞工保護法的工作時間？並非無疑，蓋中央勞政機關似乎並無「勞基法的工作時間」，並不等同於「工資法上的工作時間」的認識。況且，依據勞資會議實施辦法第12條第2項規定，勞資會議代表依該辦法出席勞資會議，雇主應給予公假。其係針對出勤時間參加勞資會議而言，且既謂給予公假，依據勞工請假規則第8條規定，勞方代表即有工資請求權。顯然，雖然出席會議與勞動契約約定應從事之工作不同，立法者也加以雇主給付工資的義務。其係基於立法者的特殊考量，屬於法定的義務，既非雇主強制的要求，也與「勞動契約的工作」無關。只是，此一義務係依照法律或法律授權的法規命令而來，本質上有有薪事假，主管機關若以行政函釋要求雇主給予開早會的勞工（延長工時）工

---

[41] 行政院勞工委員會民國80年6月8日台（80）勞動2字第14217號函參照。

[42] 行政院勞工委員會民國76年11月5日台（76）勞動字第5658號函參照。

[43] 勞動部民國104年5月14日勞動條3字第1040130857號書函參照。

資，即有疑義。

　　至於勞工參加教育訓練是否為工作時間，進而雇主負有給付（延長工時）工資之義務？中央勞政機關則是區分各種狀況而定，惟其主要是以強制參加或自由參加作為判斷基準，而且不區分教育訓練是由事業單位本身或其他單位／機構所舉辦。此種分類，似乎也為法院實務所採。如果是自由參加，則事業單位舉辦之各項訓練，勞工不參加雇主亦未予以不利待遇或其訓練內容與勞工工作無直接關連或不參加訓練亦不對勞工工作之遂行產生具體妨礙，則其訓練時間無庸計入工作時間[44]。

　　相反地，針對雇主強制勞工參加與業務頗具關連性之教育訓練，中央勞政機關則認為其訓練時間應計入工作時間。惟因「訓練時間之勞務給付情況與一般工作時間不同，其給予可由勞雇雙方另予議定。」又訓練時間與工作時間合計如逾勞動基準法所訂正常工時，應依同法第24條規定計給勞工延長工時工資[45]。另外，對於「台灣省菸酒公賣局勞工奉派參加訓練，於訓練機構中之住宿時間尚非勞動基準法所稱之工作時間，至於訓練時間以外之活動時間或晚間實施輔導課及晚自習等輔導活動，該時間如無排定訓練課程，則該時間之安排、工資如何發給等相關權利義務事項，由勞雇雙方議定。」[46]吾人由其用語觀之，顯然訓練時間即為勞動基準法所稱之工作時間。

　　吾人以為勞工之參加教育訓練及集會，無論是強制參加或自由參加、未參加時有無不利待遇、教育訓練與業務頗具關連或與工作無直接關聯，均與勞動契約所約定之工作內容不同。此從勞基法施行細則第7條第8款勞動契約應約定「勞工教育及訓練」，即可知與同條第1款的「應從事之工作」不同。只是，這是指勞動契約的工作，其係採狹義的定義，即職務的內容而言。但是，如果係採勞基法工作時間（法）的工作，似乎即可採廣

---

[44] 行政院勞工委員會民國81年8月18日台（81）勞動2字第25381號函、80年6月8日台（80）勞動2字第14217號函參照。

[45] 行政院勞工委員會民國81年1月6日台（81）勞動2字第33866號函參照。

[46] 行政院勞工委員會民國81年3月3日台（81）勞動2字第04534號函參照。

義的定義，亦即將在上班時間中及緊密連接前後的開會及職業訓練包括在內。具體而言，勞基法第30條第1項正常工作時間之「工作」及第32條第1項正常工作時間外之「工作」，可將之解釋為包括開會及職業訓練，無須將之扣除在外。惟此並謂其為工資法上的工作時間的「工作」（亦即並非即應給付工資）。

　　勞基法施行細則第7條第8款的教育訓練，文義解釋並不包括集會。立法考量或許是出於會議召開之必要性、臨時性與不可預期性（除法定的會議外），必須保留給企業決定的空間。依據第7條第8款規定，除了法定的勞工教育訓練外，勞雇雙方若未在勞動契約或團體協約[47]約定，即必須取得勞雇任何一方的同意，始能進行教育訓練。這也表示任何種類的教育訓練，並非勞雇任何一方的附隨義務或權利[48]，其進行一方面有利於勞工一般知識與專業知識、技能的增加，另一方面也有益於雇主人力素質的提升及業務推動。甚至，也有國家人力資源政策推動的用意（例如勞動力發展署所推動的「企業人力資源提升計畫」）。

　　雇主之召開會議（例如醫院所召開的病房會議）及舉辦勞工教育訓練，可能利用上班／出勤時間，也可能在上班／出勤時間外，甚至在勞工例假或休假中。先就勞工的例假、休息日、國定假日、特別休假及勞工請假規則的各種假日而言，雖然勞基法第36條、第39條、第40條，甚至勞工請假規則並未明文排除參加會議或教育訓練。惟如上所述，勞基法工作時間法的工作似可採廣義的定義，將開會及職業訓練包括在內。再者，基於上述各種例休假的目的，本應由勞工依法行使，不應允許勞雇雙方合意變更或由雇主單方變更作為開會或勞工教育訓練之用。一旦雇主違反時，勞工得拒絕參與。否則，在勞工參加時，雇主即會受到行政制裁，惟會議及

---

[47] 依據團體協約法第12條第1項第6款規定，團體協約得約定教育訓練。

[48] 依據性別工作平等法第8條：「雇主為受僱者舉辦或提供教育、訓練或其他類似活動，不得因性別或性傾向而有差別待遇。」育嬰留職停薪實施辦法第8條也規定：「受僱者育嬰留職停薪期間，雇主應隨時與受僱者連繫，告知與其職務有關之教育訓練訊息。」不過，這兩個條文僅在要求雇主不得歧視及必須提供訊息而已，並非賦與勞工參加教育訓練的權利。

教育訓練終究與所擔任的職務內容不同，因此勞工固然得請求會議津貼或訓練津貼，但並不得類推適用勞基法及勞工請假規則的規定請求（延長工時）工資。

至於雇主若是在上班／出勤時間舉辦會議（例如醫院所召開的病房會議）或教育訓練，勞工若能自由決定不參加，則必須提供勞務；如其參加此類活動，則必須暫時停止工作。其進行的方式，也可能穿插著會議或教育訓練與工作。以進修訓練而言，如果是採取在工作岡位上進行訓練，即是在勞動契約上附加上去訓練（包括白天上班、下班訓練），更難以劃分工作與訓練[49]。在此，雇主當已考量舉辦活動的必要性，並且選擇對其最有利的時間，所以，允宜認定雇主已同意繼續給付原來的工資。

相反地，若是在上班／出勤時間外舉辦會議或教育訓練，除了法定的會議及勞工教育訓練外，勞工參加之會議（早會）或教育訓練，仍然屬於勞基法第32條第1項正常工作時間外之「工作」，且為社會保險法上之工作時間。但開會究竟與一般工作時間不同，因此，不宜將之作為工資法上的工作時間看待，依本書所見，雇主給付（按工資一定比例的）會議津貼即可。對於未參加會議者，即不必發予會議津貼，但亦不可扣發全勤獎金[50]。

又，此處的教育訓練，除了一般的教育訓練外，也包括職業訓練法第3條第2項的進修訓練與轉業訓練，故其運用範圍較廣[51]。須注意者，所謂「上班／出勤時間外」，解釋上也包括勞雇雙方合意留職停薪、而專訂進修訓練契約的情形。所以，如果在原勞動契約下進行進修或轉業訓練，則訓練時間仍須受到勞基法第32條第1項、第2項的限制。但非謂雇主即應給付延長工時工資，而是勞雇雙方得自由地合意給付訓練津貼。此處，正如中央勞政機關所言者，即使針對雇主強制勞工參加與業務頗具關連性之

---

[49] 楊通軒，就業安全法—理論與實務，2017年9月，二版，頁478以下。

[50] 行政院勞工委員會民國76年11月5日台（76）勞動字第5658號函參照。

[51] 但不包括勞工參加高普考之基礎訓練時間。行政院勞工委員會民國81年3月3日台（81）勞動2字第04534號函參照。

教育訓練，惟因「訓練時間之勞務給付情況與一般工作時間不同，其給予可由勞雇雙方另予議定。」其似乎帶有不將之視為工資法上的工作時間的意涵，所以得依工資的一定比例給予。惟令人不解者，中央勞政機關竟又言「訓練時間與工作時間合計如逾勞動基準法所訂正常工時，應依同法第24條規定計給勞工延長工時工資」，形成前後矛盾的現象。正確而言，教育訓練只是在時間計算上受到勞基法第32條第1、2項的限制，惟在該段期間，受訓者係領取訓練津貼，並不會發生勞基法第24條延長工時工資的問題。

　　有問題者，對於勞工在一定期間至事業場所外專門接受訓練、雇主予以免除勞務且繼續給付工資之情形，勞雇雙方係針對白日的正常訓練時間，約定以較優的原工資替代訓練津貼的給付。至於正常訓練時間外的訓練活動，仍應以訓練津貼計價，而非延長工時工資[52]。依據勞工保險被保險人傷病審查準則第10條第1項規定：「被保險人經雇主指派參加進修訓練由日常居、住處所或就業場所出發，至活動完畢返回日常居、住處所或就業場所期間因雇主指派之活動及合理途徑發生事故而致之傷害，視為職業傷害。」這是針對通勤災害而言。此或可解為社會保險法上的工作時間。至於在訓練場所發生職業災害，似應由訓練場所提供人負擔雇主責任，而非必定由原雇主負責。

　　至於專訂進修訓練契約的情形，訓練時間固然受到勞基法第30條第1項正常工作時間及第32條第1項延長正常工作時間的限制，但受訓者係領取訓練津貼，並不會產生延長工時工資的問題。在此，對於接受在職訓練者，由於雇主應負擔進修訓練的各種費用，包括旅費、住宿費、膳食費，以及在廠場外其他處所接受訓練所生之費用。因此，得與勞工訂立最低服務年限條款（勞基法第15條之1參照），並約定未達服務年限即離職者，由雇主負擔之訓練費用，得自勞工工資中抵充[53]。

---

[52] 不同意見說：行政院勞工委員會民國81年3月3日台（81）勞動2字第04534號函參照。

[53] 行政院勞工委員會民國80年12月23日台（80）勞動1字第33629號函參照。

第二節　我國工作時間法制說明

　　我國並無規範工作時間的專法。目前勞基法第三章工作時間、休息、休假、第十二章附則第84條之1的特殊專業人員工時、例假、休假、女性夜間工作，以及勞基法施行細則第四章及第十一章第50條之1、第50條之2等規定，係主要的規範所在。其並不區分勞工的身分或在製造業或服務業任職、也不問工作性質或擔任的職務、甚至也不區分是在工作場所內或場所外，而一體適用。另外，勞基法施行細則第7條第2款也要求勞動契約應約定「工作開始及終止之時間、休息時間、休假、例假、請假及輪班制之換班有關事項。」而團體協約法第12條第1項也給予勞雇團體在團體協約中約定工時[54]的權利。

　　從勞基法第30條第1項每日「正常工作時間」（工廠法第8條稱之為「實在工作時間」）8小時觀之，勞基法的工時規範是建立在三八制的工作時間設計：8小時工作、8小時休息、8小時睡覺。在此一制度下，勞工工作時間的特色為：單一化、同時性、準時性及他律性。此種工作時間並不問個別勞工的任務及企業的需要，並無彈性化工時的要素，且較適合於（工業2.0的）泰勒式的輸送帶工作型態或者製造業的生產活動。

　　勞基法除有工時的一般規定外，另有對於具有童工、女工、母性勞工等特定身分勞工的工作時間規定。而性別工作平等法則是對於女工（尤其是母性勞工）有特殊的工作時間規定[55]。

---

[54] 解釋上也包括休息、休假的規定。但是否包括縮短工時工作？並非無疑。這主要是因縮短工時工作影響勞工權益至鉅，應該由勞工本身與雇主協商決定（因應景氣影響勞雇雙方協商減少工時應行注意事項第3項參照）。

[55] 對於身心障礙者的就業，身心障礙者權益保障法或與促進身障者就業的勞工法令（例如職業災害勞工保護法）並無工作時間的特別規定（縮短或配合身障狀況的工時組合），所以是回歸勞基法處理。

第一項　勞動基準法
第一款　與工作有關的時間

就勞基法工作時間的規定來看，主要有：每日、每週之法定工作時數（第30條）、變形工作時間（第30條第2、3項、第30條之1）、特殊工作者之工作時間（第31條）、延長工作時間（第32條、第33條）、輪班制班次與休息（第34條）、休息（第35條）、例假與休息日（第36條）、休假（第37條）、特別休假（第38條）等。這些工時及休息休假的規定，約可區分為以下幾種類別：與工作有關的時間（正常工時、延長工時、特殊工作者之工時）、不工作的時間〔休息、下班時間（含候傳時間on call）〕、工作時間的方式／情況（Lage）（變形工時、輪班工作、禁止夜間工作、禁止例假日工作、禁止因健康原因的強制工作）、不工作的假日（例假、例假日與休息日、休假、特別休假、其他的假日）、假日工作與工資（一般狀況的停止、特別狀況的停止、公用事業停止特休）等。其中，與工作時間有關的問題還有：待命時間（含與備勤時間之不同）之計算、教育訓練是否屬於工作時間，以及加班可否以補休方式處理等〔勞委會原採限制肯定說。行政院勞工委員會民國79年9月21日台（79）勞動2字第22155號函，在2018年3月1日修正施行的第32條之1更將之明文化[56]〕。尤其是配合工時繼續縮短至每週40小時，適度放寬勞雇自由約定以補休而非以加班費的方式為之，似乎即有其正當性及必要性。

第一目　正常工時

首先就正常工作時間而言。一般習稱的正常工時，實際上係指法定的正常工時而言，即「勞工正常工作時間，每日不得超過8小時，每週不得超過40小時」（勞基法第30條第1項）。惟此一條文並未排除勞雇雙方約定較法定正常工時為短之約定的正常工時，例如約定每日工作7小時、每

---

[56] 依據第32條之1第1項規定：「雇主依第三十二條第一項及第二項規定使勞工延長工作時間，或使勞工於第三十六條所定休息日工作後，依勞工意願選擇補休並經雇主同意者，應依勞工工作之時數計算補休時數。」

周工作35小時為全時勞工（即使與工時有相當程度縮短的勞工[57]，亦得約定為全時勞工）。除此之外，吾人觀勞基法第30條之1第1項第2款「當日正常工作時間達十小時者」規定，似乎亦存在一變形工時的正常工時。最後，由於勞基法第84條之1第1項排除第30條、第32條等條的適用，屬於特別規定，似乎亦可得出一「除外規定的正常工時」。上述四種正常工時，只有法定正常工時為勞工保護法的工作時間，約定的正常工時反而較側重於延長工時工資的發給。無論如何，上述四種正常工時型態，都在各自的正常工時之後，即開始起算延長工時。此對於約定的正常工時，影響尤其重大。也就是說，從事約定正常工時的勞工，並無須工作到8小時（法定的正常工時）之後，始有延長工時工資請求權，勞基法第30條第1項、勞基法施行細則第20條之1並不適用之[58]。

　　有問題的是，職業安全衛生法第19條第1項規定：「在高溫場所工作之勞工，雇主不得使其每日工作時間超過六小時；異常氣壓作業、高架作業、精密作業、重體力勞動或其他對於勞工具有特殊危害之作業，亦應規定減少勞工工作時間，並在工作時間中予以適當之休息。」其中的「勞工每日工作時間6小時」、「減少勞工工作時間到〇小時」，是否亦為特殊艱辛工作者的法定正常工時？對此，雖然該法條的規範目的在於強化勞動保護（下班時間及休息），而非在於縮短法定的正常工時，但配合第19條第2項所訂定的各種標準，中央勞政機關早已承認逾6小時為延長工作時間，反面解釋之，即是將之視為特殊艱辛工作者的法定正常工時。惟此是否符合法條規範的原意？並非無疑，這主要是涉及該類特殊艱辛工作者得否延長時間工作的問題。

---

[57] 僱用部分時間工作勞工應行注意事項參、定義參照。

[58] 反對說：台中高分院103年度勞上易字第29號民事判決參照。此反映出：法院似未區分約定的正常工時與部分時間工作的不同，導致其延長工時均自法定的正常工時之後起算。同樣地，最高行政法院105年度裁字第1313號裁定認為：「勞動基準法第24條所定『延長工時應給付加班工資』之公法上義務。而決定是否有『工時延長』時，其客觀判準則為勞動基準法第30條所定之『正常工時』。」似乎亦未能區分約定的正常工時與法定的正常工時的不同，而採取不同的加班費的起算時點。

　　再以法定的正常工時而言。相異於舊勞基法第30條第1項僅有「每日」正常工作時間，2016年1月1日修正施行的勞基法第30條第1項規定：「勞工正常工作時間，每日不得超過八小時，每週不得超過四十小時。」顯然，法定正常工作時間包括「每日」正常工作時間及「每週」正常工作時間兩種[59]。前者，係以每日個別計算[60]；後者，則是加總各個工作日計算[61]。此一法定的「每日」正常工時，也包括勞工跨越二曆日工作，其工作時間應合併計算之情況（勞基法施行細則第17條參照），亦即立法者將之擬制為一日的正常工時（而非兩個曆日的部分時間工作）。緊跟而來的是，雇主針對跨越二曆日工作的勞工，亦得依據勞基法第32條之規定，使之延長工時工作。惟因跨越二曆日工作，實際上是跨越夜間工作，雇主仍須遵守勞基法第49條等規定之程序。

　　承上，勞基法第30條之正常工作時間，顯然是要與第32條之延長工作時間加以區分而為。而相對於上述兩個條文規定，即有正常工作時間工資與延長工作時間工資之分。在此，會發生問題者，係在勞動關係持續中或結束時，例如職業災害、特別休假未休工資、資遣、退休、繳交勞工保險費等，應否或得否將延長工作時間工資納入作為計算基礎？對此，勞基法施行細則第11條即明確規定：「本法第二十一條所稱基本工資，指勞工在正常工作時間內所得之報酬。不包括延長工作時間之工資與休息日、休假日及例假工作加給之工資。」另外，依據勞基法施行細則第31條第1項規定：「本法第五十九條第二款所稱原領工資，係指該勞工遭遇職業災害前一日正常工作時間所得之工資。其為計月者，以遭遇職業災害前最近一

---

[59] 在2017年11月，德國雇主聯盟向德國政府提出一項要求，即只保留週法定正常工時的規定，而廢除日法定正常工時。以給予事業單位較大的每日工時的運用空間。

[60] 因此，「事業單位所安排之工作時間雖兩日平均未超過8小時，但已超過每日正常工作時間8小時之規定；復因現行勞動基準法並無兩日變形工時之規定，故仍屬違法」。行政院勞工委員會民國83年1月28日台（83）勞動2字第04080號函參照。

[61] 配合勞基法第36條第1項每週一休息日及一例假的規定，共同建立我國週休二日制的法律依據。除非符合變形工時之規定，否則勞雇雙方不得約定將每週40小時工時，分散在每週六個工作日進行。

個月正常工作時間所得之工資除以三十所得之金額，為其一日之工資（第1項）。罹患職業病者依前項規定計算所得金額低於平均工資者，以平均工資為準（第2項）。」顯然，原則上職業災害補償並不計入延長工作時間工資，惟為避免罹患職業病者補償低於平均工資計算所得，因此以平均工資的計算作為下限。同樣地，勞基法第38條第4項「勞工之特別休假，因年度終結或契約終止而未休之日數，雇主應發給工資」，其計算依據勞基法施行細則第24條之1(二)「前目所定一日工資，為勞工之特別休假於年度終結或契約終止前一日之正常工作時間所得之工資。其為計月者，為年度終結或契約終止前最近一個月正常工作時間所得之工資除以三十所得之金額。」係以正常工作時間工資為限。

除此之外，吾人觀計算資遣費及退休金的平均工資，其依勞基法第2條第4款規定：「平均工資：謂計算事由發生之當日前六個月內所得工資總額除以該期間之總日數所得之金額。」並不區分正常工作時間工資與延長工作時間工資，因此，延長工作時間工資應納入計算。又，作為勞工保險費計算基礎之月投保薪資，依據勞工保險條例第27條第1項規定：「本條例第十四條第一項所稱月薪資總額，以勞動基準法第二條第三款規定之工資為準。」顯然係以勞工每月實際薪資所得為準，與平均工資的計算無關。所以，應將延長工作時間工資納入計算[62]。

至於所謂「正常」（normal），實即「一般」或「普通」之意，但具有立法者規範的價值選擇，違反者，不僅會被評價為「不正常」，而且會受到非法性的法律評價與制裁[63]。因此，除了一體適用於陸上（含道路運輸工作者）、海上（漁捕工作者）及空中的工作者（機艙組員）之外，其規範的適用對象，應該包括按時計酬及按件計酬的勞工[64]。至於此一「8

---

[62] 行政院勞工委員會民國96年10月9日勞保2字第0960140390號函參照。

[63] 黃劍青則認為「正常工作時間」，應與工廠法第8條的「實在工作時間」做同樣的解釋，即每日實際工作時間而言。其並未提及法規範評價問題。黃劍青，勞動基準法詳解，1988年10月，再版，282頁以下。

[64] 台中高等行政法院105年度簡上字第57號判決參照。依據勞基法施行細則第12條規定，按件計酬勞工的基本工資，也是以每日工作8小時之生產額或工作量換算之。

小時」或「40小時」的法定化，不僅是參考國際公約及其他國家的工時規定而來，更是立法者逐步工時縮短化的意志貫徹[65]。不過，法定正常工時係立法者強制要求，並非加以勞工應工作的時間義務。亦即具體的工作時間，仍應在勞動契約或團體協約中規定。

　　此一正常工作時間係以全時工作者正常工作日（週一至週五）（Werktage）為對象[66]，而不包括例假與休息日（第36條）、休假（第37條）、特別休假（第38條）等[67]。而且，係指法定的8小時、或勞動契約所定的8小時或短於8小時的工時，與勞工實際的工作時間無關。換言之，勞工若使用公共運輸交通工具（含公車、計程車、火車、高速鐵路、捷運等）遲到，不論以比例扣薪或請事假處理，於計算該日延長工時時數，遲到或請事假時段仍應與是日工作時間合併計算。如雙方協商合議調整工作時間，得以超過變更後正常工作時間計算延長工時[68]。

　　較為特殊的是，針對跨越二曆日的法定正常工時，其首日及第二日（的一部或全部）可能是工作日、休息日、甚至例假、國定假日。果如此，鑑於勞基法施行細則第17條只在處理工作時間合併計算問題，所跨越二曆日的工作時間，如果其中一部或全部是休息日、例假、國定假日，解釋上，即應依勞基法第39條（休息日、國定假日）或第40條計算其延長工時工資（即分段計算法）[69]。在此，依本書所見，跨越二曆日中的休息日、例假、國定假日，雇主仍需踐行勞基法第39條及第49條所規定的程序。

---

[65] 配合舊法「每二週工作總時數不得超過84小時」修正縮短為新法「每週不得超過40小時」，勞基法第30條第7項乃規定：「雇主不得以第一項正常工作時間之修正，作為減少勞工工資之事由。」依勞基法第79條第1項第1款，違反第30條第1項規定者，處新台幣2萬元以上100萬元以下罰鍰。

[66] 包括以低於8小時（例如7小時）作為全時工作者的工時者。

[67] 換言之，勞工在例假與休息日（第36條）、休假（第37條）、特別休假（第38條）工作，並無8小時的正常工時可言。

[68] 勞動部民國104年11月17日勞動條3字第1040132417號書函參照。

[69] 勞動部民國107年7月2日台（107）勞動條2字第1070130860號函參照。

　　另外，由於第30條第2項的二週變形工時適用於所有適用勞基法的行業（不問工作性質是否常帶有備勤時間或待命時間，或者具有間歇性），使得雇主無須任何理由，只要經過工會或勞資會議同意，即可將其二週內二日之正常工作時數，分配於其他工作日。只要分配於其他工作日之時數，每日不超過2小時，而且每週工作總時數不超過48小時即可。此處的「每週工作總時數不超過48小時」，並不將例假與休息日、國定假日、特別休假、以及勞工請假規則中之各種假別時／日數扣除。

　　第30條第1項並不適用於部分時間工作者。另外，此一正常工時，原係指勞工在同一廠場從事同一工作內容的時間總合。即以勞工與同一雇主的相同工作內容為計算基礎。並不包括同一勞工為多數雇主工作，之所有工時合併計算之情形（較簡單的例子，是甲勞工為乙雇主全時工作，而為丙雇主從事部分工時工作）。也不包括同一勞工為同一雇主從事兩份截然不同工作內容／標的之情形。例如甲與乙雇主約定從事司機工作（日間），另再與乙雇主約定保管車輛（夜間）。不過，如果甲乙約定駕駛車輛與保管車輛只為單一勞動契約的內容（可能會涉及延長工時的問題），應屬有效。

　　所以，針對相同契約標的／工作內容，雇主當不得與勞工成立二份獨立存在的勞動契約（包括一份日間契約與一份夜間契約，但也可能是各有不超過8小時的契約）。而且，為符合現時的勞動實況、擴大單一勞動契約的範圍，勞工是否只在同一地點工作，也並非所問（勞基法施行細則第19條參照）。如此一來，始能確保勞工的身心健康，避免雇主以不同契約之名，而行變相加班脫免加班費之實。因此，針對相同契約標的／工作內容，如雇主與勞工約定二份以上勞動契約，均應將之解釋為同一契約。同樣地，勞工與雇主約定下班後，在宿舍或其私人住處以家庭代工的方式，從事白天的工作時，亦應視為勞動契約的延續[70]。對於雇主所給付的補償金或其他名稱的給付，均應視之為加班費，其約定的額度不得低於法定標

---

[70] 此尤其會發生在外籍勞工的身上。其在宿舍的機器設備是由雇主所提供，而不少外籍勞工也本於多多賺取收入的心態樂於繼續工作。

準（勞基法第24條等規定）[71]。

　　為明確工時的計算，對於勞工出差或其他原因在事業場所外工作或在數個事業場所工作之情形，另有以平時工作時間為準（勞基法施行細則第18條參照）或加總各該場所之工作時間與往來於事業場所間所必要之交通時間（勞基法施行細則第19條參照）[72]之計算方法。由於條文只規定「勞工正常工作時間，每日不得超過8小時」，並未規定上下班的時間及是否應經工會或勞資會議同意，因此，是否表示雇主得單方決定起訖時間？對此，應為否定，蓋依據勞基法施行細則第7條第2款勞動契約應約定「工作開始與終止之時間。」表示雇主與勞工應對於上下班時間取得意見一致始可。雙方也可以將勞工的白天工作，約定改為夜班工作[73]。通常，雇主對於到廠上班的勞工，基於上班時間管理一致的考量，會要求勞工以廠場規定的時間為準[74]，惟勞工亦得以個人因素或家庭因素而向雇主提議其他的

---

[71] 行政院勞工委員會民國79年9月17日台（79）勞資2字第19731號函參照。

[72] 依據台灣新北地方法院103年度簡更字第1行行政判決，勞基法施行細則第19條之「加計往來於事業場所間所必要之交通時間」，解釋上包括從原事業場所出發及從第三地返回之車程時間。惟本書以為其見解似有疑議，蓋該案中之醫療人員到偏鄉服務，所涉及的工作時間認定問題，應該依勞基法施行細則第18條之「以平時之工作時間為其工作時間」加以解決。

[73] 行政院勞工委員會民國80年10月1日台（80）勞動2字第25281號函參照，值得注意的是，該函示要求事業單位必須「實際需要」且徵得勞工同意。另外，對於實務上盛行的（且為世人習以為常的）排班（表），雖然其本質上也是更改原勞動契約的「工作開始與終止之時間」，而需先獲得勞工的同意，進行勞動契約的修正。然而，本書以為應採取更嚴格的審查標準，蓋修正勞動契約的「工作開始與終止之時間」，應係一例外狀況，且須明確在勞動契約中約定。實務界的排班（表），事實上已成為慣常的人力使用行為，且只是公告排班表，以勞工的按表工作解釋為默示同意，實難謂已符合勞基法施行細則第7條第2款勞動契約應約定「工作開始與終止之時間」的要求。業者更有經由排班，而規避國定假日給予勞工特殊紀念與雙倍給薪之用意者，實不足取。另外，立法者既已在勞基法明訂工時彈性化的規定，諸如變形工時、彈性工時、第84條之1的性質特殊工作者的工時彈性約定，以及輪班制工作等，而「排班」並不在其內，顯示立法者並無意將之合法化為一工時彈性運用的手段。所以，即使存在法律漏洞，也應該採取嚴格審查的態度或加以業者一定義務的負擔。

[74] 反之，對於家內勞動的勞工、電傳工作的勞工，以及純粹從事外勤工作的勞工（無須到

上下班時間。一旦雙方達成合意，勞工應按照雇主所定的上班時間到達工作地點，惟其一旦到班處於準備提供勞務的狀態，即使雇主未交付工作，仍屬已開始正常工時。至於需要從事業單位所在地前往外地工作者，例如需要至偏遠地區為病人服務之醫療院所巡迴車上的放射師及護理師，其除了在目的地工作的時間外，往往需要長時間的車程時間（可能長達3～4小時以上），則其工作時間究應如何計算？對此，本書以為此類在事業場所外工作之勞工，似應區分其職業種類、有無使用交通工具等，而做不同的認定。以職業駕駛（客車、貨車）而言，由於交通工具即為其工作場所，其工作時間及休息時間（含用餐時間）即以駕駛時間與準備時間為準，並無車程時間可言[75]。至於在航空器及輪／漁船上工作之人員，例如機師、船員，其工作場所同樣是所使用的載具，其在航空器及輪／漁船上停留的時間，並非全部為工作時間，而是得約定未工作的時間（休息、下班時間）。同樣地，亦無車／航程時間[76]。

　　不同的是，此類到外地提供醫療服務的人員或至外地從事營建或水電工程的人員，其即會有車程時間的問題。惟事實上此類工作人員，又可區分為偶發性及常態性的工作型態。只不過，在工作時間及休息時間的認定上，似無須採取不同的標準。在此，其至外地工作與出差的法律性質固有不同，惟應可將其解釋為勞基法施行細則第18條「其他原因於事業場所外從事工作者」，而「以平時之工作時間為其工作時間」。也就是說，以勞動契約所約定的「工作開始與終止之時間、休息時間」為準。果如此，在車上往返的車程時間，雖未實際提供勞務，也被納入工作時間計算[77]。此

廠工作），基於工作時間個人化的需要，應給予較大彈性運用的空間。

[75] 在此，勞雇雙方可參考勞動部所發布的「勞工在事業場所外工作時間指導原則」，約定工作時間。勞動部民國106年11月30日勞動條3字第1060132271號函修正。

[76] 惟對於此段未工作的時間，勞雇雙方得約定給付一定額度的（非工資的）津貼，以為補償之用。

[77] 台灣新北地方法院103年度簡更字第1號行政判決參照。有問題的是，雇主如為避免車程時間，得否直接與勞工約定在一定時間集合，由勞工自行選擇交通工具前往工作地點？或者直接在目的地會合後開始工作？對此，本書以為此種經常性的外地巡迴服務，除非

從車程時間係準備工作或結束工作前的密接行為，性質上為備勤時間，故屬工作時間無疑[78]。惟在工作時間（含車程時間）中，雙方仍應依勞基法第35條「勞工繼續工作4小時，至少應有30分鐘之休息」，約定一定時間的休息。如此一來，勞工在移動的車輛上閉目養神（休息或睡覺），即便無法如在靜止不動的地上設施，確實進入休息的狀態，仍無礙其休息時間的認定。

承上，由勞基法第30條第1項：「勞工正常工作時間，每日不得超過八小時。」可知立法者意在將正常工時的上限定為8小時，這也是國際組織及世界各國的通例。因此，令人不解的是，勞基法第30條之1第1項第2款卻規定，「當日正常工時達10小時者」，其延長之工作時間不得超過2小時。言下之意：正常工時為10小時。此實誤解四週變形（在總量管制下）將2小時分配於其他工作日之原意。換言之，無論是四週、二週或八週變形工時制度，將2小時分配於其他工作日，致使其工時達10小時者，仍然未改變正常工時為8小時的本質。只是，在採行變形工時的作法下，延長工時必須自變形工時後起算而已[79]。同樣規定有誤者，係勞基法第30條第8項：「第一項至第三項及第三十條之一之正常工作時間，……。」

在勞動關係進行中，勞雇任何一方如欲更改工作時間，必須與他方重新議定之。其實，勞基法第30條第1項只規定每日及每週的正常工作時間，並未要求每日或每週「工作開始與終止之時間」必須相同。因此，雙方得議定不同的上下班時間[80]。例如，只要不達到二週、八週或四週變形

勞工主張欲自行前往，否則雇主基於保護照顧義務，似應提供交通工具，以保護勞工路途中的身心安全。況且，即使勞工自行搭或駕車前往，其工作時間仍是以勞動契約所約定的工作開始時間為準，而非自到達目的地後起算。

[78] 相對地，依據行政院勞工委員會民國78年6月3日台（78）勞動2字第13366號函：「勞工奉派出差或受訓，乘車往返時間，是否屬工作時間，法無明文規定。」

[79] 勞動部民國105年6月21日勞動條3字第105013243號令參照。

[80] 但是，為明確化工時的起訖、勞雇雙方的權利義務，以及保護勞工的身心健康，勞雇雙方應不得約定「勞工的工作時間，以到達工作現場報到時間為開始」。因此，內政部民國74年5月4日台（74）內勞字第310835號函：「職業汽車駕駛人工作時間，係以到達工

工時的工時變動程度，勞雇雙方亦得約定每週不同的彈性工時時間，例如第一週與第三週的彈性工時為7：00～9：00、16：30～18：00；第二週與第四週的彈性工時為8：00～10：00、17：30～19：30。如此的移班工作，亦可達到一定程度工時彈性化的效果。

　　再就特殊工作者之工時言之。針對童工，依據勞基法第47條規定：「童工每日之工作時間不得超過八小時，每週之工作時間不得超過四十小時，例假日不得工作。」相較於第30條第1項，童工無論是每日或每週，立法者僅有最高工時的限制，而未使用「正常工作時間」一語。顯示出成年工或逾16歲的青年工始有正常工時可言。既無「正常工作時間」，則跟隨著正常工時之變形工時（二週、八週、四週）（第30條、第30條之1）、延長工時（第32條、第42條[81]）、主管機關之命令調整工時（第33條）等，即不得實施。這一些都是基於童工身心正在發育中，需要給予特殊保護的考量。再依據第48條規定：「童工不得於午後八時至翌晨六時之時間內工作。」可知童工之8小時工時，必須在早晨六時至夜間八時間進行。雇主違反第47條、第48條規定者，處6個月以下有期徒刑、拘役或科或併科新台幣30萬元以下罰金（第77條）。

　　針對女工，勞基法僅有第49條原則禁止夜間工作之規定，而無如第47條之規定。因此，其正常工時應回歸第30條處理。所以，變形工時（二週、八週）（第30條）、延長工時（第32條）及主管機關之命令調整工時（第33條）等，均與一般勞工相同。至於第30條之1的四週變形工時，雖同時規定「女性勞工，除妊娠或哺乳期間者外，於夜間工作，不受第49條第1項之限制。但雇主應提供必要之安全衛生設施」（第30條之1第1項第3款）。惟其實際上為女工夜間工作的規定，與四週變形工時無關，其

　　作現場報到時間為開始，且其工作時間應包括待命時間在內。」此一見解即屬可疑。

[81] 依據勞基法第42條規定，對於具有健康或其他正當理由之勞工，雇主不得強制其在正常工時外工作。此一條文本屬延長工時的限制規定，故其亦適用於童工（基於舉輕以明重的法理，身心健康的童工既然不得延長工時工作，則具有健康或其他正當理由的童工更不得強制其工作）。

目的是在藉由勞工團體的同意，以放寬女工夜間工作的管制。也就是說，針對中央主管機關指定之行業，經工會或勞資會議同意後，一般的女工夜間工作，不受勞基法第49條第1項限制。即其得在午後十時至翌晨六時之時間內工作，而且無須遵守第1項但書的兩款限制。至於妊娠或哺乳期間的女工，只要雇主有提供必要之安全衛生設施，同樣亦得在午後十時至翌晨六時之時間內工作。雖然如此，由於均涉及女工的夜間工作，在立法體例上似應將第30條之1第1項第3款移至第49條一併規定，以收簡明扼要之效，避免規範上的衝突（第49條第1項及第30條之1第1項同樣有「經工會同意、無工會者經勞資會議同意」的規定，所以應經兩次的同意程序？）及解釋上的混淆。

　　另外，勞基法之特殊工作者，其實還有坑道或隧道內工作者。依據勞基法第31條規定：「在坑道或隧道內工作之勞工，以入坑口時起至出坑口時止為工作時間。」依據立法說明，本條文係參照礦場法[82]及國際勞工組織「修正限制煤礦業工作時間公約」規定訂定。可知其係針對在礦坑內工作之礦工而言（礦場法第1條、第8條）。而且，礦場法第11條也同樣規定：「在坑內工作之礦工，自入坑口時至出坑口時為工作時間。」本條僅規範其工作時間的認定，至於每日或每週的法定正常工時，仍應遵照勞基法第30條規定。另外，第31條所規定的「工作時間」，解釋上也包括第32條的延長工時。而在休息方面，也應遵照第35條規定。至於「坑道內工作」，係指在必須通過一出入口、而進入到一密閉內礦場工作之勞工而言，一般是指煤礦工人，但應不以此為限（金礦、鹽礦均可）。如依照現行有效之礦場安全法第7條規定：「本法所稱礦場作業人員，指從事第二條所稱礦場之工作人員。」而第2條則規定：「本法所稱礦場，指探礦、採礦及其附屬選礦、煉礦之作業場所。」顯然，坑道內之勞工，並不以採礦工人為限，而是包括探礦、選礦及煉礦之工人，只要其係在坑內即可。

　　有問題的是，勞基法第32條第4項之「坑內工作之勞工」，其對象是

---

[82] 礦場法在1986年11月25日經公告廢止。廢止理由為：本法條文已先後納入礦場安全法、勞工安全衛生法及勞動基準法中，已無存在必要，為資精簡，故予以廢止。

否同於第31條之「坑道內工作之勞工」？對此，本書持否定見解。如對照第32條第4項但書「但以監視為主之工作，……，不在此限。」可知「坑內工作之勞工」不僅包含礦坑內工作人員，還及於在坑內以監視為主之工作人員。依2018年3月1日修正施行的勞基法施行細則第22條第2項規定，本法第32條第5項但書所定坑內監視為主之工作範圍如下：一、從事排水機之監視工作；二、從事壓風機、冷卻設備之監視工作；三、從事安全警報裝置之監視工作；四、從事生產或營建施工之紀錄及監視工作。此類人員均非從事與礦業有關的工作。

　　而「隧道內工作」，則是指在隧道內工作之人，例如負責打穿雪山隧道的工人。由於此類工人的工作環境特殊，從入坑起至工作現場，可能還需經過一段時間（從離開工作現場到出坑亦同），而且，其所從事的是重體力的工作，再者，一旦入坑，即承受較高的意外風險，因此，以入坑口時起至出坑口時止為工作時間。而且，在坑內工作之勞工，其工作時間不得延長（勞基法第32條第4項本文）。

第二目　延長工時
一、延長工時限／管制之理由

　　針對延長工時（加班），必須釐清以下幾個問題：延長工時限／管制之理由、延長工時之理由與進行程序、延長工時之種類（正常工作日加班、例休假日加班）、延長工時工資率及假日工作與工資。首先，觀察世界各國對於延長工時之限制（由不管制→管制；由勞工同意→（準）勞工團體同意；由較高的延長工時時數→較低的延長工時時數），殆皆基於勞動醫學的研究，認為過長工時的工作，不僅造成勞工身心的疲憊及傷害勞工的健康[83]，而且增加發生職業災害的風險。因此，藉由要求雇主給付較正常工時工資為高的加班工資率（第24條第1、2項），旨在限制雇主任意延長勞工之工作時間，藉之以降低雇主使勞工加班的意願[84]。其適用的對

---

[83] 至於延長工時是否會影響勞工人格的發展？則是少有人提及。惟不可否認地，延長工時會影響勞工個人生活的計畫及家庭生活的安排。

[84] 最高法院97年度台上字第1358號判決參照。

象，並不應區分按時計酬或按件計酬而有不同[85]。雖然如此，在勞動關係存續期間，雇主仍然偶有延長工時的必要，立法上並不得完全禁止之。

二、延長工時之理由與進行程序

其次，雇主必須有使勞工在正常工時外工作之必要者，始得將工作時間延長之（勞基法第32條第1項）。此一「必要」，勞基法及其施行細則並未例示具體延長工時理由或情況，致使勞雇雙方認知不一而生爭議。依本書所見，所謂的「必要」，並非雇主或勞工主觀的認知，亦非一經工會或勞資會議同意後即已有「必要」，而是客觀上必須具有加班的正當理由而言[86]。勞基法第32條第4項之天災、事變或突發事件即屬其例。同樣地，第32條第1項之必要，也應指基於企業經營或勞工工作的必要而言。假設並無此一必要性，則勞工單純地停留於工作場所，即不能以加班有利於、且不違反雇主預期為由，而謂雇主已事後同意勞工加班。而且，既謂延長工時工作，即表示勞工係繼續執行原來的工作[87]，而非勞動契約所未約定的其他工作（勞動事件法第38條之推定工時，並未改變執行原來工作之要求）。否則，雙方即必須簽訂另一勞動契約[88]或其他類型的勞務契約。有關延長工時工作之必要性，國際勞工組織（ILO）1919年（工業）

---

[85] 亦即對於按件計酬或按趟計酬的勞工，如係在正常工時後繼續工作，雇主必須給予延長工時工資。台中高等行政法院判決105年度簡上字第57號參照。

[86] 惟，一旦雇主提經工會或勞資會議同意，勞工如爭議並無延長工時之「必要」，似乎即應由其負舉證之責任。蓋（準）勞工團體本應盡到審查有無必要性之責任。

[87] 惟是否包括比約定的工作時間開始前提早到廠（刷卡、簽到等）之情形？本書原則上持否定說，除非勞工能舉證證明雇主確有使勞工在正常工時外工作之必要、且經勞工團體或準勞工團體同意者，始能視為延長工時工作。況且，基於雙方的勞雇關係，勞動實務上多有勞工提前到達廠場之情形，其得自由運用（飲食、閱讀、休息等）或甚至自由外出（等到上班時間到才回來工作），故不應將其認定為工作時間。台灣台南地方法院103年度簡字第59號行政判決參照。

[88] 反對說：最高法院97年度台上字第1358號判決、最高行政法院105年度判字第135號判決。黃程貫引用最高法院81年度台上字第2882號判決，同樣認為勞工在加班時間內是否擔任與其正常工作時間內所擔任之工作內容相同之工作，則非所問，均應認定為加班。黃程貫，勞動法，2001年9月，再版三刷，頁417參照。

工時公約第3條及1930年（商業及辦公處所）工時公約第7條第2項第1款至第4款已加以規定，尤其是第2款（為防止易壞商品之損失或避免危及工作之技術成果）及第3款（為進行特別工作，如檢查貨品預備賬單、結算賬目、清理業務，以及清算、結束賬目等）規定。雖然如此，配合我國製造業及服務業的實況，本書以為也應包括生產活動或服務勞務面臨突然的增加或需求、且達一定的幅度，無法以正常工時加以消化的情況。例如因訂單增加或季節性關係而有趕工必要，遂有延長工時的需要。在此，並不包括常態性的業務量過多，需要增聘人力完成的情況。有問題的是，雇主可否以人力不足為由而採取延長工時以增加其生產活動或服務勞務？此在我國實務界雖多如此運作，但本書毋寧以為人力短缺應以增聘人力因應，延長工時的目的應不在此。整體而言，雇主必須舉證確有使勞工在正常工時外工作之必要，欠缺此一必要性者，即使經經工會或勞資會議同意，勞工亦無遵守之義務。果如此，雇主如強行實施延長工時，即會受到新台幣2萬元以上100萬元以下罰鍰的制裁（勞基法第79條第1項第1款參照）。

由於雇主必須證明有延長工時工作之必要，可知其具有臨時性與個案性的性格，因此，工會或勞資會議的事先概括同意，並不生其效力，至少必須做限縮解釋，以在個案情形下，雇主確實有必要性始可。而且，雇主並不得事先與勞工在勞動契約中約定「勞工願配合雇主要求加班」或具體約定每月要加班多少時數或天數[89]，而是雇主在確實具有加班的正當理由後，理應主動提出一份「延長工時工作／加班請（要）求書」給勞工簽名，以取得勞工明示之同意[90]，作為勞雇雙方權義之依據（尤其是雇主指揮監督權的憑據）及勞資爭議時證明之用。此即使在勞工自認有加班之必要，而要求雇主發動延長工時工作時，亦同。換言之，依據勞基法第32條第1項規定之意旨，並未加以勞工自行判斷有無延長工時工作之必要，並且提出「加班申請單／書」之義務。也因此，我國司法實務界慣常以審

---

[89] 台北高等行政法院104年度訴字第2032號判決參照。

[90] 基於延長工時工作對於勞工身心上的影響、權利義務明確原則，以及行政處罰之有效施行，應將勞工、工會或勞資會議、甚至雇主的同意，限縮解釋為事前明示的同意。

查勞工有無填具「加班申請單／書」，作為佐證有無延長工時工作之必
要[91]，並以之為裁判勝敗之依據，似乎有違勞基法第32條第1項之原意，
並不足採。依本書所見，在訴訟程序上，勞雇雙方有無延長工時工作之必
要，其判斷之依據，厥在於雇主能否提出一份（上面載有勞工簽名的）
「延長工時工作／加班請（要）求書」，而非勞工能否提出一份（上面載
有雇主簽名的同意）「加班申請單／書」。對於勞工的加班行為，如雇主
未能提出一份「延長工時工作／加班請（要）求書」，即應做有利於勞工
的裁判[92]。無論如何，對於勞工在契約所定工作開始之時間前以刷卡或簽
名等方式進入事業單位，而未能提出「延長工作工作／加班請（要）求
書」或「加班申請單／書」者，為了企業經營一體性的考量（人員統一時
間上班）、並且兼顧勞工提前使用工作場所的必要與權利[93]，再者，提前
上班畢竟係一例外事實，因此，勞工對於有利於己的情事，必須舉證其已
受命或合意開始從事契約工作，而非僅是在作私人事務（例如吃早餐、看
報、接送小孩上學等），否則，當不得加以雇主負擔延長工時工作的契約
上責任及行政責任。換言之，即使勞工經由刷卡等方式已將工作時間記
載於出勤記錄簿，但勞基法第30條第5項規定並非意謂勞工工作時間之認
定，必以簽到簿或出勤卡為唯一證明方式，如果雇主有異議，勞工即需負
舉證責任；畢竟，其只是工時保護的特殊規定，而非在作為計算工資的基
礎[94]。申言之，雇主備置之簽到簿或出勤卡，如顯示勞工在正常工時後停
留在工作場所之時數，超過其正常工作時間者，依此項表見證據，固可推

---

[91] 最高法院104年台上字第223號判決（家福公司案）、台北高等行政法院104年度簡上字
　　第5號判決參照。

[92] 惟勞工究竟有無加班之行為，由於涉及加班費之計算，則應由勞工負舉證之責任。

[93] 本書以為：基於雇主的保護照顧義務，勞工當得依據勞動契約，在合理的時間內，停留
　　在工作場所有限度地使用相關設備，以處裡自己的私務。果然如此，在此一合理時間
　　內，雇主即不得拒絕勞工停留其內。反對說：最高行政法院106年度裁字第380號行政裁
　　定、台北高等行政法院105年度訴字第1214號行政判決參照。

[94] 所以，其固然是在彰顯工時正義，但並非（主要）在追求工資正義。尤其應注意的是，
　　其應避免陷入官僚主義的漩渦中。

定勞工係因為雇主提供勞務而延長工作時間，惟雇主仍得舉證推翻此一事實上之推定。只不過，基於舉證責任分配的原則，在勞工提前到達工作場所的情況，勞工應負確有提供勞務之事實之責任[95]。

　　上述之雇主使勞工在正常工時外工作，即使具有必要性，而且也經過勞工團體同意，但勞工如有健康因素或其他正當理由，仍得拒絕執行。此一拒絕加班，也適用於勞基法第32條第4項的情形。蓋依勞基法第42條規定：「勞工因健康或其他正當理由，不能接受正常工作時間外之工作者，雇主不得強制其工作。」其立法說明謂「依據本法所定各種得為延長工作時間之情形，及每次得為延長之時間，已遠超過工廠法等原有規定標準，對於患有疾病及體弱力衰之勞工自難適應，特定本條以資兼顧。」顯然，其係基於身心健康保護的理由，且有避免勞工傷病或過勞之用意。其固不以勞工自始拒絕接受延長工時工作為限，即使已著手工作，但因傷病或體弱力衰等狀況無力完成者，亦得中止工作。此處的「其他正當理由」，應將其限縮於身體傷病及與年齡（童工或高齡勞工）或性別或身心障礙等有關的無力負荷延長工時工作的情形。解釋上，勞工如面臨「職業促發腦血管及心臟病之認定參考指引」第3.3.1.1點「發病日至發病前1個月之加班時數超過92小時，或發病日至發病前2至6個月內，月平均超過72小時的加班時數」之情況，亦屬於正當理由。至於勞工個人或家庭私務之處理，並非此處之正當理由[96]。如此解釋，雇主始能避免動輒受到勞基法第77條之嚴格刑事制裁的後果，畢竟，勞基法第42條之「強制其工作」，其性質及強度與勞基法第5條之強制勞動，有相當大的差異（同樣的解釋，亦應適用於勞基法第49條第3項「女工因健康或其他正當理由，不能於午後十時至翌晨六時之時間內工作者，不得強制其工作。」惟第49條第3項已被第4

---

[95] 就此看來，台灣台南地方法院103年度簡字第59號行政判決認為雇主應負勞工並未工作的舉證責任，其見解尚屬有誤。另外，勞動事件法第38條之推定工時，要求雇主負擔舉證責任，同屬有誤。

[96] 與此略有不同的是，內政部函釋認為勞工「因故」無法於延長工作時間內工作，雇主不得扣發其全勤獎金。內政部民國76年1月15日台（76）內勞字第463894號函參照。

項及勞基法第30條之1第1項第3款排除適用）。

　　另外，雇主可否使部分工時勞工延長工時，以因應經營的需要？對此，雖有認勞工既係簽訂部分工作時間勞動契約，即代表勞工無意完成較約定工時為長的工作，雇主不得使之延長工時工作。惟本書則以為勞基法第32條第1項之勞工，並不區分全時工作勞工或部分工時勞工。而且，勞工從事部分時間工作，其理由不一，如果加班不影響其生活規劃或其他經濟活動，且可以增加收入改善生活，則當無否定之理。只不過，依據勞基法第32條第1項，勞工必須在正常工時之外工作，始屬延長工時[97]，而且也才需要經工會或勞資會議同意。因此，針對部分時間工作勞工，其延長工時至正常法定工時（8小時），只需經過勞工同意即可。另外，其延長工時的起算點，也是在逾正常工作時間8小時或每週工作總時數40小時之後[98]（此與從事縮短工時工作的勞工，被雇主要求回去上班，解釋上即應認定為延長工時工作，有所不同[99]）。而且，其延長之工作時間，一個月不得超過46小時。雖然如此，由於自約定的工時至正常工作時間8小時或每週工作總時數40小時之間，部分工時勞工已提供超時工作（Mehrarbeit），則雇主似應發予超時工作津貼，以補償其所多付出的勞力與所造成的不便。至於超時工作津貼的數額，應類推適用勞基法第24條第1項第1、2款規定。

　　在有關變形工時的延長工時計算方面，依據舊勞基法施行細則第20條之1規定，勞基法所定雇主延長勞工工作之時間，係指每日工作時間超過

---

[97] 勞動部民國103年11月5日勞動條3字第1030028069號函參照。

[98] 勞動部民國103年11月5日勞動條3字第1030028069號函參照。依據本書所見，性別工作平等法第19條第1款，受僱者得向雇主請求「一、每天減少工作時間一小時；減少之工作時間，不得請求報酬」。由於係基於家庭政策的法定減少工時，解釋上，應在逾工作時間7小時或每週工作總時數35小時之後，即屬延長工時。

[99] 只不過，依據中央勞政機關的「勞僱雙方協商減少工時協議書（範例）」，縮短工時工作勞工在免除工作日工作者，仍然只是領取正常工作日的工資而已。即其第四點規定：「實施期間無須出勤日甲方如須乙方出勤工作，應經乙方同意，並另給付工資。」

8小時或每二週工作總時數超過84小時之部分[100]。但依勞基法第30條第2項、第3項或第30條之1第1項第1款變更工作時間者，係指超過變更後工作時間之部分。吾人觀但書規定，似應解釋第30條之1第1項第2款變更工作時間者，自當日正常工時10小時後，該延長之2小時工時均屬之。至於本文部分，其既係以法定正常工時為準，則解釋上僅有逾法定工時者始有延長工時工資請求權（勞基法第24條），超過約定工時部分則無請求權，例如勞雇雙方約定以每日7小時為正常工時，則延長工時尚未超過8小時者，即無法定的延長工時工資請求權。雖然如此，勞雇雙方仍應約定該段時間加班費的計算方式。台灣中央勞政機關亦認為該段時間的工資，應由勞雇雙方協商定之[101]。

　　至於在延長工時程序方面，並非由雇主單方決定即可實施。依據勞基法第32條第1項規定，雇主必須有使勞工在正常工時之外工作之「必要」者，經工會或勞資會議同意後暫時性地延長工時。這表示：延長工時並非常態[102]，對於勞雇任何一方，延長工時工作既非權利[103]、亦非義務[104]，而是國家基於整體勞動力永續保護及企業經營必要，所例外允許的人力使用。所以，如前所述，勞雇雙方並不得事先在勞動契約或團體協約中約定「勞工願配合雇主經營需要加班」或「勞工基於個人因素及家庭因素無法配合雇主加班」。即使雇主在工作規則中訂定延長工作時間，而且也將該

---

[100] 依據勞動部民國105年6月21日勞動條3字第1050131243號令，本條不適用。

[101] 行政院勞工委員會民國90年6月7日台（90）勞動2字第0019248號函參照。

[102] 從總體經濟來看，加班也不值得鼓勵，蓋加班也可能造成別人無工可做的情形，以致於推升失業率。

[103] 然而，依據行政院勞工委員會民國81年4月6日台（81）勞動2字第09906號函「勞工於工作場所超過正常工作時間自動提供勞務者，雇主如未為反對之意思表示或防止之措施者，提供勞務時間仍應屬工作時間，並依勞動基準法計給工資」。卻可能導出勞工有主動加班的權限。

[104] 惟桃園市政府在兆豐商業銀行一案中，卻認為「員工在正常工作時間後繼續提供勞務，乃係對雇主善盡職責及履行忠誠義務」，其將加班作為附隨義務看待，不僅錯誤，而且可能導致雇主動輒以此為由，要求勞工加班的結果。台北高等行政法院106年度訴字第941號行政判決參照。

工作規則提交勞資會議決議通過後報請主管機關核備，仍然無法去除是否合法的疑慮[105]。因此，應是在個案的例外狀況下，先由雇主認定有無在正常工時外工作之必要，再發動提交（準）勞工團體同意。解釋上，雇主僅有初步的認定權及提案權，而無指示權[106]。並不會發生勞工一旦填具加班申請書，即負有加班義務之結果。反而是：即使未完成填寫加班申請書或「延長工作工作／加班請（要）求書」，但卻已經（準）勞工團體同意，則勞工即應履行延長工時勞務。在此，勞工（含部分工時勞工）即使因工作性質的關係（例如避免原料或所處理的食品腐爛、或研究過程功虧一簣），亦無認定有無必要在正常工時外工作之權利，並無主動要求加班的權利（國家也不應允許勞工自我加速耗損勞力或健康之行為）[107]。惟對於其主動要求加班（即發動延長工時之要約[108]），甚至已經確實加班之行為，勞基法第79條並無制裁的規定。解釋上，在這種由勞工主動提議加班或甚至自行留下加班之情形，並非雇主默示同意即可，而是雇主經衡量（明示同意）後仍應經勞基法第32條第2項規定的程序，提交（準）勞工團體同意[109]始可。

　　所以，中央勞政機關雖認為雇主為減少不必要之加班，得採取防止措施，故其在工作規則內規定勞工要求延長工時應事先申請，經同意後其工作時間始准延長，並無違反強制禁止規定[110]。但卻又認為「勞工於工

---

[105] 不過，台灣台北地方法院行政訴訟105年度簡字第268號判決則是持肯定見解。

[106] 所以，台灣高等法院105年度勞上易字第101號判決認為：「勞工應否延長工時或於休假日工作及該假日須工作多久，均由雇主決定，應屬於事業單位內部管理事宜，尚難謂有不合理之處。」其見解即屬錯誤。

[107] 在此，勞工即使未提醒雇主所處理的原料、食品可能腐壞或研究過程功虧一簣，亦無違反忠實義務可言。

[108] 最高行政法院106年度裁字第380號裁定認為這是基於勞基法第32條第1項規定之合目的性解釋而來。惟此似乎有所誤解。

[109] 否則，依台北高等行政法院104年度訴字第1650號判決見解：「縱勞工高鄉冠係自行請求加班，上訴人仍應注意調配員工工時，以避免違法，此非上訴人所無法避免發生之情事，上訴人容認該事由發生，自應負管理疏失責任。」

[110] 行政院勞工委員會民國96年3月2日勞動2字第0960062674號書函；勞動部民國103年5月

作場所超過工作時間自動提供勞務，雇主如未為反對之意思表示或防止之措施者，其提供勞務時間即應認屬工作時間，並依勞動基準法計給延時工資。勞雇雙方縱有約定延時工作需事先申請者，惟因工作場所係雇主指揮監督之範圍，仍應就員工之出勤及延時工作等情形善盡管理之責，其稱載具所示到、離職時間非實際提供勞務從事工作者，應由雇主負舉證之責。」[111]似乎認為雇主默示同意加班，忽略（準）勞工團體同意的程序要求，難謂妥當。

　　只不過，上述中央勞政機關有關雇主默示同意加班的見解，也為許多法院所採，並且認為雇主未明確拒絕或反對勞工延長工時工作（即下令離開工作場所），此種消極容忍之行為即應認定其有事後同意延長工時工作[112]。甚而，勞工加班的情形，也包括勞工未按照勞動契約所約定的「工作開始之時間」（勞基法施行細則第7條第2款參照），而是提前到事業單位登錄進廠的狀況[113]。地方勞工主管機關也有表示：員工在正常工作時間後繼續提供勞務，乃係對雇主善盡職責及履行忠誠義務，有利且不違反雇主之預期[114]。依本書所見，其似乎均未能正確了解勞基法第32條第1項及勞基法施行細則第7條第2款規定的原意。尤其，本書所擔心的，是針對女性勞工夜間工作等其他需要經過工會或勞資會議同意之行為，中央勞政機關及法院是否會採取同樣的事後同意之態度。

　　也就是說，依據勞基法第32條第1項規定，擁有加班同意權者，只有

　　8日勞動條2字第1030061187號函參照。台灣高等法院台南分院106年度勞上字第1號民事判決（順益汽車公司案）也認為：「雇主為減少不必要之加班，採預防措施，於考勤辦法中規定延長工時應事先或事後一定期間內申請經同意後始准，必要時並提出證明資料以供審核，於法並無不合。」

[111] 行政院勞工委員會民國96年3月2日勞動2字第0960062674號書函、民國101年5月30日勞動2字第1010066129號函、勞動部103年5月8日勞動條2字第1030061187號函參照。

[112] 最高行政法院107年度判字第211號、第298號、第299號判決、最高行政法院106年度裁字第380號裁定、台北高等行政法院105年度訴字第1214號判決參照。

[113] 台北高等行政法院106年度訴字第941號判決參照。

[114] 台北高等行政法院106年度訴字第941號判決參照。

工會或勞資會議，並不包括雇主。而且，不僅由雇主發動的，甚至由勞工
向雇主表示要求發動的加班，都必須履行同意的程序。勞工並不得以加班
對其有利為由，而主張免於（準）勞工團體的同意權行使。況且，如為達
到限制加班以保護勞工身心健康的目的，應將之限縮解釋為事前明示的同
意，而不及於事後的、默示的同意（如將工會的同意解釋為團體協約的同
意，當更無可能針對已加班的行為，事後簽訂團體協約追認之）。在此，
如前所述，雇主僅有（事前的）初步的認定權及提案權而已，並無可能迴
避工會或勞資會議的同意程序。所以，中央勞政機關及法院似應指出未經
工會或勞資會議的同意，雇主之受領勞工提供延長工時勞務之行為，是否
會受到勞基法第79條的行政罰鍰制裁？更重要的是，由於勞基法第32條的
延長工時工作並非勞動的常態，因此，依據民事訴訟法的舉證法理，對於
在正常工時後停留在工作現場的勞工，必須舉證其有事實上提供勞務之行
為[115]。基此，上述法院認為雇主必須舉證勞工未從事提供勞務之行為，
似乎違反舉證責任分配的法理[116]。尤其是針對勞工比契約約定上班時間
提早到班的情形，除非係雇主要求勞工提前到班；經工會或勞資會議同
意；並且勞工舉證確實開始提供勞務，否則，將之強加解釋為雇主默示同
意加班，不惟與勞基法施行細則第7條第2款勞動契約應約定「工作開始之
時間」（即工作時間以約定的時間為準）的規定不合[117]，也與勞工上下
班的實況（有時早、有時晚，登錄時間不定）、企業經營的實態（提前開

---

[115] 台灣高等法院台南分院106年度勞上字第1號民事判決（順益汽車公司案）即是採取與
本書同樣的見解。其認為：「上訴人既未提出加班單申請，復未能於訴訟中提出其例
假日至公司確實是在從事公司勞務之證明，自尚不能僅憑無法查與事實相符之陳述，
即採為有利於其之認定。」

[116] 雖然民國107年11月9日立法院三讀通過的勞動事件法第38條同樣規定：「出勤紀錄內
記載之勞工出勤時間，推定勞工於該時間內經雇主同意而執行職務。」但該法仍待公
布確定施行的日期。

[117] 換言之，果然完全以勞工實際登錄的上下班時間為準，則勞基法施行細則第7條第2款
勞動契約應約定「工作開始之時間」的規定，將全面失去意義。甚且，勞工也不會有
上班遲到的問題。

放門禁讓員工入場休息、飲食、等待上班等）有違。而一旦經過舉證後確認勞工上、下班之刷卡紀錄，與其實際出勤情形不符，則雇主事後擁有在核發當月（次）工資前會同勞工予以及時修正之權利[118]，如此，始能符合勞基法第30條第5項之規範意旨。

　　承上而言，對於勞工正常工時後留滯於工作場所，如其未填寫加班申請書並獲得雇主許可加班，則其主張確有提供勞務並經雇主受領，實應負舉證責任。一旦確定有加班之事實，雖然未經（準）勞工團體事前的、明示的同意，仍應加以雇主給付加班費的義務（勞基法第24條參照），並且免除勞基法第79條的行政制裁。

　　附帶一言者，上述舉證責任之分配，並不適用於行政訴訟程序上。緣依據行政訴訟法第125條第1項、第133條規定，是行政法院之事實審就撤銷訴訟，應依職權調查證據及事實關係，不受當事人主張之拘束，於此等訴訟，不生當事人之主觀舉證責任分配問題，僅於行政法院對個案事實經依職權調查結果仍屬不明時，始生客觀舉證責任之分配，亦即藉由客觀舉證責任分配，決定訴訟不利益之歸屬[119]。

　　另有問題的是，勞基法第32條第1項及第2項但書「經工會同意，如事業單位無工會者，經勞資會議同意」是否當然取代個別勞工之行使同意權？並非無疑。依據2018年3月1日修正施行的勞基法施行細則第20條，中央勞政機關在針對勞基法第30條第2、3項、第31條之1第1項、第32條第1、2項、第34條第3項、第36條第5項或第49條第1項所定「經工會同意，如事業單位無工會者，經勞資會議同意」的立法說明，係採取否定的見解。依之，上述程序，「係就『制度上』為同意，爰雇主於踐行同意程序後，若涉及個別勞工勞動契約之變更，仍應徵得個別同意後，始得為之。」對此，本書以為其見解似有待斟酌[120]。蓋上述條文之勞工團體或

---

[118] 令人不解的是，最高行政法院107年度判字第211號判決（長庚紀念醫院案）則是認為「雇主事後亦負有於核發當月（次）工資前會同勞工予以及時修正之義務」。

[119] 最高行政法院107年度判字第211號判決（長庚紀念醫院案）參照。

[120] 與此相對的，勞基法第84條之1並無「經工會同意，如事業單位無工會者，經勞資會

準勞工團體（勞資會議）同意權之設計，係立法者明確有意採取勞工保護法中加入集體勞工法之雙重保障的思想而來。也就是說，採取集體勞動法規（約）定優先於個別勞動法規（約）定的理論，以補強或平衡勞雇雙方的權力態勢。以工會會員而言，即必須遵守工會的決議；至於全體的員工，亦必須遵守勞資會議的決議。如謂（準）勞工團體只針對「制度」同意，無權代表會員或全體勞工的集體意志（即個別勞工得表示反對），則不僅誤解立法者的原意，也違反集體勞工法的法理，更使得變形工時、延長工時、輪班彈性休息時間、彈性調整例假，以及女工夜間工作的運用，面臨不確定性與不穩定性。雖然如此，在實務上，雇主如為避免個別勞工個案中拒絕同意，或許會事先與勞工在勞動契約約定同意配合變形工時工作等的作法。

　　承上而來的問題是，假設事業單位中並無工會或勞資會議，則延長工時工作如何進行？在此，由於條文已明定「如事業單位中並無工會」，顯然僅針對企業工會而言，並不包括產業工會或職業工會，所以，乃會產生無工會可行使同意權之情形。在此種情形下，雇主是否即不得要求勞工加班？依本書見解應為否定。蓋企業如確有企業經營上的必要，則在兼顧勞工身心健康的前提下，只要經過勞工個別同意，即可進行延長工時工作。在此種情形下，解釋上雇主並不需先等待工會或勞資會議成立或設立，而後再提交同意。而且，既然是例外情形由個別勞工同意，即不應依勞基法第79條第1項第1款予以行政罰鍰的制裁。

　　最後，依據2018年3月1日修正施行的勞基法第32條第3項規定，在延長工時程序方面，「雇主僱用勞工人數在三十人以上，依前項但書規定延長勞工工作時間者，應報當地主管機關備查」。同樣的立法設計，亦見之於輪班彈性休息時間（第34條第3項）及彈性調整例假（第36條第5項）。對於此一「雇主僱用勞工人數在三十人以上」，依據2018年3月1日修正施行的勞基法施行細則第22條之1第1項規定，係以同一雇主僱用適用本

議同意」的立法設計，因此，即使事業單位中的工會或勞資會議已經做出不同意的決議，個別勞工並不受其拘束，而是仍得與雇主自由約定工時的彈性運用。

法之勞工人數計算，包括分支機構及附屬單位之僱用人數[121]。對此，本書以為此一見解亦有待商榷，蓋其係採取一與傳統的以具有法人格的個別廠場的計算人數不同的作法。換言之，此一總體計算法不僅改變以往個別計算法的作法，而且也會牽涉到彈性延長工時、輪班彈性休息時間及彈性調整例假的實施，究竟係以主機構、分支機構及附屬單位一體適用或個自（別）適用的問題。如依本書所見，「雇主僱用勞工人數在三十人以上」仍應採取個別計算始為正確，不應採取一另闢途徑的計算方法。退而求其次，即使採取人數總體計算法，仍應在主機構、分支機構及附屬單位間各自採取彈性延長工時、輪班彈性休息時間及彈性調整例假的作法，以符合企業經營的實況及勞工實際利益的保護[122]。

三、延長工時之種類（正常工作日加班、停止例休假日假期）

如上所述，勞工在正常工時外之工作，必須係勞動契約所約定之工作（即繼續執行原來的工作）。雇主之使勞工繼續履行原來之勞務，主要可區分為兩種方式：或者係在正常工時外延續一定之時數，或者係要求勞工停止例休假日來加班。但也有可能兩種兼有之。兩種加班的程序與加班工資率、以及能否約定以補休作為補償（2018年3月1日修正施行的勞基法第32條之1第1項參照）並不相同。

(一) 正常工作日加班

先就正常工時外延續一定時數的工作而言，這是指雇主具有企業經營上的正當理由或基於勞工工作性質的關係，而使勞工延長工時工作（勞基法第32條第1項）的情況。在此，延長工時工作可能以輪值工作／輪值加班（輪值班／值勤）的名義為之，但仍然需要受到相同的限制（包括依

---

[121] 依據2018年3月1日修正施行的勞基法施行細則第37條第2項規定：「本法第七十條所定雇主僱用勞工人數之計算，適用第二十二條之一第一項規定。」

[122] 依本書所見，工作規則的人數計算亦應採取同樣的處理。在此，分支機構及附屬單位勞資協議或勞資會議決議的效力，尤其應優先於主機構的勞資協議或勞資會議的決議。也就是說，退而求其次，即使採取人數總體計算法，原則上仍應尊重分支機構及附屬單位間得各自依其經營狀況及勞工利益，訂定符合自己需求的工作規則，而非謂主機構當然得訂定一個同時適用於分支機構及附屬單位的工作規則。

勞基法第24條給付延長工時工資）[123]。此種情形的加班，需提經工會或勞資會議（討論後）同意，雇主並應即公告周知（勞基法施行細則第20條第2款）。而且「雇主延長勞工之工作時間連同正常工作時間，一日不得超過12小時[124]。延長之工作時間，一個月不得超過46小時」（勞基法第32條第2項本文參照），採取日管制及月總量管制的作法，且在當月份計薪時，一併結算加班費。一旦延長工時超過每日或每月的規定上限[125]，雇主即會受到行政罰鍰的制裁（勞基法第79條第1項第1款）。另一方面，此一加班行為已經違反法律的禁止規定，而應受到無效的評價（民法第71條）。雖然如此，對於已經完成加班的行為，似應依事實上勞動關係理論，由勞工準用勞基法第24條第1項第1、2款，向雇主請求延長工時工資。

須注意者，立法者在2018年3月1日修正施行的勞基法中，已經在第32條第2項增列但書規定：「但雇主經工會同意，如事業單位無工會者，經勞資會議同意後，延長之工作時間，一個月不得超過五十四小時，每三個月不得超過一百三十八小時。」除了將延長工時的月總量放寬到54小時外，更增列以三個月138小時的總量管制，使得雇主得按照每個月的實際生產狀況，而彈性地運用延長工時的時數，單月並且可超過54小時的界線。在此，所謂「每三個月」，依據2018年3月1日修正施行的勞基法施行細則第22條第1項規定：「以連續三個月為一週期，依曆計算。」亦即係中間未間斷的連續三個月，而非是跳躍式的三個月。為此，工會或勞資會議本得不同意將加班時數放寬到54小時，或者只同意特定的月份放寬加班時數到54小時（並且按月行使同意程序），或者同意以特定的連續三個

---

[123] 最高法院106年度台上字第824號判決（喬元實業公司案）參照。

[124] 此一12小時的規定，應將請假之時段與是日工作時間合併計算。勞動部民國103年10月15日勞動3字第1030132065號函參照。

[125] 假設工會或勞資會議同意延長工時超過每日或每月或每三個月的上限，是否應依勞基法第79條第1項第1款予以制裁？此從第79條規定用語觀之，似乎有此可能。惟本書以為第79條的立法目的，僅在規定雇主的處罰而已，而不及於勞工、工會或勞資會議。雖然如此，工會的行為仍應受到工會法第43條的規範。

月作為一個計算單位，給予雇主在138小時範圍內彈性調配加班時數的空間[126]。雇主並且應在每一次延長工作時間時，公告周知（2018年3月1日修正的勞基法施行細則第20條第3款參照）。由於第32條第2項但書的增訂，勞基法第79條第1項第1款之適用乃會受到影響，亦即其僅適用於「單月加班時數逾54小時」者或「連續三個月的加班時數逾138小時」者的情況。

又，上述第32條第2項之日管制、月總量管制及三個月總量管制的規定，係以一週五個工作日正常工時後的延長工時，作為計算基礎。因此，假設勞工係在第36條至第38條之假日期間工作，其延長工時的計算即會發生問題。對此，依勞基法施行細則第20條之1第2款：「勞工於本法第三十六條所定休息日工作之時間。」應計入延長工作時間。反面言之，若勞工在第36條之例假、第37條之休假及第38條之特休假停止假期工作，其工作時間即無須計入延長工作時間。之所以如此區分，主因係立法者在第20條之1第2款默認休息日為工作日（非強制休假日）[127]，但必須將休息日的實際工時（可能為8小時，也可能長達12小時[128]）作為延長工時看待。至於例假、休假及特休假日則非工作日，雇主原則上不得停止假期使勞工從事延長工時工作。

雖然如此，不惟在勞基法第40條之天災事變或突發事件、第41條之公用事業必要狀況，甚至第39條之趕工必要，均會涉及例假、休假及特休假日工作的問題，並且面臨其工作時間是否納入延長工時計算以及假日工作加班費之問題。對此，吾人如觀第39條之「勞工同意於休假日工作」「勞工或工會同意照常工作」、第40條之「停止假期」（工作），及第41條之「停止特別休假」（工作）之用語，已將例假、休假及特休假日轉換

---

[126] 依據修正增訂的勞基法第32條第3項規定：「雇主僱用勞工人數在三十人以上，依前項但書規定延長勞工工作時間者，應報當地主管機關備查。」

[127] 如此的解釋，也符合當初民進黨政府修正「一例一休」時，所宣稱的可以讓勞工多賺取加班費的主張（所謂的「工資成本以價制量」理論）。

[128] 本書以為休息日的最長工時，也必須受到勞基法第32條第2項「一日不得超過十二小時」的限制。

為工作日。並且也已明定假日加班的加班費及補假（休）的給予問題，所剩下的，是延長工時的計算問題，此將在下文加以說明。

　　另外，勞基法針對廠場因遭遇特殊事件，另訂有不同的延長工時工作的程序及不同的補償作法（勞基法第32條第4項）。這是指企業的生產活動或服務勞務，因為遭遇天災、事變或突發事件等無法預見之情況而暫時停頓，雇主為使累積之業務順利完成，不得不使勞工在正常工作時間外工作，因此，得單方決定將工作時間延長之，並無須取得勞工的同意。解釋上，勞工在正常工作時間外之「工作」，仍係原來勞動契約所定之工作，而非雇主所指派之新的工作。至於天災、事變或突發事件是在勞工工作中發生（例如颱風或嚴重的地震導廠房受損）[129]、或者是在勞工下班時間發生，均無所影響。在此，不可誤解的是，勞工之延長工時並非針對天災、事變或突發事件本身而為，例如並不是為救災（為撲滅廠房大火或為防止大水入侵廠房或為對抗事業單位內工會的罷工[130]）。另外，在天災、事變或突發事件期間勞工有無工資請求權，亦非此處所欲規範者。

　　有問題的是，此一延長工時的工作，是否須遵守第32條第2項每日12小時及每月46小時的上限限制？對此，似應採否定見解，蓋天災事變的種類眾多（例如工會罷工性質上為不可抗力）、其所造成企業無法經營的期間也難以預估，因此，勞工需要以延長工時的方式（大體上）補足所未完成的工作，其時數也難以預料。至於「突發事件」雖非如天災事變的嚴重，但亦應解釋為無法歸責於雇主的事由，即該事件之發生為人力之所無法控制及預知，且非循環性之緊急事故。例如全球性或區域性的金融風暴、或者台電停電、台水停水、往來廠商發生罷工或鎖廠、或原料無法送達廠場等[131]。至於輪班生產之事業單位因勞工曠工，未先核准之請假，

---

[129] 行政院勞工委員會民國76年10月16日台（76）勞動字第3928號函參照。

[130] 這是指以原有的勞工從事罷工替代工作。

[131] 行政院勞工委員會民國95年10月5日勞資3字第0950042398號函釋參照。將「突發事件」做如此的解釋，始能與勞基法第32條第1項之基於一般事由的加班，有所區隔。例如機器故障均屬於一般事由，而非突發事件，蓋雇主應注意機器設備的維修保養，以免故障無法使用及甚至傷害勞工。惟黃劍青則認為機器突然嚴重故障，亟待修復，亦

致無法調派人力因應使事業單位陷於不能繼續營運之情況，亦可歸類為突發事件[132]。

　　上述天災事變及突發事件的停工期間，大多難以預料。在盡快地回復正常生產狀況的考量下，立法者乃有第4項規定：「延長之工作時間，雇主應於事後補給勞工以適當之休息。」這表示其並不受到「繼續工作4小時，至少應有30分鐘之休息」之限制（勞基法第35條本文參照）。另外，此一需要延長工作的時間，也不受到女性勞工夜間工作的限制（第49條參照）。再配合第24條第1項第3款規定：「依第三十二條第四項規定，延長工作時間者，按平日每小時工資額加倍發給。」形成「延長工時工資+補休」雙重補償的設計。只是，所謂「適當之休息」並非採取與延長之工作時間1比1的換算，而是視勞工身心狀況回復所需的時間而定。在此，有關補休的日期，應類推適用勞基法第32條之1第2項：「補休期限由勞雇雙方協商；補休期限屆期或契約終止未補休之時數，應依延長工作時間或休息日工作當日之工資計算標準發給工資。」[133]在此，亦應採取類推適用勞基法第32條第2項本文或但書的一個月或三個月的「結算期」／「單位期間」，由勞雇雙方盡快協商排定在「結算期」／「單位期間」之工作日補休，以達到回復身心正常狀況的目的。

　　針對此一因特殊事件之延長工時工作，立法者採取事後通知工會或向主管機關備查的無強制拘束力的法定程序。也就是說，工會僅有資訊權，而無同意權。理論上工會也無監督權。至於假設無工會，即使廠場中有勞資會議，亦無接受通知的權利。而是由當地主管機關接受備查。這表示：即使雇主未通知或未備查，針對此特殊事件，雇主仍得使勞工從事延長工時工作，只是，雇主將會受到行政罰鍰的制裁（勞基法第79條第1項第1款）。

　　屬於突發事件。黃劍青，勞動基準法詳解，1988年10月，再版，頁291。

[132] 行政院勞工委員會民國84年7月7日（84）台勞動2字第123423號函參照。

[133] 但是，基於罪刑法定主義原則，勞基法第32條之1第2項後段：「未發給工資者，依違反第二十四條規定論處。」應不得類推適用。

(二) 停止例休假日假期

針對例休假日工作，首先即會面臨如下問題：依據勞基法第32條第1項，「雇主有使勞工在正常工作時間以外工作之必要者」，是否指以正常工作日（週一至週五）為適用對象，而不包括例假與休息日（第36條）、休假（第37條）、特別休假（第38條）等[134]？對此，依勞基法第36條第3項（配合第24條第2項）及第39條規定觀之，應為否定。亦即雇主得使勞工於休息日工作或經勞工同意後，使勞工在休假日及特別休假日工作[135]。吾人如觀勞基法第36條第3項的本文及但書規定，可知雇主：或者單純使勞工於休息日工作、或者基於天災、事變或突發事件，而有必要使勞工於休息日工作。惟本項並未規定休息日工作所應遵行的程序（例如勞工團體或勞工個人同意、或通知工會、或向主管機關核備或備查），因其規範的重點是在：休息日工作之時間，是否計入第32條第2項所定延長工作時間總數。也就是說，無論是第36條第3項的本文或但書的休息日工作，其出勤之時數性質上均屬延長工作時間，差別點是前者計入，而後者不計入。在實行的程序上，雖勞基法第36條第3項未有所規定，但勞基法施行細則第7條第2款卻已明定「勞動契約應約定休息日」[136]。顯示出雇主並無單方命令勞工休息日工作的權利。本書以為基於休息日不出勤的原則（每七日應有一日為休息日[137]），再對照第39條休假日工作應經勞工

---

[134] 至於勞工請假規則中之婚假、喪假、事假、公假由於具有特殊的事由，且非由勞工本身處理不可，因此，並不在停止休假之列。惟例外地，如雇主有勞基法第40條天災、事變或突發事件等情事，似可斟酌事假或公假個案的情況，類推適用第40條規定。

[135] 雖然勞基法施行細則第20條之1規定，本法所定雇主延長勞工工作之時間，指「勞工於本法第36條所定休息日工作之時間」。但其只是針對休息日工作之時間計入勞基法第32條第2項之延長工時上限，而非否定例假、休息及特別休假之加班。

[136] 再依2018年3月1日修正施行的勞基法施行細則第20條第4款規定，依本法第36條第2項調整休息日者，雇主應即公告週知。本書以為應不以第36條第2項為限，而是包括第1項的休息日。如此，始能與勞基法施行細則第7條第2款的「勞動契約應約定休息日」相一致。

[137] 依據依2018年3月1日修正施行的勞基法施行細則第22條之3規定：「本法第三十六條第一項、第二項第一款及第二款所定之例假，以每七日為一週期，依曆計算。……」

同意的規定，此一規定應屬正確。而在勞動契約未約定時，雇主如欲使勞工休息日工作，解釋上，仍應先按次取得勞工同意始可[138]。這可以得知：休息日固然以不出勤為原則，但其限制的誡命程度並不如例假之禁止工作，性質上屬於「可任意停止休息的非工作日」[139]。至於基於天災、事變或突發事件，而有使勞工於休息日工作之必要者，由於已在第40條有所規定，即應依之處理。就此觀之，勞動部民國106年7月28日勞動條2字第1060131624號函認為：「爰雇主因天災、事變或突發事件，有使勞工在休息日工作之必要者，併應依本法第32條第3項規定，於工作開始後24小時內通知工會；無工會組織者，應報當地主管機關備查，並應於事後補給勞工適當之休息。」其見解即有疑義。

其次，如前所述，勞基法第32條第2項之日管制、月管制及三個月總量管制，係以一週五個工作日正常工時後的延長工時，作為計算基礎。因此，假設勞工係在第36條至第38條之假日期間工作，其延長工時究應如何計算？對此，依勞基法施行細則第20條之1第2款，「勞工於本法第三十六條所定休息日工作之時間」應計入延長工作時間。可知，勞工若在第36條之例假、第37條之休假及第38條之特休假日工作，其工作時間即無須計入延長工作時間。勞工原則上固不得在例假、休假及特休假日工作。惟例外地，勞基法第40條之天災事變或突發事件、第41條之公用事業必要狀況、甚至第39條之趕工必要，雇主即得停止例假、休假及特休假日而使勞工工作，連帶地，牽涉到其工作時間是否納入延長工時計算以及假日工作加班費之問題。從第39條之「勞工同意於休假日工作」「勞工或工會同意照常工作」、第40條之「停止假期」（工作）、及第41條之「停止特別休假」（工作）之用語，解釋上，原本之例假、休假及特休假日，已經轉換為工

惟，依據本書所見，休息日亦以每七日為一週期，依曆計算。如此，始符合週休二日之原則。

[138] 勞動部民國106年5月3日勞動條3字第1060130987號函即謂：「雇主在徵得勞工同意在休息日工作。」

[139] 見解相同或相近者，徐婉寧，休息日工作於變形工時制與責任制工時之適用，台灣法學雜誌，第325期，2017年8月，頁165。

作日。

　　再一言者，雇主究竟得否使勞工在例假工作？在2018年3月1日修正施行前的勞基法第36條第3項並未加以規定[140]。立法者僅在第36條立法理由提到：「一、法定正常工作時間自一百零五年一月一日起縮減為每週不得超過四十小時後，為落實週休二日，『並考量例假僅限因天災、事變或突發事件等特殊原因始得出勤之嚴格規範』，經衡平審酌勞資雙方權益，爰修正第一項規定，定明勞工每七日應有之二日之休息，其中一日為例假，另一日為休息日。」對此，立法者顯然只容許因天災、事變或突發事件等特殊原因之例假出勤（勞基法第40條）。

　　上述的立法理由，亦早為中央勞政機關所採，依之：「事業單位如非因勞動基準法第40條所列天災、事變或突發事件等法定原因，而使勞工於該法第36條之例假日工作，自屬違法。惟如勞工已有於例假日出勤之事實，其工作時間未超過8小時之部分，不計入該法第32條第1項、第2項所定之每月延長工時總時數內；如超過8小時之部分，則應計入。」[141]另外，針對勞基法第84條之1的工作者，「另事業單位應依核備後之約定給予例假，其非因同法第40條所列天災、事變或突發事件等法定原因，縱使勞工同意，亦不得使勞工在該例假日工作，違反者可依違反同法第36條規定論處」[142]。也就是依照勞基法第79條第1項第1款，處新台幣2萬元以上30萬元以下罰鍰。

　　然而，在我國，如謂例假日非必為星期日，則在信仰天主教或基督教國家的安息日，顯然並不存在於我國[143]。另一方面，如謂勞工例假不能

---

[140] 實際上，整部勞基法僅在第47條有「童工例假日不得工作」之規定。

[141] 行政院勞工委員會民國89年10月21日台（89）勞動2字第0041535號函、民國90年1月4日台（90）勞動2字第0055954號函、民國91年3月6日勞動2字第0910010425號令參照。

[142] 行政院勞工委員會民國98年12月8日勞動2字第0980088616號函參照。

[143] 即使在信仰耶穌基督的德國，依據德國勞工法學者Zöllner and Loritz, Hergenröder所言，自1980年代起，禁止星期日工作及是否應設立例外規定，各界即爭議不休，這是因為許多企業基於生產技術上的理由，必須在星期日繼續製造，例如晶片的生產。Zöllner and Loritz, Hergenröder, Arbeitsrecht, 6. Aufl., 2008, 332.

工作，則似應如勞基法第47條明定「童工例假日不得工作」。單由第36條第1項「雇主使勞工於休息日工作」，邏輯上實難謂立法者有完全禁止例假工作之意。如從立法沿革來看，此一例假，實際上同於修法前第36條的例假，即勞工每七日中固定休息的一日（非必為週日或週六），即以依曆計算之每七日為一週期，勞工原則上不得連續工作逾六日[144]，所以原則上以固定之一日作為例假（日）[145]。立法寓有強制休息之意，除非有天災、事變或突發事件或緊急性原因等特殊狀況、或者業務或工作的本質使然或者勞基法第30條之1的四週變形工時，否則並不容勞雇雙方合意移動或放棄[146]。而在週休二日的要求下，新增休息日，以給予較充分的恢復精神體力及安排家庭與社會生活的時間[147]，實則，休息日與例假在本質上並無不同，只是，例假日強制休息的誡命要求高於休息日而已[148]。所以，在具有客觀事由的例外狀況下，勞工例假工作似仍有空間。勞基法第39條之「因季節性關係有趕工必要」即屬其例。如對於每日必須不間斷地生產或提供服務的業務，例如醫院、餐飲業、畜牧業、運輸業等，雇主也

---

[144] 依據2018年3月1日修正施行的勞基法施行細則第22條之3之立法説明三：所稱「雇主不得使勞工連續工作逾六日」，係指勞工之約定工作日不得連續逾六日，加班補休、特別休假、公假、國定假日、因颱風未出勤上班之時段等，均屬原約定工作日，惟允免除原定正常工作時間的出勤義務，故仍應計入連續工作之日數中。至公職人員選舉罷免投票日，應視當日是否為約定之工作日而定，如是，同應計入連續工作之日數中。

[145] 此處原則上以固定日作為例假，係指例外地，在勞基法第39條「因季節性關係有趕工必要」或第40條因天災、事變或突發事件有繼續工作之必要時，勞工得在或應在例假工作。

[146] 因此，內政部民國75年5月17日台（75）內勞字第398001號函釋容許勞雇雙方常態性地挪動例假，其合法性實屬有疑。勞動部已在民國2016年6月29日以勞動條3字第1050131443號函廢止內政部上述函釋。至於2018年3月1日修正施行的勞基法第36條第4項規定，允許特定行業得將例假於每七日之週期內調整（調移）之，則是試圖採取一兼顧勞工保護與業務現實的折衷立法。惟無論是臨時性的或常態性的調整（調移），依據2018年3月1日修正施行的勞基法施行細則第20條第4款，雇主應即公告週知。

[147] 如此也可推出：休息日與例假必須依曆計算的接連行使，中間不得穿插工作日。

[148] 對照勞基法施行細則第20條之1第2款，立法者顯然默許休息日可作為延長工時工作（加班）之用。

得藉由與個別勞工約定不同休息日與例假的方式，以達到持續生產或服務的效果[149]。

依本書所見，例假係法定的雇主不得使勞工工作之假日，以使其短暫休息適度回復精神體力，並兼營家庭及社會生活之用。勞工得不受拘束地、不受干擾地自由決定所欲從事的休憩活動及社會經濟行為。從勞動醫學上來看，適度的一日休息，有助於緩解身心處於工作的緊張關係，避免長工時工作而累積成過勞。例假一體適用於所有勞工，不問勞工任職的長短，具有平等性與公平性的特質。由於勞基法第36條第1項：「勞工每七日中應有二日之休息，其中一日為例假，一日為休息日。」係最低的標準，解釋上，勞雇雙方得約定二日皆為例假或約定一日以上的例假（例如二日例假、一日休息日）。此處的「一日」，原則上是指午前零時至午後十二時之連續24小時。惟針對輪班制的出勤方式，且各班輪替具有規律，得採取以「連續24小時」為一日。（但）為顧及勞工之身心健康及權益，雇主仍應於勞工連續出勤期間，適時安排適當之休息時間[150]。

我國的例假具有以下幾種特性：有薪性、固（確）定性與週期性、基本性、單純性，以及不可抵銷性（不可滅棄性）。所謂有薪性，係指勞工在例假中並不喪失原有工薪請求權[151]。所謂固（確）定性與週期性，係指勞工在每7日的週期中，以固定的特定日期（週日或週六或其他工作日），為其例假。蓋所謂「例」假，即是例行性、慣行性之意，隱含固定之意。如此的解釋，始能便於勞工預先安排休息或營造家庭、社會生活[152]。在此，由勞基法施行細則第7條第2款「勞動契約應約定例假」規

---

[149] 在此，立法者或可參考勞基法第30條第4項的規範方式，授權中央主管機關指定例假（日）可工作的行業。之前，在法無授權的情況下，中央勞政機關以函釋的方式准許屠宰場或承攬旅客之運輸業、工作地點特殊的工作，以及工作性質特殊的工作，工作至多12日，似已逾越母法的規定。況且，此一函釋係勞基法第36條第1項修正公布前的舊規定，在民國105年12月21日新法公布施行後，恐已失其法律依據。

[150] 勞動部民國107年7月2日勞動條2字第1070130860號函參照。

[151] 所以，無薪休假並非例假可言。

[152] 相對地，休息日是否必須為固定的特定日期？似乎即有較大彈性解釋的空間。

定，可知勞雇雙方應約定「每七日」的起迄點，否則，解釋上即應以一般社會習用之「週日至週六」為每七日[153]。至於所謂基本性，指例假係出於勞工身心狀況的照顧而生，為勞工最主要的休息日所在，其在所有假日中不僅日數最多，而且（限制不得工作在）法令上的保障最為完備，故應居於最重要的位置。再者，所謂不可抵銷性（不可滅棄性），係指雇主不得以勞工請假或曠職為由，而取消勞工例假之權利或者以之作為抵充，例如勞工連續請事假十四日[154]。不可滅棄性也兼指例假固然在法定條件下，可在每七日的週期內調整，但並不得挪移至其他週期或甚至消失。

　　最後，所謂單純性，係指例假不得與下班時間或其他假日合用。以下班時間而言，主要是輪班制的或夜間工作的勞工，其下班時間可能洽巧為例假時間，如此，即應採取「原下班時間」加上例假的作法，以確保勞工「原下班時間」的權益[155]。另外，基於假期獨立使用原則，每種假期均有其各自的目的，並且擔負不同的功能（例如國定假日係為紀念國家事務或民俗節慶），本不得混淆不清或名實不符的使用。惟如其他假日與例假同日，包括國定假日、勞動節（勞基法施行細則第23條之1第1項參照[156]）、特別休假、婚假、喪假、傷病假、事假、原住民族歲時祭儀[157]等[158]，則基於補償的理由，應另擇其他工作日補休例假。在此，例假自動受到調整，並由國家規定或勞雇雙方自行約定補休例假之日（勞基法施行細則第23條之1第2項參照）、或以給付例假工資的方式為之。以原住民

---

[153] 由於勞基法第70條第1款工作規則應訂定之事項並無例假，所以本書認為雇主不得以工作規則確定「每七日」的起迄點。

[154] 行政院勞工委員會民國88年10月19日台（88）勞動2字第0044478號函參照。

[155] 以輪班制工作而言，周兆昱認為應採11小時（或8小時）加上例假24小時的算法。周兆昱，例假之法律探討與實務爭議釋疑，台灣法學雜誌，第321期，2017年6月，頁149以下。

[156] 依據本條項規定，應予補假者，並不包括本法第37條指定應放假之日，例如選舉罷免投票日。

[157] 勞動部民國105年9月2日勞動條3字第1050132074號函參照。

[158] 即使在其他特殊的事由，例如罷工，如遇例假，勞工仍有例假休息之權，雇主必須給付工資。

族歲時祭儀而言，如適逢原住民族勞工之例假或休息日，應予其於其他工作日補休，補休日期得由勞雇雙方協商，為利得以形成連續假期返鄉參加祭儀活動，原住民族歲時祭儀如適逢例假或休息日時，宜允於該例假或休息日之前（後）一工作日予以補休。

　　而在2018年3月1日修正施行的勞基法第36條第4項已經允許一定的行業，雇主得藉由排班調整（調移）例假的使用。這也顯示出例假不得工作的高度管制誡命，已經受到一定程度的鬆綁。惟其在實際的運用上，由於必須「經中央目的事業主管機關同意，且經中央主管機關指定之行業，雇主得將第1項、第2項第1款及第2款所定之例假，於每七日之週期內調整之。前項所定例假之調整，應經工會同意，如事業單位無工會者，經勞資會議同意後，始得為之。雇主僱用勞工人數在三十人以上者，應報當地主管機關備查」。可知，經由層層管制的設計，以避免常態性調整例假的過於寬濫。如此，當能避免雇主單方以排班表的方式，取得勞工默示同意移動例假的舉措。

　　此處，先就勞基法第36條第4項「經中央目的事業主管機關同意，且經中央主管機關指定之行業」一言者，該項規定有兩個問題：一者，規定上似應「經中央主管機關指定之行業」在先，而後始有「經中央目的事業主管機關同意」的可能，因此，似應將其前後對調，以符合法律邏輯。現行的規定，可能引起中央目的事業主管機關亦得對適用的行業先行同意，而後轉交勞動部再次討論的誤解。二者，此處的「經中央目的事業主管機關同意，且經中央主管機關指定之行業」，雖似兩個機關分別行使同意及指定權限，但實際上「只同意、未指定」或「只指定、未同意」均無法達到調整之目的。所以，兩個機關勢必進行內部溝通程序，達成特定行業的共識，而後再由中央主管機關予以公告。

　　為配合2018年3月1日修正施行的勞基法第36條第4項特定行業例外調整例假之規定，中央勞政機關並且在2018年2月2日至2月9日（首波）預告所欲適用的行業草案共50種例外型態、38種行業，徵詢各界意見。依據中央勞政機關所見，此50種型態、38種特定行業，分別具有「時間特殊」、「地點特殊」、「性質特殊」、「狀況特殊」等原因，得在一定情形下適

用「例假七休一」的例外規定。經預告期後，中央勞政機關召開法規會，通過21種型態、15種特定行業，並且公告之[159]。吾人觀其公告，涉及到程序面及實質面兩方面疑義：在程序面，是指行業指定的程序與公告；而在實質面，則為例外型態與適用情形的內容。一般社會大眾所關注者，大多集中在實質面的疑義。

　　先就程序面而言。依據2018年3月1日修正施行的勞基法第36條第4項規定，「經中央目的事業主管機關同意，且經中央主管機關指定之行業」，顯然，立法者係加以兩個分別獨立行使同意權及指定權，而非「中央目的事業主管機關提議／案，經中央主管機關同意」。所以，解釋上「只同意、未指定」或「只指定、未同意」均無法完成調整的程序。為此，兩個機關勢必進行內部溝通程序[160]，達成特定行業的共識，而後再交由中央主管機關予以公告。如與第34條第2項但書「經中央目的事業主管機關商請中央主管機關公告者」，即可知第36條第4項並無「商請」中央主管機關的要求，更何況「商請公告」，只是公告程序的進行而已，並非「商請同意」的意思。因此，中央勞政機關在公告勞基法第34條第2項但書適用範圍附表草案及第36條第4項行業附表草案時，同時公布「政府把關機制」，明示中央目的事業主管機關：1.盤點檢視所轄行業有無適用勞基法第34條第2項但書或第36條第4項例外之需求；2.會商勞資雙方（勞雇團體）之意見。之後，檢附具體理由及評估意見，發文勞動部。而後，由中央勞政機關始依據內部的諮詢程序進行評估，並決定是否公告指定。本書以為中央勞政機關此舉，已誤解上述法條的原意，並且將中央目的事業主管機關降位為只有提議／案權（所謂的「盤點」）而已。顯然，中央勞政機關係以一般僅涉及本身權責的事項、其內部的諮詢組織（勞動基準諮詢會）與程序，援用到本案已涉及中央目的事業主管機關權責事項的事

<hr>

[159] 勞動部民國107年2月27日勞動條3字第1070130320號函參照。
[160] 至於兩個機關之作成同意及公告指定，亦各自依其內部的決議程序為之，主要是經過專有的官僚機構及與具有代表性的勞雇團體會商討論，以釐清例假調整對於勞工休息權益的影響程度。

務上，其作法並不妥當且不值採。況且，中央勞政機關係在2018年2月13日召開的法規會，駁回中央目的事業主管機關所提的多項行業，而法規會並不在中央勞政機關所提出的「政府把關機制」中，這凸顯出中央勞政機關便宜行事的心態。既不尊重（負責重大勞政政策的）勞動基準諮詢會，也無視於法條所賦予中央目的事業主管機關的職權。

　　而就實質面而言。首先就所指定的行業觀之，大多集中在經濟部與交通部所管轄的行業別，然而，與其他的部會，例如教育部、農委會轄下業務有關的行業，難道不會有調整例假之必要者？以「性質特殊」中「得調整之條件」之勞工於「闈場」工作，似乎即屬於教育業。而勞工於「船艦」工作，解釋上也包括漁船，果如此，似乎即屬於漁業（漁撈業）[161]。其次，會面臨例外型態中「性質特殊」、「狀況特殊」的界定問題。蓋何謂「性質」？何謂「狀況」？兩者是否確能明確區分或有重疊之處？並非無疑。如觀與「性質特殊」相搭配之「得調整之條件」，包括勞工於國外執行職務、為因應天候等，實際上也是「狀況特殊」的一種情形而已。似乎難謂其與「狀況特殊」之辦理非經常性活動或會議，能夠截然劃分。雖然如此，「狀況特殊」的意義最為模糊，範圍也最為廣泛。不寧唯此，屬於「狀況特殊」得調整之條件之「因非可預期性或緊急性之需求」，也是不確定的法律概念，在適用上恐會引發法律上的爭議[162]。可以確定的是，如從製造業等行業方便因應起見，其當不以天災、事變或不可抗力為限，而是包括諸如機器故障等情形。惟除了具體類型化外，最終恐需經司法裁判予以認定。三者，另一個問題是，「性質特殊」之「行業別」，部分無法或難以與「得調整之條件」相搭配。例如，製造業、水電燃氣業、藥類、化妝品零售業及旅行業等四行業，在勞工於國外、船艦、航空器、闈場或歲修執行職務時，得調整例假。其中，除了製造業、水電

161　又，即使「地點特殊」適用情形之「海上」交通耗時，解釋上也包括漁業（漁撈業）在內。

162　有關事業單位的淡旺季不屬此，則屬正確。至於「急單」是否屬於「因非可預期性或緊急性之需求」？本書以為「緊急性之需求」即包括「急單」在內。

燃氣業、藥類及化妝品零售業會涉及歲修執行職務、以及旅行業會涉及於國外、船艦、航空器執行職務外，實難想像製造業、水電燃氣業、藥類及化妝品零售業是否需要在國外、船艦、航空器、闈場執行職務者。同樣地，水電燃氣等4項行業，為何會「為因應天候、海象或船舶貨運作業」而需要調整例假？或許，係指該等行業因天候、海象或船舶貨運作業等因素，而需要調整其本身的作業者。

另外，尚有以下幾點待斟酌或確定者：一者，針對「地點特殊」適用情形之諸如海上、高山、隧道或偏遠地區等之交通耗時，似乎即為勞基法第35條但書之工作具連續性者。只是，休息時間的彈性調整並無行業別之限制[163]。二者，如謂「政府把關機制」中，中央目的事業主管機關必須會商勞雇團體，而中央勞政機關的內部諮詢程序亦須聽取勞雇團體的意見，則是否會發生兩個機關所會商或聽取意見的勞雇團體不一樣，而且看法不一致之情形？果如此，究竟應以哪一團體及以哪一看法為準？如為免發生此種衝突並且提升行政效率，是否應由兩機關共同會商決定具有代表性的勞雇團體？並且將之置於中央目的事業主管機關層次會商？此處，所衍生的另外一個問題是，勞基法第36條第4項只規定「經中央目的事業主管機關同意」，而未明定同意的程序為何，所以，除了透過勞資協商會議之外，可否由中央目的事業主管機關以官僚的程序，進行實質評估後，即自行決定是否同意？如此，或能避免兩個機關雙重勞資團體諮商，而意見卻不一致的情況。

整體而言：雇主除得要求勞工在正常工時外延長工時工作，在例外狀況下，似仍得要求勞工停止例休假日而到廠場加班[164]。由於其亦係在正

---

[163] 其實，在當初公告草案中，針對「時間特殊」，尚有各種客運業或貨運業配合年節假或公務機關舉辦活動，而協助運送或配送。但在正式公告中已經予以刪除。本書以為，這似乎未考量我國多年來在重要節日或紀念日舉辦活動之事實，也未能滿足民眾實際上的需要。事實上，就連民間企業或社團所舉辦的大型活動，也都應該放寬納入。

[164] 不如此解釋，則我國可能是世界上最多例假日（每年52日）不能工作的國家，蓋依德國工作時間法（Arbeitszeitgesetz, ArbZG）第11條第1項：「雇主應確保勞工每年至少有

常工時後（下班時間）所為，故本質上亦是加班的一種。此種例休假日的工作，依照勞基法的規定，其情形約可分為三種：一般狀況的停止休假、特別狀況的停止休假，以及公用事業停止特休。伴隨著此種例休假日工作，其延長工時工資（加班費）的計算，與正常工作日的計算並不相同，此處先就加班的部分說明。

1. 一般狀況的停止休假

先就一般狀況的停止休假而言。這是指由雇主所發動的加班，與上述正常工作日加班（勞基法第32條第1項、第4項）係由雇主提出要求者，並無不同。依據勞基法第39條規定：「第三十六條所定之例假、休息日、第三十七條所定之休假及第三十八條所定之特別休假，工資應由雇主照給。雇主經徵得勞工同意於休假日工作者，工資應加倍發給。因季節性關係有趕工必要，經勞工或工會同意照常工作者，亦同。」立法者在此一條文，首先揭示第36條之例假與休息日、第37條之休假及第38條之特別休假，均屬有薪休假，勞工無須提供勞務即有工資請求權。

其次，「雇主經徵得勞工同意於休假日工作者，工資應加倍發給。」這表示：立法者並無意禁止休假日工作。此一「休假日」，依據勞基法施行細則第24條之3規定：「本法第三十九條所定休假日，為本法第三十七條所定休假及第三十八條所定特別休假。」所以，包括第37條之紀念日、節日、勞動節及其他中央主管機關指定應放假之日及第38條之特別休假。一旦經雙方合意在休假日工作，即應遵照正常工作日的相關規定，包括休息、正常工時、延長工時等[165]。此一「中央主管機關指定應放假之日」，解釋上應包括經公告的公假，例如役男體檢後或勞工在公職人員選舉投票後返回廠場工作。惟並不包括性別工作平等法之各種假（尤其是產檢假、陪產假），蓋其具有家庭政策上及保護勞工身體健康的用意[166]。

15日星期日無須到班工作。」

[165] 勞動部民國106年3月24勞動條2字第1060130619號函參照。

[166] 意即勞工不休生理假、育嬰假、產檢假、產假、陪產假、家庭照顧假而到廠上班，並不得要求雇主加倍發給工資。

雇主使勞工休假日工作，仍須遵守勞基法第30條的法定正常工時限制，但並無須如勞基法第32條第1項的工會或勞資會議同意的程序[167]。而是採取勞工個人同意（含默示同意）的方式。顯然，立法者認為勞工在工作日正常工時後的休息權保障，要重於休假日的休息權。

　　第三，較有問題的是，勞基法第39條之「因季節性[168]關係有趕工必要，經勞工或工會同意照常工作者，亦同」，究竟所指為何？本書以為如對照上述「雇主經徵得勞工同意於休假日工作者」，限於休假及特別休假。此一「因季節性關係有趕工必要，經勞工或工會同意照常工作者」，解釋上應該包括休息日與例假、休假及特別休假[169]。否則，此一規定將成為贅文。所以，勞基法第36條第3項之「雇主使勞工於休息日工作之時間」，除應公告周知（勞基法施行細則第20條第4款）外，仍應受到第39條同意程序的限制[170]。例假亦同[171]。至於「經勞工或工會同意」，解釋上應以事業單位有無工會及勞工是否為工會會員而作不同的處理，意即如無工會存在，則由勞工個人同意即可。如有企業工會存在，則雇主應提交工會同意，工會之決定對於會員有拘束力。至於2018年3月1日修正施行的勞基法施行細則第20條，立法說明認為：「當雇主依本法第三十條第二項、第三項、第三十條之一第一項、第三十二條第一項、第二項、第三十四條第三項、第三十六條第五項或第四十九條第一項所定『經工會同意，如事業單位無工會者，經勞資會議同意』之程序為之，係就『制度

---

[167] 有疑義的是，內政部民國75年9月16日台（75）內勞字第434652號函認為工作時間應依「第32條規定辦理」。本書以為其是指第32條第2項之延長工時而言，而非工會或勞資會議同意的程序。

[168] 此處之「季節性」，與勞基法第9條之「季節性」意義相同。

[169] 所以，至少在這種情況，雇主可使勞工在例假日工作。反對說，行政院勞工委員會民國89年10月21日勞動2字第0041535號函。

[170] 換言之，第36條第3項「雇主使勞工於休息日工作之時間」，並不需要遵行第32條第1項「經工會或勞資會議同意」的程序。

[171] 此與2018年3月1日修正施行的勞基法第36條第5項調整例假，應經工會或勞資會議同意，尚有不同。

上』為同意，爰雇主於踐行同意程序後，若涉及個別勞工勞動契約之變更，仍應徵得個別同意後，始得為之。」，如前所述，本書以為其未能正確認清集體法優於個別法的基本原理，故不值採，況且，其並未提及勞基法第39條之規定。

2. 特別狀況的停止休假

這是指雇主因天災、事變或突發事件，認有繼續工作之必要時，而停止第36條至第38條所定勞工之假期（勞基法第40條第1項本文）[172]。惟雇主停止勞工假期，應於事後24小時內，詳述理由，報請當地主管機關核備（勞基法第40條第3項）。在此種特別狀況的休假日工作，仍然應遵照正常工作日的相關規定，包括休息、正常工時、延長工時等[173]。

此一條文的停止休假事由（天災、事變或突發事件），與勞基法第32條第4項相同，故其意義亦應相同。例如針對公用事業的業務運作，由於與社會大眾日常生活息息相關，因此，對於勞工不按所輪班次上班工作，使雇主因應不及，而致無法維持其業務之正常運作，嚴重影響社會大眾生活秩序與社會安全，應可認為勞基法第40條第1項的「突發事件」[174]。

至於「停止假期之工資，應加倍發給，並應於事後補假休息」，與第32條第4項也幾乎完全相同。惟條文並未規定「應於何時內」完成補假休息，解釋上應本於盡速補休以達到回復勞工正常身心狀況的原則，類推適用勞基法第32條第2項「一個月」或「三個月」或第36條第1項「每七日中」的結算期或單位期間，由勞雇雙方盡速在停止假期工作後的「一個月」或「三個月」或「每七日中」，排定補休日期。至於停止休假的程序，雇主得單方決定，並無須取得勞工的同意，只需採取事後核備的方式。此即與第32條第4項之通知工會或報經當地主管機關備查，有所不

---

[172] 這也是中央勞政機關認為唯一一停止例假之所在。

[173] 內政部民國75年9月16日台（75）內勞字第434652號函、行政院勞工委員會民國87年9月14日勞動2字第039675號函、民國89年10月21日勞動2字第0041535號函、民國90年1月4日勞動2字第005954號函、民國91年3月6日勞動2字第0910010425號函參照。

[174] 行政院民國77年6月14日台（77）勞字第15750號、行政院勞工委員會民國78年4月20日台（78）勞動2字第09229號函參照。

同。兩相比較，核備程序較為嚴格。違反第40條第1項但書或第2項規定者，處新台幣2萬元以上100萬元以下罰鍰（勞基法第79條第1項第1款）。

　　3. 公用事業停止特休

　　相異於第39條及第40條的停止假期程序，針對公用事業，當地主管機關亦有停止勞工特別休假的公權力。依據勞基法第41條規定：「公用事業之勞工，當地主管機關認有必要時，得停止第三十八條所定之特別休假。假期內之工資應由雇主加倍發給。」這是由於公用事業涉及大眾生活之便利，在維持民眾必須的必要限度內，由當地主管機關逕行停止特別休假，無須徵得勞工或工會同意[175]。

　　所謂的公用事業，係指與社會大眾生活息息相關的事業而言，其往往與民生必需物質有關，包括水電燃氣業、石油製造業、醫療服務業、大眾運輸業、通訊或電信業等[176]。事業範圍並不侷限於勞資爭議處理法第54條第3項第1、2、3款所指之事業[177]。至於是公營事業或民營事業，並無關緊要[178]。

　　此處所停止的假別，只限於特別休假，以避免發生如第39條或第40條的停止各種假期，導致過度侵害勞工休假權的疑慮。然而，不惟如此，如果對照實務上，公用事業員工多有以集體休假的方式，作為造成公用事業停頓的手段者，則此一第41條規定，正可提供主管機關相對應的行政作為。只不過，基於行政中立的要求，主管機關仍應謹守「必要」的限度（惟此一「必要」，似乎並無須達到第40條天災事變突發事件的嚴重程度）。本來，依本書所見，公用事業員工如欲爭取勞動條件的改善，正確之舉，是經由團體協商或勞動鬥爭的途徑，而非採取個別勞工法的集體休

---

[175] 請參閱第41條的立法說明。

[176] 但不包括公共行政業中之公務機構或國防事業。雖然公共行政業也屬於適用勞基法的行業。

[177] 至於第4款之「經營銀行間資金移轉帳務清算之金融資訊服務業與證券期貨交易、結算、保管事業及其他辦理支付系統業務事業」，則似非公用事業。

[178] 楊通軒，集體勞工法—理論與實務，2017年9月，五版，頁364。

假方式,因此,集體休假本質上為非法的罷工[179]。

四、延長工時工資率及假日工作與工資

由於延長工時或假日加班對於勞工精神體力之負荷或假日生活之安排造成不利之影響,再加上勞動力永續保固的考量,立法者在勞動對價外,賦予加班工資率與假日加班工資一定的補償功能[180]。而有鑒於正常工時外的加班及例休假日加班本質上的差異,加班工資率與假日加班工資的計算標準也有不同。有問題者,後者既謂「假日加班工資」,是否隱含著假日工作如逾正常工時,也有延長工時工資請求權?而這又繫於一個先決問題:假日工作是否也有每日8小時的正常工時上限?

對此,如前所述,勞基法第30條第1項之正常工作時間,係以全時工作者正常工作日(週一至週五[181])為對象,而不包括例假與休息日(第36條)、休假(第37條)、特別休假(第38條)等。此從勞工「每週不得超過40小時」及「勞工每七日中應有二日之休息,其中一日為例假,一日為休息日」當亦可間接推知勞工在週一至週五工作,始有正常工作時間可言。只是,為確保勞工的精神體力,雇主使勞工於例假與休息日、休假或特別休假工作,仍應類推適用第30條第1項正常工作時間的保護規定[182]。並且,雇主如欲使勞工在正常工時後工作,亦應類推適用第32條第1項的工會或勞資會議同意程序。

承上而來之問題是,一旦勞工在例假與休息日、休假或特別休假工作

---

[179] 在此,由於法律明定特別休假,因此,並不及於集體病假或集體事假。

[180] 雖然,如台北高等行政法院106年度訴第941號行政判決所言者,不少勞工『係出於個人責任心、榮譽感而認該日工作情形乃「份所當為」,抑或出於原告、職場有形無形之壓力』,致使雇主『因此享有勞工於正常工作時間外「免費」或「廉價」提供勞務之利益。』這表示:在實務上,有很高的例的勞工,其加班並未獲得應有的對價。

[181] 如雙方並非約定週一至週五工作,則以其所約定之日為正常工作日。另外,如果勞工出差工作,則以平時之工作時間為其工作時間,並以超過平時工作時間,按照勞基法第24條計算延時工作工資。內政部民國75年11月3日台(75)內勞字第451501號函參照。

[182] 然而,中央勞政機關則是採取直接適用的立場。請參閱內政部民國75年9月16日台(75)內勞字第434652號函、勞動部民國106年3月24勞動條2字第1060130619號函。

或甚至延長工時工作，則其工作時數是否計入勞基法第30條第2項之一個月「46小時」或「54小時」或每三個月「138小時」中？對此，如依勞基法施行細則第20條之1第2款僅將勞基法第36條休息日工作之時間計入延長工時觀之，其反面解釋，當不包括例假、休假或特別休假工作或甚至延長工時工作之時數。然而，從類推適用第30條第1項正常工作時間觀之，其不計入者，僅限於正常工作時間部分，逾8小時部分仍應計入「46小時」或「54小時」或「138小時」中，並且應依第24條第1項所列標準計給延長工時工資[183]。如依勞基法施行細則第7條第3款規定，勞動契約應依本法有關規定約定「工資之計算」，解釋上也包括要分項記明延長工時工資之計算標準與數額。也就是說，勞基法第24條係強制規定，勞動契約不得約定「勞工所獲得之報酬，內含有正常工時工資及延長工時工資」，而不再給付延長工時工資[184]。

　　至於勞工在延長工時及假日工作後，除了勞基法第32條第4項及第40條第1項有補休的規定外，其餘條文概皆為延長工時工資及假日工作工資。此種立法方式與一些國家同時並列「延長工時工資」與「補休」，而由勞工自行選擇其一的方式殊異。此雖不免失之僵硬、也不一定符合勞工的意願。但是，立法者既然決定以比例增加工資補償勞工，則基於「明示其一、排斥其他」的法理，無論是行政機關或法院，均不得解釋勞雇雙方得選擇補休而放棄延長工時工資。因此，中央勞政機關認為勞工可在延長工時後，個別同意選擇補休而放棄領取延長工時工資（所謂的「限制肯定

---

[183] 勞動部民國106年3月24勞動條2字第1060130619號函、行政院勞工委員會民國89年10月21日台（89）勞動2字第0041535號函、民國87年9月14日台（87）勞動2字第039675號函參照。依據行政院勞工委員會民國91年3月6日勞動2字第0910010425號令，即使針對（修法前）第36條的違法例假日工作：「（惟）如勞工已有於例假日出勤之事實，其工作時間未超過八小時之部分，不計入該法第三十二條第一項、第二項所定之每月延長工時總時數內；如超過八小時之部分，則應計入。」行政院勞工委員會民國90年1月4日勞動2字第0055954號函採取同樣見解。

[184] 最高法院106年度台上字第824號判決（喬元實業公司案）參照。

說」），其見解似已違背母法規定[185]。所以，2018年3月1日修正施行的勞基法第32條之1規定：「雇主依第三十二條第一項及第二項規定使勞工延長工作時間，或使勞工於第三十六條所定休息日工作後，依勞工意願選擇補休並經雇主同意者，應依勞工工作之時數計算補休時數。」應係一正確的立法，避免法律適用上的疑慮。

　　有問題的是，依據同條第2項規定：「前項之補休，其補休期限由勞雇雙方協商。」如雙方未能協商出一最終補償期限時，則究應如何解決？對此，2018年3月1日的勞基法施行細則第22條之2擬定二種方案，甲案：參照特別休假所約定年度（如：週年制、曆年制、教學單位之學年度、事業單位之會計年度或勞雇雙方約定年度之期間），以其末日，作為最終補休期限。乙案：一律以當年度12月31日為最終補休期限。中央勞政機關並且在預告期後，以勞資雙方較好操作為由，決議採甲案。對此，本書以為甲、乙兩案的最終期限雖然頗為具體、也兼具彈性，然而卻過於遙遠，難以滿足勞工盡速回復精神體力狀態的要求，因此似不可採。依本書所見，應基於「盡速補休」的要求，擇定結算期或單位期間內的工作日作為補休之用。為此，吾人如檢視勞基法的規定，除了第32條第2項本文及但書分別有「一個月」（不得超過46小時）的結算期與「三個月」（不得超過138小時）的單位期間外，尚有第36條第1項之以曆計算的「每七日」的週期。因此，解釋上，應採取類推適用的方法，將「一個月」或「三個月」或「七日內」類推適用於第32條第1項及第2項延長工時工作，或第36條休息日工作後，作為補休的最終期限。

　　至於在延長工時工資及假日工作工資部分，依據勞基法第24條第1項本文「雇主延長勞工工作時間者，其延長工作時間之工資依下列標準加給」，其似乎並不以逾越每日8小時正常工時為限，而是包括勞雇雙方約定以低於8小時（例如6小時）作為全時工作，而勞工逾越所約定工時工作的情況。立法者在此採取比例加給工資的作法。如係法定或約定正常工時

---

[185] 行政院勞工委員會民國79年9月21日台（79）勞動2字第22155號函、民國98年5月1日勞動2字第0980011211號函參照。

後的延長工時工作，或者「一、延長工作時間在2小時以內者，按平日每小時工資額加給三分之一以上」、或者「二、再延長工作時間在2小時以內者，按平日每小時工資額加給三分之二以上。」；如係因天災事變或突發事件而延長工時工作者，「三、……按平日每小時工資額加倍發給」所謂「加倍發給」，意指加給一倍。

而針對勞工在例假與休息日、休假或特別休假工作，勞基法第24條第2、3項已就休息日規定其加班工資之計算[186]。依之：「雇主使勞工於第三十六條所定休息日工作，工作時間在二小時以內者，其工資按平日每小時工資額另再加給一又三分之一以上；工作二小時後再繼續工作者，按平日每小時工資額另再加給一又三分之二以上（第2項）。前項休息日之工作時間及工資之計算，四小時以內者，以四小時計；逾四小時至八小時以內者，以八小時計；逾八小時至十二小時以內者，以十二小時計（第3項）。」其第3項係規定工作時間計算方式，第2項則是規定休息日出勤之工資給付標準。然而，雖然第2項有「工作時間在2小時以內者，其工資按平日每小時工資額另再加給一又三分之一以上」之規定。但因第3項基於休息日不工作原則，工作時間採取概括定額計算方式，「休息日之工作時間及工資之計算，4小時以內者，以4小時計」，上述工作時間在2小時內之工資計算標準遂成具文。

惟，對於勞工在休息日出勤工作，雖勞基法第24條第2項已明定工資之計算方式，然中央勞政機關仍然以函示的方式，認為勞工在休息日出勤工作後，亦得選擇補休[187]。此與上述有關延長工時工作後，勞工得選擇補休（所謂的「限制肯定說」）的見解同樣有牴觸母法之虞。依其見解，雇主在徵得勞工同意在休息日工作後，固不得片面規定勞工只能選擇補休，否則即不符勞基法規定。惟勞工在出勤工作後選擇補休，尚為法所不

---

[186] 依據勞基法施行細則第11條規定，勞工在休息日工作加給之工資，不計入基本工資之內。

[187] 勞動部民國106年5月3日勞動條2字第1060130937號函參照。惟此號函釋已為勞動部民國107年2月23日勞動條2字第1070130229號函所停止適用。

禁。只不過，勞雇雙方應在不損及勞工權益及不影響雇主人力因應之情形下，就補休標準、補休期限及屆期未休完之時數如何處置等事項，妥為約定。只不過，此一選擇補休的法律上疑義，已在2018年3月1日修正施行的勞基法第32條之1規定，受到更正。

又，相對於第24條第2項已明定休息日出勤之工資給付標準，例假、休假及特別休假工作工資之計算標準，並非依據第1項規定而定，而是分散在勞基法的各個條文，且工資給付標準並不一致。針對第37條休假及第38條特別休假之工作，雇主應加倍發給勞工工資（第39條）。所謂「加倍發給」，係指假日當日工資照給外，再加發一日工資之意。此乃因勞工於假日工作，即使未滿8小時，亦已無法充分運用假日之故[188]。如因季節性關係有趕工必要，經勞工或工會同意在例假、休假及特別休假日照常工作，同樣應加倍發給工資（第39條）。勞工如係因天災、事變或突發事件，停止例假、休假及特別休假日照常工作，除獲得加倍工資外，並得在事後補假休息（第40條）[189]。假設是針對公用事業，當地主管機關認有必要而停止勞工的特別休假，則雇主應加倍發給工資（第41條）。

第二款　不工作的時間

這是指休息及下班時間而言，而不包括勞工基於勞動契約無勞動義務的「非工作日」，亦即：休息日與例假、休假[190]及特別休假。當然也不包括勞工請假規則中所規定之婚假、喪假、普通傷病假、公傷病假、事假、公假[191]等。至於其他各種不可歸責於勞雇雙方（例如不可抗力、一

---

[188] 行政院勞工委員會民國87年9月14日台（87）勞動2字第039675號函參照。

[189] 有問題的是，針對勞基法第40條的停止假期工作，勞工如果當日延時工作，則是否如同第39條般，其延時工資依同法第24條規定辦理？內政部民國75年9月16日台（75）內勞字第434652號函採取否定見解，認為應加倍發給。惟本書則認為應以肯定說為當，以維持延時工資計算體系的一致。

[190] 依據勞基法施行細則第23條之1規定：「本法第三十七條所定休假遇本法第三十六條所定例假及休息日者，應予補假。但不包括本法第三十七條指定應放假之日（第1項）。前項補假期日，由勞雇雙方協商排定之（第2項）。」

[191] 針對勞工得否請公假辦理國民身分證一事，中央勞政機關認為應視其有無給予公假之

般性的天候季節因素[192]）、不可歸責於勞工（例如公共運輸工具的運送遲誤）、及可歸責於雇主（例如違反勞工保護法規[193]、機器故障）等事由的停止工作，亦非此處所指之不工作時間。上述非休息及下班時間的停止工作，除了法令明定的情況外，常會涉及雇主是否應繼續給付工資的問題，有者判斷並非容易。例如事業單位之「因故停工」，雖然主管機關表示「勞動契約如未終止，年資應繼續計算至勞動契約終止日。至於計算平均工資時，該停工期間之工資及日數均不列入計算。」惟似應區分停工究係不可歸責於勞雇雙方或可歸責於雇主之事由，而始能決定雇主停工期間應否給薪及終止勞動契約。尤其是，針對一些不可歸責於勞雇雙方或不可歸責於勞工之事由，例如雇主因不可抗力或一般性的天候季節因素所致之部分生產、勞工因搭乘公共運輸工具的遲到等，除了涉及企業風險理論在勞動契約中的運用外[194]，還有勞工在未工作時間（因一般性的天候季節因素，例如雨天搭乘公共運輸工具的時間）的工時保護問題。換言之，依本書所見，因一般性的天候季節因素，例如雨天搭乘公共運輸工具的時間等固可視為勞工保護法及社會保險法上的工作時間，但並非工資法或勞動契約法上的工作時間，雇主並無須給薪。

另外，針對一些具有候客性質的工作，例如餐廳的服務生、加油站的工讀生、受僱計程車司機或甚至停車場的管理員，其在等待顧客上門（車）期間，並非可以自由運用的時間，所以，性質並非休息時間[195]，

法令依據而定，若無，則由勞雇雙方協商決定。行政院勞工委員會民國95年1月4日勞動2字第0940070989號書函參照。

[192] 內政部民國75年4月3日台（75）內勞字第387464號函參照。

[193] 例如雇主有勞動檢查法第27條～第29條的情形。

[194] 以颱風等不可抗力為例，在實務上，中央勞政機關並不採企業風險理論，故雇主並無須給薪。只不過，在因不可抗力所致之部分生產及一般性的天候季節因素（雨天）的不適工作期間，中央勞政機關卻是採取必須給付工資的立場。內政部民國74年1月24日台（74）內勞字第285667號函、民國75年4月3日台（75）內勞字第387464號函參照。

[195] 即使擔任事業單位之首長、主管以及獲有配車人員之駕駛，其在等待用車時間，仍然屬於工作時間。不過，基於其間歇性的工作特質，雇主得依勞基法第84條之1與之約定工作時間。行政院勞工委員會民國86年7月11日勞動2字第029625號公告參照。

亦非待命時間,而是屬於工作時間的備勤時間(Arbeitsbereitschaft)。在此,在備勤時間外,雇主應依照勞基法第35條規定,給予勞工休息時間。相反地,針對輪值工作/輪值加班、間歇性輪值工作或待命時間,其或者是「工作」與「休息」交互輪替的間歇性工作,或者是帶有休息本質的等待工作的時間,勞工本可在該段時間內自行調配休息時間,似不應再課以雇主給予休息的義務[196]。

　　相對於雇主在工作時間中擁有主導權,勞工對於休息及下班時間具有充分的運用權(除非勞動契約附隨義務有所限制[197])。休息時間不計入正常工作時間內(內政部民國75年6月25日台(75)內勞字第416670號函[198]參照)。如從勞工在休息時間及下班時間並無勞動對價(工資)來看,其具有自主權應無何疑慮。原則上休息時間及下班時間不得予以割裂使用[199],更不容許將休息時間打散到工作時間中(以微量單位行使)(所謂「休息一次運用原則」),否則,將難以達到連續休息始能充分回復精神體力之目的。同樣地,勞雇雙方亦不得合意將二次以上的休息(及下班時間)合併使用,蓋其將會破壞休息時間及下班時間的立法原意。

　　休息及下班時間均涉及兩個層面的問題:時間與空間。即免除勞務的

---

[196] 反對説:最高法院107年度台上字第575號民事判決、台灣高等法院花蓮分院107年度勞上更(一)字第1號民事判決參照。

[197] 例如在休息時間不得從事兼職行為。另外,休息時間在集體勞工法上也具有其意義,例如工會能否在休息時間招攬會員?發放文宣品?工會會員能否發起或參加杯葛或快閃行動?

[198] 內政部民國75年6月25日台(75)內勞字第416670號函:「……。惟依勞工安全衛生法第11條所訂有關高溫、異常氣壓作業、高架作業、精密作業、重體力勞動或其他對於勞工具有特殊危害作業標準中所規定之休息時間,則應計入實際工作時間內。」另請參閱內政部民國65年3月1日台(65)內勞字第668674號函。惟其實依據其條文用語及目前之職業安全衛生法第19條規定,只是要求「減少勞工工作時間,並在工作時間中予以適當之休息」而已,並無「休息時間計入實際工作時間」之規定。

[199] 針對輪班工作,2018年3月1日修正施行的勞基法第34條第2項規定:「依前項更換班次時,至少應有連續十一小時之休息時間。但因工作特性或特殊原因,經中央目的事業主管機關商請中央主管機關公告者,得變更休息時間不少於連續八小時。」

（短暫）期間與進行休息或下班停留的處所[200]。

第一目　休息

　　先就休息而言。所謂休息時間，係指勞工在工作時間進行中，依照法律所定或雙方事先約定暫停勞務的時間[201]，在該段時間內，勞工不受雇主支配，暫時免除雇主的指揮命令（但不得拒絕雇主的聯繫）[202]，可以自由利用該段時間（不受打擾地）休憩或從事其他回復精神體力的活動（例如用餐、睡覺、聊天、買東西、看書籍等），也不負有待命（備勤）或值班之義務[203]。依據勞基法施行細則第7條第2款規定，勞動契約應約定休息時間。亦即雙方必須事先約定勞工短暫歇息的時間。休息具有強制

---

[200] 惟，依據勞基法第30條第5項的出勤紀錄，只登錄工作時間，而不及於休息時間（及待命時間），更遑論登記休息的處所及休息時間勞工所為者何事。

[201] 如果是在契約所訂時間前先到事業單位等待上班，並非此處所指的休息。對於特殊具有待命時間的行業或工作，雙方得約定上班前，一定時數的待命時間。

[202] 行政院勞工委員會民國88年3月9日台（88）勞動2字第008685號函參照。依本書所見，即使雇主要求勞工在離開公司而前往他處休息時，必須辦理請假的手續，只要不妨害勞工自由利用休息的時間，目的也僅在保持聯繫的管道而已，其並未改變勞工無須接受雇主指揮監督及無須提供勞務之事實。至於往返機場路線的客運，由於機場的地域隔離性，使得司機只能在機場的停車場或機場內的其他空間或設施停留，仍然無妨害其自由行動的權利。最高法院104年度台上字第1965號判決（長榮國際儲運公司案）參照。

同樣地，針對客運業駕駛員，如業者要求員工上班期間未下班前（包含休息時間），於車站範圍須注意服裝儀容標準，由於僅限於車站範圍公共場合，且屬公司形象維護之必要管考，並未達使員工「無法享有自由活動之利益」之程度，仍然未違休息時間的本質。最高法院105年度台上字第220號判決（國光汽車公司案）參照。

[203] 在最高行政法院105年度裁字第1313號行政裁定及其前審之台北高等行政法院104年度訴字第1452號行政判決中，雇主似乎即是要求勞工（保全員）要備勤（待命），而被法院認定為是在工作。其判斷的依據是：依據值班勤務編排表，每車站每時段排定保全人員僅1名，無其他保全人員可供交替，再依「BR5保全值勤時段及勤務分配表」中休息時間仍須處於備勤狀態，尚難謂該等值勤勞工之休息時間為完整且得不受雇主拘束。這裡又牽涉到需要立即中止休息的備勤狀態事由眾多，包括車站發生緊急事件、火災警訊、跳電、公車接駁、多組旅客引導……等等。依本書所見，如能將之限於緊急狀態（天災、事變、突發事件），才能回歸休息的本質。

的性質，勞雇雙方不得約定拋棄或只休息比30分鐘短的時間。勞工也不得
自行放棄休息，而向雇主主張其實際上是在工作[204]。而且，原則上勞雇
雙方亦不得約定挪用休息從事工作，而後再以補休息的方式為之，除非具
有諸如勞基法第32條第4項天災、事變或突發事件的情況。對此，或者類
推適用勞基法第35條但書或者第32條第4項規定，免於受到休息不可中斷
性或不受干擾性的限制，以暫時中止休息以處理緊急事件。休息的結束，
一般是休息時間屆滿，但也可能接獲工作的指派或從事支援工作[205]。自
該時起，勞工又回復工作的狀態，計算其正常工作時間。例如客運業或貨
運業雇主要求其職業駕駛，休息時間從事販賣食物給乘客、修理損壞的廁
所、更換損壞設備的零件及從事清潔打掃工作，即應認定為工作時間。

　　台灣除了勞基法第35條之法定的最低休息時間外，勞雇雙方亦得自由
約定附加的休息時間，例如勞工繼續工作2小時者，得有15分鐘的咖啡時
間（coffee time）或點心時間[206]。諺云：休息是為走更遠的路。休息時間
之目的，在給予勞工連續工作一段時間後，不受打擾地、短暫舒緩身心緊
張或疲倦，以維持原有的工作效率。其固不以睡覺或靜止不動為要（除了
飲食外，也可以到法所容許的地點吸菸），但允宜不得從事增加身心壓力
或負擔的活動。例如激烈的運動或兼職行為[207]。另外，顧名思義，休息
並非給予勞工作為處理私事的時間（例如從事交際應酬活動）。例外地，
性別工作平等法第18條給予受僱者每日1小時的哺乳時間，本質上為受僱

---

[204] 台灣高等法院台中分院106年度勞上易字第43號民事判決：「上訴人有於工作時未休息
或未用餐，乃其自行決定，並未經被上訴人同意或核准，被上訴人自無給付加班費之
義務。」

[205] 所以，如果雇主要求勞工在休息時間用餐中，一旦有顧客光臨即必須暫停用餐而提
供勞務，即有指揮監督的情形。如此，基於勞工無法離開用餐場所（欠缺空間自主
權），精神上仍然處於工作緊張的狀態，自始即非休息，而係備勤時間。相關判決，
請參閱台灣新北地方法院103年度簡更字第1號行政判決。

[206] 這並不包括勞工在工作中，基於生理需要的短暫地添加茶水、泡茶、（煮）泡咖啡的
行為。

[207] 基於休息的短暫性質、且強制休息的用意，此處之不得兼職，並不以勞動契約有約定
不得兼職者為限。

者本身的私事，立法者將其作為附加的休息時間處理，並且視為工作時間[208]。

　　依據勞基法第35條規定：「勞工繼續工作四小時，至少應有三十分鐘之休息。但實行輪班制或其工作有連續性或緊急性者，雇主得在工作時間內，另行調配其休息時間。」由條文本文觀之，勞工必須先繼續工作4小時後，始會形成休息權。所以，勞雇雙方並不得合意或任何一方均不得決意將休息挪動至工作之前先使用，蓋此將失去休息的規範目的。所謂「繼續」工作，係指按照契約不間斷的提供勞務而言。但即使短暫地沖泡茶包／咖啡或無工可做，只要在工作現場處於隨時準備聽候命令工作的狀態，仍然在繼續工作中。同樣地，如果基於廠場技術上的原因而中斷工作（Betriebspause），也並非休息時間[209]。至於勞工在工作時間中基於生理需要之如廁或飲水（勞工保險被保險人因執行職務而傷病審查準則第7條參照），也不得作為休息時間計算[210]。如依此一規定，休息時間應區分一般性質工作或輪班制或有連續性或緊急性工作，而做不同的對待。前者是從勞動醫學的角度，普遍性地要求勞工「做一定時間、休息一段時間」。後者，則是因工作性質特殊，採取工作時間及休息時間的彈性調整。

一、一般性質工作的勞工

　　以從事一般性質工作的勞工（含按件計酬勞工）而言，立法者係根據勞動醫學的研究，認為人體在密集工作4小時之際，即已呈現相當程度的自我耗損與疲憊，必須強制其暫時從工作脫離，以為繼續工作的準備，並且藉以避免或降低職業傷病的機率。故以4小時作為強制休息的界線[211]。

---

[208] 勞基法第52條也有類似規定。但其適用對象僅限於女工。

[209] Alfred Söllner, Grundriß des Arbeitsrechts, 11. Aufl., 1994, 222 f.

[210] 所以，勞動契約不得規定勞工因生理需要的如廁或飲水，所花費的時間作為休息時間。蓋此類行為係人類生理上的必然活動，每個人的生理狀況也不同，無法予以規律化或一體化。尚且，休息的主要目的，也非在於解決生理上的需要。

[211] 此一強制休息的界線，也是隨著工業文明的進步，不斷地縮短。以工廠法為例，其第14條規定：「凡工人繼續工作五小時，至少應有半小時之休息。」

此一「繼續工作4小時」，並不以從事法定正常工時8小時者為限，所以，勞工在休息完後所繼續的工作，其時間長度是4小時或短於4小時，並無關緊要。即使是部分時間工作者，只要是工時多於4小時，亦有休息時間之適用。但是，如果短於4小時，部分時間工作勞工並無主張按比例休息的權利[212]。另外，此一「繼續工作4小時」，並不區分正常工時內的工作或正常工時後延長工時工作（加班），因此，對於在正常工時後從事延長工時工作（加班）之勞工，解釋上亦應至少給予30分鐘之休息。只不過，鑑於正常工時後之延長工時工作，對於勞工的精神、體力造成過重負荷，工會或勞資會議在實施延長工時工作同意權時（勞基法第32條第1項），當得要求在正常工時結束、到勞工進行延長工時工作之間，必須有較30分鐘為長的休息時間。

　　觀勞基法第35條：「勞工繼續工作四小時，至少應有三十分鐘之休息。」規定，係採取勞工「最多」工作4小時，即應「最少」休息30分鐘，的雙重限制方式。此種規範方式，工作4小時的強制休息界線，勞雇雙方當得約定降低之。至於「至少休息30分鐘」，雙方亦得約定拉長之。具體的工作時間及休息時間的長度，應在勞動契約事先約定，不容雇主以指示權的方式，在工作進行中確定之。有問題的是，勞雇雙方得否約定工作之前或結束之後，進行休息？對此，本書以為休息時間之設立，目的在工作中喘息及適當回復精神體力之用，本質上具有禁止先行（所謂「休息禁止先行原則」）或禁止後行（所謂「休息禁止後行原則」）之內涵，無論雇主基於企業經營上原因或勞工基於私人生活上的考量，均不得使勞工提前休息或（對於工作時間超過4小時者，）結束後始行休息。另外，勞雇雙方對於休息時間的長度，究竟最長可以約定多久？蓋過長的休息時間，不僅無助於勞工精神體力的回復，也可能有害於勞工的下班，以致於影響其生活的安排？對此，依據勞基法施行細則第7條第2款規定，勞動契約應約定休息時間。故應由雙方按照雇主所經營的業務、工作的性質及艱

---

212 勞動部所發布的「僱用部分時間工作勞工應行注意事項修正規定」陸、三雖有例假、休息日、休假、請假等相關權益之規定，但並未規定「休息」。

辛或密集程度，在考量充分休息的前提下，約定一長短適中的休息時間。
在此，並應考量事業單位所在地區或同行業所慣行的企業經營時間及工作
時間。

　　在休息時間的運用上，除了禁止休息時間先行或後行（於工作時間）
外，基於勞工自主運用及充分休息的理由，原則上應採行「短休息時間、
一次休完」，「長休息時間、可分次休完」的作法。如果僅係30分鐘的休
息，則除非法令另有規定（例如汽車運輸業管理規則第19條之2第2款[213]
參照）或勞工有特殊的事由（例如身體受傷或虛弱需要分次休息、配合哺
乳之用），否則不得約定分次休完。所謂的將30分鐘分成兩次休息（即每
工作2小時休息15分鐘）的作法，其合法性並非無疑。至於將1小時30分
鐘的休息時間，分成三次休息（即10：00休息至10：30，12：30休息至
13：00，15：00休息至15：30），則屬合法。這裡的考量點，是在於休
息時間不得分拆過細，以致於無法發揮休息的效果（所謂「休息一次運用
原則」）。

　　休息除了時間的連續性外，休息處所是否限於事業單位內或工作場
所（例如建築工地）？亦非無疑。對此，雖謂勞工在休息時間無薪而得
自由運用，但畢竟仍須受到充份休息原則及勞工附隨義務要求的拘束。因
此，似應考量休息時間的長短、事業單位或工作的特性[214]、事業單位有
無適當的休息空間[215]與設備、勞工住處與事業單位距離的遠近、事業單

---

[213] 依之，「連續駕車4小時，至少應有30分鐘休息，休息時間如採分次實施者每次應不得
　　少於15分鐘」。

[214] 例如，如前所述之需要至偏遠地區為病人服務之醫療院所巡迴車上的放射師及護理
　　師，其在車上之車程時間，得約定（至少一部分）作為休息時間。勞工應不得以無空
　　間主權或受到侵害為由，而主張為工作時間。不同意見說，台灣新北地方法院103年度
　　簡更字第1號行政判決：「（勞工）稱以在去程、回程的過程中，是不可以中間就下
　　車，去辦自己的事情，或是另行改換其他交通工具前往之事，且其主觀上亦肯認知悉
　　在去程跟回程所搭交通工具的時間為其上班時間。」依本書所見，能否中途下車去辦
　　自己的事情，並非重點，因其是在車內，時間本較緊湊且難以掌握，與在事業單位內
　　的休息時間不同。

[215] 此並不以雇主有設立「休息室／站」為要。一般而言，勞工亦可在交誼廳、閱覽室、

位所在地交通的方便性，以及事業單位有無設置員工餐廳而定。在休息時間相對短的情況下，為避免勞工外出奔波既無法充分休息，亦徒增交通意外風險的考量下，勞工理應在廠場內或附近休息[216]（雇主並得要求勞工外出或離廠，必須獲得核准）。如果勞工住處不遠，回去吃飯後且可適當休息，則其可不在廠場內休息。又，由於「勞工繼續工作4小時，至少應有30分鐘之休息」規定，使得休息時間與用餐時間（午餐、晚餐）有相當程度的重疊，假設雇主並未設立員工餐廳或提供餐點（包括叫外送），致使其必須外出用餐[217]，則勞工應可在廠場外休息。勞工一旦在廠場內休息，則因就業場所設施或管理上之缺陷發生事故而致之傷害，視為職業傷害（勞工保險被保險人因執行職務而傷病審查準則第6條）[218]。為了避免發生意外，針對職業駕駛（司機），依據國際勞工組織（ILO）第153號公約，除非已採取保證車輛及其所載貨安全之預防措施，否則司機在休息期間不應停留在車中或其附近地點。因此，對於此類營業用的載具（車輛、渡船、航空器等），勞工原則上得在載具外的地點休息，例如離開載具前往事業單位的營業處所或可以暫時歇息之處。換言之，即使載具安全設施及措施無虞，雇主亦不得強制勞工留在載具中從事看管的工作（看車、看船等）。

二、輪班制或有連續性或緊急性工作

如上所述，一般性質工作的勞工，應先在勞動契約中訂明其休息時

會議室或甚至自己工作的辦公空間休息。

[216] 如果是工廠作業員，平常只能容身在狹隘的（或甚至堆滿雜物的）位置或空間站者或坐著工作，則雇主必須另外提供適當休息的處所供用，否則勞工當可離開廠場外出休息（包括回去工廠的宿舍）。依據職業安全衛生設施規則第324條之5規定：「雇主對於連續站立作業之勞工，應設置適當之坐具，以供休息時使用。」

[217] 對此，勞工保險被保險人因執行職務而傷病審查準則第17條：「被保險人……，如雇主未規定必須於工作場所用餐，而為必要之外出用餐，……。」應將之解釋為事業單位有員工餐廳或提供餐飲為前提。

[218] 從勞工保險被保險人因執行職務而傷病審查準則第6條及第17條結合觀之，勞工非因用餐原因的外出休息，如因此而發生交通意外事故，並不得視為職業傷害，而是普通傷害。

間。不同的是，依據勞基法第35條但書：「但實行輪班制或其工作有連續性或緊急性者，雇主得在工作時間內，另行調配其休息時間。」顯然其係鑒於業務性質或工作性質特殊，為符合雙方實際的需要，而給予雇主具體指定工作時數及休息時間的權限（所謂「休息時間的彈性化」）[219]，既謂「雇主得在工作時間內，另行調配其休息時間」。則所謂的「工作時間」，在全時工作者，應係指整個「正常工作時間」（一般是8小時）而言，而非以上午班或下午班的4小時為準。另外，解釋上，似乎即不需要經勞工或勞工團體的同意。所以，問題的爭點，應在於確定那些工作具有連續性或緊急性的本質。此係採客觀的標準認定之，而非以雇主或勞工的意見為準。嚴格言之，假使不具備輪班制或有連續性或緊急性工作的特質，勞雇雙方亦不得約定由雇主另行調配休息時間。

根據但書的規定，解釋上，勞工有可能「工作時間長於或短於4小時[220]」、休息時間「長於或短於30分鐘」，端視現場的工作狀況或進度而定。而其規範的重點，應係在於「工作時間長於4小時，休息時間短於30分鐘」的情況。然而，基於充分休息原則，從勞動醫學的角度，短於30分鐘的休息，恐怕無法達到休息的功效。因此，依本書所見，應將「另行調配其休息時間」限縮解釋為「配合工作時間，往前或往後移動至少休息30分鐘」。而不得少於30分鐘休息或將30分鐘拆開分次休息。

另外，既然第35條但書規定「雇主得在工作時間內，另行調配其休息時間」，即表示必須在工作時間進行中，給予勞工休息的時間，而不得要求勞工一次完成法定正常工時或約定工時的工作（所謂「休息禁止後行原則」）。此一休息時間，同樣不算入工作時間之內[221]。雖然如此，針對

---

[219] 黃程貫則認為勞基法第35條但書的範圍過於廣泛，其意義與認定標準不甚明確，會使得資方有恣意變動勞工定時正常休息之權利，並不公平。黃程貫，勞動法，2001年6月，修訂再版三刷，頁419以下。

[220] 例如大客車駕駛出勤單趟的時間短於4小時，而在趟次之間可能間隔30分鐘以上，雇主即可調配為休息時間。

[221] 反對說：黃劍青認為但書「雇主得在『工作時間內』，另行調配其休息時間」，則基於文義解釋，應將之計入工作時間。黃劍青，勞動基準法詳解，1988年10月，再版，

此類工作，勞雇雙方亦得根據經驗法則，事先即約定「工作時間長於或短於4小時」，勞工即應至少休息30分鐘。

上述雇主工作時間的自由調配權，係建立在第35條但書的三種工作態樣：輪班制工作、連續性工作、或緊急性工作。其中，除了輪班制工作已在第34條規定外，勞基法及勞基法施行細則並未對連續性工作或緊急性工作有所規定或定義。

先就輪班制工作而言。依據勞基法第34條規定：「勞工工作採輪班制者，其工作班次，每週更換一次。但經勞工同意者不在此限（第1項）。依前項更換班次時，至少應有連續十一小時之休息時間。但因工作特性或特殊原因，經中央目的事業主管機關商請中央主管機關公告者，得變更休息時間不少於連續八小時（第2項）。」此一部分，在前面已經有所述及，諸如：我國輪班制係建立在生產組織及工作時間彈性的考量上，希望給予事業單位充分運用廠場設備的空間[222]；只有勞工不同意每週更換一次或多次及更換班次時應給予適當休息時間之限制，而未有輪班工作「必要性」的條件（尤其是基於生產程序的本質）要求。至於2018年3月1日修正施行的第2項但書輪班間隔彈性，則是由工會或勞資會議決定（議）是否同意。並且，「雇主僱用勞工人數在三十人以上者，應報當地主管機關備查」（勞基法第34條第3項參照），另外，基於童工（勞基法第48條參照）或女工（勞基法第49條參照）夜間工作的禁止或限制，以及例休假日、國定假日禁止工作的規定（勞基法第47條參照），輪班工作是否當然可以不受拘束？並非無疑。

第34條之所以採取以每週計算更換工作班次（換班頻率）的基準，主要是基於勞動醫學上的考量，即在以有限的、適度的班次時間，以達到保護勞工身心健康及正常生活的目的。也就是說，雖然較長的換班週期有助

頁295參照。

[222] 惟西方國家早期的礦業常採輪班避免礦場閒置的情況，在台灣似乎並不存在。在台灣，輪班工作最常出現在半導體業與電子業、製造業、醫療保健服務業、運輸業等行業，其除了增加機器設備使用率外，還在於提高服務頻率或效率。

於勞工生理的適應性，惟易造成與社會脫節的現象，尤其是特定班次（尤其是夜班或大夜班）的時間過長，更不利於勞工的健康及個人與家庭生活。所以，僅例外地，「但經勞工同意者不在此限」，即其得同意不以每週更換一次班次，而是接受較一週為長或為短的期限內（例如藉由排班每三天或每天換班）的更換班次[223]。其較一週為長的更換班次，對於勞工身心健康固然不利。即使較一週為短的更換班次，由於代表更換次數較為頻繁，造成勞工生理上適應的困難，是否對於勞工即較為有利？也並非無疑。因此，如依其立法說明「顧及部分勞工尚在求學，難以更換班次」，顯然係以勞工本身具有正當事由為前提，始有此一但書之適用，以免對於勞工不利[224]。

再觀2016年12月21日公布施行的勞基法第34條「勞工工作採輪班制者」規定，已經採取與修正前「勞工工作採晝夜輪班制者」不同的用語，因此，解釋上工作班次是採晝夜輪班制、二班制、三班制或四班制，均在適用之內。惟如果企業採取兩班或數班制，但勞工已配置在固定之班次，並不輪流更換班次者，此尚非輪班制工作[225]。依據勞基法施行細則第7條第2款規定，勞動契約應約定輪班制之換班。這表示雇主在徵人時，即必須表明輪班制工作，經勞工同意後訂明於勞動契約。若未經此程序，則在契約訂定後必須獲得勞工同意修正契約，始能要求勞工從事輪班工作。

問題較大的，是輪班制工作勞工的休息時間問題。此涉及勞基法第35條及第34條第2項規定。也就是說，由於兩條文均使用「休息時間」一語，其是否均指第35條本文之「休息」？對此，無論是2016年12月21日修正前的勞基法第34條第2項「依前項更換班次時，應給予適當之休息時間」；或者修正後的第34條第2項「依前項更換班次時，至少應有連續

---

[223] 黃程貫認為各企業業務性質各殊，無法以固定的標準強迫採輪班制者，一律每週更換一次。黃程貫，勞動法，2001年6月，修訂再版三刷，頁415。

[224] 如為增加輪班工作者的適應性，則似應將勞基法第30條第8款之1小時的彈性工時，適用及之。使其得「早上班、早下班」「晚上班、晚下班」。

[225] 反對說：黃程貫，勞動法，2001年6月，修訂再版三刷，頁415。

十一小時之休息時間」；或者2018年3月1日修正施行的第2項但書：「但因工作特性或特殊原因，經中央目的事業主管機關商請中央主管機關公告者，得變更休息時間不少於連續八小時。」[226]顯然均是針對「前一個工作班次」更換到「下一個工作班次」間的休息時間，由其長度觀之，其性質應為最低限度的「下班時間」。此與第35條係針對工作時間內的休息，尚有不同。也就是說，雇主不得基於第34條第2項的休息時間規定，而主張免除第35條的休息時間或將輪班工作中的休息，拖延至輪班工作結束後進行。

再就2018年3月1日修正施行的勞基法第34條第2項但書一言者。中央勞政機關為配合其修正，已在2018年2月2日至2月9日（首波）預告所欲適用的3種情況，徵詢各界意見，並且在2018年2月27日公告之[227]。依據中央勞政機關所見，台鐵局之乘務人員等三種工作者，符合勞基法第34條第2項但書「工作特性或特殊原因」，得變更輪班休息時間。吾人觀其公告，同樣涉及程序面及實質面兩方面疑義：在程序面，是指適用範圍與期間的決定程序與公告；而在實質面，則是其預告的台鐵局之乘務人員等三種工作者，果真符合「工作特性或特殊原因」的要求？

先就程序面而言。其法律上的疑義，正如前面勞基法第36條第4項所定行業之公告指定程序一般，中央勞政機關並未能正確了解第34條第2項但書「經中央目的事業主管機關商請中央主管機關公告者」的原意。亦即：第34條第2項但書之「商請公告」，只涉及公告程序的進行，並非「商請同意」的意思。依本書所見，立法者係加以兩個機關分別獨立權限，而非「經中央目的事業主管機關就行業需求會商勞雇團體，並評估確有必要適用例外規定後，報請勞動部公告」，也就是說，並非「中央目的事業主管機關提議／案，經中央主管機關同意」。所以，解釋上兩個機關

---

[226] 依據2018年3月1日修正的勞基法施行細則第20條第3款規定，雇主「依本法第34條第2項但書規定變更勞工更換班次時之休息時間」，應即公告周知。這是指「每次變更」均需公告周知而言。

[227] 勞動部民國107年2月27日勞動條3字第1070130305號函參照。

應透過內部的溝通程序，達成哪些行業具有「工作特性或特殊原因」的共識，而後再交由中央主管機關予以公告。因此，中央勞政機關在公告勞基法第34條第2項但書適用範圍附表草案及第36條第4項行業附表草案時，同時公布「政府把關機制」，明示中央目的事業主管機關：1.盤點檢視所轄行業有無適用勞基法第34條第2項但書或第36條第4項例外之需求；2.會商勞資雙方（勞雇團體）之意見。之後，檢附具體理由及評估意見，發文勞動部。而後，由中央勞政機關始依據內部的諮詢程序進行評估，並決定是否公告指定。本書以為中央勞政機關此舉，已誤解上述法條的原意，並且將中央目的事業主管機關降位為只有提議／案權（所謂的「盤點」）而已。顯然，中央勞政機關係以一般僅涉及本身權責的事項、其內部的諮詢組織（勞動基準諮詢會）與程序，援用到本案已涉及中央目的事業主管機關權責事項的事務上，其作法並不值採。況且，如前所述，中央勞政機關係在2018年2月13召開法規會討論定案，而非經由勞動基準諮詢會審查，其便宜行事似亦有可議之處。

其次，就實質面而言。針對第34條第2項但書「工作特性或特殊原因」，中央勞政機關係採取限縮解釋的作法。其認為「有鑒於台鐵局之乘務人員與經濟部所屬台電、中油及台糖公司之輪班人員，確有工作具專業性，且人員進用培訓需有特定程序及期程，於法實施初期，人力一時難以因應增補之工作特性」。另外，「經濟部所屬台電、中油及台水公司，因天災、事變或突發事件之特殊原因，需立即進行相關設備管線搶修，並維持各該原料與產品之正常生產、輸送、配送及供應，確有變更「輪班換班間距」之必要，符合本法第34條第2項但書所定之特殊原因」。顯然，其適用範圍僅侷限於交通部與經濟部所轄的事業，且與供應民生必需物質有關者，忽略了民營事業單位也有供應諸如天然氣等重要民生物質者，而其也有工作專業性及人才培訓困難的工作特性。至於其將經濟部所屬台電、中油及台水公司的特殊原因限縮於「因天災、事變或突發事件」，採取與勞基法第32條第4項相同之法律用語，是否符合立法者當初使用「特殊原因」之原意，亦非無疑。

依據本書所見，勞基法第34條第2項但書係以兩個機關共同決定及公

告後，針對具有工作特性或特殊原因者，給予勞雇雙方縮短下班休息時間的決定權（所謂「輪班間隔彈性」）。由「工作特性或特殊原因」用語觀之，其係置重於實施輪班制工作方式的廠場，勞工工作的性質或特殊原因，而非以行業或產業（例如製造業、交通運輸業、醫療保健服務業等）為準。更無意將之侷限於公用事業。雖然，所謂「工作特性」與勞基法第84條之1的工作者也是以其工作特性相近似，但所指涉者並不相同。至於「特殊原因」則是泛指非出之於一般原因者，其範圍顯然較2018年3月1日修正施行的勞基法第32條第4項「因天災、事變或突發事件」來得廣泛。解釋上，只要具有客觀上的理由即屬之。所以，有問題的是，相異於勞基法第30條、第30條之1之以「行業」及第84條之1之以「工作者」為指定或公告對象，其具有明確性及穩定性，故在行政程序上具有其可行性。不同的是，第34條第2項但書之「工作特性或特殊原因」係以「特性或原因」為對象，屬於工作本質或生產程序過程的問題，並且具有個案性及變動性，行政機關是否能劍及履及地針對個案認定及公告，以及在個案縮短下班休息時間狀況結束後，及時地撤銷或廢止原來的認定與公告而回到常態？並非無疑[228]。再者，對於行政機關的認定及公告，法院是否具有審查的權限？本書持肯定的見解。其實，在輪班工作規範的設計上，應在於加以輪班工作「必要性」條件（尤其是基於生產程序的本質）的要求，以免雇主毫無忌憚的實施輪班工作。

只是，令人不解的是，輪班制工作係基於充分運用機器設備，以盡量擴大營業利益考量而來，員工因此配合排班工作。其本身是否具有如連續性工作或緊急性工作的特殊性質？並非無疑。所以，依據勞基法第35條但書，雇主對於輪班制員工之依工作狀況而調配休息時間，是建立在避免或

---

[228] 在這裡，實際上涉及兩個問題：一者，在立法技術上，如為求縮短下班休息時間的落實，似應由（準）勞工團體行使同意權或參與權或必要時，再報當地主管機關備查即可（亦即2018年3月1日修正施行的勞基法第34條第3項規定）；二者，針對勞基法第34條第2項但書，解釋上如未經認定及公告，勞雇雙方即無權合意縮短下班休息時間至8小時。

適度減輕員工身心健康及家庭（或社會）生活不利的前提上[229]。也就是說，由於輪班制勞工身心的疲憊及容易導致疾病，此尤其是不規律的輪班方式（不定時輪替）為然，雇主除了必須遵守第35條本文「勞工繼續工作4小時，至少應有30分鐘之休息」規定外，解釋上，雇主應視個別勞工的工作現況，隨時另行調配其休息時間，以確保勞工身心健康的最佳利益。否則，如果無此種狀況，對於雇主的調整休息時間，應採取嚴格審查的立場。

其次，針對工作有連續性（連續性工作）者而言，其並非指工作的繼續性（一段期間的工作）。依其用語觀之，係指工作具有不可中斷性（中斷則前功盡棄或無法達成預定的目標），而需在同一段工作時間內加以完成者而言。例如職業駕駛的駕駛工作（含受僱計程車司機）。基於行駛路線的長短不一，以及交通離尖峰狀況或意外事故[230]，即使預計得在4小時內達到預定地點或原出發點，但卻可能塞在路途中。為此，雇主固可派人接替駕駛工作，但可能緩不濟急[231]，故採取調配休息時間的作法，應較符合雙方實際的需要。如是短於4小時的行程，且在開車趟次間，間隔至少30分鐘以上，雇主亦可將之調配成休息時間[232]。此一休息時間的落

---

[229] 另一個解釋的可能性，是參考國際勞工組織（ILO）的1919年工業工時公約第2條第3款而來。依之，「事業單位僱用勞工從事輪班工作者，准予超過一日8小時、一週48小時上限，但在三週或較短期間的「單位期間」內，平均時數仍不得超過一天及一週的正常工時上限」。不過，依本書所見，勞工從事輪班工作，仍應遵守勞基法第30條第1項：「每日不得超過八小時，每週不得超過四十小時。」的限制。故並無參考之調整休息時間的空間。

[230] 請參閱勞動部「勞工在事業場所外工作時間指導原則」三、（四）。勞動部民國104年5月6日勞動條3字第1040130706號函。

[231] 或者，論者也有提出雙駕駛以為因應者，惟這等於增加雇主人事成本一倍，不僅已超出雇主的期待可能性，而且可能對於大部分的路段都不具有必要性。

[232] 最高法院105年度台上字第220號判決（國光汽車公司案）參照。最高法院106年度台上字第2044號判決（長榮國際儲運公司案）中，駕駛員於趟次間時間，可以休息、從事休憩活動或外出；可拒絕雇主臨時交付之任務，不受被上訴人之指揮監督，而無工作之義務；無須從事車輛清潔、維修、保養及檢查工作等情。……（至於）簡易車內清

實，往往要借助於勞政機關或交通主管機關或警察機關的勞動檢查或檢視行車記錄器及記錄行駛時間的機器或記錄簿。

　　然而，職業駕駛的休息時間還面臨另一個挑戰，亦即我國的休息時間是以工作「小時」為計算基準（含塞車時間），假設部分長途客貨運採取以「每段里／路程」作為計薪基礎，將使得整個駕駛期間的工作時間、休息時間、延長工作時間、待命或備勤時間無須界定或無須分別處理的難題（駕駛也會陷入自我剝削的困境）。對此，汽車運輸業管理規則第19條之2並未有所規定。本書以為採取「每段里／路程」計薪，實際上是按件計酬的方式，基於勞基法工作時間規定一體適用於按時計酬及按件計酬的理論，在「每段里／路程」的駕駛途中，亦應遵照勞基法第30條、第32條、第35條等規定，以免危害到勞基法工作時間法制的建構基礎。

　　另外，大樓清洗業勞工在高空從事清潔工作，必須顧及上下移動及懸掛在高空的危險性，盡量維持工作告一段落始落地的作法。又，勞工前往交通不便或偏避或甚至路途遙遠之地，例如前往深山架設電塔、植林，其通勤時間可能甚久，如在到達目的地後短暫工作即進行休息，不僅達不到休息的目的，也有礙於工作的進行或一氣呵成。同樣地，如係從事離岸較遠的漁捕工作，需要經過長時間的航行始能到達漁區，則在開始漁捕工作後，亦應採取依照漁捕工作的進度，而調配休息時間的作法。另外，對於研究人員而言，依實驗或研究進度而暫時中止並進行休息，始不會讓至今的研究成果前功盡棄。

　　第三，所謂工作有緊急性者，究竟何所指？其是否指集體勞動法中之「緊急性勞務」？亦即針對水、電、燃氣、醫院、大眾運輸等與生命攸關的重要物質或服務，應該提供必要的服務（勞資爭議處理法第54第3項第1

潔，所費時間甚短，不影響其休息時間，且被上訴人對趟次間時間少於15分鐘者，已列為上班時間。……上訴人在趟次間時間並不負高度之注意程度，以備隨時準備出車之義務。台灣高等法院台南分院106年度勞上易字第4號民事判決也認為：「上訴人辯稱：並無強迫駕駛員需受其指揮監督，僅離開時應知會上訴人等語，自屬可信；是趟次間之休息時間並無勞務監督，自不得計入工時。」

款至第3款參照）[233]為限？對此，本書持否定的見解。蓋此處的緊急性，應與上述之連續性作相同的理解，即以個案中工作有急迫完成的必要性者為準。其主要係以該工作之完成，攸關到整個事業或部分業務的推動或進行。惟例外地，特定工作即使與他人的業務無密切關聯，如其完成具有緊急性者，亦屬之。其並不以公用事業或攸關民生必需物質之行業為限。例如事業單位所僱電工負責維護電力供應無虞，在發生不明原因跳電情況時，其檢查事出原因及排除狀況可能為時甚久，因此處理過程需與休息時間調整。

　　另外，工作具有緊急性者，也與勞基法第32條第3項或第40條基於天災事變或突發事件，而所提供的延長工時工作或例休假日工作有所不同。後者雖也具有突發危急的性質，但其是起因於天災事變或突發事件，故條件較為嚴格。前者，即使雇主具有可歸責事由，致使勞工需要完成緊急性工作，亦可採取調整休息時間的作法。

第二目　下班時間

　　如前所述，下班時間與休息同屬於不工作時間，勞工擁有充分的自由運用權。相對於雇主在工作時間中擁有勞務指揮權，勞工在下班時間免除勞務，原則上得不間斷地、不受干擾地從事休憩活動及一定之行為。惟為免雇主遭遇突發狀況或經營上的問題，陷於無人可問或可提供臨時性的勞務的窘境，勞工應維持聯絡管道，不得拒絕雇主的聯繫[234]。勞工在下班時間及休息時間既未提供勞務，該段時間即無勞務對價可言。

　　針對休息（時間）及下班時間，勞基法均未加以定義。惟中央勞政機關在2001年1月1日實施的新工時制度，則有每週減少之工作時間，乃不必工作之「下班時間」的說明[235]。吾人如從勞基法第30條第1項「勞工正常工作時間，每日不得超過8小時」反面解釋，應可推知正常工作時間後即為下班時間（不可能一邊工作、一邊下班）。在此，並非即可謂下班

---

[233] 楊通軒，集體勞工法－理論與實務，2017年9月，五版，頁365。

[234] 採取同樣見解者，最高法院104年度台上字第2364號判決（長榮航空公司案）。

[235] 行政院勞工委員會民國90年5月11日台（90）勞動2字第0021282號函參照。

時間為16小時。蓋依勞基法第30條之1第1項第2款「當日正常工作時間達10小時者，其延長之工作時間不得超過2小時」，以及第32條第2項「前項雇主延長勞工之工作時間連同正常工作時間，一日不得超過12小時」，可知下班時間亦可能為12小時。這也就是說，勞工至少應有連續12小時之下班休息時間。只是，例外地，依據2018年3月1日修正施行的勞基法的32條第2項但書規定，在經工會或勞資會議同意後，一個月延長工作之時間也可能達到54小時。這表示部分工作日的下班時間會短於12小時。另外，針對輪班制工作，依據勞基法第34條第2項規定：「依前項更換班次時，至少應有連續十一小時之休息時間。但因工作特性或特殊原因，經中央目的事業主管機關商請中央主管機關公告者，得變更休息時間不少於連續八小時。」此一「連續11小時或8小時之休息時間」，實際上是指下班時間而言（同樣例外的是，針對營業大客車業駕駛人之駕駛車輛營業，依據汽車運輸業管理規則第19條之2規定，除應符合勞動基準法等相關法令關於工作時間之規定外，「三、連續兩個工作日之間，應有連續10小時以上休息時間。但因排班需要，得調整為連續8小時以上，一週以二次為限，並不得連續為之」。其所謂「連續10小時以上休息時間」、「連續8小時以上」，實際上是指下班時間而言）。

如再依勞基法施行細則第7條第2款勞動契約應約定「工作開始及終止之時間」，亦可推知所謂下班時間，係指勞工在結束一天的工作後，至翌日開始工作前（含上、下班通勤時間）之一段不中斷的時間。勞工結束一天之工作，係指確實終止工作，脫離雇主指揮命令權而言，與其是否關閉辦公室電腦或收發電子郵件之時間點並無直接關聯[236]。只是，此一「結束一天」的工作，如係正常工作時間跨越二曆日者（勞基法施行細則第17條參照），解釋上係指第二曆日而言。下班時間的休息，目的也在給予勞

---

[236] 令人不解的是，台北高等行政法院106年度訴字第941號行政判決卻是以電腦關閉時間作為下班時間的開始。至於台中高分院105年度重勞上字第6號民事判決則認為勞工以其收發電子郵件之時間點距表定下班時間來推算加班時數，並不可採。本書以為台中高分院的見解實屬正確。

工利用該段時間休憩或從事其他回復精神體力的活動，以維護勞工身心的健康，並且提高生活的品質（含益化社交活動）。至於休息日與例假、休假及特別休假，以及勞工請假規則中所規定之婚假、喪假、普通傷病假、公傷病假、事假等，勞工雖也處於未工作的狀態，但由於其概念不同，且有固有的權利義務內容，與下班時間殊異。

　　有關下班時間的運用，由於其係緊接每日（正常或變形或延長）工作時間後而形成，基於直接、連續使用原則，雇主應使勞工按日下班休息，不得割裂使用或將二次以上的下班時間合併使用。勞雇雙方亦不得合意將之存入時間戶頭或帳戶，而分次提領使用。雇主得要求勞工下班後，在合理的時間內離開事業場所，並且得否准留在事業場所內的勞工使用設備或設施（勞工保險被保險人因執行職務而致傷病審查準則第5條第2款參照）。至於勞工下班後的停留處所，除了電傳勞動工作者之外[237]，自然應在事業單位外，由勞工所選定的地點，惟並不以其住居所或停留於同一地點為限。不得要求停留地在多遠距離（例如50公里）之內或限於特定的地區或社區（或許是基於治安的考慮）。也就是說，勞工得依據本身的需要或目的[238]而選擇下班後停留地。在勞工得自由選擇停留地點的情況下，如雇主要求勞工on call，並且在接獲通知時（通勤）前往事業單位工作，其性質屬於候傳時間（Rufbereitschaft）[239]。而雖然勞工保險被保險人因執行職務而致傷病審查準則中，多有以日常居、住處所作為認定通勤災害之依據者（第4條、第9條、第10條、第16條參照），但這僅是為確定通勤災害的地點所做的限制而已，並不能以之作為勞工必須停留日常居、住處所的法律依據。即使事業單位有提供宿舍，且勞工也確實登記入住，其仍能停留於他處。

---

[237] 電傳勞動工作者的工作地點常在家中職場，則下班時間多在家中度過，應屬自然之事。

[238] 例如下班後到醫院照顧家屬而在病房內過夜、或者到遠地辦事而在當地過夜，第二天一早始從該地通勤到公司上班。

[239] 相對地，如果雇主指定勞工在事業單位內或鄰近處所（例如公司內的宿舍）停留待命，以便必要時提供勞務，則其已屬待命時間的性質。

　　除了下班停留地點之外，勞工下班時間得從事的行為或活動，亦有待釐清。對此，應以下班時間的立法目的為準。相較於休息只是短暫的喘息時間，下班時間具有回復精神體力、促進家人感情、提升生活品質，以及兼辦私人事務等多重作用。因此，沒有疑義的是，勞工脫離雇主的指揮監督關係，不負提供勞務之義務。此在1936年勞動契約法第12條，即是如此規定：「勞動者於勞動時間外，無勞動之義務。但法定或團體協約有特別規定者，不在此限。」此處的勞動，固係指勞動契約所約定之工作內容／種類，但雇主如要求勞工提供他種勞務或甚至從事值班工作，勞工當可以逾越勞動契約範圍而拒絕提供。在此種情形，雙方或者須修改勞動契約內容、或者須簽訂另一新的勞務提供契約（尤其是針對提供他種勞務[240]）。

　　雖然如此，即使在下班時間，雇主仍有可能因緊急的或廠場的／職務上的（必要的）理由要求勞工工作，且勞基法似無禁止的規定[241]，在此種狀況，雇主經營利益的保護，似應優先於勞工下班休息權的保障。惟，有問題的是，雇主如欲要求勞工從事此類工作，是否須遵照勞基法第32條第1項或第3項規定的程序？對此，本書以為「雇主有使勞工在正常工作時間以外工作之必要者」，應擴大解釋為勞工已經下班離開工作場所或甚至已經回到下班停留的處所的情況。如雇主未遵守此一程序，即會受到勞基法第79條第1項第1款之行政罰鍰制裁。

　　勞工在下班時間得從事休憩活動及辦理私人事務。蓋從事勞務只是勞工生活的一部分，對於其個人或家庭日常待辦的事務或突發的事件，其或者在下班時間中、或者在上班時間請事假或家庭照顧假處理。雇主當不得禁止或限制之，或者要求勞工另僱第三人處理。另外，如勞動契約並無不得兼職的約定，勞工甚至可從事有酬的勞動。只是，基於勞工附隨義務或

---

[240] 例如到雇主家從事家事工作的勞務。

[241] 此正如勞基法第40條在天災事變或突發事件下，雇主得要求勞工在星期日、例假、休假及特別休假日工作一般。另外，國際勞工組織（ILO）第106號公約第8條規定亦有不可抗力、特殊情況、及預防易壞物品損壞的要求。

忠實義務的要求，勞工不得從事競業行為。

第三款　工作的方式／情況（Lage）

　　針對工作的方式／情況，勞工保護法只就幾種類型加以規範，亦即輪班制工作、夜間工作，以及童工例假日不得工作[242]。至於一般所稱的例假日不得工作，除了2018年3月1日修正增訂的勞基法第36條第3項有「於每七日之週期內調整」之規定外，勞基法則未有明文規定，其所涉及的法律問題，已在前面有所論及，此處不再贅述。

一、輪班制工作

　　先就輪班（制）工作（shift work, duty shift）而言。依據勞基法施行細則第7條第2款規定，勞動契約應約定工作開始及終止之時間，及輪班制之換班有關事項。此處之「輪班制之換班有關事項」，解釋上包括從事輪班工作及輪班的換班之約定。所以，對於原先從事日班工作改為晝夜輪班工作者（含定期契約工[243]），屬於勞動契約內容之變更，應由勞雇雙方自行商議決定，如勞工不同意輪班而要求依勞基法第14條第1項第6款規定終止勞動契約，雇主應依同條第4項規定發給資遣費[244]。

　　惟勞基法第34條雖有輪班制之規定，但並未加以定義。只在其立法說明提到工廠法第9條：「凡工廠採用晝夜輪班者，所有工人班次至少每星期更換一次。」以保護勞工健康及正常（家庭與社會）生活。有關輪班工作的定義，目前是在中央勞政機關所發布的兩個行政指導中。其一是行

---

[242] 其實，如依職業安全衛生法第6條第2項第2款、職業安全衛生法施行細則第10條、職業安全衛生設施規則第324條之2規定，尚有「長時間工作」一項。惟其並未對「長時間工作」加以定義。解釋上，既然勞基法第32條第2項允許：「勞工之工作時間連同正常工作時間，一日不得超過十二小時；延長之工作時間，一個月不得超過四十六小時，但雇主經工會同意，如事業單位無工會者，經勞資會議同意後，延長之工作時間，一個月不得超過五十四小時，每三個月不得超過一百三十八小時。」則工作時間一日達12小時或一個月達46小時或54小時，或者每三個月達138小時，並未符合「長時間工作」的意義。

[243] 行政院勞工委員會民國80年10月22日台（80）勞動2字第27220號函參照。

[244] 行政院勞工委員會民國76年12月11日台（76）勞動字第9639號函參照。

政院勞工委員會勞工安全衛生研究所在1998年1月所發布的「輪班作業危害預防手冊」。依之:「輪班工作是指開始工作時間不在上午七點至九點之間;或一件工作是由數人於不同時間分別負責者稱之。」另一是勞動部職業安全衛生署在其2014年9月「異常工作負荷促發疾病預防指引」。依之:「指該工作時間不定時輪替[245]可能影響其睡眠之工作,如工作者輪換不同班別,包括早班、晚班或夜班工作。」兩者的定義並不相同,但似乎也無衝突之處,而是具有互補的作用。吾人如從實務的運作觀之,所謂輪動班次的工作,是指在一定期間內規律地/固定地或不規律地/不固定地變換工作班次的工作,在此班次中,不問白晝與夜間、工作日、星期日及國定假日不間斷地工作。至於輪動的班次是兩班(晝夜輪班)、三班[246]或四班,均不問。惟較小範圍或幅度的輪班工作,例如以2小時為度的前後挪動工作時間。例如本週為8:00上班,下週為10:00上班[247],與彈性工時類似,似無須將之歸類為輪班制工作。在此,所重者係工作或任務的交替/換性,至於從事輪班工作的勞工,其職位或職級是否相同,則非所問。

　　較為複雜的是,針對事業單位所採行的排班制,勞工按照所安排的班表時間工作或休息,是否亦可作為輪班工作看待[248]?或者其與輪班工作有何不同?或者應受勞基法第30條、第30條之1變形工時或勞基法第84條之1特定工作者彈性工時規定之拘束?對此,首應釐清排班的意義。一

---

[245] 既謂「不定時輪替」,似即不以規律性的時間(每幾天或每週或每二週)輪班為要,而是可以不同時間的長度調整班次。

[246] 台灣高等法院高雄分院107年度勞上字第17號民事判決參照。而為了實施兩班制或三班制,業者還有採取四班二輪或四班三輪者。前者,有四組人員輪流,每12小時更換,為四班二輪的早班及夜班,工作2天休2天;後者,有四組人員輪流,每8小時更換,為四班三輪的早班、中班及夜班,工作3天休1天。

[247] 此在德國稱為移班工作(Schichtarbeit)。

[248] 在最高行政法院106年度判字第300號判決中,雇主(財團法人台灣敦睦聯誼會所屬作業組織圓山大飯店)即是將排班制稱為輪班制,並且在工作規則中規定員工「必採輪班制」。

般所稱的排班，係指勞工在約定的工作總時數下，依事業單位所排定之時間（表）提供勞務或休息休假之意[249]。其無固定的工作起迄時間，並非每日提供固定時數（8小時或短於8小時）的工作，完全依事業單位經營的需要而排定人力。其適用對象包括全時工作勞工及部分工作時間勞工（含工讀生）。依勞動契約規定，事業單位並無固定公布排班表的時間，其或在月初（排定整月上班時間）或每週（排定本週或下週上班時間）或每天排定（排定隔天上班時間）。在排班制下，勞工原本的下班時間可能被調整為工作時間[250]，休息日與例假、休假、特別休假日[251]均可能成為工作日。在排班制下，雇主也排定勞工休息、例假、特別休假、補假休息日（休假）。整體而言，其是將工作日與休息、例假、休假、特別休假調移，此一作法，其合法性長久以來似不為人所懷疑。

　　然而，即使勞基法第30條第1項僅有正常工作時間不得逾8小時，而未規定起迄時間，並且並無禁止事業單位僱用多班制勞工分班工作或以之輪班工作之情形。甚且，解釋上也可以在正常工作時間及延長工作時間的範圍內，按日調整工作時間（達到排班目的）。雖然如此，相較於固定的工作時間，此種浮動式的工作時間，雖有利於企業的經營，卻不利於勞工的身心健康與生活步調的安排，其班表的變動也無勞基法第34條第1項「每週更換一次」的限制。而且，尤其是夜間工作及工作日與例休假日對調[252]，是否符合勞基法夜間工作限制或禁止、例休假日強制休息或紀念的特殊意義，以及現行各種彈性工時類型的限縮性要求？並非無疑。

　　也就是說，由於勞基法並無排班制工作的特殊規定，因此，事業單位採行之排班制（變動的或浮動的工作時間），即應受到勞基法第30條以下之正常工作時間、延長工作時間、變形工時、輪班制、夜間工作限制或

---

[249] 雖然勞基法施行細則第7條第2款並無應約定「工作總時數」之規定，但此係勞動契約之要素，未約定者，勞動契約自始無效。

[250] 反面來講，即夜間工作消失。

[251] 甚至一些人士所倡議的「天災假」，也可能被排定上班。

[252] 事業單位多在勞動契約或工作規則中規定「公司依業務需要，得調配職員加班或於國定休假日上班，並由公司決定給予加班費或補休」。

禁止、例休假日強制休息或紀念，以及公告特定工作者彈性工時規定等之適用。就此觀之，立法者既已在勞基法明訂各種工時彈性化方案（彈性工時、變形工時，及特定工作者彈性工時），依據反面解釋，事業單位所採行之工時彈性化措施（排班制、工作時間戶頭等）即不得違反之。勞基法施行細則第7條第2款也僅有「輪班制之換班」，而不及於排班制[253]。因此，解釋上排班制即應受到限制。此尤其是常態性的、涉及部門或勞工眾多的排班，應採取嚴格對待的態度。事業單位應依勞基法彈性工時、變形工時，以及特定工作者彈性工時的規定推動其業務[254]。

所以，如果是固定時間的排班制，例如其有兩班人員輪流工作與休假（亦即工作一天、休息一天），則與晝夜輪班制近似，應以輪班制工作加以處理。否則，對於童工不得夜間工作（勞基法第48條）、女工夜間工作之限制或禁止（勞基法第49條[255]、第30條之1）、童工之例假日不得工作（勞基法第47條），雇主的排班或者被禁止或者被限制。至於休息日的排班，基於勞基法第36條第3項及第24條第2項的原則上得工作，雇主當得排定工作，但必須依規定給付延長工時工資（也就是說，即使將休息日對調為工作日，仍然須給付延長工時工資）。同樣地，勞基法第39條及第40條關於例假、休假、特別休假工作的加倍發給工資或加倍發給工資並事後補假休息的規定[256]，並不會受到排班的影響。在這裡，既然勞基法第39條及第40條已有假日加班的程序規定，雇主當然不得以排班之名而迂迴之。如此的處理，始不會使得各種假的設計原意與目的落空，或者鼓勵

---

[253] 這是立法論的問題，而非解釋論的問題，各界如認為應合法化排班制、工作時間戶頭等作法，即應修正勞基法的相關規定。

[254] 在最高法院104年度台上字第1965號判決案件（長榮國際儲運公司案）中，雇主主張受僱人（大客車駕駛員）的排班制具有間歇性質（開車檔次間得休息），但卻未在勞基法第84條之1所公告的間歇性的行業中。

[255] 依據歐盟法院2018年9月19日判決，從事輪班工作的哺乳女性勞工，只要部分工作時間落在夜間工作的時間範圍內，即受到1992年10月19日有關懷孕哺乳女性勞工安全衛生保護指令（Richtlinie 92/85/EWG）第7條之適用。EuGH v. 19.9.2018, NZA 2018, 1391 ff.

[256] 最高法院104年度台上字第1965號判決案件（長榮國際儲運公司案）採取同說。

雇主假借排班之名，遂行低過各種假日規定之實。另外，如此的處理，才可達到排班制勞工與非排班制（固定班制）勞工的平等對待。尤其應予以肯定者，係勞基法第84條之1的特殊性質工作者（例如第1項第2款的保全員），既已經有彈性工時的壓力，如再經排班及調班而剝奪其例休假日的加倍工資，即顯得不當而與工時保護制度的原意相違。此與其工作時間等事項另行約定有無經過核備並無必然關連[257]。

再如本書前面所言：此種輪班工作方式的產生，多與充分利用設備或擴大利潤有關。針對輪班工作，雇主並無需證明確有「必要性」，亦無給付「輪班津貼」或補償的強制要求。一般而言，公用事業及醫療服務業[258]之施行輪班工作，較具有正當性與合理性。行政機關甚至認為：針對公用事業的業務運作，由於與社會大眾日常生活息息相關，因此，對於勞工不按所輪班次上班工作，使雇主因應不及，而致無法維持其業務之正常運作，嚴重影響社會大眾生活秩序與社會安全，應可認為勞基法第40條第1項的「突發事件」[259]。

在實施上，並無如勞基法第30條、第30條之1或第32條需經工會或勞資會議同意之規定。勞基法只有勞工不同意每週更換一次或多次及更換班次時給予適當休息時間之限制（勞基法第34條參照）[260]。在法律上有疑義的是，基於童工（勞基法第48條參照）或女工（勞基法第49條參照）夜間工作的禁止或限制，以及例休假日、國定假日禁止工作的規定（勞基法

---

[257] 相關判決，請參閱台灣高等法院105年度勞上更（二）字第3號判決（千翔保全公司案）、台灣高雄地方法院105年度雄勞簡字第79號判決（東京都保全公司案）。

[258] 台灣高等法院高雄分院107年度勞上字第17號民事判決參照。該案當事人的輪值大、小夜班，由於係規律性的輪班，所以，解釋上應非值班或輪值加班。

[259] 行政院民國77年6月14日台（77）勞字第15750號函；行政院勞工委員會民國78年4月20日台（78）勞動2字第09229號函參照。

[260] 2016年12月6日修正之勞基法第34條第2項規定：「依前項更換班次時，至少應有連續十一小時之休息時間。」由於行政院並未公布施行日期，因此，並未生效。之後，勞基法第34條第2項在2018年3月1日修正增訂但書：「但因工作特性或特殊原因，經中央目的事業主管機關商請中央主管機關公告者，得變更休息時間不少於連續八小時。」

第47條參照），輪班工作是否應受限制？對此，基於國際公約及各國法令多有禁止或限制童工與女工夜間工作，以及禁止童工例假日工作，因此，輪班工作的安排應受到限制。至於雇主之實施輪班工作，雖不受到男性成年工夜間工作，惟是否亦不受勞基法第36條至第38條之休息日、例假、休假及特別休假等之限制？也就是說，基於勞動契約所為之「輪班制之換班」約定（勞基法施行細則第7條第2款參照）[261]，已將原休息日、例假、休假及特別休假轉變為工作日，而使得該日之工作並無比例加給工資或加倍發給工資，並且給予補休之適用（勞基法第36條第3項與第24條第2、3項、第39條、第40條參照）？對此，中央勞政機關採取肯定見解，並且認為雇主應與勞工合意以另一工作日作為補休之用，以盡快補給勞工休息[262]。此一見解，在法院實務上也採之[263]。只不過，本書以為固可承認勞雇雙方將例休假日變更為工作日，而無須遂行勞基法第39條、第40條之同意程序，惟雇主仍應加倍發給工資或加倍發給工資、並事後補假休息。如此，始不會違反各種例休假的規範目的[264]。

　　再針對輪班制工作勞工的休息時間而言。雖然依勞基法第35條但書，雇主得在工作時間內另行調配勞工休息時間。惟本書以為除非輪班工作同時具有連續性工作或緊急性工作的特殊性質或者特別為保護輪班工作

---

[261] 依行政院勞工委員會民國76年12月8日台（76）勞動字第5587號函：雇主不得逕自將休假日與工作日對調。

[262] 行政院勞工委員會民國87年2月16日台（87）勞動2字第005056號函參照。

[263] 例如最高行政法院101年度判字第588號判決，肯定雇主得與勞工可以合意將休假日調移為工作日，故無違反勞基法第37條、第39條可言。最高行政法院106年度判字第300號判決亦採肯定見解。

[264] 最高行政法院101年度判字第588號判決即認為：「勞基法第37條保障勞工於特定假日休假之權利，係基於特定假日為國家基於公共目的、民俗習慣而訂立之假日，使國民於特定日從事節慶民俗活動，具有公共政策之強制性。」台北高等行政法院103年度訴字第1738號判決（即最高行政法院106年度判字第300號判決的前審）即認為：「然事業單位採行輪班制並非等同於約定國定假日調移，採行輪班制者，亦可不約定調移國定假日，是就經排定於國定假日工作者，仍應給予加倍工資；且經排定於國定假日工作者與排定於非國定假日工作者，對勞工而言，並非等價，……。」

者身心健康的考量，否則，並不具有另行調配休息時間的理由，雇主仍應遵守第35條本文「勞工繼續工作4小時，至少應有30分鐘之休息」規定。基於輪班制工作對於勞工身心健康的不利影響，輪班也不得與待命時間勤務合併使用[265]。而對於第34條第2項規定：「依前項更換班次時，至少應有連續十一小時之休息時間。但因工作特性或特殊原因，經中央目的事業主管機關商請中央主管機關公告者，得變更休息時間不少於連續八小時。」雖其使用「休息時間」一語，但其是在確保「前一個工作班次」更換到「下一個工作班次」間的休息時間，由其長度觀之，其性質應為最低限度的「下班時間」。此與第35條係針對工作時間內的休息，尚有不同。

二、夜間工作

其次，夜間工作也是工作的方式／情況類型之一。緣勞基法第30條第1項僅規定「勞工正常工作時間，每日不得超過8小時」，並未規定起迄的時間，以給予勞雇雙方針對事業單位的特質及勞工的需要，而約定適合雙方的起迄點。夜間工作主要是發生在採取畫夜輪班制，而擔任夜間工作者的身上[266]。惟如勞基法施行細則第17條「正常工作時間跨越二曆日者」，亦有可能只是單純從事夜間工作者（例如夜班保全人員[267]）。與輪班工作相同，夜間工作也會造成勞工身心健康的不利影響，因此，基於勞動醫學上的理由，必須予以一定的限制或禁止。就勞基法規定觀之，從事夜間工作者並無（按次的）夜間工作津貼[268]。以往夜間工作及輪班制勞工從事夜班工作所享有之夜點費，由於產生是否為工資的疑義，勞基法施行細則第10條已將之刪除。雖然如此，雇主仍得提供實物給付方式（例如食物、飲料）或者金額不大的夜點費，以作為福利性的鼓勵之用。

有問題的是，何謂夜間工作？從夜間幾點到翌日幾點？對此，雖然國

---

[265] 就此觀之，我國勞基法第30條及第30條之1的變形工時與待命時間勤務的合併使用，從工作時間保護法的角度來看，似乎即會引發疑義。

[266] 德國工作時間法（Arbeitszeitgesetz, ArbZG）第2條第5款也是如此規定。

[267] 台灣高等法院105年度勞上字第59號民事判決參照。

[268] 德國工作時間法第6條第5項則有適當的補休或津貼請求權的規定。

際勞工組織1990年第171號夜間工作公約第1條規定：「夜間工作，係指在一包括午夜至上午五時之時段且不少於七小時之連續期間內所從事之任何工作；其工作時數由主管機關於諮商最具代表性之雇主團體與勞工團體後定之或由團體協約定之。」[269]其具有「午夜至上午五時之時段」及「不少於7小時之連續期間內工作」兩個條件要求。不同的是，我國的勞基法並未加以定義。吾人似不得將正常工時後的延長工時工作，即一律作為夜間工作看待，因其可能距離深夜[270]來臨尚有一段時間。依據勞基法第48條規定，童工不得於午後八時至翌晨六時之時間內工作。此一「午後八時至翌晨六時之時間內工作」，是否即可視為夜間工作之定義？本文持否定的見解，蓋該條文是在保護童工的身心健康，因其身心尚在發育中，故有如此之禁止規定。此與一般勞工之夜間工作雖然也在保護身心健康，但仍然有保護必要性及強度上的不同。

　　倒是，針對女工夜間工作，依據勞基法第49條第1項本文「雇主不得使女工於午後十時至翌晨六時之時間內工作」，其是為顧及女性勞工的健康與安全而設，但除了妊娠或哺乳期間的女性勞工外，為兼顧女工夜間工作的權利，避免違反憲法所禁止的性別歧視[271]，勞基法第49條第1項但書、第2項、第4項、以及第30條之1第1項第3款設有夜間工作的例外規定。此一「午後十時至翌晨六時」之間，應可將之作為夜間工作的共同認定標準，將之適用適用於所有的勞工（女工與男工）[272]。此亦可從中央勞政機關係在其2014年9月「異常工作負荷促發疾病預防指引」的夜間工作定義：「參考勞動基準法之規定，為工作時間於午後十時至翌晨六時內，可能影響其睡眠之工作。」獲得法令上的依據。惟如團體協約或勞動契約或工作規則另有較寬夜間工作時間之規定者，即以其為準。由於勞工

---

[269] 國際勞工組織1990年第178號夜間工作建議書總則第1條，也有相同內容的規定。

[270] 這是指：依照人類的生理時鐘或作息習慣，已經或即將進入睡眠的時間。

[271] 憲法第7條、第15條參照。至於德國法部分，請參閱BVerfGE 85, 191.

[272] 依據德國工作時間法第2條第3款規定：「本法所指之夜間工作，為午後十一時至翌晨六時間之工作。惟麵包及糕餅業為午後十時至翌晨五時間之工作。」

可能在「午後十時至翌晨六時」間工作，但也有可能在「午後十時至翌晨六時」間工作時間只工作1、2小時，因此，解釋上後者的情形亦屬夜間工作[273]，如雇主有提供夜間津貼或夜點費者，夜間工作只1、2小時者，亦有請求權。至於夜間工作者之正常工作時間，由於法無特別規定，因此，勞基法第30條第1項：「每日不得超過八小時，每週不得超過四十小時。」亦適用之。

相較於國際勞工組織第171號夜間工作公約及第178號夜間工作建議書多有關於工作條件之規定者（例如保障夜間工作者之衛生、協助其善盡對家庭及社會之責任、提供職業上之升遷機會、並給予適當之報償。此外並應採取措施保障所有從事夜間工作者之安全及所需母性保護；關於夜間工作者之工作時間、薪資及福利等待遇應計及夜間工作之性質；避免夜間工作前後的加班；關於夜間工作之輪班工作，原則上應避免連續擔任兩個全班工作、以及夜間工作之每日工作期間內應有一次或多次間歇使員工得以休息及飲食等），台灣則是將夜間工作者的保障，著重於預防身心健康的不利影響及疾病的促發。也就是說，在職業安全衛生法規中，對於輪班、夜間工作及長時間工作設有特別的規定。亦即：依據職業安全衛生法第6條第2項第2款規定，雇主對「輪班、夜間工作、長時間工作等異常工作負荷促發疾病之預防」事項，應妥為規劃及採取必要之安全衛生措施。職業安全衛生法施行細則第10條則規定：「本法第六條第二項第二款所定預防輪班、夜間工作、長時間工作等異常工作負荷促發疾病之妥為規劃，其內容應包含下列事項：一、高風險群之辨識及評估。二、醫師面談及健康指導。三、工作時間調整或縮短及工作內容更換之措施。四、健康檢查、管理及促進。五、成效評估及改善。六、其他有關安全衛生事項。」本書以為針對從事夜間工作的勞工，如其身心健康受到明顯不利的影響或有導致疾病之虞者，則應可引用第3款「工作時間調整或縮短及工作內容更換之措施」，主張轉換為日間工作，並且勞動條件免受不利益對

---

[273] 不同的是，依據德國工作時間法第2條第4款規定：「本法所指之夜間工作，為勞工至少在夜間工作時間工作達二小時之工作。」

待[274]。

　　另外，依據職業安全衛生法施行細則第39條第2款規定：「勞工個人工作型態易造成妊娠或分娩後哺乳期間，產生健康危害影響之工作，包括勞工作業姿勢、人力提舉、搬運、推拉重物、輪班及工作負荷等工作型態，致產生健康危害影響者。」又，再依據職業安全衛生設施規則第324條之2規定：「雇主使勞工從事輪班、夜間工作、長時間工作等作業，為避免勞工因異常工作負荷促發疾病，應採取下列疾病預防措施，作成執行紀錄並留存三年：一、辨識及評估高風險群。二、安排醫師面談及健康指導。三、調整或縮短工作時間及更換工作內容之措施。四、實施健康檢查、管理及促進。五、執行成效之評估及改善。六、其他有關安全衛生事項（第1項）。前項疾病預防措施，事業單位依規定配置有醫護人員從事勞工健康服務者，雇主應依勞工作業環境特性、工作形態及身體狀況，參照中央主管機關公告之相關指引，訂定異常工作負荷促發疾病預防計畫，並據以執行；依規定免配置醫護人員者，得以執行紀錄或文件代替（第2項）。」最後，依據女性勞工母性健康保護實施辦法第3條規定：「事業單位勞工人數在三百人以上者，其勞工於保護期間，從事可能影響胚胎發育、妊娠或哺乳期間之母體及嬰兒健康之下列工作，應實施母性健康保護：……二、易造成健康危害之工作，包括勞工作業姿勢、人力提舉、搬運、推拉重物、輪班、夜班、單獨工作及工作負荷等。」

三、童工例假日不得工作

　　依據勞基法第47條規定，童工例假日不得工作[275]。其理由為：童工體力較弱，為保護民族幼苗，參酌國際公約，本法特規定童工應休息之例假日（不得工作），以免影響童工之身體健康（參閱立法說明）。也就是

---

[274] 相對地，針對事業單位欲將從事白天工作勞工改調為從事夜班工作，依據行政院勞工委員會民國80年10月1日台（80）勞動2字第25281號函：「依據勞基法施行細則第7條規定，勞動契約應約定工作開始及終止之時間，事業單位如因實際需要徵得勞工同意，改調勞工於同一地點從事夜班工作，於法尚無不合。」

[275] 依據德國母性保護法（Mutterschutzgesetz, MuSchG）第8條規定，相對於一般勞工，妊娠或哺乳期間的女性勞工在週日工作，受到更嚴格的限制。

說，此一例假日不得工作的禁止規定，目的在確保兒童身心的健全發展。解釋上，針對未滿15歲之準童工，即使經主管機關認定其工作性質及環境無礙其身心健康，而可以受僱工作並加保勞工保險（勞基法第45條第1項、勞工保險條例第6條第2項參照），但是，其仍不得在例假日工作。而為了落實童工身心健康保護，勞基法第77條規定，違反第47條規定者，處六個月以下徒刑、拘役或科或併科新台幣30萬元以下罰金。

另外，附帶一言者，相對於童工之每日之工作時間不得超過8小時，每週之工作時間不得超過40小時（勞基法第47條參照），針對未滿18歲者，如其從事職業安全衛生法第29條：「第一項以外之工作，經第二十條或第二十二條之醫師評估結果，不能適應原有工作者，雇主應參採醫師之建議，變更其作業場所、更換工作或縮短工作時間，並採取健康管理措施。」（第29條第1項參照）也就是採取縮短勞動契約所約定工作時間的措施，以強化其工作適應能力，並確保青少年工的健康。此處，醫師並非建議縮短工作時間的幅度或時數，而是由雇主單方決定。解釋上，縮短工作時間也包括將全時工作改為部分時間工作，青少年工似無主張不同意之權。

第二項　其他法規

如前所述，性別工作平等法對於女性勞工（含母性勞工）的工作時間、休息、休假、請假，也有一些特別的規定提供較佳的保障。這主要是規定在第四章「促進工作平等措施」中。其中部分與勞基法規定重疊，由於勞基法僅規定勞動條件的最低標準，因此，應優先適用性平法較優的規定。

以女性勞工而言，主要是在第14條訂定每月得請生理假一日的規定。而且，「全年請假日數未逾三日，不併入病假計算，其餘日數併入病假計算（第1項）。前項併入及不併入病假之生理假薪資，減半發給（第2項）。」不過，綜觀性平法的工時規定，主要還是針對父母親身分的勞工而為。亦即第15條之產假、安胎假、產檢假（五日）、陪產假（五日）；第16條之育嬰留職停薪期間（育嬰假）；第18條之哺（集）乳時間（60分

鐘或90分鐘），視為工作時間；第19條之每日減少1小時工時或調整工作時間。這些父母親身分的工時規定，主要是勞動保護的規定，但也有彈性工時的規定，目的在使父母親身分的勞工適度調和工作與家庭，既具有保護嬰幼兒的作用，亦可促進父母親身分的勞工就業，以免其為撫養嬰幼兒而放棄工作或面臨時間難以調配的困境。所以，受僱於輪班制工作的事業單位勞工，如擬依性別工作平等法19條規定「調整工作時間」，在不影響業務之正常運作下，應於勞雇雙方勞動契約所約定之原有勞動條件及工作時間範圍予以調整。

　　配合性平法的上述規定，性平法施行細則也有幾條工作時間的規定。亦即：第6條之產假期間應依曆連續計算；第7條之陪產假請假期間；第8條之申請育嬰留職停薪期間屆滿前分娩或流產之產假保障；第11條之親自哺乳的定義。這些規定中，第8條係實質的保障規定，其他條文則是解釋母法條文的規定。

第三節　工作時間法之個別問題

　　我國工作時間的相關規範，主要是在勞基法中。因此，以下即以之作為說明對象。

第一項　工作時間的意義

　　依據勞基法第30條第1項規定：「勞工正常工作時間，每日不得超過八小時，每週不得超過四十小時。」這裡的「正常」，代表著立法者綜合國際規範及國內產業環境的現狀，所作的合法的價值判斷。「正常」意味「一般」，即法律所容許的每日及每週工作時間長度。不遵守此一規定者，即會落入異於一般人工作時間長度的「不正常」狀況，必須予以非法性的評價。惟例外地，如因企業經營的需要或工作的性質（例如輪班制工作），勞工8小時的工作時間跨越二曆日者，仍視為前一曆日的正常工時（勞基法施行細則第17條）。這表示第二曆日的工作時間，與前一曆日的工作時間，合併不得超過8小時。同樣屬於正常工時的，還有勞工於同一

事業單位或同一雇主所屬不同事業場所工作，應將在各該場所之工作時間合併計算，並加計往來於事業場所間所必要之交通時間（勞基法施行細則第19條）。

　　然而，有問題的是，何謂工作時間？我國勞基法第2條並未加以定義，內政部在1976年即已表示：「工廠法第8條明定成年工人實際工作時間以8小時為原則，中間休息不包括在內。」[276]勞動部則是在函示（勞動部民國104年5月14日勞動條3字第1040130857號書函）及（性質屬於行政指導之）勞工在事業場所外工作時間指導原則二、（二）規定：「工作時間（正常工作時間、延長工作時間），指勞工在雇主指揮監督下提供勞務或受指示等待提供勞務之時間。」理論上應是指從雙方約定的工時起工作開始到工作結束且扣掉中間休息的時間而言（即勞基法施行細則第7條第2款的「工作開始與終止之時間」）（例外地，勞基法第31條規定：「在坑道或隧道內工作之勞工，以入坑口時起至出坑口時止為工作時間。」又，職業安全衛生法第19條並不扣除中間休息的時間）。但是，依其定義，「受指示等待提供勞務之時間」（待命時間）也屬於工作時間[277]。工作時間並不以真正提供勞務的時間為限，只要在工作時間內停留在工作地即屬之，依據勞動力處分權讓與說的理論，勞工只要處於有可使／僱用性（Verfügbarkeit）的地位即可。所以，生產過程中基於機器故障或原物料未到廠等原因的的中斷，並無礙於工作時間的認定。

　　至於勞工到班或下班前後與執行工作具有一定關聯之行為，是否為工作時間或備勤時間，則應視其是否為勞工保護法及社會保險法上的工作時間而定。例如交班業務所須時間（例如護理人員的清點藥品器材及繕打病患病理紀錄）、以及搭乘交通工具到外地工作（例如建築工人先在事業單位集合，而後搭乘交通車前往工地工作）（勞工保險被保險人因執行職務而致傷病審查準則第5條第4款參照）的時間。這些先前準備或事後清

---

[276] 內政部民國65年3月1日台（65）內勞字第668674號函參照。
[277] 即其採「處分權讓與說」的見解，而非本書所主張的「實力支配說」。同樣採「處分權讓與說」者，台灣台南地方法院103年度簡字第59號行政判決。

理的動作，都與工作密不可分，性質上屬於備勤時間。這都應該依據勞基法第30條第5項規定，逐日記載到（由雇主所提供的）勞工簽到簿或出勤卡，並且將簿卡保存五年[278]。相反地，更換工作服[279]及其他安全設備的時間、作業之準備行為、交班後必要的清洗時間（例如機車行的黑手）、參加任何會議的時間，大多為個人準備工作或善後的時間，不應將之視為工資法上的工作時間。

　　事實上，工作時間的記載，攸關到時薪的基本工資的成敗。雇主違反此一記載義務時，並且會受到行政罰鍰的處分（勞基法第79條第2項）[280]。須注意者，勞動契約既應記載「工作開始與終止之時間」（勞基法施行細則第7條第2款）（例如08：30～17：30），且雇主為企業經營有統一工作時間的必要，則勞工由於每日上班時間不定，其記載／登錄的時間也可能與契約所約定的時間不同（例如打卡時間是07：45），則在計算工資時，究應以何者為準？對此，本書在前面已經主張以契約所定時間為準，除非雇主已指示／要求提早上班或勞工已提出經核准的加班申請書或雙方對此有合意，否則，勞工似應舉證已經提供勞務、且經雇主受領之事實。不如此，則勞工提早到工作場所休息或處理私人事務（吃早餐、看報章雜誌、泡咖啡等），即有可能被計入工作時間，難謂對雇主公平[281]。另外，有問題的是，假設勞工也自備簿冊記載工作時間及休息時間，而其與雇主所所提供的簽到簿或出勤卡記載不同者（尤其是延長工

---

[278] 行政院勞工委員會民國93年3月16日勞動2字第0930011871號書函參照。依據勞基法施行細則第21條規定：「本法第三十條第五項所定出勤紀錄，包括以簽到簿、出勤卡、刷卡機、門禁卡、生物特徵辨識系統、電腦出勤紀錄系統或其他可資覈實記載出勤時間工具所為之紀錄（第1項）。前項出勤紀錄，雇主因勞動檢查之需要或勞工向其申請時，應以書面方式提出（第2項）。」另外，依據行政院勞工委員會民國101年5月30日勞動2字第1010066129號函：「有關工時記載之載具及形式為何，可由勞資雙方自行約定。」

[279] BAG, Beschl. v. 12.11.2013, NZA 2014, 557 ff.

[280] 台北高等行政法院106年度訴字第941號行政判決、高雄高等行政法院105年度訴字第236號行政判決參照。

[281] 似乎採取相同見解者，請參閱高雄高等行政法院105年度訴字第236號行政判決。

時及休息時間部分），則究竟應以何者為準？或者，至少勞動檢查機構及勞動檢查員（及代行檢查機構與代行檢查員）得採認勞工所提出的簿冊記載，而作為對於事業單位進行勞動檢查及／或處分的證據？我國勞基法工作時間的規定，顯然地，目的是在於維護勞工的安全與健康。這是立基於勞動經濟的及勞動醫學的認識與經驗而來。自逾百餘年以來，公法的工作時間法制即在於限制個人的工作時間[282]，以免過長的工時而造成傷害。所謂8小時的工作日，即在此背景下產生[283]。

　　勞工的正常工作時間並不必然在廠場中完成，而是個別勞工的任務及企業的需要而定。如果勞工在住處中（偶然）已接受雇主的指揮命令工作，自可將之作為工作時間。假設勞工因出差或其他原因於事業場所外從事工作致不易計算工作時間者，以平時之工作時間為其工作時間。但其實際工作時間經證明者，不在此限（勞基法施行細則第18條）。對於如保險外務員的業務員，為招攬保戶或拜訪客戶，工作時間多有在事業單位外度過者。在此出差期間，不管勞工是單純地駕駛或搭乘車輛（閉目養神）、或者已開始工作，均無礙其工作時間的認定。

　　又，針對職業駕駛（尤其是國道長途客運駕駛員）的工作，其工時的

---

[282] 論者有認為工作時間應區分為兩者：勞基法上之工作時間，以及勞動契約上之工作時間者。前者係屬於公法的、勞工保護法的概念，後者則係私法的、勞資得自由約定的概念。其實，依本書所見，尚存在第三類工作時間，亦即社會保險法上的工作時間，例如將待命時間視為工作時間（勞工保險被保險人因執行職務致傷病審查準則第5條第1款參照）。此尤其會涉及到職業災害的認定。

[283] Neumann, Biebl, a.a.O., 78 ff。因此，就延長工作時間而言，勞工並無延長工作的義務或權利。同樣地，雇主也無要求或接受延長工時的權利或義務。一旦雙方合意延長工時，雇主即應為之付出較高的費用（勞基法第24條規定參照）。在最高法院100年度台上字第1422號裁定（及其前審之台灣高等法院99年度勞上字第79號判決：統聯汽車客運股份有限公司案）中，法院考量國道運輸業者駕駛員工作內容的特殊性，同意以正常工時工資計算並給付延長工時工資及假日工資，而非以司機員的實際延長工時作為計算加班費之依據。蓋其給付之金額超過勞基法所定之標準。所以，該延長工時工資不得再算入正常工時工資，以計算延長工時工資及假日工資。

採證認定具有其特殊性[284]。又按照法院見解[285]及中央勞工行政機關的行政指導[286]，其屬於勞基法第35條「工作有連續性」者，雇主得在工作時間內[287]，另行調配休息時間（汽車運輸業管理規則第19條之2第2款也有相同的規定）。如考量行車的動態需要全神貫注，雇主似應訂定妥善的駕駛時間規劃／管理（例如駕駛2小時，休息半小時），以免其長時間駕駛（例如3或4小時）造成疲憊或過勞，以致於難以達到法定正常工時（8小時）的要求[288]。同理，即使擔任（市內或短程）公車的職業駕駛，其從起站至終點站，也可能長達2小時，一趟來回即達3至4小時，坊間或有評之為「血汗公車」者。雖雇主得依勞基法第35條但書另行調配休息時間，或者在終點站設有調度站供司機休息，以符合勞基法第35條本文「連續工作4小時、至少應有30分鐘休息」之規定。但「調度站」性質為工作場所（工作站），與「休息室／站」（雖非一定要有獨立的空間，但至少應有可供員工一定程度舒緩身心壓力、備有一定設備的軟硬體設施、且達一定寬廣的空間）仍有所不同，恐無法達到休息的目的。況且，雇主如以另行調配休息時間為由，而縮短休息時間，則恐怕司機在調度站充其量只是

---

[284] 行政院勞工委員會民國78年3月13日台（78）勞檢一字第05905號函參照。

[285] 最高法院104年度台上字第1965號判決（長榮國際儲運公司案）參照。

[286] 勞工在事業場所外工作時間指導原則三（四）汽車駕駛。

[287] 針對國道客運駕駛員的工作時間，由於每位駕駛每次排班及路況不同，有業者採取「標準區間工時」之工時計算方式，以平均之固定時間計算，使駕駛員同時享有可縮短駕駛時間或延長駕駛時間之利益及風險。此種作法，也可以避免駕駛員為貪圖工時而故意怠速行駛，造成跑車趟數較少卻能獲得較多工時之不公平情形。惟由於其有將工作性質改為「按件」計酬，以致於無法算出實際工作時間及加班時間的疑慮，故並不為最高法院所採。請參照最高法院105年度台上字第220號判決（國光汽車公司案）。

[288] 行政院勞工委員會在2006年3月13日及2006年6月30日函送交通部，提供國道客運業者駕駛工作時間相關規定，並建議交通部應建立客運業駕駛員駕駛時間限度之規定，兩日班次間之休息時間以有10至12小時為原則，並應納入汽車運輸業管理法令規範。勞動部所發布的「勞工在事業場所外工作時間指導原則」，也將汽車駕駛納入適用（勞動部民國104年5月6日勞動條3字第1040130706號函參照）。惟該指導原則只具行政指導性質，並無法律強制力。

「匆忙中的喘口氣」而已！殊難想像司機有充裕的時間如廁或飲水。此將未能慮及人類的生理機能及不夠人性化。連帶地，也會影響行車的順暢與安全。所以，解決之道，應在勞基法第35條本文及但書的規範架構下，擬定工作時間的管理，讓公車司機在完成單向的起點到終點駕駛工作後，在足夠的時間內處理別的工作（包括轉駕駛較為短程的路線），而由別的司機完成回程的路線。甚至，在單向路線過長時，中途調配休息時間，轉由其他駕駛接手，以便讓原駕駛下車喘口氣休息（含喝口水、散散步）。先進國家大多是如此規劃管理其職業駕駛的工作流程。其次，果然無法如上所言，則應在每部公車上設置廁所，以為駕駛所用[289]。

第二項　工會同意的法律問題

依據勞基法第30條、第30條之1、第32條第1項規定，變形工時及延長工時之實施，必須經工會同意，無工會者經勞資會議同意[290]。對此，如前所述，依據2018年3月1日修正施行的勞基法施行細則第20條的立法說明：「當雇主依本法第三十條第二項、第三項、第三十條之一第一項、第三十二條第一項、第二項、第三十四條第三項、第三十六條第五項或第四十九條第一項所定『經工會同意，如事業單位無工會者，經勞資會議同意』之程序為之，係就『制度上』為同意，爰雇主於踐行同意程序後，若涉及個別勞工勞動契約之變更，仍應徵得個別同意後，始得為之。」依本書所見，中央勞政機關此一見解顯然違反了集體法優於個別法的根本原理（尤其是集體協議的補充或取代效力[291]），故不值採。果然依其見解，

---

[289] 相關報導，請見中國時報，2015年3月14日，A6版：橫跨雙北市長59.6公里、165站508血汗公車奪冠一趟3～4小時；謝錦芳，無人車與血汗司機，中國時報，2015年4月30日，A15版：自動駕駛的技術一旦發展成熟，司機們可能更擔心工作機會被取代；不過，短期內，公共汽車或許還難以進展到自動駕駛境界，政府與企業絕對有責任建立符合人性的勞動條件，避免製造更多血汗司機。

[290] 類似的條文，亦見之於大量解僱勞工保護法第4條以下。另參閱台灣高等法院97年度勞上易字第12號民事判決：「如係經勞工或工會同意而以工作日與例假日對調者，即無須依延長工時之規定加倍發給工資。」

[291] 這表示在工或勞資會議同意或集體協議的期間，勞動契約有關工時的約定，暫時停止

則在這些工時事項上，個別勞工似乎即可無視於（準）勞工團體的決議矣。如此，即會產生工會依勞基法第30條、第30條之1、第32條第1項所締訂的團體協約，其效力相較於團體協約法第12條、第19條弱化的（雙軌制）現象。

　　至於條文中所謂工會之「同意」，並非指團體協約而言，亦即無需經過漫長的團體協商（甚至罷工程序），只要經過工會代表（含幹部[292]）的口頭或書面同意即可（亦即簽訂一般契約性質的協議或協定即可）。另外一問題是，工會畢竟只是會員的集合體及利益代言人，其本身是一個封閉性的公益團體，並不負有對外為非會員同意或進行協商的權利義務，換言之，依據集體勞動法理，非會員並不受工會的同意或團體協約的拘束。因此，勞基法第30條、第30條之1、第32條第1項規定，要求非會員應接受工會所做成同意的拘束，顯然未考慮到非會員的消極團結權的保護，理論上非會員可以自行決定是否接受變形工時及延長工時，而不會遭受到不利益（同說，行政院勞工委員會民國78年3月8日台（78）勞資1字第04654號函：關於工會會議通過全體會員不延長工作時間，不於休假日工作及依法罷工時，對非會員是否具有拘束力乙案，查工會會議之決議對非會員無拘束力）[293]。或者，應將之限縮解釋為以拘束會員為限。此並不因加入工會的勞工是多數或少數而有所不同。以「全數由勞工自行組成、作成決議之工會組織」為由[294]，而將同意權效力及於非會員，顯然係一誤解。但是，另一方面，由於全體勞工於其進入事業單位後，即自然而然（無須繳費地）被納入勞資會議中，因此，勞資會議所作成的決議或同意（包括對於工作規則中延長工作時間的同意）[295]，即可對之發生拘束力。在

其效力，而在同意或集體協議的期間後回復其效力。

[292] 工會法第21條參照。

[293] 對此，台北高等行政法院106年度訴字第1592號行政判決（家福公司案）一方面肯定非會員的消極團結權，但另一方面卻又認為工會的同意權係立法者「採取對工會有利措施或賦予一定權限等規制方式」，對於非會員有拘束力。

[294] 台北高等行政法院106年度訴字第1592號行政判決參照。

[295] 勞資會議實施辦法第13條第2項參照。

此，立法者給予勞資會議決議同意的效力，具有法定強制的效力，顯然較強於勞資會議實施辦法中的決議（僅為君子協定）。所以，為避免侵害非會員的團結自由基本權，上述條文的同意權應將之（修正）限縮在勞資會議。無論如何，工會或勞資會議的同意權，仍然需要受到勞基法第42條禁止強制勞動誡命的限制。

另外一個問題是，事業單位如有多個廠場，而且各自成立工會者，則應以何者具有優先同意權？對此，基於各廠場工作型態難以一致，而且各廠場的運作及員工利益考量的不同，似應賦予廠場企業工會有優先於事業單位企業工會的協商權與同意權。只在廠場勞工未組織企業工會時，始允同一事業單位企業工會之同意以代。只不過，基於上述條文「經工會同意，無工會者經勞資會議同意」，解釋上應係指具有比較位階的同一廠場或同一事業單位的工會與勞資會議而言，因此，廠場的勞資會議亦具有優先於事業單位企業工會的同意權[296]。在此，跨職業或跨廠場或事業單位的職業工會或產業工會並無同意權可言。

承上的問題是，針對事業單位中企業工會成立之前，勞資會議已同意雇主之延長工時工作及變形工時工作，則在企業工會成立後，得否要求雇主依勞基法第30條、第30條之1、第32條第1項規定，再次送請工會同意？勞資會議或雇主是否有權反對？對此，中央勞政機關函示中似有持肯定見解者[297]，依之：「勞動基準法民國91年12月25日修正條文公布施行後，原已依修正前該法第30條第2項、第30條之1第1項、第32條或第49條規定辦理者，仍屬適法。但如事業單位欲變更工作時間，或於原核備期限（日）屆期後延長工作時或實施女工夜間工作者，均應依修正後之規定，重行徵得工會或勞資會議同意。」惟亦有針對延長工時明確採取否定見解

---

[296] 行政院勞工委員會民國92年7月16日勞動2字第0920040600號令參照。不同意見說：行政院勞工委員會民國103年2月6日勞動2字第1030051386號函、台北高等行政法院106年度訴字第1592號行政判決參照。

[297] 行政院勞工委員會民國92年7月16日勞動2字第0920040600號令參照。

者[298]，依之，「說明：……二、勞動基準法第30條、第30條之1、第32條及第49條規定，雇主擬實施……『延長工作時間』……等事項，應經徵得工會同意，如事業單位無工會者，始允由勞資會議行使同意權。三、事業單位勞工如未組織工會，雇主認有依前開各條規定辦理之必要者，於徵詢勞資會議同意時，勞資會議就其同意權得併附期限。倘勞資會議同意雇主前開事項附有期限，嗣後，原同意期限屆期前，事業單位勞工組織工會。其原同意期限屆期後，雇主欲續予辦理者應徵得工會同意；惟若勞資會議同意時未併附期限者，允認已完備前開法定程序。嗣後，事業單位勞工縱已組織工會，雇主就前開各事項，得免再徵得工會同意」。此一否定的見解，也是中央勞政機關目前所採的見解[299]，而且，配合勞基法在2018年3月1日的修正施行，同意的事項已經擴充及於勞基法第34條的「輪班換班間距」及第36條的「例假七休一調整規定」。

依據本書所見，首應釐清者，在前一函示的重點，似在於事業單位對於實施的變形工時及女工夜間工作，如欲加以變更、或者在原核備期限（日）屆期後，如欲繼續實施延長工時工作，則應依修正後的條文規定，重行同意的程序。反面言之，事業單位如無意變更原來的變形工時及女工夜間工作的約定（即繼續實施原約定），或者不再繼續實施延長工時工作，則根本無需重行同意的程序。如此，工會或勞資會議即無權要求重行同意。果然依據此一理論，部分司法實務不考慮雇主是否有變更變形工時的意欲，單純以工會成立後所做的決議，即認為原變形工時的約定不再有效[300]，則此一見解即屬可疑。惟亦有部分司法實務持延長工時之制度早於企業工會成立前即已經勞資會議同意者，即無須再徵得企業工會同意者[301]。

---

[298] 行政院勞工委員會民國101年11月27日勞動2字第1010088029號函參照。
[299] 勞動部民國107年6月21日勞動條3字第1070130884號函參照。
[300] 最高法院104年度台上字第223號判決（家福公司案）、台灣桃園地方法院行政訴訟106年度簡字第102號判決（家福公司案）參照。
[301] 台灣台北地方法院105年度簡字第268號行政訴訟判決（安泰銀行公司案）參照。

　　然而，針對工會或勞資會議行使勞基法第30條第2、3項、第30條之1、第32條或第49條之同意權問題，似應分別以觀，蓋第30條第2、3項、第30條之1之同意權，係以每二週、八週或四週為同意期間，而第32條或第49條則是基於臨時性與例外性，應以每次的延長工時工作或女工夜間工作為同意期間，因此，如前所述，工會或勞資會議不得事先概括同意雇主得自行判斷是否要延長工時工作。同樣地，夜間工作及變形工時工作亦應做如此解釋。由此觀之，無論是工會或勞資會議之同意，當然均附有期限，如其未明示期限，亦應將之限縮解釋為「以二週、八週或四週」為變形工時期限、「以每次」為延長工時工作或夜間工作的同意期限。果然如此，則在原來同意期限後，如雇主欲再次進行變形工時工作或延長工時工作或女工夜間工作，均必須按照勞基法第30條第2、3項、第30條之1、第32條或第49條規定之程序，事先取得工會或勞資會議的同意。如此一來，即使在企業工會同意前，勞資會議已行使同意權，但因同意的期限均屬短暫而具可預見性，不至於發生結束期間遙遙無期之情形。工會當得在雇主再次請求變形工時工作或延長工時工作或女工夜間工作時，行使其同意權或否決權。

　　其次，針對必須重行徵得工會或勞資會議同意的程序而言。依據民國91年12月25日修正前（即91年6月12日公布施行）的勞基法第32條第1項規定：「因季節關係或因換班、準備或補充性工作，有在正常工作時間以外工作之必要者，雇主經工會或勞工同意，並報當地主管機關核備後，得將第三十條所定之工作時間延長之。其延長之工作時間，男工一日不得超過三小時，一個月工作總時數不得超過四十六小時；女工一日不得超過二小時，一個月工作總時數不得超過二十四小時。」另外，第30條第2項及第30條之1本文規定「經工會或勞工半數以上同意」，第49條第1項本文則是規定「經取得工會或勞工同意」。可知當時雇主如欲施行延長工時工作，除經工會或勞工同意外，並需報當地主管機關核備[302]。惟變形

工時及女工夜間工作，則無報經當地主管機關核備之要求。因此，中央勞政機關所指之以原核備期限（日）屆期為準，之後應重行徵得工會或勞資會議同意者，僅限於延長工時工作而言。倒是，函示既謂「以原核備期限（日）屆期」，顯示延長工時工作將會持續一段期間。此在修正前條文規定「因季節關係或因換班、準備或補充性工作」，其事由較為明確，當地主管機關也能審查之而決定是否核備，因此，其長期間的加班具有可預測性及可行性。然而，在修正後已無「因季節關係或因換班、準備或補充性工作」的用語，僅係一般性地表示「雇主有使勞工在正常工時以外工作之必要」，其事由或條件顯得抽象不明、且已刪除當地主管機關之核備，僅修正增列「工會同意，無工會者經勞資會議同意」，故是否仍容許長時間的延長工時工作？並非無疑。依本書所見，延長工時工作（加班）應屬例外的勞務，對於長期的額外人力需求，雇主必須以聘僱其他人力的方式為之，不宜假手延長工時工作的途徑為之。惟何謂「長期」？其判斷的標準為何？並不明確，在認定上將難免發生爭議。

　　承上所述，由於已刪除「當地主管機關核備」之規定，之後即完全依恃工會或勞資會議綜合各種資料後，審時度勢而定，因此，工會或勞資會議要求對之前的同意，重新行使同意權，乃有其一定的正當性。惟此一同意權僅適用於會員而已，對於之前已同意延長工時工作之非會員，並無拘束力。然而，有問題的是，針對雇主欲變更的變形工時或女工夜間工作約定，如其已經工會同意，則何時應重行徵得工會或勞資會議同意？對此，如工會的同意附有一定之期限，不論是團體協約（團體協約第28條參照）或一般性的協議（定），解釋上，工會無論是原來的幹部或改選後的新幹部，均應受其拘束。否則，即會權於債務不履行。至於如果是不定期的團體協約，則工會在團體協約簽訂一年後，得終止協約（團體協約第27條第1項參照）並重新表示其是否同意。在此種工會行使同意權的情況下，除非是一般性的協議（定），否則，即使是原團體協約期限屆滿（團體協約法第21條餘後效力），勞資會議並無權行使同意。

　　又，如果是「半數以上勞工」同意變形工時，已具有相當的代表性，如其附有一定之期限，工會或勞資會議自應予以尊重並受其拘束。惟如其

未具有一定期限，則應在合理的預告期間下，工會或勞資會議始得要求重新同意。最後，針對個別女工對於夜間工作的同意，由於議約地位的不平等及女工夜間工作保護的必要性，即使同意具有一定期限，解釋上亦應使工會或勞資會議隨時得重新行使同意權。

第三項　待命時間

勞基法除未對工作時間加以定義外，同樣地，亦無待命時間的定義與相關規定，致使待命時間的意義、待命時間是否為工作時間，以及待命時間的適用條件（任何勞工、任何職業均可約定適用？待命時間的最高上限為何？與其他工作時間狀況的合用？）等並不明確。台灣學術界、行政機關及法院實務多係在定義工作時間時，直接將待命時間認定為工作時間，而少有對於待命時間加以界定者（尤其是未能與備勤時間、候傳時間區分），故能否終局地釐清待命時間之相關問題？並非無疑[303]。

先就待命時間的定義而言，其主要係在與工作時間加以區隔。所謂工作時間，實際上包括「在特定地點停留」及「提供勞務」兩要素。而「待命時間」（Bereitschaft oder Bereitschaftsdienst），則係雇主為確保執行必要之任務，與勞工特別約定，於合理的特定時間內在雇主指示之地點（通常是在事業單位內或鄰近之處所）等候[304]，並於遇有情況隨時處理雇主交付之原勞動契約所約定之工作。待命時間實際上是一等待時間，雇主的指揮監督權實際上只在要求勞工停留於特定地點待命而已，依照待命時間，勞工只是受到必須停留在特定地點的不利益而已，雖然勞工處於準備提供勞務的狀態，但經驗上絕大部分無須發動工作，而是其仍得自由地從事私人的事務（包括飲食、閱讀等）或單純的休息、睡覺[305]，具有相當大的休閒時間或時間自主性[306]。所以，其並無須（如備勤時間般的）

---

[303] 台灣學術界偶有從比較法的觀點，廣泛地檢視我國法院判決者，請參閱林更盛，「待命時間」爭議問題探討，全國律師，第14卷第4期，2010年4月，頁23以下。

[304] 如果是休息，則不必等候指示。

[305] 最高法院94年度台上字第320號裁定（中國鋼鐵公司案）參照。

[306] 與本書略有不同的是，台灣高等法院台中分院107年度勞上易字第1號民事判決認為重

在工作時間中保持全神貫注的精神狀態。其所喪失者,主要是空間自主性。惟這並非謂在待命時間中,勞工不得經由一定的程序(告知或合意)短暫地離開待命場所或甚至合意取消待命時間。這一點,也顯示出與休息的空間主權(得自由活動)不同,亦即:原則上勞工擁有休息地點的決定權(空間主權),雇主僅在有例外狀況時,始能要求在特定地點休息。例如空勤組員因出勤而前往各地(含國內、外地點)工作的時間,應依勞基法施行細則第18條「其他原因於事業場所外從事工作致不易計算工作時間者」,以平時之工作時間為其工作時間[307]。並且,針對其在外地停留期間,由雙方依情況而約定是休息或待命時間。對於航空公司在國外航線所在地所提供的外站休息處所,要求空勤組員必須在其內休息或住宿,而使勞工具有待命之狀態,但因勞工仍得自由從事私人之活動,故仍屬休息時間,而非待命時間[308]。至於航空器或船舶飛行或航行期間,基於工作場所的特殊性(無法下機或下船休息),實際工作與其輪休之場所無從為嚴格之區分,機師在休息室內的輪休或在船舶上的休息,仍應屬休息時間,而非工作時間或待命時間[309]。

待命時間與值班(值日/夜)也有類似之處。蓋勞工必須停留於雇主指示之地點,而且,值日夜時間也含有間歇性休息的本質。雖然如此,勞工在待命時間仍有時間主權,但值日夜時間則無。也就是說,針對待命時間的勞工,假設雇主要求其從事非勞動契約約定之工作,則其已逸出待命時間的概念之外、而進入值班概念的範疇,勞工當得拒絕此一要求,以免

點在於受雇主指揮監督下之特定狀態,此時勞工喪失本於「工作與非工作之休閒時間區分」前提下所擁有之時間主權,自應劃為工作時間範圍,反之,勞工在待命時間中若擁有相當程度的休閒時間及非處於雇主指定之空間,即無須計為工作時間。

[307] 對此,中央勞政機關引用勞工保險被保險人傷病審查準則第9條,將空服員至國內外各地工作視為公差,其見解似有待斟酌。行政院勞工委員會民國86年4月23日台(86)勞動3字第015845號函參照。

[308] 台灣高等法院97年度重勞上字第11號判決(中華航空公司案)參照。

[309] 最高法院97年度台上字第2591號判決(中華航空公司案)、台灣高等法院98年度勞上更(一)字第3號判決(中華航空公司案)參照。

陷入與值班混淆的困境。例如雇主要求勞工於夜間留於公司等候重要信件並立即回信，其性質上為值班，而非待命時間[310]。又，客運公司身兼管理員的副站長在夜班（13：00～24：30）後，夜間留站值夜待命至早晨（24：30～05：00），負責站上安全、突發事件，以及緊急處理與聯繫等事[311]。惟待命時間雖非工作時間[312]，雇主基於工資法的工作時間理論，並無須如正常工時般的給薪。但對於在特定地點等待指示的勞工（含醫護人員），仍然受到有空間上的不利益，雇主似應給予（較正常工資為低的）一定額度的工資補償[313]及（較一般延長工時為短的）一定長度的補休，這一點倒是與值班（擁有值班津貼）有其類似之處[314]。至於法院實務上也有採取「工時比例計算」之方式解決者[315]，依之，「工時的如何計算，蓋後者畢竟與一般工作時間有別，全然計為工作時間並不盡妥當，此工時的計算（事涉工資如何發給）應藉由協商手段調整，但絕非任由雇主決定不予計入，片面拒絕給付工資。」此一「工時比例計算」，與我國事業單位多有以此方式計算值班時間者相同。其在兼顧勞雇雙方實際上的利益，也可適度避免待命時間及值日夜的濫用，係一折衷可取的作法。

---

[310] 反對說：黃越欽，勞動法新論，2012年9月，四版，頁324。

[311] 最高法院91年度台上字第1842號判決（欣欣客運公司案）參照。

[312] 所以，勞基法第30條第1項的正常工時8小時、以及第32條第1項的延長工時46小時，都不包括待命時間。

[313] 惟其名稱並不侷限於待命津貼，例如在上述最高法院91年度台上字第1842號判決（欣欣客運公司案）中，雇主是發給夜間宿站者值夜津貼或值夜費。至於在中國鋼鐵股份有限公司所僱用的警衛人員給付工資爭議案件中，針對待命備勤時間，雇主則是發予勞工「備勤津貼」。請參閱最高法院86年度台上字第1101號判決、86年度台上字第1330號判決。

[314] 行政院委員會民國78年3月27日台（78）勞動2字第4000號函謂：爭議時段之工作情況如與一般工作時間不同時，其給予仍應由勞雇雙方自行議定。與本書見解不同的是，歐盟法院2000年10月3日的Simap案判決及德國工作時間法第5條第3項、第7條第1項第1a款，均認為待命時間為工作時間。EuGH v. 3.10.2000-Rs. C 303/98(Simap), NZA 2000, 1227 = DB 2001, 18.

[315] 台北高等行政法院99年度簡字第536號判決（桃園療養院案）參照。

　　另外，與待命時間也可能混淆的，尚有「備勤時間」。蓋兩者均處於未現實工作的狀態。只是，相對於待命時間之勞工「經驗上絕大部分無須發動工作」，在德國工作時間法制上另有備勤時間（Arbeitsbereitschaft）的規定，其係指勞工雖未實際從事工作，但處於隨時準備給付其勞務之狀態，工作過程常伴隨著間歇性地全力工作與微／少量工作的現象，即其處於「鬆弛中全神貫注」（wache Achtsamkeit im Zustand der Entspannung）的精神狀態[316]。其主要以工作內容具有繼續性質之服務業人員，以及監視性、間歇性工作較常發生者為限。例如銀行櫃員[317]、電話接線生、接待人員（或客服人員）、商店銷售人員、消防人員。此類人員在等待時間內雖未實際提供勞務，但經驗上有相當高的機率必須工作，精神上也處於近似工作狀態的高注意力狀態。在台灣，並無備勤時間（勞務）的分類，雖然實務上也偶有「待命備勤」或「駐廠備勤」[318]的用語者，但並非意在獨立出備勤時間或賦予其工時的特殊意義，而是實質上仍為待命時間的性質。吾人如從上述幾種工作人員的工作性質觀之，其係在工作時間內的等待實際工作（工作中的「等待執行」），本無礙於其工作時間的本質（與待命時間是未工作中的「等待工作」不同）[319]。另外，在24小時全日營業的停車場擔任管理員工作者，其在夜間十時至次日清晨三時間，即使因深夜時間進出之車輛不多，勞工也有睡覺之事實，惟因其並不得離開工作場所，仍處於備勤時間的工作狀態[320]。另外，針對在學生宿舍擔任

---

[316] BAG v. 28.1.1981, AP 1 zu § 18 MTL II. Vogelsang, in: Schaub, Arbeitsrechts-Handbuch, 12. Aufl., 2007, § 156, Rn. 17.

[317] 在一件涉及銀行分公司裏理負責「關閉金庫大門」、在其等待其他同仁先完成工作後再完成關門的時間，法院認為屬待命時間，應做工作時間對待。本書以為其與待命時間的定義不合，性質上較近於備勤時間。台北高等行政法院106年度訴字第941號行政判決參照。

[318] 內政部民國74年5月13日台（74）內勞字第309874號函參照。另請參照最高行政法院105年度裁字第1313號行政裁定。

[319] 反對說：黃越欽，勞動法新論，2012年9月，四版，頁324。

[320] 台灣板橋地方法院91年度勞訴字第32號民事判決（家邦停車場案）參照。

管理員工作者，除了在服務中心執勤（8小時）外，另須在宿值勤（7小時）。兩者雖均與學生事務的管理有關，但前者是例行性、常態性的工作，而後者則是處於值班狀態下，只需處理緊急性事務。所以，工作內容似乎有所不同。後者應可將之歸類為值班[321]，而非只是勞力密（集）度較為鬆緩而已。也因此，基於值日夜的特質，在無事故時可在管理員宿舍休息。較有疑義的是，按照內政部「事業單位實施勞工值日（夜）應行注意事項」第4點規定，原則上，勞工在工作日值日夜，每週不超過1次；在例（休）假日值日夜，每月不超過1次。即其具有例外性、稀少性的性格，而非如本案的常態性的值日夜[322]。在此，其與待命時間的性質並不相合，蓋其在宿值勤長達7小時，而且難謂是在等待在服務中心執勤。勞基法第30條之法定工時上限及第32條之延長工時上限，都必須將備勤時間加計其中。

　　較為難於判斷的，是具有間歇性工作性質之暫時停止工作時間的定位問題，例如火車站運務工及大客車駕駛在火車班次或大客車趟次間之空檔時間，雙方得否約定為休息時間？或其本質為待命時間或備勤時間？此似應依個案事實而定。以火車站運務工而言，其工作特質本來即會依火車間歇的往來，而呈現前往指揮與引導以及處於待命狀態的現象，其在工作時間中，精神均處於工作的狀態，只是工作的密度及連續性較為鬆緩而已。因此，原則上應為備勤時間。惟例外地，工作間歇時間明確、時間達到一定長度、而且勞工擁有休息的自主權時，勞雇雙方當得約定為休息時間[323]。至於大客車駕駛（尤其是行駛高速公路之客運業），在行車往返

---

[321] 最高法院在104年度台上字第2505號判決（中州科技大學案）中，似乎即是採取此一看法。

[322] 如前所述，「事業單位實施勞工值日（夜）應行注意事項」屬於行政規則，具有行政法上的拘束力，其應為民法第71條之強制禁止規定，惟如採司法院大法官會議釋字第726號的解釋意旨，勞雇雙方的法律行為違反之者，並非當然不具私法上的效力。

[323] 相關判決，請參閱最高行政法院89年度判字第2659號行政判決（台灣鐵路管理局案）。本書也以為從事運送貨物的駕駛，其在貨物裝卸時間如未參與工作，而呈現處於待命狀態，原則上也是備勤時間，例外始為休息。請參閱楊通軒，個別勞工法—理

的趟次之間，無論回到發車站或到達目地站，均會有短暫的歇息時間。勞雇雙方則得自由約定是休息時間或待命時間[324]。

再就待命時間的法律依據而言，勞工之所以需要提供待命時間的勞務，並非基於主要義務或附隨義務而來。否則，任何行業的勞工均難免於待命工作。所以，其是基於勞雇雙方的約定而來。惟基於工時保護的規範要求，此一約定似應受到任務的必要性及待命時間長度的合理性的拘束。而且，由於待命與實際工作的本質上差異，勞工如未能遵守待命時間到達特定地點待命或隨意離去，與勞工未能遵守工作時間，其違反勞動契約之嚴重性尚有不同，而且基於權利義務的對等原則，雇主只能對之進行較為輕微的懲戒處分而已[325]。另一方面，勞工在待命時間，仍應受到勞工保護法（尤其是職業安全衛生與職業災害）及社會保險（尤其是勞工保險中之傷病給付[326]與失能給付）之適用。

其次，則是我國學者間及實務界關注的焦點：待命時間究竟是否為工作時間？對此，行政解釋傾向於肯定其為工作時間而非休息時間[327]。亦即：「職業汽車駕駛人工作時間，係以到達工作現場報到時間為開始，且其工作時間應包含待命時間在內」[328]；「警衛人員於正常工作時間外，

論與實務，2017年9月，五版，頁24。

[324] 最高法院104年度台上字第1965號判決（長榮國際儲運公司案）參照。

[325] 否則，受到的懲戒處分既然相同，待命時間為工作時間的說法，也將較具有說服力，請參閱最高法院86年度台上字第1330號判決（中國鋼鐵公司案）。不同意見說：李玉春，我國工時法制之問題點與未來展望之研究，中國文化大學勞工研究所碩士論文，2000年6月，頁23。BAG AP Nr. 11 zu § 15 AZO; BAG AP Nr. 2 zu § 35 BAT.

[326] 勞工保險傷病審查準則第5條第1款解釋上包括待命時間在內。

[327] 依據勞基法施行細則第19條規定，勞工往來於同一雇主所屬不同事業場所間所必要之交通時間，為工作時間，而非休息或待命時間。

[328] 內政部民國74年5月4日台（74）內勞字第310835號函參照。然而，本書以為職業汽車駕駛人之工作時間，應以契約所定之「工作開始之時間」為準，而非以「到達工作現場報到時間為開始」，否則，將難以明確化雙方的權利義務，而出勤紀錄也難以記載，進而影響勞動檢查。

如須駐廠備勤,該備勤時間應屬工作時間」[329];「查勞動基準法所稱工作時間,指勞工在雇主指揮監督之下,於雇主之設施內或指定之場所,提供勞務或受令等待提供勞務之時間」[330]。同樣地,學者間大多基於勞動力處分權的概念,而持肯定的見解[331],蓋工作時間,一般係指勞工於雇主指揮命令下受拘束的時間,即使勞工未實際服勞務之待命時間,亦處於雇主所得支配之狀態,故在工作時間範圍之內。惟亦有學者持勞動力實際支配的觀點,認為待命時間並不受雇主實質上拘束,勞工提供勞務的密度顯較備勤時間為低,與我國實務上的值日夜類似。並且,勞工如無須到達事業單位內或鄰近之處所(例如宿舍)待命,而是可以停留在自己的居住所或所選定的地點,只需留下聯絡方式,以備雇主需要時要求其到場提供勞務,如此的候傳時間(Rufbereitschaft),勞工有極高的機率無需實際提供勞務,其並有充裕的通勤時間[332]、活動自由及身心健康受到的影響極其有限,性質上為待命休息時間。故在候傳時間,雇主並無須給付勞工津貼。

　　至於法院實務的見解,較早期肯定說及否定說可謂不分軒輊,晚近則似持肯定說者為多[333]。在早期的裁判中,有關中國鋼鐵公司所屬駐廠警衛之待命備勤時間之數個案例,尤其具有指標意義(多數持否定說[334],

---

[329] 行政院勞工委員會民國78年8月1日台(78)勞動2字第18761號函參照。

[330] 勞動部民國104年5月14日勞動條3字第1040130857號函參照。

[331] 黃程貫,勞動法,2001年6月,修訂再版三刷,頁412參照。

[332] 例外地,針對航空器及船舶上的工作者(空勤組員、船員、挖泥船勞工等),由於其工作性質特殊,即使停留在工作場所,也可約定候傳時間,並非除休息時間外,一律均為待命時間。不同意見說,台灣台中地方法院94年度簡上字第182號判決(榮民工程股份有限公司案)參照。

[333] 台北高等行政法院99年度簡字第536號判決(桃園療養院案)參照。

[334] 最高法院86年度台上字第1101號判決、最高法院86年度台再字第96號判決、最高法院94年度台上字第320號裁定參照。

少數為肯定說[335]）[336]。在晚近的裁判中，航空器的空勤組員[337]及醫療院所工作人員[338]之待命時間爭議，則具有一定程度的代表性。無論如何，法院似與行政機關及多數學者的見解相同，多有提及「時間主權」及「空間主權」者，但並未要求待命時間約定應有必要性及合理性條件的要求，而且，更重要的是，其未能區分備勤時間、待命時間、候傳時間（待命休息）概念的不同而分別以待。其主要論據為：工作時間一般係指勞工於雇主指揮命令下「受拘束之時間」，此工作時間不僅包含勞工於雇主指揮命令下實際有提供勞務之時間（通稱為實際工作時間），亦包含勞工雖處於雇主指揮命令下但未實際服勞務之「待命時間」在內[339]。

　　某種程度而言，我國實務上發生的個案，不少係在爭議候傳時間（待命休息）是否為工作時間的問題[340]。此尤其是發生在醫護人員的「on call」方式的定性問題。也就是說，基於醫療業務的特殊性，下班的醫護人員仍然負有處理緊急任務的義務（但這並非在排定上班時間）。假設其並非被要求到醫療院所內或鄰近處所（例如宿舍）待命，而是可以下班後自由選擇停留備勤室或（距離醫療院所不至於過遠的）自己的居住所，而

---

[335] 最高法院86年度台上字第1330號判決、最高法院87年度台再字第36號判決參照。

[336] 其實，中國鋼鐵股份有限公司所僱用之警衛人員，屬於勞基法第84條之1的工作者（行政院勞工委員會民國98年6月26日勞動2字第0980130491號公告參照），勞雇雙方本得約定較為彈性的工作時間。惟案中雙方並未針對有無約定並報請當地主管機關核備加以爭議。

[337] 最高法院97年度台上字第2591號判決、最高法院98年度台上字第2072號裁定、台灣高等法院98年度勞上更（一）字第3號判決參照。

[338] 最高法院民事判決97年度台上字第1358號判決、最高法院民事判決101年度台上字第319號判決、最高法院101年度台再字第32號判決參照。

[339] 台北高等行政法院104年度訴字第1452號行政判決參照。而且，法院也認為：「其所屬員工即使在休息時間內，實際上也處於隨時必須接受上訴人指揮及命令之『待命』狀態，故符合工作時間之定義。」

[340] 台北高等行政法院99年度簡字第536號判決（桃園療養院案）即是一例。在該案中，法院似乎毫無候傳時間的意識，而將on call一律視為待命時間，而且「不論on call人員的空間主權是由原告指定，或由該人員自行決定」，此一見解應屬不當，且自相矛盾。正確而言，必須空間主權受到限制才屬之。

在接獲醫療院所的通知指示後，能夠以適當的通勤時間，於指定時間前到達醫療院所工作。如此一來，其對於選擇停留地點既然擁有空間的決定權，其並得自由行動不受限制，則其身心上的不便或壓力實屬有限，也未喪失所擁有的時間主權，因此，似應將其定性為候傳時間（待命休息）為宜，而非工作時間[341]。至於如工程師人員，如其得自行選擇停留的處所，活動自由不受限制，只是在接獲通知時，前往廠場排除生產技術上的障礙，則亦應作同樣的處理。

　　依據本書的見解，工作時間，係指勞工依契約所定的工作開始及終止的時間，到達工作現場提供勞務而言。故其包括「在特定地點停留」及「提供勞務」兩要素。至於工作時間前後的準備行為（包括換裝、準備器材）及收拾行為（包括工作結束後的換裝、盥洗），則是屬於自我準備工作的時間，至多為勞工保護法及社會保險上的工作時間。在此，勞工既然處於準備提供勞務的狀態，則雇主是否要求勞工實際工作或無工可做，並無礙於工作時間的認定。惟與此不同的是，由於待命時間本質上並無「提供勞務」的內涵，勞工的義務並不是將其勞動力提出予雇主，只是在等候指示工作而已，並非工作之準備行為，故應採「實力支配說」將其認定為非工作時間，而不宜如學者所主張的「處分權讓與說」，將其與備勤時間等同[342]。否則，將無助於工作時間、備勤時間及待命時間概念的釐清，也與待命時間的規範目的有所不合。退而求其次，即使採取待命時間等同工作時間的看法，但由於勞工在該期間並無工作之事實，因此，也僅是「視為／同」工作時間而已。而如果再參考勞工比契約所定開始工作時間為早的到廠或未經過法定／約定同意程序即留廠加班，勞工必須負擔確有

---

[341] 依據德國工作時間法制，勞工無需停留在雇主指定的地點，而只要雇主隨時聯繫得到，此稱為「候傳時間／等待聯繫時間（Rufbereitschaft）」。其並非工作時間。適用對象包括醫師、工程師等。Zöllner and Loritz, Hergenröder, Atbeitsrecht, 6. Aufl., 2008, 334. 不同意見說，台北高等行政法院99年度簡字第536號判決（桃園療養院案）參照。

[342] 黃程貫，勞動法，2001年6月，修訂再版三刷，頁413參照。本書以為：如果依照處分權讓與說的說法，實際上會造成「待命時間」無須存在或不復存在的後果，至少「待命時間」只是淪為名詞的區分用意而已。

工作事實的舉證責任，則勞工也似應舉證其確實有在待命時間工作之事實。

　　所以，如前所述，依據工作時間法理或工時保護的要求，為免過度侵害勞工下班時間後的運用時間自由，雇主必須確有執行必要任務之需要，始得與勞工約定合理時數的待命時間。在此，尤其是指與公益或隨時準備提供勞務有關者，特別是屬於職業形象所內含者（例如醫療人員），雇主始得要求勞工於工作前合理時間到達特定地點待命[343]。此種待命時間的必要性，尤其是會發生在勞工居住處所與工作所在地距離遙遠，勞工如於接獲通知後始啟程往赴工作，將無法或難以及時完成任務時[344]。如果從醫療院所的醫護人員、從事飛航任務的空勤組員及職業汽車駕駛人等，其任務均具有緊急性或攸關社會大眾公益觀之，約定待命時間也有兼顧勞工身心能夠得到片刻的喘息或紓解的目的，以便迎接緊接著下來的龐大的工作量或工作壓力。雖然如此，勞雇雙方如不約定待命時間，而是以候傳時間為之，則勞工當更能兼顧其個人生活及家庭生活。

　　在雇主有完成必要任務的前提下，雇主始得要求為一定合理時間的待命。也就是說，待命時間與工作時間的合計，得超過每日正常工時及每週正常工時的上限，但雇主要求待命時間不可過於寬濫或時間過長，以免不當侵害勞工的休息權。只不過，何謂合理時間？對此，本書以為針對每次的待命，應參考勞基法第35條之「至少30分鐘」長度為準，按照行業或工作而作適度的調整，而不宜類推適用勞基法第32條第2項之46小時上限。另外，基於工時總量管制以達到工時保護的要求，待命時間除得與工作時間（含備勤時間）合用外，並不得與延長工時[345]及變形工時結合使用，以免過度傷害勞工身心的健康。

---

[343] 相對地，備勤時間已處於鄰近工作狀態（含工作中間的暫時喘息時間），故應視為工作時間，其固不以具有公益或隨時準備提供勞務性質的工作為限，例如救援隊員、消防隊員等。

[344] BAG v. 16.11.2013, NZA 2014, 264ff.

[345] 惟勞基法第32條第3項規定之情形，應可做例外處理。

第四項　值班（值日夜）

　　事業單位多有實施值日夜（值班）者。值班涉及以下諸問題：法律依據、值班與休息、待命時間、排班輪值（或稱「輪值工作」「輪值加班」），以及加班（延長工時工作）的異同、值班費是否為（延長工時）工資等。

　　先就值班的法律依據而言。勞基法並無值班之規定。至於勞基法第32條第1項之延長工時工作，由於係以勞工從事勞動契約所約定之工作為前提（正常工作之延伸），因此，並不得解釋為包括值班工作在內。換言之，值班之工作內容、工作性質[346]及工作之範圍與難度，與勞動契約所約定之工作並不相同。假設勞工在值班中同時混作勞動契約約定的工作，即應將之全部認定為延長工時工作。目前事業單位所實施之值班，殆皆依據內政部74年12月5日所頒之「事業單位實施勞工值日（夜）應行注意事項」（以下簡稱注意事項）[347]而為。只是，該注意事項並非依據勞基法之授權而訂定，而是中央勞政機關有鑒於業界之實施值日（夜），特訂定注意事項以為處理準則[348]。依其語意，此一注意事項性質似近於行政程序法第159條之行政規則，即上級機關對下級機關，或長官對屬官，依其權限或職權為規範機關內部秩序及運作，所為非直接對外發生法規範效力之一般、抽象之規定（第1項）。更確切而言，其屬性為同條第2項二：「為協助下級機關或屬官統一解釋法令、認定事實、及行使裁量權，而訂頒之解釋性規定及裁量基準。」即其為具有間接對外效力的行政規則，但並無直接規範勞雇雙方值日（夜）權利義務的效力[349]。

　　雖然如此，在實務上，中央勞政機關採取與其他注意事項（例如「派

---

[346] 如果只是「量」的減少，解釋上仍應是正常工作的延伸，而非值班。依理而言，雇主得提供充分的或不足的工作量給勞工完成。而勞工則無要求雇主提供充分工作量之義務。

[347] 內政部民國74年12月5日台（74）內勞字第357972號函參照。

[348] 請參照「事業單位實施勞工值日（夜）應行注意事項」的「附註」說明。

[349] 但是，解釋上，行政規則屬於民法第71條的強制禁止規定，法律行為違反之者，原則上無效。

遣勞動契約應約定及不得約定事項」、「僱用部分時間工作勞工應行注意事項」）同樣的定位，即其性質為「行政指導」[350]，而這也為多數法院裁判所採[351]。亦即，依據行政程序法第165條規定：「本法所稱行政指導，謂行政機關在其職權或所掌事務範圍內，為實現一定之行政目的，以輔導、協助、勸告、建議或其他不具法律上強制力之方法，促請特定人為一定作為或不作為之行為。」只不過，也有法院將之認為具有法規命令效力的函釋[352]，依之，內政部民國74年12月5日台（74）內勞字第357972號函僅屬行政函釋，於法院審理具體案件時，對法院並無拘束力；此外，系爭函釋於法位階上，低於法律，不得違反上位之法律規定，否則即屬無效。

　　本書以為中央勞政機關及多數法院的見解可採，該注意事項並無法規的強制力，只是具有提供事業單位參考、並且促請事業單位恪遵的指導效力而已。實務上，事業單位殆皆參照「注意事項」的規定，而為值日（夜）的私法契約約定。雖然如此，在發生值班的爭議時，法院應得做更符合值日夜法理的認定。此處，尤其是注意事項所肯認的值班，形成與勞基法的工時規定雙軌並行的現象，但也引起值班約定是否牴觸勞基法相關規定（尤其是工作時間與延長工時工作）的疑慮。法院並有直言「勞基法就延長勞工工作時間所為之規定，並無所謂加班或值班之分，此觀諸該法第32條之文義至明」、「上開注意事項既非法律，自不得與勞基法之相關規定有所牴觸，否則即對於適用勞基法之勞工不生拘束力」[353]。

　　雖然，依據「注意事項」的值班定義：「指勞工應事業單位要求，於工作時間以外，從事非勞動契約約定之工作，如收轉急要文件、接聽電

---

[350] 行政院勞工委員會民國97年3月10日勞動4字第0970005636號函參照。勞動部於2019年3月11日修正發布該注意事項時，再次重申其為行政上之指導，並且預告將於2022年1月1日停止適用該注意事項。

[351] 最高法院106年度台上字第2533號民事判決、台灣高等法院台中分院106年度重勞上字第13號民事判決參照。

[352] 台灣高等法院台南分院106年度勞上易字第5號民事判決參照。

[353] 最高法院106年度台上字第2533號民事判決、台灣高等法院台中分院106年度重勞上字第13號民事判決參照。

話、巡察事業場所及緊急事故之通知、聯繫或處理等工作而言。」（「注意事項」第1點[354]），中央勞政機關似在將值班定位為非工作範圍的、補充性的事務處理，以便於企業營運的推動。也就是說，其係針對「工作時間以外、非勞動契約約定之工作」[355]，與上班係針對「工作時間、勞動契約約定之工作」、加班係針對「延長工作時間、勞動契約約定之工作」形成互補的現象。本書以為值班制度的正當性，即是建立在能與加班區隔的輔助性功能上。吾人也以為基於文義解釋，勞基法第32條的加班並不包括值班在內。

　　只是，此種由事業單位與勞工合意，在工作時間外（下班後），留駐於事業場所，從事看守並處理一些與勞動契約無直接關聯之事務，究竟得否由勞工所負的附隨義務而來？並非無疑。傳統的學說與實務，也幾乎無人將值班視為附隨義務的內容者。由「注意事項」附註二「勞工值日（夜）工作，本部認定非正常工作之延伸，基此，就法理而言，勞工並無擔任值日（夜）之義務。」觀之，中央勞政機關顯然採取否定見解，所以，勞工下班後的法律依據究竟為何？勞雇雙方是否另需簽定一「值班委任契約」？或一「值班勞動契約」？如係後者，則其是否仍需受到勞基法最低勞動條件的拘束？尤其是基本工資的要求[356]？惟吾人如從「如收

---

[354] 值得注意的是，台灣高等法院99年度勞上字第106號判決認為：「此【作者按：「注意事項」第一點】係就勞基法所未規定之值日（夜）予以補充，所列值日（夜）之工作範圍及種類，應屬例示規定，不以此為限，仍應依其工作性質是否係「待命戒備留意」、「非必要持續密集提出勞務」作為是否值班之判斷標準。」對此，本書以為台灣高等法院的見解並不正確，蓋「待命戒備留意」、「非必要持續密集提出勞務」係監視性、間斷性工作的判定標準，屬於契約約定內容的工作方式，不得與值班混淆不清。

[355] 這一點，台灣高等法院台南分院106年度勞上易字第17號民事判決並沒有否定，只是其認為：「值夜費，則係於偏遠地區加油站，於徵得員工同意後，由員工輪值夜班巡邏，並發給值夜費。……屬……因經常性提供勞務所得之報酬，……。縱使值夜非屬勞動契約約定之工作，亦屬勞工以服勞務換取之薪津，且經勞工同意後，值班巡邏即偏遠地區加油站須固定輪值之事項，亦屬經常性之給予。」

[356] 依據2019年3月11日修正發布的「注意事項」第五點規定：「值日（夜）津貼應由

轉急要文件、接聽電話、巡察事業場所及緊急事故之通知、聯繫或處理等工作」事務觀之，雙方似乎亦得選擇訂立有償的或無償的「值班委任契約」，以為雙方權利義務的憑據。果如此，除了「注意事項」的相關規定外，民法委任契約章應為雙方權利義務的主要依據所在。

惟，如就「注意事項」的規定內容與用語觀之，其主要是作為（值班）勞動契約約定遵循之用。如上所述，依理而言，值班並非勞工基於勞動契約的義務（「注意事項」附註二參照）[357]，因此，雇主本無權單方要求勞工從事值日（夜）工作（包括要求勞工在中午休息時間，從事接聽電話等值班工作[358]），必須與勞工另行簽訂值班勞動契約，約明雙方的權利義務。只不過，企業經營實務上，多係在同一勞動契約約定值日（夜）事項者。雖然如此，似仍應從獨立契約的角度，依據雙方的約定及「注意事項」的規定，處理雙方因值日（夜）所生的權利義務。而非將值日夜作為單一勞動契約的內容，而謂勞工有值日夜之義務。即其本質上為兩個分別獨立的契約，而非單一的勞動契約。

再觀「注意事項」的規定，首先，事業單位必須有因應業務的需要，始得徵求勞工同意從事值日（夜）（「注意事項」第2點參照）。即其必須證明有值日（夜）的必要性。尤其是經營業務的屬性、業務量的多寡、以及能否以輪班或僱用其他人員（例如保全員、工讀生）等方式完成值班工作等，作為判斷的標準。如無必要性，勞工即得拒絕簽訂另一值班勞動

勞雇雙方議定，宜不低於每月基本工資除以二百四十再乘以值日（夜）時數之金額，……。」此一津貼建議數額並未具有強制力。

[357] 所以，以是否有權拒絕加班，作為承攬人或受僱人／勞工的分辨標準，並非正確。就此看來，台灣高等法院台南分院106年度勞上易字第1號民事判決（上千不動產仲介經紀公司案）的見解，即屬可疑。

[358] 最高行政法院107年度判字第211號判決（長庚紀念醫院案）參照。又，以餐飲業而言，勞工多有在休息時間被要求值班，以接聽顧客的訂位者，如此，由於其係原勞動契約之內容，本質上屬於延長工時工作。另外，違反勞基法第35條休息規定者，依同法第79條第1項第1款規定，處新台幣2萬元以上100萬元以下罰鍰。

契約或在勞動契約另行約定值日（夜）的要求[359]。

　　除了企業經營必要性外，事業單位實施值日（夜），並且會受到勞工保護的限制。也就是說，由於勞工在履行勞動契約義務後，身心狀況已達一定的疲憊。因此，勞工保護應優先於必要性的考量[360]。所以，以工作時間而言，假設勞工已從事延長工時工作或輪班工作或夜間工作、或者甚至已有待命時間、備勤時間等，均可排除此一必要性（即值班不得與加班等連用）。而在值日（夜）過程中，為使值日（夜）者能夠適當休息，本於雇主的保護照顧義務，事業單位應供應適當之飲食、休憩及睡眠設備（「注意事項」第6點參照）。而在值日（夜）對象的選擇上，事業單位不得要求童工從事值日（夜），女工從事值夜，雇主應提供必要之安全衛生設施或措施，但妊娠或哺乳期間仍不得從事值夜（「注意事項」第8點參照）[361]。另外，不宜要求高齡者、體弱多病者值日（夜），同樣地，對於處事能力不佳者，亦不宜安排（「注意事項」第7點參照）。此從雇主的保護照顧義務來看，高齡勞工、身心障礙勞工及體弱多病勞工者應可類推適用勞基法第42條規定，拒絕雇主值日（夜）的要求。倒是，由於「注意事項」第7點係一以勞工之年齡、體能及處事能力「等」為例示的概括規定，所以，勞工得否以其他具保護必要性的事由作為拒絕理由？例如部分時間工作勞工以本身尚有正職或尚在學就讀為理由？本書持肯定的見解。

　　除了企業經營必要性及確保童工、女工的身心健康外，事業單位實施值班，尚須遵循程序的及實質的規定。就程序事項而言，值日（夜）的要求，得經勞工同意或經團體協約或勞資會議決議或規定於工作規則。

---

[359] 只不過，事業單位如係與第三人訂立值日（夜）勞動契約，即不必受到此一必要性的限制。

[360] 而無論是事業單位無值班的必要性或勞工身心健康保護的考量，事業單位如將獎勵金與值班掛勾，其即不得以勞工不同意值班而拒絕給付獎勵金。最高行政法院105年度判字第135號行政判決（新海瓦斯公司案）參照。

[361] 在2019年3月11日修正前，原條文規定為「……。也不得要求女工從事值夜」。此一修正係基於促進職場上性別平權的考量。

如係規定於工作規則，尚應檢附該事業單位工會或勞工半數以上之同意書（「注意事項」第3點參照）。在此，由於僅是「得經」，在程序上並無強制效力，其並未如勞基法第32條第1項規定，應經工會同意或無工會者，經勞資會議同意之要求。法院實務上，有將之誤解為「須經勞資會議、團體協約通過」[362]，殊不足採。較為特殊的，係工作規則的值日（夜）規定，必須經工會同意或勞工半數以上的同意，而非僅由雇主單方訂定（勞基法第70條參照）即可。此一由「注意事項」（行政規則）所規定的工作規則的同意程序最為嚴謹，對於勞工保障最為週全，但也因違反勞基法第70條之工作規則生效規定，而在效力上存有疑義[363]。

　　同樣與值日（夜）程序有關者，係值日（夜）的週期（輪值）問題。對此，事業單位如係在工作日安排值日或值夜，除非經勞工同意而不妨礙其正常工作，否則，每週不超過一次。至於如係例（休）假日值日或值夜或值日夜，除非經勞工同意而不妨礙其正常工作，否則，每月不超過一次（「注意事項」第4點附表參照）[364]。此處的「不超過」實際上是「不得超過」之意。顯示出值日（夜）具有稀罕性及偶發性的性格。且並無如輪班制的規律性及常態性（固定性）的性格[365]，而是一突發性的工作。因此，理論上並不得一貫性地排定值日（夜）[366]。否則，長期間的超時值班或連續值班，即可能引發諸如「急性心肌梗塞合併心律不整缺氧性腦病變」等相關職業疾病[367]。由於此處的「例假」係勞基法第36條修正前的規定，目前已修正為「例假、休息日」，因此，解釋上應包括休息日在內。在這裡，勞工同意的前提係「不妨礙其正常工作」，亦即事業單位因

---

[362] 台灣高等法院台南分院106年度勞上易字第5號民事判決參照。

[363] 依據勞資會議實施辦法第13條第2項規定，工作規則之訂定及修正等事項，得列為前項勞資會議議事範圍。

[364] 依據「注意事項」第四點「備註」：事業單位有優於本表規定者，從其規定。

[365] 台灣高等法院95年度重勞再字第6號民事判決參照。

[366] 就此看來，台灣高等法院台南分院104年度上字第52號民事判決針對當事人間每年1,469小時的值班約定，並未質疑其合適性或合法性，即有不足之處。

[367] 最高法院106年度台上字第15號民事判決（奇美醫院案）參照。

業務需要而徵求勞工同意時（「注意事項」第2點參照），勞工得以其正常工作受到妨礙為由而拒絕之（此即所謂「本職優先原則」）。在勞工負責的工作計畫、速度或效率受到不利影響時，即其正常工作受到妨礙。雖然如此，事業單位之要求勞工例假值日或值夜或值日夜，並無如勞基法第40條之限制規定，以及如要求其停止特別休假而從事值日（夜），同樣亦無勞基法第41條「當地主管機關認有必要」之限制規定，此均係其較為寬鬆之處。

至於就實質的事項而言，主要是值日（夜）的對價與補休的權利。依據「注意事項」第4點規定，勞工在工作日值日或值夜，事業單位除應給予值日或值夜津貼外，值夜應給予適當之休息（補休）。如係例（休）假日值日或值夜或值日夜，除例（休）假日工資照給，另應再給予值日、值夜、值日夜津貼外，值日、值夜或值日夜應給予適當之休息。吾人如從「注意事項」第4點之值日（夜）津貼及給予適當之休息的雙重保障觀之，中央勞政機關似在於與勞基法之延長工時工作之工資，以及例外勞工同意補休的制度相區隔。亦即以性質上屬於非工資的津貼與補休（所折算的工資）整體／加總作為對價[368]。因此，解釋上勞工在例（休）假日值班，並非例（休）假日工作，並無加倍工資請求權。在此，值日（夜）津貼既非延長工時工作之工資，即無須受到工資認定標準之「勞務之對價」及「經常性給予」之規範[369]。值日（夜）津貼既非工資，即毋須將之併

---

[368] 至於在實務上，勞雇雙方有將值班時間折算工作時間者，嚴格而言，只是一便宜的作法。吾人如從值班是依據「值班勞動契約」的工作時間，現在將之計入原勞動契約的工作時間內，即有混淆延長工作時間（加班）之虞。

[369] 況且，值班係偶發性行為，值班津貼並不符合經常性給付的條件。雖然如此，民法第216條之所失利益，應該包括可得計算之值班津貼，台灣高等法院台南分院104年度上字第252號判決參照。反對說：台灣高等法院107年度勞上字第40號判決：假日值班屬於因提供勞務所得之經常性報酬。台灣高等法院台中分院106年度勞上字第26號民事判決：「值班獎金」之給付為固定之常態現象，自屬薪資之一部分。台灣高等法院台南分院106年度勞上易字第17號民事判決也同樣認為值夜費具有經常性給予的本質。

入平均工資及勞工退休金條例每月提繳工資計算[370]。

　　在值日（夜）津貼的計算上，「注意事項」第4點並未規定其最低數額，而是在第5點規定：「值日（夜）津貼應由勞雇雙方議定，宜不低於每月基本工資除以二百四十再乘以值日（夜）時數之金額，並應遵守同工同酬之原則。」就「勞雇雙方議定」而言，其是指個別勞工與雇主的約定，而不包括勞工團體（工會）或準勞工團體（勞資會議）的協商。其除了可以約定值日津貼與值夜津貼不同的數額之外，如上所言，值班本質上為另一委任契約或勞動契約，所以，在值班勞動契約的基礎上，勞基法的（每小時）基本工資的要求，亦應適用於值日（夜）津貼的額度（但必須將津貼與補休整體作為計算基礎）[371]。因此，2019年3月11日修正增列之「宜不低於每月基本工資除以240再乘以值日（夜）時數之金額」，應屬正確，惜只具有建議效力。另有問題的是，「並應遵守同工同酬之原則」究竟是何意？本書以為當不是指與延長工時工作工資採取同等對待之意，也不是指值日津貼與值夜津貼數額應該一致，而是指男性與女性的值班者，其值日津貼的給予，不應有差別對待之意。在此，其係採取勞基法第25條之「工作相同、效率相同」工資應相同的法理。

　　再者，以在工作日值日或值夜而言，值夜有適當的休息固然無誤。然而，值日為何無適當的休息權利？以值夜而言，係指勞工從事日間工作，故在下班後從事值夜工作。相對地，值日，應係指勞工從事夜間工作，而在下班後從事值日工作。亦即值日或值夜或值日夜，均係在下班時間所為，並不包括在上班時間中的休息時間。從勞基法第79條第1項第1款對於違反第35條休息之行政制裁觀之，事業單位並得要求勞工在休息中（例如中午用餐中或用餐後）值班（例如30分鐘至90分鐘），蓋其會侵害勞工短暫喘息的權利。既然夜間工作者從事值日，其精神體力當會相當程度

---

[370] 行政院勞工委員會民國97年3月10日勞動4字第0970005636號函謂「得不」併入平均工資及勞工退休金條例每月提繳工資計算，其用語並不精確，徒留解釋空間。

[371] 亦即：並不能單以值班津貼低於基本工資，即認為違反勞基法的規定。類似案例，最高法院97年度台上字第1358號民事判決（台北榮民總醫院案）參照。

地耗損，自然需要有適當的休息。此處既謂「適當」，即表示並非指給予與值日（夜）相同時數的休息、亦非給予一日的補休時間，而是視勞工個人的身心狀況，以能適當回復精神體力的時數為準。具體時數由勞雇雙方約定之。至於補休的時間，亦應採取盡速補休原則，以回復勞工的精神體力，其應類推適用「注意事項」第4點附表的「每週」或「每月」（不超過一次），將「每週」或「每月」作為結算期或單位期間，在值日夜後的「次一週」或「次一月」內完成補休。

綜合上面之說明，可知值班與加班（延長工時工作）的內涵不同，值班並不得構成加班。另外，值班由於仍需從事非勞動契約約定之工作內容，與休息完全停止勞務（不接受雇主的值班命令），而由勞工自由運用休憩者，也有不同。至於待命時間，是指勞工依約定或雇主指示，停留在特定地點待命，但並未有實際提供勞務（含非勞動契約約定之內容）之行為。所以，一旦雇主要求勞工實際提供勞動契約內容之勞務，則其已開始工作，如勞工係從事非勞動契約約定之勞務，則其已逸出待命時間之外，一變而為值班。

所以，在實務上，雖然常涉及值班與休息、待命時間、延長工時工作，及排班輪值（或稱「輪值工作」「輪值加班」「間歇性輪班工作」）混合運用或混淆不清的現象[372]。但較為難以區分的，主要是在與延長工時工作及輪值工作的界線。就前者而言，值日（夜）既係「工作時間以外、從事非勞動契約約定之工作」，因此，其並非正常工作之延伸。既非工作時間，即不計入勞基法第32條第1項或第32條第2項工作時間或延長工作時間之內。惟如經（法院）實質認定，雇主係以值日（夜）之名而行延長工時工作之實者，當即按延長工時工作規定加以處理。就此看來，對於事業單位所謂的「值班」，法院理應先釐清勞工係在從事契約內或契約外工作，而將之定位為延長工時工作或值班，而非（跳躍式地）直接認定值

---

[372] 台灣高等法院106年度勞上易字第4號民事判決即將性質屬於輪值加班的輪值夜班，誤作為值班處理。而後，再要求輪值夜班的值夜費，必須符合勞基法第24條的加班費標準。

班係加班，並且應依加班規定給付[373]。

　　至於值班與排班輪值（或稱「輪值工作」「輪值加班」「間歇性輪班工作」）的分野：後者，勞工的排定輪值，並不受到上述「注意事項」的拘束。勞工所從事者，即為原勞動契約的約定內容（工作性質相同或與正常工作時間所處理之狀況「類似」），只是雇主較少行使指揮命令權、或工作量較少、或工作密度／勞力密集度較為舒緩（即無須持續密集提供勞務，參雜著休息或無須長時間付出高度之專注力或體力）[374]、或還參雜其他非勞動契約的工作內容等。這正如餐廳服務生或停車場管理員，在工作時間中帶有一段候客時間一樣，並無法否定其工作時間的本質。其中，與一般的「輪值工作」「輪值加班」相較，「間歇性輪值工作」的非正常的工作時間更長（以24小時作為計算單位），實務上勞雇雙方約定勞工在8小時正常工時後，（在24小時內的）其餘時間勞工負有「值班」的義務。這是針對以輪值○日休息○日方式工作（例如做1休1、……做5休5、甚至做7休7的工作型態）而言，例如救護車駕駛員、社會福利機構的保育員的值班工作，其在工作時間後，一般係待在事業場所內或鄰近的宿舍，處於候傳（on call）的狀態，[375]可以自由地活動、盥洗、睡覺，但也必須在業務需要時，隨時提供勞務[376]。

　　從雇主的角度看，排班輪值（或稱「輪值工作」「輪值加班」「間歇性輪班工作」）具有彈性工時的功能，將排班輪值（或稱「輪值工作」

---

[373] 台中高等行政法院106年度簡上字第33號判決似乎即是如此處理，其不僅不加區分地認為值勤報酬、值班深夜點心費為工資，應列入延長工時工資計算，更為重要的是，法院認為勞基法效力優先於行政院或各部會發布的國營事業相關規定，後者，似乎顯示出法院並無公部門勞資關係的意識，其或許會引發深遠影響。

[374] 這裡包括工作間歇時間較為頻繁之工作，例如受僱於台灣鐵路管理局的運務工之排班值夜。最高行政法院89年度判字第2659號判決（台灣鐵路管理局案）參照。即值夜時間（夜班）來往車輛稀少、常處於候車候客時間，而非「整夜工作」，但仍然無法改變其輪班工作（輪勤輪休）的本質。

[375] 惟法院一般習稱為待命狀態。

[376] 雖然如此，依據作者的看法，此種「間歇性輪值工作」的約定並非沒有疑義，主要是其侵犯了勞工下班時間自由運用的權限。

「輪值加班」「間歇性輪班工作」）與值班加以混淆或混合使用，即可避免勞基法延長工時工作（與加班費或補休）的限制，並且可以獲得「注意事項」寬鬆運用的優點。舉例而言，一旦勞工與雇主約定輪值加班，無論是由工會或個別勞工與雇主協商而來，即使是「休假日／國定假日輪值」，對於勞工即具有拘束力，勞工不得片面聲明變更。所以，勞工聯名預告不願在國定假日出勤輪班，屆時未出勤即屬「曠工」[377]。其實，此種休假日工作之情形，勞基法第39條即已有規定，依之處理即可。

然而，輪班（輪值加班、間歇性輪值工作）已經侵入工作時間及延長工作時間（或者勞工下班時間）的領域，即使伴隨著無持續密集提供勞務或待命戒備的過程[378]，似難根本動搖其從事原本勞動契約工作內容的本質。所謂的「輪班申請」，實際上是業界「加班申請」的混用。因此，歸根結柢之計，係將排班輪值（或稱「輪值工作」「輪值加班」「間歇性輪值工作」）與值班明確加以界限。就此看來，現存的幾個法院判決（最高法院85年度台上字第1973號民事判決、最高法院97年度台上字第1667號民事判決、最高法院97年度台上字第1358號民事判決、最高行政法院105年度判字第135號判決、台北高等行政法院106年度簡上字第107號行政判決），多有將一般的輪班性工作作為值班看待者，其未能正確地界定值班、加班及輪班的不同，見解似不值採。尤其是台北高等行政法院106年度簡上字第107號行政判決認為內政部民國74年12月4日台（74）內勞字第357972號函訂定之值班應行注意事項值班或加班之區分標準並不妥適，而且，「目前法院實務見解並不以勞工是否從事勞動契約所約定之工作而作為值班或加班之區分標準」。依本書所見，法院所言者，似乎較像法政策上的宣示[379]，而非從實質內涵上區分輪值加班、值班、加班的不同，果如此，其似乎並無助於問題的釐清。

只不過，針對工務室技工之在夜間或例休假日值班（輪值加

[377] 行政院勞工委員會民國79年6月4日台（79）勞動2字第10794號函參照。
[378] 台灣高等法院台南分院106年度勞上易字第5號民事判決參照。
[379] 其核心的問題是：廢止該值班應行注意事項，而全面回歸勞基法的相關規定。

班）[380]、或瓦斯業勞工在夜間或例休假日值班[381]、或救護車駕駛員在正常工時後及休假日值班[382]、或太平間屍體處理工作者的值班[383]、或醫師助理在正常工時後的值班[384]，法院即應個案認定其本質為值班或排班輪值（或稱「輪值工作」「輪值加班」），而作不同的對待。先針對醫師助理在正常工時後的值班而言，其在夜間值班的巡視病房及就突發狀況負責連絡醫師到場處理，與正常工作係在主治醫師之指揮下，協助住院病患之照護，雖然較無持續性的勞務密集及精神體力較無須處於緊繃狀態，但似乎有極高的關聯性，最高法院也似較傾向其與正常工時之工作內容相同，故認定為延長工作時間。即使最高法院要求高等法院查明勞雇雙方有無補休之約定及其補休方式為何，也是在究明本案的值班，實質上是否為加班而為。之後，台灣高等法院台中分院認為醫師助理夜間延長工時工作，與其正常工作時間之工作內容皆相同，故屬加班工作，非值班性質。本書以為最高法院及高等法院的見解可採。只不過，由於輪值加班與一般的加班本質上仍有所不同，尤其是工作的緊密度及壓力的高低，因此，此種加班的加班費計算，似不宜按照勞基法第24條標準，而是（如同待命時間）得以按原工資的一定比例或補休的方式為之。

　　其次，再就瓦斯業勞工在夜間或例休假日值班而言，值班固係勞工於正常工作間外提供之額外勞務，且須面對高度危險性及公共安全的保護，而且天然氣事業法令有要求通報及設置通報專責人員之規定[385]，惟判斷

---

[380] 最高法院97年度台上字第1358號判決（台北榮民總醫院案）。

[381] 最高行政法院105年度判字第135號判決（新海瓦斯公司案）。

[382] 最高法院101年度台上字第319號判決、最高法院101年度台再字第32號判決（台北榮民總醫院員山分院案）、最高法院107年度台上字第575號民事判決、台灣高等法院花蓮分院107年度勞上更（一）字第1號判決（花蓮醫院案）。

[383] 最高行政法院101年度判字第588號判決（桃園榮民醫院案）。

[384] 最高法院106年度台上字第1221號判決、台灣高等法院台中分院106年度勞上更（一）字第1號判決（順天醫院）。

[385] 天然氣事業法第17條規定課予事業單位須隨時與同時通報的法律義務；天然氣事業災害及緊急事故通報辦法第4條則明訂天然氣事業應設置24小時通報專責人員。

的重點，似應置於勞工值班維修工作，是否為其勞動契約的工作內容。亦即一旦接獲臨時性業務（如用戶來電），即須發動契約所約定的維修勞務。至於該維修工作是否較為繁複或需要專業能力，似無關緊要。就此觀之，最高行政法院認為「雇主要求勞工在夜間或例休假日值班，縱勞工於值班時受其本身專業能力及雇主其他人力、設備不及配合之限制，而無法從事較繁複之維修工作，亦難謂未於正常工作時間外延長勞工之工作時間，是『值班即屬於加班』，要堪認定」，似嫌速斷，蓋其並未實質判斷值班與加班的不同，尤其未提出輪值工作的判斷標準。

承上而來，同樣發生在天然氣事業，但卻有實質判斷值班與加班的差異者：案中勞工除於正常工作時間外，另須常態性為平日值勤（每日17：30至翌日8：00）及假日值勤（例假日8：00至翌日8：00值勤）。雇主備有值班室，員工必須穿制服，無事可休息，但須巡視減壓站[386]，並且接受指示出外服勤。所以，值勤期間所從事之工作內容，與在正常工作時間之工作內容攸關。勞工備勤待命時間之強度，與實際提出勞務或勞動契約之工作強度相當，應屬延長工作時間。另雇主制定之「值勤狀況緊急處理手冊」就各種狀況處理程序予以規定，可知值勤人員應負責將事故予以排除，事故緊急者，應通知備勤人員增援，事故不緊急或無法處理，交由日班人員處理。雖該值勤制度已報請地方主管機關核備，惟所規定的值勤費違反勞基法有關延長工作時間及假日工作之加班費強制規定，應為無效。而雇主所援用作為值勤費依據之內政部74年12月5日頒布之勞工值日注意事項，其並非法律，不能與勞基法之相關規定牴觸，對於適用勞基法之勞工不生拘束力。所以，雇主應依勞基法第24條及第39條給付加班費[387]。

至於就工務室技工之在夜間或例休假日值班（輪值加班）而言，最高

---

[386] 需分辨者，勞工值日（夜）注意事項第1項的巡察事業場所，係指查看廠房設備，而非到施工場所／工地（減壓站）巡視。

[387] 最高法院106年度台上字第2533號民事判決、台灣高等法院台中分院106年度重勞上字第13號民事判決（欣林天然氣公司案）參照。

法院判決認為：「工務室技工之在夜間或例休假日值班（輪值加班），實際上延長勞工之工作時間，已合於勞基法第24條規定之情形。……不得謂（非謂）勞工於正常工作時間以外為雇主從事與正常工作時間內之工作性質不同之工作，即非加班。」雖其結論正確，但判決理由同樣並未指出排班輪值（輪值工作）與值班內涵上的具體差異，故有待加強之處。正確而言，由於原告等人的工作，為負責醫院之電梯、醫療氣體、水電等項之維護及修理工作。而其排班輪值的輪值工作，也是原勞動契約的工作性質，只是其工作密度較為舒緩，所以，其本係正常工時後的延伸工作，應將之作為延長工時工作（加班）看待（本章案例2）[388]。

　　另外，就太平間屍體處理工作者的值班而言，原告（桃園榮民醫院）為醫療保健服務業，與訴外人（竺○○、游○○）訂立臨時工作人員勞動契約書，工作內容為遺體之運送、冰存、看管及領取等事項，惟雙方所訂勞動契約並未報請主管機關核備。依據勞動契約，訴外人上班時間自每星期一下午3時起至次個星期一下午3時止交接班，1日正常工時為24小時，工作週期為做7天休7天，工作值勤期間皆待命於懷遠堂內。原告主張在醫院太平間提供住宿場所，訴外人未工作時，可隨時休息、睡眠及盥洗或至其他任何非工作場所活動，並未強制須留在原工作場所等，依其工作性質及勞務密集程度，應係屬值班之性質，自無加班費之給付問題。被告（桃園縣政府）則引用勞動契約書第4條及第10條主張訴外人為晝夜輪班制，待命於懷遠堂內處理亡故者遺體運送及管理等事宜。原告另主張勞雇雙方已合意將例休假日調移為工作日，故無違反勞基法第39條加倍發給工資義務之問題。本案，台北高等行政法院認為勞工停留在懷遠堂內，並非屬於「待命戒備留意」，非必要持續密集提出勞務之值班性質，而是處於特定

---

[388] 同樣地，針對醫院中工務組勞工之輪流值勤，以維護消防設備等運作，法院也認為：
「其工作內容與平常上班之工作相同，就質的方面並無差異，僅為量的差異，有時工作是延續白天未完成之工作，或不能在白天完成之工作。……輪值時間應定性為延長工作時間。」台中高等行政法院107年度簡上字第20號行政判決參照。

之隨時提供勞務狀態的待命時間，屬於工作時間[389]。至於訴外人是否得自由離去醫院，法院則未加以審酌。針對原告的上訴，最高行政法院維持前審待命時間（為工作時間）的見解，但肯定原告與訴外人可以合意將休假日調移為工作日，故無違反勞基法第37條可言。本書以為由於訴外人在8小時正常工時後，尚須停留在醫院內等待處理遺體運送等工作，與正常工時的工作並無何差異，至於工作密度是否較為舒緩或工作量較為減少，似乎也難以肯定。所以，與值班之從事非勞動契約之內容並不相同，與輪值工作之「待命戒備留意」，非必要持續密集提出勞務之性質，亦不相同。法院之認定訴外人停留工作場所為待命時間，應屬可採。

又，針對救護車駕駛員在正常工時後（夜間）及休假日輪值加班（勤務輪值、值班）而言，由於救護車駕駛為適用勞基法第84條之1第1項第2款之工作者，在工作時間、例假、休假方面，勞雇雙方得另行約定，不受勞基法第30條、第32條、第36條、第37條規定之限制。也就是說，勞雇雙方得依契約自由原則，另行約定較為彈性的工作時間（含延長工作工時）。雙方並且約定救護車駕駛員在正常工時後及休假日應輪值加班（值班）。對此，最高法院認為：「勞雇雙方對正常工作以外之時間，約定由勞工於該時間從事與其正常工作不同，且屬勞基法第八十四條之一第一項第二款所稱監視性、間歇性，或其他非屬該條項所定而性質相類之工作時，就勞工於該段時間（值班時間）工資之議定，如已依正義公平之方法，確定並實現權利之內容，以勞雇之利益衡平為依歸，斟酌各該勞動契約之種類、內容及性質，盱衡經濟社會狀況、時空背景及其他主、客觀等因素，兼顧避免勞雇間犧牲他方利益以圖利自己，並考量該約定工資是否合乎一般社會之通念並具合理性，而與民法第一百四十八條所揭『權利濫用禁止原則』『誠實信用原則』無悖者，即非法所不許，勞雇雙方自應同受其拘束。本件被上訴人為醫療機構，正常工作以外之夜間或例假日值班乃屬必要，……值班期間所從事救護車駕駛之斷續性工作，為屬勞基法第

---

[389] 台北高等行政法院100年度簡字第533號判決認為：因勞工已喪失本於工作與非工作休息時間區分前提下，所擁有的時間主權，性質上當然是工作時間之一。

八十四條之一第一項第二款所稱之工作，與平日駕駛工作內容、勞力密集度並非等同，非正常工作之延伸，對排班輪值、支領值班費及補休作為值班之對價，行之多年而未異議，應認其已同意而受拘束，……。」其後，再審判決中，最高法院同樣認為：「所謂（勞基法第84條之1第1項規定之）監視性、斷續工作係指依其工作內容係屬待命戒備留意，而非必要持續密集提出勞務者，核其性質非屬加班，而為值班。查再審原告值班工作僅係擔任救護車駕駛及病患急救等勤務，如無勤務，得自由活動，尚備有休息室供睡覺，非持續密集提出勞務，待命時間較實際出勤時間長，純為斷續性之值班工作，非正常工時之延伸。」

　　對於上述最高法院的見解，本書以為有待釐清。案中救護車駕駛為在2012年3月30日前適用勞基法第84條之1第1項第2款之工作者，屬於間歇性／斷續性工作，正常工作（勞動契約約定之工作）內容為接送榮民、病患、駕駛公務車出勤等，而其值班工作同樣為值班擔任救護車駕駛及病患急救等勤務，與平常工作性質相同，僅係量的減少而已。換言之，其並非如「事業單位實施勞工值日（夜）應行注意事項」第1點所言，只從事非勞動契約約定之工作，而是依排定之勤務輪值表所工作者，同樣是具有間歇性質的工作，只是「待命戒備留意」、「非必要持續密集提出勞務」的強度，要大於正常工作日而已。雖然，值班之「如收轉急要文件、接聽電話、巡察事業場所及緊急事故之通知、聯繫或處理工作」，同樣具有「待命戒備留意」、「非必要持續密集提出勞務」的特徵，但實不應與監視性或斷續性工作的「待命戒備留意」、「非必要持續密集提出勞務」特徵相混淆。最高法院認為救護車駕駛員在正常工時後及休假日輪值加班為「勞工於該時間從事與其正常工作不同，且屬勞基法第84條之1第1項第2款所稱監視性、間歇性之工作，……」，其見解似乎有誤。至於最高法院在再審判決中，認為再審原告值班如無勤務，得自由活動，尚備有休息室供睡覺，非持續密集提出勞務，待命時間較實際出勤時間長，純為斷續性之值班工作。其見解同樣不可採。雖然再審原告將值班報請主管機關核備，但應無礙於其為輪值工作的本質。

　　對於勞基法第84條之1第1項第2款之監視性或間歇性／斷續性工作

者，由於其工作並非持續密集提出勞務，而是帶有待命戒備、間斷休息的本質，因此，勞雇雙方得彈性約定工作時間，不受一般正常工時不間斷地接續完成8小時的限制，而得約定扣掉中間空檔休息時間，以致於自工作開始至結束，前後加總超過8小時的現象。惟勞雇雙方亦得不扣掉中間空檔休息時間，以致於自工作開始至結束為8小時，但其中實際上僅有數小時在工作。在此，如欲完成預定的工作，勢必須延長工時工作，也因此，第84條之1第1項有不受第32條限制之規定，使其延長工時可以超過法定的46小時、並給予加班費[390]。另外，在扣掉中間休息時間的情況，雇主並且可以延長工時工作。但如果是值班，則必須是從事非勞動契約的工作內容。

　　惟即使中央勞政機關已經公告廢止（2012年3月30日起）救護車駕駛不再適用勞基法第84條之1。然而，其排班輪值的工作量及工作時間仍然帶有非持續密集提出勞務，而是帶有待命戒備、間斷休息的本質。所以，其應屬輪值加班的性質，雇主給予勞工一定比例的工資給付（無須以原約定工資的全額給付）即可。基於此種工作的性質，勞雇雙方本可依契約自由原則約定輪值工作，非必為適用勞基法第84條之1的工作者始能約定。就此看來，最高法院107年度台上字第575號民事判決的前審台灣高等法院花蓮分院104年度勞上字第3號判決的契約自由原則、無違反「權利濫用禁止原則」、「誠實信用原則」，以及無違反勞資間之衡平原則等見解，洵屬可採。反而是認為救護車駕駛的值班工作，性質為延長工作時間、休假及例假日照常工作，雇主應依勞基法第24條規定標準發給延長工作時間之工資，其見解仍有待斟酌。

　　進一步言之。針對最高法院107年度台上字第575號民事判決的前審台灣高等法院花蓮分院104年度勞上字第3號判決、以及台灣高等法院花蓮分院107年度勞上更一字第1號民事判決中的救護車駕駛，由於其係採取做5休5的間歇性輪值工作者（在一日之內，除了8小時為工作時間外，其餘

---

[390] 否定説：司法院大法官會議第494號、726號解釋。

時間為值班），本應採取如輪值加班的方式計算其比例的加班費。惟法院卻認為救護車駕駛自17：30到第二日08：00的值班時間，性質上為勞基法第32條的延長工作時間，必須依第24條的標準計算加班費。而且，在該段值班時間內，由於雇主違反勞基法第35條但書規定，未給予從事緊急性勞務的調配休息時間，所以休息時間必須納入延長工作時間計算。對此，本書亦以為可疑，蓋勞基法第35條但書緊急性勞務的調配休息時間，係針對正常工作時間內從事緊急性勞務而言，應不包括輪值加班或間歇性輪值工作的狀況。就間歇性的輪值工作或輪值加班觀之，勞工並非不間斷地、前後緊密地提供勞務，而是呈現著「工作」與「休息」交互輪替的現象，勞工本有充裕時間自行調配休息時間，不應依勞基法第35條但書要求雇主再調配給予休息時間[391]。

　　最後，法院認為勞工既已同意在正常工時之外值日夜工作，即其如已同意例休假日及平時之工作時間逾8小時，所約定之工資又未低於基本工資加計延時工資、假日工資之總額時，即不違反勞基法之規定（最高法院82年度台上字第293號民事判決、最高法院85年度台上字第1973號民事判決、最高法院91年度台上字第2271號民事判決、最高法院101年度台上字第319號判決、最高法院101年度台再字第32號判決、最高法院101年度台上字第1964號判決），此一可以「事先約定總／定額工資」（或稱「薪資總括制」）的見解，原則上亦有待商榷，除非係針對工作時間較為特殊的交通運輸業、物流業等。由於職業駕駛員工作並未被中央主管機關核定公告為勞基法第84條之1的工作者，因此，如在整體綜合的評估下，所有工資的給付並未低於勞基法的最低標準時，承認該「事先約定總／定額工資」的有效性，即有其正當性可言[392]。只不過，此種事先約定工資的方式，即使在交通運輸業，也有法院傾向採取否定的看法[393]。

---

[391] 類似的情況是：待命時間本具有休息的本質，並不需要疊床架屋再加以休息時間。

[392] 德國聯邦勞工法院對於類似問題的處理，請見BAG v. 22. 2. 2012, NZA 2012, 861 ff.; BAG v. 16. 5. 2012, NZA 2012, 908 ff.

[393] 最高法院101年度台上字第599號判決（統聯汽車客運股份有限公司案）參照。

第四節　工作時間法與彈性化問題

第一項　工時彈性的必要性思考

　　基於保護與彈性原則，工作時間彈性化的法律思想，是建立在彈性化具有必要性與正當性的基礎上，以追求雇主與勞工的最大利益。亦即，為避免與工作時間保護的法制原意相衝突，工時彈性法制的建構前提為：一方面，給予雇主一定／部分彈性運用工時的空間，以因應企業經營之實際需要。另一方面，則是給予勞工實踐工時個人化的想法，尤其是使工作與家庭的契合。也就是說，勞雇雙方皆能從工時彈性獲得益處。具體而言，在勞基法各種彈性工時制度的前提下，企業在營運高峰或谷底時，無需利用成本較貴的加班、增聘人員或使用縮短工時工作或讓機器空置，而得以藉由彈性工時大幅提高營運時間及較佳地利用器具設備。至於勞工也得以個別地形成其每日、每週或每月的工作時間，以處理本身的或家務、照顧小孩與生病的家人所臨時增加的事務[394]。

　　目前，台灣工作時間的彈性化，主要是見之於勞基法的變形工時（第30條第2、3項，第30條之1）、彈性工時（第30條第8項）及第84條之1性質特殊工作者彈性工時。另外，個別勞工法規中也有具體的彈性化工時作法，例如性平法第19條即屬其例。除此之外，中央勞政機關所發布的「2016工時制度及工作彈性化措施手冊」，尤其是參、二、工作彈性化措施之介紹：（一）彈性上下班；（二）調整工作時間；（三）彈性請假；（四）縮短工時等諸種彈性化工時的推介使用。不過，由於此一手冊性質屬於行政指導，其中部分說明似已超出勞基法彈性規定之外，其是否有效？並非無疑。畢竟，勞基法為勞工保護法，工時彈性化只屬於例外規定而已。只是，另一方面，針對諸如擔任廠長職務的高階人員（非委任經理人），給予不必完全受勞基法工時約束的彈性工時的運用，似乎亦有其必要性。如此，始能部分達到勞基法第84條之1第1項第1款監督、管理人員

---

[394] Neumann, Biebl, Arbeitszeitgesetz, 12. Aufl., 1995, 65.

或責任制專業人員的工時彈性[395]。

　　所以，在法制設計上，立法者似有必要在「勞動契約法」中，訂定勞動政策彈性化（自由化）的基本思想，並且在「勞動契約法」中或讓由其他個別勞工法規中訂定具體的彈性化工時作法，例如上述的勞基法第30條第8項、性平法第19條等。惟這些具體的彈性化規定，不得明顯地與工時保護規定相衝突，或甚至架空工時保護的立法意旨，而在法規中，賦予勞資雙方以團體協約或勞資會議的方式自行約定（長度及方式），或許更能符合企業與勞工的需要。從比較法來看，先進國家除以法律規範工作時間外，在法律中亦明定勞資雙方得以團體協商或（德國企業組織法規定的）企業協定自行約定雙方都可接受的工作時間，因此其工作時間即顯得較活潑化、多元化[396]。

第二項　工時彈性化的限制

　　如前所述，工時彈性化必須與工時保護取得利益平衡。在推動工時彈性化過程中，政策面不宜凌駕於法律面，例如前面所述之「2016工時制度及工作彈性化措施手冊」。另外，尚須注意如下幾點：1.工時彈性化並非一獨立議題，而是與法定正常工時的縮短、延長工時、輪班工作、部分時間工作、無薪休假等問題，互有連動。變動時，理應一體加以思考。並且，參考勞基法第24條延長工時工資的立法理由，針對彈性工時（變形工時）後之加班，思考修法提高（加重）加班費的可能性；2.在工時彈性法制化中，無論是變形工作者或夜間工作者等，立法者似宜參考2018年3月1日修正施行的勞基法第34條第2項（輪班工作者）：「依前項更換班次時，至少應有連續十一小時之休息時間。但因工作特性或特殊原因，經中央目的事業主管機關商請中央主管機關公告者，得變更休息時間不少於連續八小時。」的立法方式。原則上給予勞工在兩個工作日間11小時的

---

[395] 台灣高等法院107年度勞上字第65號民事判決參照。

[396] Meinhard Heinze, Flexible Arbeitszeitmodelle, NZA 1997, 681(682 ff.); Neumann, Biebl, a.a.O., 117 ff.

休息，以滿足生理休息的需要。而在法未有修正前，並應採取類推適用的法學方法論，給予勞工11小時的休息時間保障；3.彈性工時（變形工時）的適用對象，在立法上似應排除特殊族群：身障者、懷孕或甫生育後的婦女、青少年工等[397]，以確保弱勢勞工的身心健康；4.如欲為彈性工時（變形工時）適度加入促進就業的功能，或可以長期失業者、中高齡勞工為優先適用對象；5.工會及／或勞資會議介入之必要性。如能將勞基法第30條第2、3項及第30條之1規定之工會／勞資會議對於變形工時的協商或參與權限，修法及於其他的彈性工時方式，應係一妥當的作法。也就是說，由工會或勞資會議自行決定是否接受工時彈性化措施。有問題的是，在目前法無明文的情況下，工會依據團體協約法第12條第1項第1款工時的協商權限及勞資會議依據勞資會議實施辦法第13條第1項二(一)勞動條件的討論權限，得否推論出其仍有協商或參與其他的彈性工時方式權限？並非無疑。從立法者對於變形工時長度的選擇來看，基於「明示其一、排除其他」的法理，勞雇團體應不得約定較長的變形時間，以擴大工時彈性化之運用[398]。同樣地，由於勞基法第84條之1並無工會或勞資會議協商或參與的設計，而是以個別勞工的書面同意為準。因此，工會或勞資會議並不得引用集體法優於契約法（個別法）的原理，而主張其與雇主所約定的工作條件對勞工較為有利（或較有保障），並發生效力；6.配合彈性工時之運用，針對以短期間為單位的情況下，雇主應設立一「工作時間戶頭」，並且在結算為結餘工時，給予勞工較大決定權限係以加發工資方式或以補休的方式為之。而在結算負數時，由勞工選擇是以補班或扣薪的方式為之。

第三項　工時彈性的重要作法及其問題

　　我國彈性工時的規定，首見於1984年8月30日公布施行的勞基法第30

---

[397] 由於青少年工多為部分時間工作勞工，依據勞動部函示，其並非勞基法第30條第2項、第3項及第30條之1的適用對象。勞動部民國103年11月5日勞動條3字第1030028069函釋參照。

[398] 德國工作時間法第7條即賦予勞雇團體約定較24週或六個月為長的變形工時。我國也只能透過立法的方式為之。

條第2項的變形工時規定[399]。惟其彈性幅度甚小，工時彈性的效益應屬有限。其後，1986年12月27日修正增訂第30條之1四週變形工時，以及第84條之1特殊工作者的彈性工時，才算真正開啟工時彈性化時代的來臨。之後，立法者曾數度修正第30條之1變形工時的規定，主要是在2002年6月12日、2002年12月25日，以及2016年12月21日的修法行動。而2016年1月1日修正施行的勞基法第30條第8項的「在1小時範圍內，彈性調整工作開始及終止之時間」，則是一新增，但象徵意義大於實際效用的狹義彈性工時規定。至於2018年3月1日修正施行的勞基法，包括加班彈性、排班彈性、輪班間隔彈性，以及特休運用彈性，可以說是近年來工時彈性法制化幅度最大的一次，對於工時保護法制恐將引起重大的衝擊。

第一款　彈性工時

如前所述，工時彈性化兼具企業經營彈性及勞工實現自我的構想。在此，針對狹義的彈性工時，可在團體協約[400]或勞動契約中約定。例如至少在一定限度內，給予（包括從事輪班工作的）勞工自行決定彈性工時的起迄時間（理想上，越大的自行決定權限，越符合彈性工時的設定原意）。具體而言，如果事業單位核心工作時間（Kernarbeitszeit）為10：00～16：00，則8：00～10：00為早上彈性工時以及16：00～18：00為下午彈性工時（Geleitzeit），勞工可以自行決定何時到班及何時下班：早到班就早下班，反之，晚到班則晚下班。

惟彈性工時也可以較簡便的方式進行，例如勞工在每日8小時的正常工時內，完全自有決定何時上下班。甚至，勞雇雙方合意在一定期間內，例如一週或數週，甚至更長的期間，勞工可以自行分配每日上班的工作時數。如果是這種情況，為使工時清楚登錄及結算，雙方即須設立工作時間戶頭（Arbeitszeitkonto）處理之[401]。惟工作時間戶頭必須設立一結算期，

---

[399] 工廠法僅有畫夜輪班制、延長工時等規定，並無工時彈性化的規定。

[400] 解釋上，團體協約法第12條第1項第1款之工時約定，也包括彈性工時在內。

[401] 相關爭議性的話題，請參閱，一例一休勞資衝突不斷讓這家隱形冠軍想出走，信傳媒，2017年9月14日。

為此，似應類推適用勞基法第32條第2項之「一個月」或「三個月」作為計算單位。

　　所以，在具體的作法上，勞雇雙方得協商工作的起迄時點、工作時間的長短，及將工作時間有規律地分配於每日、每週、每月或每年，而其實際地進行完全視企業的營運與勞工的需要而定。例如勞工的工作在正常工作時間內尚未完成，勞工即可衡量為使前面所進行的前置工作不致白費，自應首先將其結束，然後才下班。這樣的作法使得企業營運的時間與勞工的工作時間脫鉤，而透過組織上對於工作的需求與工作的提出的安排，可以達到企業營運時間超出個別勞工工作時間的效果。由於每個企業的廠場數目、工作位置及勞工的族群都不同，其工作時間的約定，自然也不同[402]。

　　然而，有問題的是，依據勞基法第30條第8項規定：「第一項至第三項及第三十條之一之正常工作時間，雇主得視勞工照顧家庭成員需要，允許勞工於不變更每日正常工作時數下，在一小時範圍內，彈性調整工作開始及終止之時間。」此一新增的規定，已經對於彈性工時設下一些條件：雇主得視勞工照顧家庭成員需要允許，在1小時範圍內彈性調整[403]。如此一來，則本書上面所述之範圍較大之彈性工時作法，是否有合法的可能性？對此，本書毋寧持肯定的看法。蓋第30條第8項只是立法者期望雇主促成勞工照顧家庭的任意規定，與本書所主張的彈性工時也是建立在勞雇雙方自由合意的基礎上，實際上是一致的。只是，彈性工時並不需要以勞工照顧家庭成員需要為限，而是包括勞雇雙方共同認可的理由，且給予勞工較大的決定空間，對於勞工個人生活及人格權的實現，幫助猶大。在這樣的前提下，工作時間戶頭即具有正當性與合法性。

　　以下擬針對工作時間戶頭再加以說明。配合著現代化的工時政策及工

---

[402] Dorsch, Moderne Arbeitszeitgestaltung, in: Das Arbeitsrecht der Gegenwart 1993, Bd. 30, 73 (77).

[403] 相較於性別工作平等法第19條第2款「調整工作時間」並不以1小時為限，勞基法第30條第8項的幅度顯然過於保守。

時自主性的要求，尤其是計算彈性工時的時數，乃產生此一工作時間戶頭的設立。其是由勞雇雙方合意所設立。特色為「可以隨時存入及提領，並且可以預支」[404]。在具體的約定上，其時間的計算，係以所約定的結算期間（例如一個月或三個月）加總後平均計算，故其不受單一週別工作總時數不得超過48小時（勞基法第30條第2項）的限制。同樣地，如係以三個月為結算期，也不受單一月別延長工作時間，不得超過46小時（勞基法第32條第2項）的限制。

就台灣目前實務的作法觀之，不少醫療院所已經以「正負假」落實此一工時儲存制的精神（但限於同一醫療院所中，不得攜帶至其他醫療院所）。這是為了因應高密度的人力輪值狀態及病患與病床流動不定等因素而生。應該具有一定程度的正當性（雖然，行政院衛福部所公告的「醫療機構護理人員工時規範」中，並無「正負假」的規定。另外，同樣地，衛福部所提供的「醫療機構與護理人員勞動契約建議應記載及不得記載事項」中，亦無「正負假」的規定）。也就是說，勞動契約中約定視每日病患人數的多少或病房空床的多寡，而增減醫護人員的工作時間，並且在一定期間內（多為三個月）結算一次。此與本書工作時間自主性與工作時間一定程度的彈性化的主張，尚無不合之處。在契約的工作時間，仍然以勞基法第30條第1項的每週40小時（在2016年1月1日前為二週84小時）為計算基準，但雙方事先同意得因具體狀況增減工作時間。在這裡，在醫療院所具體要求醫護人員增加或縮減排定工作時間時，醫護人員固然不得拒絕之。惟仍應給予醫護人員充裕的時間了解與因應，並且調整原來已訂的生活行程，故醫療院所理應在數小時或半天之前通知醫護人員預為準備，且醫護人員如有正當理由時，亦可拒絕工時調整的要求。否則，無法解釋為醫護人員違反雙方的約定。

---

[404] 假設國家要實施全國性的工作時間戶頭政策，則可效法「勞工退休金專戶」設立一個「工作時間銀行」（Arbeitszeitbank）以為勞工終身工作之用。如此一來，針對加班所累積的工時，可以攜帶到新的事業單位（所謂「可攜帶式的時間帳戶」），不會隨著轉換工作或事業單位破產而隨之消失。

　　然而，無論是「工作時間戶頭」或「正負假」的制度或作法，都只是給予當事人工作時間的彈性化運用（吾人如從勞動部所公布之「2016年工時制度及工作彈性化措施手冊」第13頁以下，所列出之「調整工作時間」的說明，似乎並無排除「工作時間戶頭」或「正負假」係企業合法工時措施的一環），並無免除或減輕加班費負擔之意。就這點觀之，其與變形工時制度尚有不同。從法理上來講，由於勞工團體得參與變形工時的決定，故其得在一定時間內免除給付加班費（惟勞工團體亦得不同意免除加班費），但是，工作時間戶頭並無此一機制的保護，所以，解釋上並不得影響加班費的計給（正數時）或者扣減按時間比例計算的工資（負數時）。在此，針對「工作時間戶頭」或「正負假」的制度或作法，應將勞基法第32條第4項「雇主應補給適當休息」，參照／朝向勞基法第40條第1項但書擴大解釋為「給予加班費、並且補假休息」。如此，似較能保護醫護人員的身心健康（尤其是避免過勞）及病患的醫病權益，同時也可以適度降低「正負假」約定的濫用。另外，勞雇雙方在約定的結算期屆至前契約終止時，即應結算工作時間的正負，雇主不得以勞工工時負數為由，要求勞工補足後始能離職。

第二款　變形工時

　　變形工時是我國最主要的工時彈性化之所在，一般所稱（包括中央勞政機關）之彈性工時，實際上是指變形工時而言。而企業界所採行之彈性排班，一般也與變形工時相結合。可知其居於關鍵之地位。

　　依據勞基法第30條及第30條之1規定，台灣的變形工時制度具有固定的週別計算及行業別限制的兩種特色。事業單位如欲採用變形工時，必須先符合中央勞政機關所指定的行業，然後再決定其能適用二週[405]與八週變形工時[406]，或者其能適用四週變形工時，之後，並且與勞工在勞動契約中約定（勞工同意）變形工時的種類，而後再經由工會或勞資會議同

---

[405] 行政院勞工委員會民國83年1月28日台（83）勞動2字第04080號函參照。

[406] 在2018年3月1日納入適用8週變形工時的有「攝影業中婚紗攝影業及結婚攝影業」及「大眾捷運系統運輸業」。

意。此處，即使係變形工時適用的行業，雇主仍得採取正常工時，而勞工
也可以拒絕雇主變形工時的要求[407]。此三種變形工時的型態，應該已能
滿足多數事業單位經營的需要。相對於二週及八週變形工時制度係每七日
中至少應有一日之例假日（勞基法第36條第2項第1、2款參照），四週變
形工時制度則是採取每二週內至少應有二日之例假日的規定（勞基法第36
條第2項第3款參照），因此，透過排班，可以達到勞工連續工作出勤12天
或甚至連續工作出勤24天的情況，造成勞工身心壓力及健康上的傷害。尤
其是連續工作出勤24天的排班實應予以禁止。依本書所見，配合著長時間
的變形工時排班，雇主實應給予勞工較長時間的休息，目前「每四週內之
例假及休息日至少應有八日」，似有修正延長／增加的必要。

　　配合勞基法第30條第2、3項及第30條之1規定的變更勞工工作時間，
雇主應即公告周知（2018年3月1日修正施行的勞基法施行細則第20條第1
款參照）。依照第30條第2、3項及第30條之1規定的變更勞工工作時間，
延長工時係指超過變更後工作時間之部分（勞基法施行細則第20條之1第1
款但書參照）。除了此依法定的限制外，由於勞基法並未賦予工會或勞資
會議與雇主協商其他週別的變形工時，能否由團體協約法第12條第1項第
1款工時的協商權限及勞資會議依據勞資會議實施辦法第13條第1項二(一)
勞動條件的討論權限，得出有協商或參予的權限？並非無疑。

　　依據第30條第2、3項及第30條之1規定，是以行業別為準，故即使對
於勞工身心健康即使有較為不利影響，變形工時制度並未針對特定勞工，
例如青少年[408]、妊娠中及甫生產後的婦女（指二週、四週及八週變形工
時者）、身心障礙者等特殊身分者，予以排除適用，此或為其不足之處。
目前，依照中央勞政機關函釋[409]及法院見解[410]，僅有部分工時勞工不適

---

[407] 高雄高分院106年度勞上字第15號民事判決參照。

[408] 如依行政院勞工委員會民國81年11月11日勞動3字第39848號函：「實施一週變形工時
　　制度之事業單位所僱童工每日工作時間仍不得超過8小時，否則即屬違法。」並未明確
　　排除變形工時適用的可能性。

[409] 勞動部民國103年11月5日勞動條3字第1030028069號函參照。

[410] 最高行政法院106年度判字第269號判決參照。法院認為勞動部103年11月5日函釋：

用變形工時制度而已，其理由在於「部分工時勞工之工作時間相較於全時工作勞工已有相當程度減縮，依勞動基準法第30條第1項規定，已足使雇主彈性安排勞工出勤模式，自不適用變形工時制度」[411]。另外，變形工時既在配合各行各業的需要，而勞基法第30條之1第2項卻將第3條已適用勞基法的行業，除農林漁牧外，排除適用，使其作用大為減低。例如製造業或服務業的營運亦有淡季、旺季之分，變形工時自無理由不適用及之。

第三款　性質特殊工作工時（含工作時間戶頭）

　　勞基法第84條之1擔任管理職務、以完成工作為取向，以及監視或非連續性等性質特殊工作者的工時（含延長工時）、例假、休假、女性夜間工作，也是屬於工時彈性化的一環[412]。相較於彈性工時（第30條第8項）及變形工時主要侷限在法定正常工時的彈性調整，第84條之1的適用範圍顯得較廣，而且由於「……不受第30條、……規定之限制」的規範模式，在法律意義上屬於特別規定，其使得勞雇雙方對於工時（含延長工時）、例假、休假、女性夜間工作等勞動條件的約定，擁有相當大的自我決定權限。以所謂的「特殊工時約定」，取代適用於一般勞工的（具有最低勞動條件保障的）「制式工時規定」[413]。尤其是其給予勞雇雙方自我約定之權，實際上帶有給予自我裁量調整（排班）工時及例休假之權[414]。只不

「內容與上開勞動基準法規定及其立法意旨尚屬無違，並無上訴意旨所指增加勞動基準法第30條之1規定所無限制之情事，且依司法院釋字第287號解釋（性質上並非獨立之行政命令），自法規生效之日起即有適用。」

[411]　雖然如此，對於同樣為工時彈性運用之勞基法第84條之1，部分工時勞工卻有其適用。最高行政法院105年度裁字第1313號裁定參照。

[412]　惟由於勞基法第84條之1僅排除第32條的適用，而未及於第24條的延長工時工資率，因此，解釋上雇主似仍有給付延長工時工資之義務。或者，至少第84條之1的部分工作者，例如非委任經理人身分的監督管理人員及責任制人員，仍然有第24條延長工時工資請求權。此將在下面敘述之。

[413]　台北高等行政法院104年度訴字第1452號判決參照。

[414]　請參閱台中高分院106年度勞上易字第41號判決（台中視障協進會案）、台灣高等法院105年度勞上更（二）字第3號判決（千翔保全公司案）、台灣高雄地方法院105年度雄勞簡字第79號判決（東京都保全公司案）。

過須注意者，勞雇雙方的自由約定權限，除了應經主管機關核備時的實質審查（勞基法施行細則第50條之2[415]）之外，仍應遵守「應參考本法所定之基準且不得損及勞工之健康及福祉」的規定（第84條之1第2項）。這代表其仍需受到一定（或最低）限度的限制，主管機關應依據工作內容及工作密度、強度核定工作時數。以確保勞工最起碼的照顧與保護及家庭、社會生活的維護。在發生訴訟爭議時，法院並應就「勞工之健康及福祉」是否受到侵害，加以具體認定[416]。惟這並非謂中央勞政機關所核定公告之勞基法第84條之1之工作者，不得是工作內容較為辛苦者[417]。

就第84條之1觀之，首先，須注意者，相異於變形工時（勞基法第30條第2、3項，第30條之1）或彈性工時（勞基法第30條第8項）係以「行業」為準，此處則是以「工作者」為準。即其適用於勞基法的各行各業。既謂「工作者」[418]，其似乎即不以勞工為限，而是及於委任經理人員，例如第84條之1第1項第1款之監督管理人員即屬之[419]。只要屬於第84條之1第1項第1、2、3款所指之工作者，且經一定之行政管制程序者（經中央主管機關核定公告的工作者、勞雇雙方以書面約定工時等事項，並報請當地主管機關核備[420]，並應參考勞基法所定之基準不得損及勞工之健康及

---

[415] 依據勞基法施行細則第50條之2規定：「雇主依本法第八十四條之一規定將其與勞工之書面約定報請當地主管機關核備時，其內容應包括職稱、工作項目、工作權責或工作性質、工作時間、例假、休假、女性夜間工作等有關事項。」

[416] 即使當地主管機關已依勞基法施行細則第50條之2，對於書面約定加以核備。

[417] 採取此說者，為行政院勞工委員會民國97年5月30日勞動2字第0970069456號函。

[418] 勞基法第3條第2項、第3項及第84條之1均有工作者的規定，但勞基法第2條並未加以名詞定義。現行職業安全衛生法第2條第1款則有定義，依之「工作者：指勞工、自營作業者及其他受工作場所負責人指揮或監督從事勞動之人員」。只是，此一定義似無法適用到勞基法第84條之1各款的性質特殊工作者。

[419] 惟如從法院判決用語「考量某些勞工之工作性質特殊」，似乎仍將適用對象侷限於勞工。請參照台北高等行政法院104年度訴字第1452號行政判決。

[420] 例如針對中國鋼鐵股份有限公司與其所僱用之警衛人員之一系列的待命備勤時間是否為工作時間的爭議，雖然事業單位自行僱用之警衛人員屬於勞基法第84條之1的工作者（行政院勞工委員會民國98年6月26日勞動2字第0980130491號公告參照），勞雇雙方

福祉）[421]，即不受第30條、第32條、第36條、第37條、第49條規定之限制。本條係採列舉式規定，不在所排除適用（的工時規定）之列者[422]，即必須回歸勞基法的相關規定處理。例如第35條的休息時間即不在其內，這表示無論哪一款的特殊性質工作者，仍然須遵守第35條的規定[423]。同樣地，第39條亦不在其中，所以，雇主如欲使勞工在休假日工作，即必須遵守該條之規定[424]。尤其重要的是，即使已符合第84條之1的特殊工作者類別，勞雇雙方也另行約定，並經主管機關核備，但勞工一旦發生職業災害，仍然有勞基法第59條的適用[425]。在此，以工作時間而言，除了不受每日8小時、每週40小時的限制外，甚至可以達到勞工自行決定上、下班時間，雇主完全信賴勞工自行到班，並且遵守法定的休息時間及雙方所約定的工時規定。亦即雇主放棄控制工作時間的相關作為或措施。此在德國法上稱為「信賴工作時間」（Vetrauensarbeitszeit）[426]。惟此並不會影響到或免除雇主置備勞工出勤紀錄（第30條第5項），以及應逐日記載勞工出勤情形至分鐘為止（第30條第6項）的義務。

　　所以，事業單位如欲根據勞基法第84條之1採行工時彈性化措施，首

　　本得約定較為彈性的工作時間。惟案中雙方並未針對有無約定並報請當地主管機關核備加以爭議。或許雙方並無完成此一行政管制程序。相關判決，請參閱最高法院86年度台上字第1101號判決、86年度台再字第96號判決、86年度台上字第1330號判決、87年度台再字第36號判決、94度台上字第320號判決。

[421] 實務上也曾發生約定書雖經送請核備，但事後發現約定書為偽造者，而無法發生第84條之1特別約定效力之情形。台灣高等法院105年度勞上易字第101號民事判決參照。

[422] 例如，台北高等行政法院106年度訴字第115號行政判決：駐台北市立美術館從事展覽場人員，非屬勞動部核定公告適用第84條之1之工作者，故渠等勞工工作時間應依勞動基準法第1條、第30條第1項等規定辦理。

[423] 在台灣高等法院105年度勞上字第59號民事判決中，勞工擔任夜班保全人員，勞雇雙並已按照勞基法第84條之1程序規定，約定特殊的工作時間及完成核備。但因勞工工作中促發心血管疾病而死亡，其繼承人即是以雇主違反勞基法第35條之保護義務，而請求損害賠償。法院判決勞方勝訴。

[424] 台灣高等法院107年度勞上易字第30號民事判決參照。

[425] 台灣高等法院105年度勞上字第59號民事判參照。

[426] Zöllner and Loritz, Hergenröder, Arbeitsrecht, a.a.O., 150.

先就必須視工作人員是否為中央主管機關核定公告的工作者而定。如果不在其內,自然即無採行的可能[427]。有問題的是,中央主管機關自民國86年7月11日起至106年5月3日止,總共作出41個公告[428](其中有些公告已經廢止適用[429])。其中早期公告較多明確指出該公告的工作者,屬於勞基法施行細則第50條之1的哪一款工作者[430],後期公告卻少有指出者[431]。這或許凸顯出其所公告的工作者,並不容易界定其所從事的工作的性質,致使難以歸類為哪一款工作者(惟在發生訴訟爭議時,卻只能留待法院自行認定係屬哪一款者)。尚且,也有一些公告的歸類錯誤者[432]。更重要的是,有些工作者[433]無法歸類為勞基法施行細則第50條之1的第1、2、3、4款的任何一款,而只能勉強解釋為屬於勞基法第84條之1第3款「其他性質特殊之工作」。這除了顯示中央勞政機關迂迴於勞基法第84條之1及勞基法施行細則第50條之1之外另闢蹊徑,也可能致使法院認定公告所指之工作者,並不在勞基法第84條之1及勞基法施行細則第50條之1之內,而導致公告不被法院承認致無效的後果。果如此,該公告所指之工作者,當得拒絕雇主約定的要求或主張該約定無效,雙方的工時、休息日與例假、

---

[427] 依據行政院勞工委員會民國97年5月30日勞動2字第0970069456號函,地方政府公務車駕駛及為配合各機關業務屬性需延時工作之工友,並非勞基法第84條之1的工作者。

[428] 最近一次是勞動部民國106年10月20日勞動條3字第1060131933號公告「稻穀收穫期從事稻穀之檢驗收購或烘乾作業之人員」。

[429] 中央勞政機關在2018年2月2日預告廢止總統辦公室工友、副總統辦公室工友及總統府秘書長辦公室工友為適用勞基法第84條之1工作者。

[430] 依法理而言,中央勞政機關的公告係依據勞基法第84條之1第1項而為,則公告即應指出屬於勞基法第84條之1第1項哪一款工作者,而非引用勞基法施行細則第50條之1的工作者定義規定。

[431] 即使中央勞政機關在2018年2月2日預告「導遊、領隊人員」及「殯葬服務業之禮儀服務人員」為勞基法第84條之1工作者,也未指出其究竟屬於哪一款。

[432] 例如行政院勞工委員會民國87年7月27日勞動2字第032743公告認為保全業之保全人員為勞基法施行細則第50條之1第1款規定之人員。然而,從該款的定義觀之,保全業之保全人員根本不符合監督管理人員之具有為雇主執行決定權限之人之資格。

[433] 其實,這是大多數中央勞政機關所公告的工作者。

休假、女性夜間工作應回歸一般勞動契約處理[434]，並且受到勞基法第30條、第32條、第36條、第37條、第49條規定之拘束。

　　承上而來的問題是：如果工作性質已符合勞基法第84條之1第1項各款之工作者，且已經中央勞政機關公告在案，雇主如欲在工時、延長工時、休息日與例假、休假、女性夜間工作等方面免於勞基法相關規定的拘束，即必須與勞工在勞動契約中明訂之[435]。在實務上，有些勞工雖符合勞基法第84條之1特殊工作者的性質（例如董事長司機[436]），但因勞雇雙方未另行約定，因此，即回歸勞基法第30條等規定處理[437]。在此，解釋上勞雇雙方並非必須全面對於工時、延長工時、休息日與例假、休假、女性夜間工作等事項約定，而是得只針對其中一項或多項事項加以約定，以符合實際上的需求。由於勞動契約既無需以書面的形式為之，亦不必全面約定工時、延長工時、休息日與例假、休假、女性夜間工作等事項，則勞雇雙方所約定者似無所謂「特別勞動契約」可言[438]。再者，如勞雇雙方未遵照第2項以書面為之時，其法律效力為何？又，雇主如未申請核備時，該勞動契約的約定效力又為何？對此，先就前者而言，有鑒於工作時間影響該等工作者的權益甚鉅、勞工應確知本身權利義務之所在，以及該條並無同法第30條第2、3項、第30條之1及第32條第1項之工會或勞資會議介入處理之機制設計等理由，本書認為應該採取從嚴解釋的態度，以欠

---

[434] 如為避免此種結果，中央勞政機關實應全面檢討所有的公告，明確地指出其屬於哪一款的工作人員。並且將無法歸類入者，經由新的公告廢止其適用。

[435] 惟此並非謂第84條之1工作者的勞動契約必須以書面為之（要式契約），而是可以口頭訂立契約，只針對勞基法第30條、第32條、第36條、第37條、第49條等規定，在（另一）書面中做不受限制的約定，且將之送請主管機關核備即可。另請參照最高法院97年度台上字第1667號民事判決（台北市政府工務局水利工程處案）、台灣新北地方法院103年度簡更字第1號行政判決（雙和醫院案）。

[436] 依據行政院勞工委員會民國86年7月11日勞動2字第029625號公告：「事業單位之首長、主管以及獲有配車人員之駕駛。」為勞基法第84條之1工作者。

[437] 台灣高等法院107年度勞上易字第30號民事判決參照。

[438] 反對說：最高行政法院105年度裁字第1313號裁定。

缺書面者,即認該約定為無效(並非勞動契約無效)[439]。此處之書面,係指勞動契約,不包括「新進員工須知」,蓋該份文件,僅係上訴人通知被上訴人任職之文書而已[440]。惟是否包括工作規則?最高法院固有持肯定見解者(最高法院101年度台再字第32號判決、最高法院101年度台上字第319號判決參照)。本書則持不同的看法,蓋勞基法第84條之1第2項規定,「前項約定」應以書面為之,而同條第1項則是規定「……下列工作者,得由勞雇雙方另行約定,工作時間、例假、休假、女性夜間工作,並報請當地主管機關核備,……」基於文義解釋,應是指針對該類工作者另行在勞動契約(工作契約)中約定而言,具有個別性及針對性(反面而言,即使是第84條之1性質特殊的工作者,雇主也有可能不與之約定特別的工作時間等彈性措施)。如果是工作規則,由於(30人以上的事業單位)本來就須向當地主管機關申請核備,將其作為此處的書面看待,意義並不大,也疏漏了對該等工作者工作時間的特殊保護。

　　同樣的問題是,上述之書面,是否包括勞資會議之決議或團體協約之約定?對於前者,法院有持肯定見解者,其認為雇主成立勞資會議後,已就有關是否適用責任制之事項由勞資雙方各自提案、討論及協議,作成書面紀錄,報請當地主管機關核備,且實施多年來個別勞工,均未曾反對即屬默示同意而受拘束,因此符合責任制之書面要件[441]。後者,法院實務上亦有持肯定見解者[442]。雖然如此,是否得由團體協約法第12條第1項第1款之「工時」,而推出包括勞基法第84條之1彈性工時之約定,並且以其已依團體協約第10條規定送請主管機關備查或核可,而將之解釋為符合書面之要求?況且工會會員也遵守不逾而有默示同意?在此,主要係涉及勞工團體(工會)或準勞工團體(勞資會議)之決定,是否能取代或

---

[439] 較之同樣有核備規定的工作規則,第84條第2項書面的目的,固不在如工作規則的「公開揭示」,在違反時,也非如工作規則的全部歸於無效。

[440] 台中分院106年度勞上易字第11號民事判決參照。

[441] 最高法院103年度台上字第838號民事判決(台北榮民總醫院蘇澳分院案)參照。

[442] 台灣高等法院98年度勞上更(一)字第3號民事判決(中華航空公司案)參照。

修正個別勞工決定之問題。原本，集體勞工法採取集體約定（團體協約）優於個別約定（勞動契約）的法理。但是，本書以為勞基法第84條之1既無同法第30條第2、3項或第30條之1之工會或勞資會議同意之設計，顯見立法者有意採取契約自由原則，由個別工作者自主地與事業單位以書面約定之[443]。這也考慮到個別工作者的利益狀況不同，各有決定同意或反對的理由，無法全然一視同仁。也就是如上所述的個別性與針對性。更不用說，工作者的範圍大於勞工，而且團體協約只適用於工會會員而已。

　　至於核備（程序）部分，雇主如未申請核備或申請未經主管機關核備時[444]，該勞動契約的約定效力為何？對此，最高法院有從傳統行政法的角度，採取有效說者。依之，在一件涉及保全員的僱用契約爭議案件中，雇主並未將僱用合約送請主管機關核備。最高法院認為勞基法第84條之1規定的立法目的，無非係就特殊工作者，因具有自由裁量自身工作時間之性質，乃允許勞雇雙方得調整工作時間，不受勞基法相關規定之限制。是勞雇雙方既得另行約定勞動條件，其約定自非須經主管機關許可始生效力。故即令勞雇雙方於約定後未依上開規定報請當地主管機關核備，亦僅屬有否違反行政管理之問題，尚不得指其約定為無效（最高法院101年度台上字第258號判決、最高法院101年度台上字第1075號判決、最高法院102年度台上字第1866號民事判決參照）[445]。相反地，司法院大法官會議

---

[443] 不同意見說：最高法院97年度台上字第2591號民事判決（中華航空公司案）參照。

[444] 依據中央勞政機關的見解，1.地方勞工主管機關審理核備時，如認勞資雙方之書面未臻明確恐有損及勞工之健康及福祉之虞者，自得不予核備（行政院勞工委員會民國93年6月10日勞動2字第28855號函參照）；2.地方主管機關得為附期限的核備，該核備的公法效果自期限屆滿時失其效力（行政院勞工委員會民國101年6月18日勞動2字第1010016422號函參照）。

[445] 在針對機師工作時間及延長工作時間的爭議案件中，最高法院似乎並未斟酌勞雇雙方有無針對工時另行約定，並送主管機關核備，而是直接認為交通部依民用航空法第41條之1授權訂頒之飛航管理規則，性質上為依據勞基法第33條主管機關於必要程度以命令所得調整之工作時間。而依據飛航管理規則第34條就飛航組員之執勤時間限度規定，「標準飛航組員國內航線一次可連續執勤12小時，國際航線一次可連續執勤14小時，加強飛航組員一次可連續執勤18小時，雙飛航組員一次可連續執勤24小時」，因

在2014年11月21日所做的釋字第726號解釋中[446]，則是認為核備非僅要求提供約定內容備查，且有直接干預勞動關係之民事效力，屬民法第71條之強制規定。基於第84條之1而作的約定內容恐甚複雜，兼含對於勞方有利及不利之內涵，故約定未經核備者，一方面固可發生公法上不利於雇主的效果，但另一方面，該約定並不僅因未核備而無效，而是法院應本於保護勞工權益之立法目的，依勞基法第30條等規定予以調整，並依同法第24條、第39條規定計付工資[447]。

依本書所見，上述大法官會議的解釋，既然認為未核備的約定，違反民法第71條的強制規定，本應歸於無效。但因其認為約定的內容可能兼含有利及不利於勞工之內涵，所以法院應回歸勞基法第30條等規定予以「調整」。依其語意，約定中有利於勞工之部分，並不因未核備而歸於無效，相反地，不利於勞工之部分，則將因未核備而無效[448]。至於無效的部分，法院應採取以勞基法第30條等規定為準的「向上調整」的方式裁判，也就是回歸到勞基法第30條等條文的規定[449]。惟本書以為：固然在行政

此，其值勤時間即不受勞基法第30條、第32條規定之適用。最高法院97年度台上字第2591號民事判決（中華航空公司案）、台灣高等法院98年度勞上更（一）字第3號民事判決（中華航空公司案）參照。

[446] 其實，在1999年大法官會議釋字第494號中，大法官即已表明「關於工作時間等事項，亦應報請當地主管機關核備，並非雇主單方或勞雇雙方所得以決定……」。另外，最高行政法院則是採取與大法官會議解釋同樣的見解，請參閱最高行政法院98年度裁字第400號裁定、100年度判字第226號判決、最高行政法院105年度裁字第1313裁定。

[447] 最高法院104年度台再字第25號判決、最高法院106年度台上字第824號判決、最高法院107年度台上字第575號判決（花蓮醫院案）、台灣高等法院105年度勞上更（二）字第3號判決（千翔保全公司案）、台灣高等法院105年度勞上易字第60號判決（嘉韡公司案）、台灣高等法院104年度勞上易字第115號判決（仟崧老人養護中心案）、台灣高等法院104年度勞上字第49號判決（新三興公司案）亦採此一見解。

[448] 就此看來，最高行政法院105年度裁字第1313號裁定及其前審的台北高等行政法院104年度訴字第1452號行政判決認為未經核備之工時約定，「私法上契約容為有效，但雇主仍屬違背公法上關於最高工時規定，主管機關應予裁處」，似乎與釋字第726號解釋不合。

[449] 所以，台灣高等法院106年度勞上字第57號判決認為：「依勞基法第30條之規定，調整

法上的核備處分只有「違規、但不影響法律效力」，此在勞基法第40條第2項及第70條之核備，即是如此處理（勞基法第79條第1項第1款、第3項參照）。但是，此處的核備，應是指高密度的、嚴格的核備程序，性質上已近於核可，故應可賦予如核可的效力，給予當地主管機關強大的審核權責（勞基法施行細則第50條之2參照）[450]，此種非單純備查的見解，也有被法院所採，例如台北高等行政法院104年度訴字第1452號行政判決即認為：「故勞動基準法第84條之1所定之『核備』，非謂行政機關單純就勞雇約定予以『備查』而已，而係行政機關具有實質審查權，審查各該無法適用制式工時規定之行業，於具體個案中之特殊工時約定，其必要性、妥當性是否存在。易言之，落實最高工時制度，乃為保障勞工權益之重要手段，即使係經公告非適用制式工時之行業，雇主與勞工自行約定工時時，該約定仍須經行政機關實質審查核可。」[451]

　　經由管制直接規制勞動關係內涵，以確保工作者的工作時間權益（目前，台北市、新北市及高雄市政府均制定有勞基法第84條之1工作者工作時間的審查標準，惟其細緻寬鬆不一。中央勞政機關亦制定有性質屬於行政規則的四類適用勞基法第84條之1工作者工作時間的參考指引[452]）。也就是說，該約定未經核備，不僅雇主必須受到行政罰鍰的制裁（勞基法第

[　] 丁之正常工時為每日10小時。則其延長工時工資亦應據此按同法第24條計付，可堪認定。」其見解似屬錯誤。也就是說，法院並無權自行調整與勞基法第30條規定不同的內容。

[450] 如未經此一審核程序，雇主本無權主張類推適用第84條之1規定。在台中高分院106年度勞上易字第11號民事判決中，雇主即有提出此種主張，惟並不為法院所採。

[451] 採取同樣看法者，台中高分院106年度勞上易字第11號民事判決：「查條文既曰『核備』，自非單純之『備查』，當應指『審核備查』而言。……，自當由當地主管機關負實質之審核權責，方能准許，非謂勞雇雙方即得自行決定，……。」

[452] 亦即「保全業之保全人員工作時間審核參考指引」（行政院勞工委員會民國100年5月16日勞動2字第1000130894號函訂定發布）、「社會福利服務機構輔導員（含保育員、助理保育員）及監護工工作時間審核參考指引」（行政院勞工委員會民國100年11月17日勞動2字第1000133004號函）。另請參閱台灣高等法院104年度勞上易字第115號判決（仟崧老人養護中心案）。

79條第1項第1款規定），而且該約定在民事上無效（民法第71條參照）。

　　再就勞基法第84條之1規定觀之，此類法定的工作者，係因其職務／位關係、以目標為導向或工作性質的特殊，而得在工時、例假、休假、女性夜間工作等做例外的約定。所以，其不必然具有長工時的本質[453]。只不過，由於其用語為「不受第30條、第32條、第36條、第37條、第49條規定之限制」，遂可能引起該等條文所規定事項全部得被約定排除或變更的誤解。實者，並非如此。依本書所見，首先，具有固有意義的行政管制手段，並不得約定不適用，例如上面所述之出勤記錄（簿）（勞基法第30條第5項、第6項，勞基法施行細則第21條）及變形工時僅適用於經中央主管機關指定之行業（勞基法第30條第4項、第30條之1第2項）。其次，在此原則上固係採取「勞基法第84條之1所有的法定的工作者，全部／一體不適用第30條、第32條、第36條、第37條，以及第49條規定」之解決方式，但是例外地，似應區分勞基法第84條之1及勞基法施行細則第50條之2之監督管理人員、責任制專業人員、監視性工作、間歇性工作，或其他性質特殊之工作等各種工作人員，逐點檢驗其是否不受到第30條、第32條、第36條、第37條，或第49條規定之解決方式。如此，始能避免第84條之1的濫用，並且確保勞工的身心健康、福祉（家庭生活及社會生活的和諧）及合法的勞動權益。

　　以第30條而言，除了每日及每週正常工作時間外，尚有二週變形工時、八週變形工時，以及彈性工時（第8項）之規定。就變形工時而言，由於勞基法第84條之1及勞基法施行細則第50條之2已經有當地主管機關核備的規定，因此，可知變形工時的種類或長度既經立法者選擇（第30條第2項與第3項、第30條之1），即代表其強制貫徹之決心，所以，勞雇雙方可否另行約定二週及八週以外的其他長度（例如六個月的）的變形工時？似非無疑。至於彈性工時，如能符合勞工的福祉，解釋上，勞雇雙方約定彈性調整工作開始及終止之時間，即不以1小時為限。而針對法定正

---

[453] 即使責任制專業人員，也是以專門知識或技術能完成一定任務為其特徵，而非以工時的長短決定其能否完成任務。

常工時每日8小時及每週40小時的限制，則是實務上爭議的焦點所在。從表面上看，似乎亦應解釋為第84條之1的所有性質特殊工作者均不受到限制，即其每日正常工時可超過8小時、每週正常工時可超過40小時[454]。惟豈其然乎？在此，須注意者，無論是每日8小時或每週40小時的法定正常工時，都是國際勞工組織（ILO）及先進國家的共同標準。在工時發展趨勢上，也是朝向縮短每日或每週正常工時的方向前進。因此，我國當無可能容許勞雇雙方約定較每日8小時或每週40小時為長的法定正常工時。也就是說，即使容許勞雇雙方約定每日工時逾8小時或（甚至）每週逾40小時[455]，超過法定正常工時部分，仍然必須以延長工時處理（即使是責任制專業人員或監督管理人員亦是如此）。只不過，由於第84條之1各款工作者的工作性質特殊，除了可能具有長時間精神體力密度高工作或執行精神體力／專注力負擔較輕工作的特徵之外，也可能帶有需要較長時間的等待或需要輪值工作、值班等內涵，因此，除了給予勞雇雙方較長時間工作或較大約定輪值工作或值班的自由外，似應彈性從寬認定「工作時間」。也就是說，第84條之1之「不受第30條限制」，解釋上似可包括工作時間的認定。在此，待命時間、輪值工作或值班原則上均非工作時間。

　　所以，針對間歇性或斷續性工作（例如醫療院所中的救護車駕駛）[456]，由於其具有間斷性等待時間的內涵（在趟次之間），因此，除

---

[454] 依據最高法院97年度台上字第2591號民事判決（中華航空公司案）、台灣高等法院98年度勞上更（一）字第3號民事判決（中華航空公司案），交通部依民用航空法第41條之1授權訂頒之飛航管理規則，性質上為勞基法第33條主管機關於必要程度以命令所得調整之工作時間。依據飛航管理規則第34條就飛航組員之執勤時間限度規定，「標準飛航組員國內航線一次可連續執勤12小時，國際航線一次可連續執勤14小時，加強飛航組員一次可連續執勤18小時，雙飛航組員一次可連續執勤24小時」，因此，其值勤時間即不受勞基法第30條、第32條規定之適用。雖然如此，依據本書所見，勞基法第33條之調整必須符合「由當地主管機關會商目的事業主管機關及工會，就必要限度內以命令調整」之程序，本案是否有依此程序為之？似非無疑。

[455] 這是司法院大法官會議釋字第494號解釋所謂的「工作時間之計算」問題。

[456] 客運業駕駛的工作雖然也具有間歇性或斷續性的特性，但其並非中央勞政機關核定公告的勞基法第84條之1的工作者。雖然如此，基於契約自由原則，客運業者仍得與駕駛

了在間隔間的休息時間不計入工時外，立法者似容許其間歇性的工作，勞雇雙方得自由約（排）定「值日、夜」工作，並且，工作時間加總得超過每日8小時或每週40小時的上限。惟超過部分仍應以延長工時工作看待。在實務上，針對間歇性的工作，事業單位多有依據內政部民國74年12月5日值日夜注意事項，與勞工約定「值班」或「輪值工作」者，並且，多有勞工在24小時內必須「在正常工作時間外，其餘為值班時間」之約定者[457]。雖然如此，如上所述，勞工在「值班」所從事者，必須非勞動契約的工作內容。由於「值班」時間原則上並不需有任何勞務行為，所以值班也帶有（間斷性）休息的本質。倒是，實務上勞工的排班輪值、輪值工作、輪值加班，其所從事者多有係原來的工作內容（質相同），只是工作數量或強度較少（量不同），因此，其並非「值班」可言，惟如本書上面所述者，似可從寬解釋為並非延長工時工作（加班）。依本書所見，針對非屬勞基法第84條之1的工作者或雖屬勞基法第84條之1的工作者，但勞雇雙方並未依勞基法第84條之1進行勞動契約之核備者，則勞雇雙方應得依契約自由原則約定「值班」或「輪值工作」。然而，一旦已被納入勞基法第84條之1的工作者，而且勞雇雙方也已依勞基法第84條之1進行勞動契約之核備者，則即應完全依該條規定處理。在此，勞雇雙方斷不得在依勞基法第84條之1約定彈性工時外，再另行約定「值班」或「輪值工作」，以免形成法規範的衝突或疊床架屋或違反勞基法第84條之1第2項「不得損及勞工之健康及福祉」的誡命[458]。所以，針對諸如社會福利服務機構保育員的工作，如果在一日（24小時）之內確實存在足夠的工作量或保育員隨時處於需要工作的狀態，則應僱用充分的人力或以輪班制工作人力完成，而非任令不足的人力以勞基法第84條之1的監視性或間歇性工作，與「值班」或「輪值工作」合用的方式完成。果如此，即應以輪值加班或間歇性

約定輪值加班的工作。

[457] 最高法院107年度台上字第575號民事判決、台灣高等法院花蓮分院107年度勞上更（一）字第1號民事判決、台灣高等法院106年度勞上字第57號民事判決參照。

[458] 就此看來，台灣高等法院106年度勞上字第57號民事判決似乎即有此一疑慮。

輪班工作的工作時數，課以工資的責任（但輪值工作的勞力密集程度低於正常的工作時間，本質上帶有待命、休息的要素[459]，所以無需將待命時間、休息時間扣除後計價。亦即針對間歇性輪班工作或輪值加班，由於具有寬鬆的、不定時工作的本質，勞工應自行調配休息時間，而不得再依據勞基法第35條要求休息時間[460]）。另外，例如在一件有關勞基法第84條之1第1項第2款所定監視性工作所生的加班費爭議案件[461]中，原告為抽水站操作人員，必須遵守被告三天值班一次之制度，無論平日或假日均須值班，原告以值班期間之工作內容與正常工作時間內所擔任之工作相同，並受被上訴人指揮監督，而認屬正常工作之延伸，被告應依勞基法第24條給付加班費。本書以所爭議者，實際上即是「值班」或「輪值工作」的問題，抽水站操作人員係在從事輪值工作。

　　至於屬於勞基法第84條之1第1項第4款之性質特殊工作者，以航空公司空勤組員而言，其從事飛行任務前，大多有待命時間之約定，再加上飛行時間可能長達8小時以上，如此，全部的工作時間即會超過8小時，超過的部分似即應以延長工時工作處理。

　　再以不受第32條限制而言，立法目的應在排除「雇主延長勞工之工作時間連同正常工作時間，一日不得超過12小時」的限制。同樣地，「延長之工作時間，一個月不得超過46小時」的限制，應該也可予以排除[462]。只是，2018年3月1日修正施行的勞基法第32條第2項但書：「但雇主經工

---

[459] 惟不可混淆的是，其本質上並不含有值班、下班時間的要素。蓋值班係從事非勞動契約的工作，而下班時間已完全脫離工作，與輪班工作／輪值加班仍在從事原勞動契約工作者不同。

[460] 換言之，勞基法第35條但書之雇主應調配休息時間，只針對一般的、常態的連續性的工作而言，不包括間歇性輪班工作或輪值加班的狀況。就此看來，最高法院107年度台上字第575號民事判決及台灣高等法院花蓮分院107年度勞上更（一）字第1號民事判決要求雇主必須給予從事間歇性輪班工作或輪值加班者，依據勞基法第35條但書調配勞工之休息時間，其見解即屬可疑。

[461] 最高法院97年度台上字第1667號民事判決（台北市政府工務局水利工程處案）參照。

[462] 倒是，基於坑內工作的特殊危險及辛苦，勞工「工作時間不得延長」的規定，應不得排除適用。

會同意，如事業單位無工會者，經勞資會議同意後，延長之工作時間，一個月不得超過五十四小時，每三個月不得超過一百三十八小時。」，由於已經採取彈性延長工時，而且由（準）勞工團體介入參與，顯示立法者高度管制的意圖，解釋上並不容勞工與雇主約定不適用。

　　承上，第32條第2項的「一日不得超過12小時」及「一個月不得超過46小時」，此一延長工時，並不包括（如上所述之）待命時間、輪值工作或值班。面對著法定延長工時上限的突破，所剩下的，是行政機關及法院得以「勞工之健康及福祉」作為限制的準繩而已[463]。在此，勞基法第42條應該仍有適用的餘地，亦即「勞工因健康或其他正當理由，不能接受正常工作時間以外之工作者，雇主不得強制其工作」，所以，患有疾病或體弱力衰的勞工，既然不得從事延長工時工作[464]，當然更不得從事「每日超過12小時」或「每月超過46小時」的工作。承上而來的問題是，由於勞基法第84條之1僅排除第32條的適用，而未規定第24條的延長工時工資率，因此，解釋上是否亦排除延長工時工資之適用？同樣的問題，也會發生在第36條、第37條與第39條的關係上。對此，有持否定說者（最高法院97年度台上字第1667號民事判決、最高法院97年度台上字第929號民事判決、台灣高等法院107年度勞上易字第30號民事判決[465]）。有持肯定說者（司法院大法官會議釋字第494號與第726號解釋、最高法院98年度台上字第1792號民事判決、最高法院101年度台上字第319號判決、最高法院101年度台再字第32號判決：勞基法第84條之1第1項所列工作，無需長時間付出高度之專注力或體力，在法律上即未受正常工作時間之限制，不得主張

---

[463] 解釋上，行政機關即使已依勞基法施行細則第50條之2核備延長工時的書面約定，在具體個案上，仍然得隨時觀察勞工延長工時工作的狀況，並且必要時依據職業安全衛生法等相關法規（尤其是勞工健康保護規則），介入保護身心健康及福祉。

[464] 請參照勞基法第42條立法說明。

[465] 依據法院所言：又上訴人自104年7月1日至其離職之105年10月21日止，非屬適用現行勞基法第84條之1之勞工，對於擔任董事長司機，就其延長工時、休假及例假日照常工作，勞基法亦無排除同法第24條及第39條規定適用之明文。

延長時間之工資）[466]。另外，也有認為：勞基法第84條之1並未排除延長
工作時間超過4小時之工資／加班費。就延長工時4小時以上部分，加班費
時數之計算方法及其費率，應類推適用勞基法第24條第2款規定，按平日
每小時工資額加給三分之二以上（最高法院93年度台上字第1605號民事判
決[467]），其亦屬否定說的立場[468]。

惟吾人觀上述司法實務有關延長工時工資的見解，主要係集中在監視
性工作（例如現金運送保全員）、間歇性工作（例如醫療院所救護車駕駛
員），及其他性質特殊之工作（例如飛機空服員）。此類工作者，其在工
作過程中，或者身體與精神之緊張程度通常較低（監視性工作），或者其
進行之方式，等待時間較工作時間為長或無需長時間付出高度之專注力或
體力（間歇性工作），或者有較長的等待（工作）時間。其與監督管理人
員或責任制專業人員的工作性質不同，後者通常無間斷工作或精神體力負
擔較輕工作的特質。因此，前者的工作開始到工作結束，前後加總可能超
過8小時，惟之間可能帶有本書認為無需認定為工作時間的等待時間或待
命時間、輪值工作或值班，故排除其延長工時工資應屬無誤。在此，即使
雇主給予勞工待命時間、輪值工作津貼，或值班費，因其並非延長工時工
資的性質[469]，並無須納入平均工資計算。不同的是，假設是監督管理人
員或責任制專業人員，前者如是委任經理人身分，則其延長工時工資之有
無或計算，視其委任契約而定；如果只是高階的職員，則仍應勞基法第24
條計予加班費。至於如是責任制專業人員，由於所重者，在其專門知識或

---

[466] 行政院勞工委員會民國98年5月26日勞動2字第0980013030號函、民國101年5月22日勞
動2字第1010131405號函似乎也是採取肯定見解。

[467] 最高法院民事判決93年度台上字第1605號（南非商南非航空股份有限公司台灣分公司
案）參照。

[468] 至於最高法院97年度台上字第2591號民事判決（中華航空公司案），雖然認為交通部
依民用航空法第41條之1授權訂頒之飛航管理規則，其第34條的飛航組員之執勤時間限
度規定，可以超過勞基法第30條、第32條規定之上限。但法院似未排除給付加班費的
義務。

[469] 最高法院107年度台上字第575號判決參照。

技能能完成一定任務，而非在其需要長時間工作，因此，本書以為亦有勞基法第24條加班費之適用。

　　至於針對第36條，在2016年12月21日修正施行前，原來係在排除「每七日中至少應有一日之休息，作為例假」的規定。但修法後為「每七日中應有二日之休息，其中一日為例假，一日為休息日」（第1項），這是否代表例假及休息日均可予以變動？也就是說，此處的例假，解釋上是否應包括休息日在內？對此，因第84條之1係規定不受「第36條」限制，而目前第36條卻是包括休息日與例假。所以，似乎應持肯定見解。惟本書則以為，由於「雇主使勞工於休息日工作之時間」規定（第3項），已使休息日得作為工作日之用。而且，勞基法施行細則第20條之1第2款也規定，「勞工於本法第36條所定休息日工作之時間」計入延長工時工作時間。為此，如欲達到彈性使用的目的，則似仍應以修法前之排除／變更「例假」為是。至於第36條第2項變形工時與例假及休息日之適用規定，由於也在放寬例假及休息日之使用，與第84條之1的工時彈性用意相同，故不宜排除適用。至於2018年3月1日修正施行的勞基法第36條第4、5項規定：「經中央目的事業主管機關同意，且經中央主管機關指定之行業，雇主得將第一項、第二項第一款及第二款所定之例假，於每七日之週期內調整之。前項所定例假之調整，應經工會同意，如事業單位無工會者，經勞資會議同意後，始得為之。雇主僱用勞工人數在三十人以上者，應報當地主管機關備查。」亦不得受到排除。又，第37條之休假日規定，雖經2016年12月5日增訂「節日」一項，但內容並無變更。基於此類休假日本非（如例假、休息日）在恢復精神體力或喘息之用，而是重在紀念意義或勞工得從事節慶民俗活動，具公共政策之強制性（最高行政法院106年度判字第300號判決參照）。惟為因應特殊狀況的彈性需求，勞雇雙方得約定變更使用。而依司法院大法官會議釋字第726號解釋意旨，勞基法第84條之1性質特殊工作者在例假或休假日工作，雇主並無須給付假日工作工

資[470]。

　　最後，針對第49條女性夜間工作之規定，應係在排除「雇主不得使女工於午後十時至翌晨六時之時間內工作」（第1項）之限制規定。為此，第1項但書所要求之勞工團體同意，且須具備安全衛生設施或交通工具或宿舍，遂也一併被排除。這樣一來，也無須再侷限於同條第4項的「因天災、事變或突發事件」等原因。惟第3項「女工因健康或其他正當理由」及第5項「妊娠或哺乳期間之女工」具有強制保護女工及母性勞工之立法政策，解釋上並不得排除或變更適用。

　　以下，再針對勞基法第84條之1所規定的各款工作者加以說明。

　　首先，依據勞基法施行細則第50條之1第1款的定義規定，監督、管理人員是由雇主指派，對一般勞工之受僱、解僱或勞動條件具有決定權力之主管級人員。即知其在於執行雇主的權限，具有機動性及剋日完成的特色。所謂「具有決定權力之主管級人員」，立者意旨除實質上具有決定權力之人員（例如資訊服務業僱用之負責事業經營管理工作之主管人員[471]）外，似乎在擴充及於委任經理人員（例如銀行業僱用之經理職以上人員[472]、廣告業僱用之經理級以上人員[473]、經理級以上人員），將之納入勞基法的部分保障。雖然如此，中央勞政機關歷年有關監督、管理人

---

[470] 最高行政法院106年度判字第93號判決見解相同。其判決謂：「勞僱雙方依勞動基準法第84條之1規定，對於休假日工作之另行約定，倘未報經當地主管機關核備，並不生排除同法第37條規定之效力；雇主徵得勞工同意於休假日工作者，其工資應加倍發給，始與勞動基準法第39條規定無違。」反面解釋，如經核備，即無須加倍發給工資。

[471] 行政院勞工委員會民國87年3月4日勞動2字第004365號公告參照。依據台灣高等法院104年度勞上字第9號判決，上訴人單位職稱分別為營業組副理、營業組高級專員、被動元件設備事業部／銷售服務課副理，工作內容係銷售、維護自動化機械設備，尚難認上訴人係屬勞委會公告之「管理資訊系統部門」之「系統程式設計師、維護工程師」。

[472] 行政院勞工委員會民國87年1月22日勞動2字第003290號公告參照。惟此一公告，已經勞動部民國103年12月18日勞動條3字第1030132588號公告自104年1月1日起廢止適用。

[473] 行政院勞工委員會民國87年4月4日勞動2字第013661號公告參照。

員之公告，仍然不乏具有疑義者，例如保全業之保全人員[474]、電腦管制中心監控人員[475]。

其次，爭議較大的，是責任制專業人員的界定。在此，依據勞基法施行細則第50條之1第2款規定：「係指以專門知識或技術完成一定任務並負責其成敗之工作者。」其規範的內容，係此一工作者必須擁有專門知識或技術，而且必須負完成一定任務成敗的責任。所以，為順利及時完成任務，此一專業人員擁有決定工作起迄及是否在例假、休假日工作的自由權。但非謂其工作必然具有長工時的要素。所謂「專門知識或技術」，指必須經由一定嚴格的、專業的訓練始能習得，並非一般普通的或普遍的知識或能力而言。原則上，也不以畢業於特定科系的學歷（尤其是博、碩士學位）或者擁有專業證照為準。在認定上，雖需採從嚴解釋的立場，但並不需只有少數人擁有此一知識或技術的條件。至於在認定發生爭議時，即應以法院的見解為準。值得注意的是，此一工作者與負有完成一定工作的承攬人有相當的雷同性。差別點只在於承攬人的工作，可能是不須專門知識或技術者。在工作者無法完成一定的任務時，無論係基於何種原因（例如天災、事變），其即無工資請求權。即其必須負擔企業經營的風險。這是與一般勞工提供勞務後即有工資請求權，尚有不同的。由此來看，責任制專業人員的契約屬性，除了勞動契約外，也及於承攬契約或至少承攬與勞動難以分辨的灰色地帶。由於此一責任制專業人員混淆了勞工與承攬人的界線，為避免事業單位以「專門知識或技術」為由而濫用此種契約類

---

[474] 有問題的是，與保全人員同樣具有間歇性工作性質的事業單位自行僱用之警衛人員（行政院勞工委員會民國98年6月26日勞動2字第0980130491號公告），其指定依據是否與與保全人員相同，亦在勞基法第84條之1第1項第1款？另外，依據行政院勞工委員會會101年12月28日勞動2字第1010037377號函：「若勞工併多有從事警衛人員以外之工作內容（例如社區花草澆水修剪維護、打掃），尚難認屬該等適用勞動基準法第84條之1之工作者。」此一函釋見解，亦為台中高分院106年度勞上易字第11號判決所採。該法院並且認為事業單位自行僱用之警衛人員的法律依據，是在勞基法第84條之1第1項第3款。

[475] 行政院勞工委員會民國87年7月27日勞動2字第032743號公告參照。

型，本書以為固不以專業知識或技術所生產者，具有市場獨占或領先地位、或者影響公司存續或發展為限（例如具有一定數量的責任制專業人員，秘密地負責研發新的一代的產品，該產品的成敗，攸關事業單位的市場佔有率或嚴重影響其發展者），惟似應以事業單位具有保護的正當性與必要性，否則，勞政機關應採取嚴格審查的態度（不予核備）。雖然如此，中央勞政機關歷年有關責任制專業人員的公告，似不採本書所主張的嚴格認定標準。例如系統研發工程師與維護工程師、法律服務業僱用之法務人員、廣告業僱用之創作人員[476]、會計服務業僱用之會計助理人員具會計師法規定之資格者、管理顧問業之管理顧問[477]、學術研究及服務業之研究人員等。

　　至於第3款的監視性工作「指於一定場所以監視為主之工作」，顯示其並非需要耗費體力之親自操作的工作人員。其並不以勞基法施行細則第22條所指之4種坑內監視工作（含螢幕性的監視）為限，而是及於在工作現場（走動式的）監督（或檢查）其他員工操作的人員。而第4款的間歇性工作「指工作本身以間歇性之方式進行者」，意指非連續性的工作，工作者可在非工作時段調節精神與體力。例如事業單位之首長、主管以及獲有配車人員之駕駛[478]。至於社會福利服務機構之保育員，其從事者亦是間歇性工作[479]。中央勞政機關並且發布「社會福利服務機構輔導員（含保育員、助理保育員）及監護工工作時間審核參考指引」，以供地方主管機關審核工作時數之參考[480]。不過，第84條之1第1項第3款之「其他性質特殊之工作」，則未見勞基法施行細則第50條之1有所定義。然而，

---

[476] 行政院勞工委員會民國87年4月4日勞動2字第013661號公告參照。惟此一公告，已經勞動部民國103年12月18日勞動條3字第1030132588號公告自104年1月1日起廢止適用。

[477] 行政院勞工委員會民國88年5月19日勞動2字第022653號公告參照。惟此一公告，已經勞動部民國103年12月18日勞動條3字第1030132588號公告自104年1月1日起廢止適用。

[478] 行政院勞工委員會民國86年7月11日勞動2字第029625號公告參照。

[479] 就此看來，台灣高等法院106年度勞上字第57號判決保育員屬於長時間監視性質工作者，似屬錯誤。

[480] 行政院勞工委員會民國100年11月17日勞動2字第1000133004號函參照。

在中央勞政機關所公告的工作者中，卻有為數甚多是屬於此一從事「其他性質特殊之工作」的人員，例如航空公司空勤組員（前艙與後艙工作人員）[481]，即屬之。

　　最後，再就法院判決觀之。法院判決大多依循中央勞政機關的公告而定，並未擴充「特殊工作」者之範圍。例如：大客車駕駛員並不在內[482]。貨櫃運輸駕駛員亦不在其內[483]。但是，也有法院直接以判決擴充特殊工作者範圍的，例如：（船舶機械修造工廠之二級、三級）契約監工職司船舶之監造及完成後之檢查，性質上為監視性工作（最高法院91年度台上字第2271號民事判決）[484]。另外，也有案例事實中勞工所從事的工作與勞基法第84條之1工作者無關，例如填海造地工程水車駕駛、工地現場人員，但勞雇雙方卻以勞基法第84條之1作為權利之依據者[485]。在該案中，勞雇雙方所約定之工資包含例假及延時之加班費在內，且已逾基本工資加計延長工時及例假日之工資額度。惟勞工（上訴人）對於此一每月薪資包含加班費的計算方式，起（上）訴主張已違反勞基法第84條之1規定應以書面為之並報請主管機關核備之強制規定，亦與大法官釋字第494號、第726號解釋相違。只是，對於勞工如此之主張，法院並未探究勞工是否為勞基法第84條之1第1項各款所列的特殊工作者，反而認為：（惟）勞基法第84條之1、釋字第494號、第726號，無非在闡述保護勞工權益之意旨，勞動條件不得低於勞基法之規定，甚而須以書面及核備為要求，以免雇主藉故剝削勞工權益。……雙方約定之薪資包含加班費，優於勞基法之標準，未違反勞基法第24條第1、2款強制規定而合法有效，且無違勞基

---

[481] 行政院勞工委員會民國87年7月3日勞動2字第028608號公告參照。只不過，針對空服員的工作時間，依據行政院勞工委員會民國86年4月23日台（86）勞動3字第015845號函，可由當地主管機關會商目的事業主管機關及工會，以命令調整工作時間。

[482] 最高法院104年度台上字第1965號判決（長榮國際儲運公司案）參照。

[483] 台中高等行政法院105年度簡上字第57號判決參照。

[484] 依本書所見，由工作性質來看，契約監工似乎並非守衛，工作性質也不是監視性工作。

[485] 最高法院107年度台上字第1794號民事判決參照。

法第84條之1規定，及釋字第494號、第726號解釋意旨之情形。

　　雖然如此，本書以為法院若能肯定勞雇雙方得以契約自由原則，約定輪值加班／值班工作，以達到（部分）間歇性或監視性工作的目的，而非任令勞基法第30條、第32條、第36條、第37條及第49條全部受到排除適用，應係一較為妥當而可採的作法。果如此，最高法院107年度台上字第575號判決認為非勞基法第84條之1的勞工，其非正常工作時間輪值方式（含間歇性輪班工作）不得採取on call制，其見解即屬有待商榷。

第四章　職業安全衛生法

案例 1

　　甲受僱於乙電子公司擔任助理工程師一職，依據職業安全衛生法規必須穿著安全衣等裝備始能進行工作。問：

1. 乙得否要求甲必須自行購置安全裝備？或者由乙提供，但自甲每月工資中扣下購置費用？或者由甲乙平分費用？

2. 乙應從事何種行為，始符合職業安全衛生法規所要求之義務？定期及不定期的教育訓練？每日上工前再次教育或提醒？在工地現場配置工頭，以檢查甲是否已經穿戴？對於拒絕穿戴者拒絕其上工？

3. 甲穿戴及脫卸安全裝備的時間是否為工作時間？乙甲得否約定與真正工作不同的計薪標準？

案例 2

　　乙欲蓋一鐵皮屋廠房從事螺絲釘生產，遂與甲簽訂一契約。甲與其兄丙兩人乃準備工具材料前往乙處施工。問：

1. 丙與乙係何種契約關係？乙應從事何種行為，始符合職業安全衛生法上之義務？

2. 甲丙得否在一定條件下，向乙主張退避權？

3. 甲不幸從高處墜落死亡，其家屬或丙得否向乙主張職業災害賠償或補償？理由？

4. 請說明職業安全衛生法第25條第2項與勞動基準法第62條職業災害補償規定的異同。

第一節　基於雇主的保護照顧義務而來

　　職業安全衛生法（以下簡稱職安法）與勞動基準法（以下簡稱勞基法）係最重要的勞工保護法，前者著重於工作場所的、機械設備的及材料成品的安全保護〔所謂技術的勞動保護（technischer Arbeitsschutz）及醫護的勞動保護（medizinischer Arbeitsschutz）〕；後者則著重於勞動條件的（尤其是工作時間）、童工的及女性或母性勞工的保護〔所謂社會的勞動保護（sozialer Arbeitsschutz）〕。兩個法規共同構成勞工尊嚴的及合於人性需求的工作建構與職場環境保護，對於勞工人權的保護均具有劃時代的意義[1]。此種高標準的勞動保護規範，也有助於一般人民生活安全的保障。

　　依據職安法第1條規定，為防止職業災害，保障工作者安全及健康，特制定本法。可知，本法係基於預防的思想，賦予雇主採取健康保護的預防措施及建構人性化的工作的義務。其係出自於社會政策優先於經濟發展的考量而來，優先於雇主基於憲法所保障的企業經營自由權。雇主應建立勞工保護組織上的條件，備置勞動保護工具，並且監督勞動保護的實施（職安法第5條、第6條參照）。此一義務的範圍，係隨著科技的、醫學的、衛生的等發展狀況，而變動調整的。惟職安法並無法提供一絕對安全無虞的工作環境，即使禁止使用現代的科技產品，也無法免除勞動生涯中的風險。所以，其僅是盡力地降低風險而已。如為達到職安法上之義務，雇主也可將設置安全衛生設備或措施的責任，委託第三人代為執行。雖然如此，無論雇主本身或雇主所委託的第三人違反此一義務時[2]，雇主即應受到職安法相關條文的制裁，不以發生職業災害為前提。換言之，即使勞工未發生職業災害，雇主仍應負職安法上之責任。而勞工一旦發生職業災

---

[1] 當美國國會在1970年12月29日通過職業安全衛生法（Occupational Safty and Health Act, OSHA）時，被視為一具有革命性的法律成果，當時的人譽之為勞工的人權憲章（bill of rights）。

[2] 但雇主得對三人以其未能履約而請求損害賠償。

害，除了應負職業災害賠償或補償責任外，職安法上的責任也無法棄而不論。在實務上會發生爭議者，係雇主違反職安法上所規定之義務，而勞工也確實發生傷害，則在審查相當因果關係時，是否即得當然肯定之？或者行政機關及司法機關即得採取寬鬆的因果關係說而肯認之[3]？

　　承上，法院實務上不乏在探討雇主違反職安法上之義務，以致於應否負職業災害的賠償責任時，著重於與有過失的討論，而未再就雇主職安法上之責任加以著墨者。例如台灣高等法院〔102年度重勞上更（一）字第6號〕更審判決（陳明旭即正豐五金工程行案）。在該案中，被上訴人（勞工）受僱於上訴人從事製作鐵窗、鐵門等。雇主在未對其進行教育訓練的情況下，指示其前往客戶三樓住處換裝鐵窗浪板，因無安全防護措施，跌落受傷。高等法院認為修正前勞工安全衛生設施規則第23條規定：「雇主對於建築構造物及其附置物，應保持安全穩固，以防止崩塌等危害。」雇主應保持鐵窗之安全穩固，以防止崩塌。另外，勞工原工作內容係於工廠內製作鐵窗鐵門，雇主後續變更其工作內容，使其於第三人自宅從事鐵窗浪板更換作業前，應依勞工安全衛生教育訓練規則第16條第1項規定，使其接受符合該工作必要之安全衛生教育訓練，惟上訴人並未提供教育訓練。只不過，「然被上訴人施工時，明知上訴人未提供墊高設備或確保鐵窗安全穩固之措施，且衡諸一般社會通念及成人智識，應知鐵窗係作為避免宵小侵入，及室內之人不慎摔落之用，尚非供人站立其上施工使用，而被上訴人不僅未先向上訴人或屋主要求或請求墊高設備以供施作[4]，且逕

---

[3] 以台灣高等法院106年度重勞上字第22號民事判決（亞力特公司案）為例，法院即以雇主違反職業安全衛生設施規則第93條及第95條為由，其不作為與勞工死亡結果間，即具有相當因果關係。只是，本書以為，雇主首先違反者，為職安法上之義務，至於不設置連鎖裝置，是否通常即會發生職業災害、甚至死亡的結果？是否即可肯定之？同樣地，在台灣高等法院106年度勞上字第98號民事判決（政嘉工司案）中，雇主已經提供背負式安全帶，惟勞工並未穿戴，則雇主之未盡到採取進場管制措施的義務，對於勞工之發生職業災害是否當然有相當因果關係？同樣值得探討。在該案中，勞工實際上是經常性地未配戴安全帶及安全帽就上工。

[4] 須注意者，高等法院此處之表達，目的並不在免除雇主主動提供墊高設備之義務與責

自站立於室外鐵窗上施工，其明知不應站立在室外鐵窗上而仍為之，應與上訴人各負百分之五十過失責任。」

只是，上述高等法院雇主應負百分之五十過失責任的見解，已被其後的最高法院105年度台上字第1528號民事判決所推翻。最高法院認為依據民法第483條之1，受僱人服勞務，其生命、身體、健康有受危害之虞者，僱用人應按其情形為必要之預防。僱用人倘未為之，係屬債務不履行，自須其有可歸責之事由，始應對受僱人負損害賠償之責任。是如僱用人無明知或可得而知工作場所等有使受僱人生命、身體、健康受危害之虞，而不為必要之預防情事，自不能令其負上開法條所定之責任。所以，被上訴人為已有八年工作經驗的專業人員，其於上訴人派其前往上開住宅施工時，復明知鐵窗係作為避免宵小侵入，及室內之人不慎摔落之用，尚非供人站立其上施工使用，應墊高設備供施作。則其倘未將此情告知上訴人，或上訴人有明知或可得而知而不為必要之預防情事，能否謂上訴人未為必要之預防，被上訴人之受傷可歸責於上訴人，即滋疑問。

雖然如此，本書以為：最高法院根本未注意及審酌勞安法及勞工安全衛生教育訓練規則的規定，而單純論述其對於民法第483條之1的看法，此實令人難以理解。畢竟，勞安法及勞工安全衛生教育訓練規則係民法第483條之1的具體化規定，本應優先適用之。況且，民法第483條之1為強行規定，屬於民法第184條第2項保護他人之法律，僱用人應負推定過失責任，並無庸考慮僱用人是否明知或可得而知。惟其對於民法第483條之1的見解，應該只是在給予雇主免除與有過失的理由而已，並不在於免除雇主勞安法上主動提供設備及勞工安全衛生教育訓練規則之義務與責任。

在此，為使得職業災害預防的目的實現，雖然我國職安法並無勞工應履行一定義務的規定，惟從私法上的忠實義務或雙重效力理論，仍應肯定勞工有按照規定使用器具、危險或生產工具故障通知，以及按照公法法令的要求，配戴安全防護設備之義務。勞工並不得以人格權（民法第195條

任，只是在探討勞工與有過失的理由而已。

參照）受到侵害為由對抗此一義務。對於生產器具及安全措施所出現的缺陷，勞工也負有通知雇主之義務。在此，此一義務並非民法上的不真正義務[5]。所以，雇主只需負擔安全衛生設備的成本（即設置或提供設施、設備）、要求[6]勞工穿戴，並且對於不穿戴者給予一定程度的懲戒（以提高其注意力及守法心）[7]即可，即使勞工不穿戴，也不應課予雇主在勞工不穿戴時之法律責任[8]。不過，雇主應監督工作的進行，對於不穿戴安全設施（例如安全帶、安全索、安全帽）的勞工，應採取進場管制措施阻止其進場工作，否則，仍然應負職安法上之責任[9]。至於法令無強制要求穿戴安全設施之工作，但本質上具有一定程度危險性的工作，雇主仍應在合理可行範圍內，採取必要之預防設備或措施，使勞工免於發生職業災害（職業安全衛生法第5條第1項參照）。此處，所謂「合理可行範圍」係指按照工作的危險程度，可以期待雇主採行的作為，其中也包括設置現場監督人員[10]（但這並不是採取人盯人的監控方式，畢竟，並無法做到絕對的監控）。例如在一件針對勞工以頭下腳上的方式跳入水圳中撿拾榔頭，而致

5　對於違反此一義務者，如其情節重大，雇主並得終止勞動契約。

6　惟此處的要求，是否需在勞工每日上工前為之？例如透過短暫（早）開會的方式或任務交代方式為之？或除非是臨時交辦的事務（需再個別指示或要求）外，只需在勞動契約、工作規則明定並偶而再指示提醒即可？並非無討論的空間。其實，如果雇主有依法進行教育訓練及確實監督工程（作）進行的機制（監工、工地主任等）運作，則似無必要再每日進行要求或指示。

7　如持續地拒絕穿戴，雇主應可以勞基法第12條第1項第4款違反勞動契約或工作規則情節重大為由，不經預告將之解僱。

8　台灣高等法院105年度重要上更（一）字第3號民事判決（中華工程公司案）。反對說：台灣高等法院台南分院107年度勞上字第1號民事判決（傳仕精密機械公司案）：上訴人（勞工）主張被上訴人（雇主）未供給勞工使用之個人防護具，並使勞工確實使用，……，應為可採。

9　台灣高等法院106年度勞上字第98號民事判決（政嘉公司案）參照。

10　依據職業安全衛生法施行細則第8條第1項規定，本法第5條第1項所稱合理可行範圍，指依本法及有關安全衛生法令、指引、實務規範或一般社會通念，雇主明知或可得而知勞工所從事之工作，有致其生命、身體及健康受危害之虞，並可採取必要之預防設備或措施者。

受傷殘廢，是否為職業災害的爭議案中，法院認為勞工之行為本屬不當。惟此一發生危險之原因是否為雇主可控制之因素，台灣高等法院持否定的態度[11]，惟之後的最高法院從無過失責任主義的角度，認為即使勞工與有過失，但「能否謂非執行職務，亦非無疑」[12]。對此，本書以為：1.從勞工安全衛生管理的角度，能否期待雇主指示人員（現場監工人員）在現場阻止其跳水之行為，始免除其勞安法上的義務與責任？2.以頭下腳上跳水，是否違反一般的社會通念？是否應將之歸類為自我致殘之行為？

　　雖然如此，對於不穿戴安全設施（例如安全帶、安全索、安全帽）的勞工，職安法上並無制裁的規定（遵守職業安全衛生義務也並無與有過失可言），惟如果涉及職業災害的損害賠償，勞工即會因與有過失而受到一定比例的損害賠償額度的損失[13]。

　　所以，職安法及其附屬法規係民法第184條第2項保護他人之法律，此規定確保雇主履行職業安全衛生義務。同樣地，諸如職安法第32條第2項，甚至職安法第20條第6項、職安法施行細則第29條（勞工對於本法第20條第1項之健康檢查，有接受之義務[14]）的規定，解釋上亦為民法第184

---

[11] 台灣高等法院93年度重勞上字第4號判決（貴成案）參照。法院認為：「自不宜過分擴張職業災害認定之範圍，否則無異加重雇主之責任，而減少企業之競爭力，同時亦有礙社會之經濟發展。」而高院此一見解，也被其他一些法院所採。例如最高法院95年度台上字第1805號判決（華大林組案）。其實，針對實務上偶而發生之勞工住宿於雇主提供的宿舍，卻因鄰近的其他民房或事業單位起火，延燒到勞工住宿的宿舍以致傷亡，實際上危險發生之原因也非雇主可控制的因素，不宜過寬解釋為職業災害。

[12] 最高法院95年度台上字第2542號判決（貴成案）參照。

[13] 台灣高等法院高雄分院105年度勞上字第6號民事判決（大承土木包工業案）、最高法院民事判決105年度台上字第769號（中華工程公司案）參照。不過，在最高法院107年度台上字第1910號民事裁定（中華工程公司案）中，雇主負有提供安全索及架設安全防墜網之義務。雖然勞工未配戴安全索，但由於雇主未盡到架設安全防墜網之義務，法院認為：「怠於採取必要之安全措施，上訴人（中華工程公司／要派機構）已違反上開保護他人之法律，被上訴人（派遣勞工）並無與有過失情形。」其主要是雇主在勞工從事清潔工作時，並無明確要求配戴安全索所致。要派機構必須對派遣勞工負職業災害的賠償及補償責任。

[14] 依據職安法施行細則第29條第1項規定：「本法第二十條第六項所稱勞工有接受檢查之

條第2項保護他人之法律，勞工負有遵行之義務。除此之外，勞雇之任何一方，均可以違反勞動契約的附隨義務（保護照顧義務vs.忠實義務）為由，請求損害賠償或進行懲戒行為（例如先給予警告，勞工不改善時即不經預告將之解僱）。

第一項　與民法第483條之1之關係

依據民法第483條之1，受僱人服勞務，其生命、身體、健康有受危害之虞者，僱用人應按其情形為必要之預防。這表示雇主負有「預防」勞工身心受到危害之義務，為雇主保護照顧義務之具體表現。民法第483條之1性質為強行規定，且其為民法第184條第2項保護他人之法律，故一旦雇主未盡到義務，即推定其有過失。換言之，即使受僱人未告知施工需要輔助設備／器具（例如墊高設備）或僱用人無明知或可得而知工作場所等有使受僱人生命、身體、健康受危害之虞，而不為必要之預防情事，仍應令其負上開法條所定之義務與責任[15]。

法院間有認為依據民法第483條之1及職安法規定，雇主應尊重及注意在職勞工之身體心理健康狀況，避免職業災害之發生，此乃雇主之注意義務[16]。

由於民法第483條之1的規定過於抽象、且其並非僅針對職業災害而為（例如針對霸凌或性／騷擾，僱用人負有避免或防止之義務），再加上國家負有以公法的規定保障其人民的健康與安全之義務，因此遂有一連串職安法及其附屬法規（主要是職業安全衛生設施規則），以及其他法規

義務，指勞工應依雇主安排於符合本法規定之醫療機構接受體格及健康檢查。」第2項規定：「勞工自行於其他符合規定之醫療機構接受相當種類及項目之檢查，並將檢查結果提供予雇主者，視為已接受本法第二十條第一項之檢查。」

[15] 反對說：最高法院105年度台上字第1528號民事判決參照。其實，其前審的高等法院已經肯認修正前勞工安全衛生設施規則第23條規定：「雇主對於建築構造物及其附置物，應保持安全穩固，以防止崩塌等危害。」為何最高法院未注意及審酌此一條文？畢竟，此一條文係民法第483條之1的具體化規定，應該優先獲得適用。

[16] 台灣高等法院105年度勞上字第59號民事判決參照。

（例如機械器具防護標準）之制定，以具體化雇主所應採取之措施。惟，根據民法第483條之1的保護照顧規定，勞雇團體本得依據團體協約法第12條第1項第6款約定安全衛生事項，形成與國家所定的勞工保護規定的雙軌制現象。

第一款　雙重效力理論

我國早在勞工保護法〔尤其是（舊）勞安法及其相關子法、勞基法等〕及勞保條例的職業災害給付制定施行之前，對於工廠法第7條第7款、第11條、第12條、第42條至第44條及第45條、第46條等規定，學者或者將之解釋為無過失責任的規定，或者將之解釋為推定過失責任的規定（即民法第184條第2項的「保護他人之法律」）[17]。並有認為保護勞工之立法，亦具有私法上之效果。勞工保護立法之規定得形成勞動契約之內容，成為最低之勞動條件。依本書的看法，這種主張其實就隱含雙重效力理論的內涵。此一理論的產生，在德國可以遠溯至1920年代[18]，甚至更早[19]。

其後，立法者為了具體化民法第483條之1之雇主的照扶義務，所制定之公法上的勞工保護及防止意外之法規，原則上構成了雇主所必須嚴格遵守之不可更易的契約上的義務（unabdingbare Vertragspflichten）。通說均認為該等公法上的勞工保護及防止意外之法規，具有雙重的性格〔雙

---

[17] 黃茂榮，非財產上損害及減少勞動力之算定，收錄於：民事法判解評釋（I），1978年9月，初版，頁296以下：採取推定過失責任說。

[18] Nipperdey, Die privatrechtliche Bedeutung des Arbeitsschutzrechts, in: Die RG-Praxis im deutschen Rechtsleben, Bd. 4, 1929, 230。引自王澤鑑，雇主未為受僱人辦理加入勞工保險之民事責任，收錄於：民法學說與判例研究第二冊，1981年8月，三版，頁250。

[19] 其實，早在1911年，德國法律學者Theodor Kipp所著Über Doppelwirkung im Recht一文中，即已提出法律上雙重效果的理論，雖然其主要係針對私法上的法律效果而為（尤其是「無效法律行為之撤銷」），但是否對於勞工保護法的具有私法效力的發展，有所影響，由於時間上的相近，實在難以袪除本文作者如此的聯想，不過這有待於學者的進一步了解與研究。相關介紹，請參閱王澤鑑，法學上的發現，收錄於：民法學說與判例研究第四冊，1982年4月，四版，頁13以下。Kipp, Über Doppelwirkung im Recht, insbesondere über die Konkurrenz von Nichtigkeit und Anfechtbarkeit: Festschrift Maritiz(1911), 211 ff.

重性格原則（Grundsatz der Doppelnatur）〕或雙重的效力〔雙重效力原則（Grundsatz der Doppelwirkung）〕。亦即一方面雇主被課以遵循該等公法規定之義務，一旦違反即會受到一定的處罰（含行政罰及刑事罰）（公法上的效力）；另一方面，該等規定亦當然地成為勞動契約之內容，雇主應依之盡到照顧保護之義務，勞工並且可依之要求雇主確實履行（私法上的效力）。藉由此種雙重性格，雇主在遵照公法的勞工保護及防止意外法規時，也同時盡到其對於勞工的私法義務，不至於出現兩者不一致的現象[20]。

　　然而，並非所有的公法上的勞工保護及防止意外之法規，均同時為勞工提供一私法上的請求權，而是該等法規「適合於建構一勞動契約的義務之標的」始可。至於所謂公法上的勞工保護及防止意外法規之內容「適合於建構一勞動契約的義務之標的」，係指該等法規的目的在於直接提供個別勞工的保護，亦即勞資雙方可以自由地約定給予勞工一「履行請求權」（Erfüllungsanspruch），始足以當之。換言之，公法上的規定如果僅有組織的或規範法上的（ordnungsrechtlich）功能，或者其係以全體的勞工為對象者，即未能自然的或經由雙方的約定而具有私法上的效力[21]。因此，勞工是否具有履行請求權，必須將所涉及的公法的規定，在民法第483條之1的規範目的下，逐案地加以審查；惟設如經過個案審查而仍具有疑義時，原則上即視其具有私法上的效力，勞工可以依之要求雇主履行之[22]。

---

[20] 參照林更盛，承攬關係中職業災害案例評釋，法學叢刊，第174期，1999年4月，頁169以下；MünchArbR, Blomeyer, § 96, Rn. 6.

[21] 同理，同樣是規定在道路交通管理處罰條例中之禁止行為，如是要求汽車駕駛人在特定地點減速慢行，否則處以一定罰鍰者（第44條）。其立法目的是在保護參與交通者之安全，應屬「保護他人之法律」。反之，如是禁止慢車駕駛人裝載有惡臭氣味貨物，而不為適當之裝置者（第76條），其目的應係在維護環境的整潔，故非屬「保護他人之法律」。

[22] 參照林更盛，承攬關係中職災補償責任—最高法院90年度台上字第948號判決評釋，台灣本土法學雜誌，第34期，2002年5月，頁73；MünchKomm, Lorenz, a.a.O., Rn. 7, 21.

第二款　保護義務之範圍

第一目　人的範圍

　　依據職安法第4條規定：「本法適用於各業。但因事業規模、性質及風險等因素，中央主管機關得指定公告其適用本法之部分規定。」此一立法採取全面適用各業的方式，僅有少數因事業規模、性質及風險等因素而得被指定公告適用本法之部分規定。其規範方式較負面表列更為全面，彰顯立法者盡可能擴大保護勞工及工作者的用意。其立法方式較勞基法第3條第1項與第2項採取正面表列，第3項、第4項卻又容許中央主管機關因經營型態、管理制度及工作特性等因素而指定公告特定行業或工作者不適用該法者（類似負面表列），顯得簡潔明白而易於施行。

　　雖然如此，從其立法說明可知，公務機構（含行政機關、司法機關及軍事機關）並不在適用之內[23]。惟勞動部已在2014年7月21日依據職安法第4條但書，公告公共行政業之政府機關指定公告適用職安法的部分規定[24]。例如依據最高法院99年度台上字第1940號判決（嘉榮案），經濟部水利署第十河川局（丙）為政府之行政公務部門，並非勞安法第2條第3項適用範圍之機構，並不是第16條所稱之事業單位。亦非勞基法第62條第1項所稱之事業單位。但在該號公告後，應已受到職業安全衛生法適用。故人的適用範圍也隨之擴張。

　　有問題的是，職安法的適用對象，是否包括雇主為自然人或自然承攬人之情形？對此，法院持肯定見解。依據台灣高等法院高雄分院107年度勞上易字第37號民事判決（承攬人？自然承攬人？），附帶上訴人主張其自民國104年6月15日起受僱於上訴人（雇主，自然人），負責鐵皮屋、採光罩、鐵捲門等新建、修繕工作。其在從事集水槽修繕工作時，不慎跌落

---

[23] 至於德國§§ 1 Abs. 1 Satz 2, 2 Abs. 2 Nr. 4~6 ArbSchG：適用於所有各業，包括公務機構受僱人員、公務員、法官、軍人。

[24] 勞動部103年7月21日勞職授字第1030200895號公告參照。至於德國有關公部門意外法規中因果關係之認定，請參閱Pflaum, Unfallereignis und Kausalität im Dienstunfallrecht, RiA 2011, 198 ff.

地面，致受有傷害。主張上訴人未依職業安全衛生法第6條第1項第5款及職業安全衛生設施規則第281條等規定，提供合於法令規格之安全帽及安全帶，致其因無安全防護，自高處跌落地面造成系爭職災傷害，合於民法第184條第1項前段、第2項規定，應依民法第193條、第195條侵權行為規定賠償。另依職業安全衛生設施規則第225條第1、2項規定，按雇主對於在高度2公尺以上之處所進行作業，勞工有墜落之虞者，應以架設施工架或其他方法設置工作台。但工作台之邊緣及開口部分等，不在此限。雇主依前項規定設置工作台有困難時，應採取張掛安全網、使勞工使用安全帶等防止勞工因墜落而遭致危險之措施。使用安全帶時，應設置足夠強度之必要裝置或安全母索，供安全帶鉤掛。法院審理結果認為：依證人林○○證稱：即使有帶也沒有地方可以扣，安全網也不可能架設在外面等語，足證上訴人並未架設安全母索等供安全帶掛鉤，依上規定，堪認已違反職業安全衛生設施規則第225條及職業安全衛生法第6條第1項等保護他人之法律規定。

　　相對於職安法第4條規定，民法第483條之1適用於於所有各行各業的僱傭關係的受僱人（採取廣義的解釋）。尤其是尚未被納入勞基法適用的勞工（例如受僱醫師）[25]。即同於職安法第5條本文「本法適用於各業」，且無同條但書「但因事業規模、性質及風險等因素，中央主管機關得指定公告其適用本法之部分規定」的限制。所以，解釋上包括公營事業單位的受僱人，不以民營事業單位為限，也不要求需具有從屬性關係者。

　　吾人觀2013年7月3日修正施行的職業安全衛生法，除了擴大適用的行業外，也擴大適用人的範圍至「工作者」，即包括勞工、自營作業者、其他受工作場所負責人指揮或監督從事勞動之人員（不包括在事業單位外因勞工執行職務而受傷的第三人）。此處的自營作業者之受到適用，應係以自營作業者進入實際從事勞動的場所時，該場所必須符合職安法之安全衛生的要求。依據職安法第39條規定，工作者針對一定情形（重大

---

[25] 最高法院106年度台上字第15號民事判決（奇美醫院案）參照。

職災），得向雇主、主管機關或勞動檢查機構申訴，雇主不得對申訴之工作者予以解僱、調職或其他不利之處分。對於雇主有不利於工作者之處分者，處以處新台幣3萬元以上15萬元以下罰鍰（第45條第2款參照）。有問題的是，針對其他事業單位的勞工（並非指承攬人所僱用勞工），例如貨運公司司機到事業單位裝貨或卸貨，在停留期間，事業單位是否應負職安法上之義務？對此，本書持肯定見解，即將「指揮或監督」做擴大解釋，以提供其必要的保障。

此處的勞工，不問受僱人數多少（亦即1人以上即可）、不問是計時工或計件工、或者其工資依盈虧而定[26]，也不問其是否熟悉工作場所或熟練於工作場所危險機具之操作而異。法院間有認為不問工讀生對於從事之工作是否熟稔，也不論於機器操作或「故障修理中」，事業單位均應依勞安法第5條、第23條及機械器具防護標準規定，設置護圍、標誌、護罩，以防止員工誤觸機器而產生危險[27]。另有法院認為職業安全衛生法之立法目的，在防止職業災害，保障工作者安全及健康；所稱職業災害，乃指因勞動場所之建築物、機械、設備等原因引起之工作者疾病、傷害、失能或死亡（職業安全衛生法第1條及第2條第5款規定參照），足見職業安全衛生設施規則除規定雇主就升降機需設置上開安全設備（第73條）外，另要設置連鎖裝置之用意（第75條），乃在確保於貨梯地板與樓層地板相距超過7.5公分時，不管在任何情形下，貨梯各樓層出入口之門均無法開啟，以避免墜落致使發生職業災害，是其所欲防止發生職業災害之對象，當亦包括明知公司禁止於貨梯運行中開啟貨梯門，及熟悉貨梯操作規則之勞工，自不得僅因勞工深諳貨梯操作規則即謂無保護其工作安全之必要[28]。

---

[26] 1936年勞動契約法第20條第1項規定：「勞動報酬如約定以營業盈餘之全部或一部為比例而增減，或以其盈餘為決定報酬額之標準時，其盈餘額應按其年度之資產負債表定之。但當事人另有約定者，依其約定。」

[27] 最高法院96年度台上字第90號判決（宏福製革廠案）參照。

[28] 台灣高等法院106年度重勞上字第22號民事判決（亞力特公司案）參照。該案主要涉及：雇主如使用起重升降機具，則應依職業安全衛生設施規則第95條規定：「雇主對於升降機之升降路各樓出入口門，應有連鎖裝置，使搬器地板與樓板相差7.5公分以上時，

　　另外，針對提供支援性工作的勞工，例如雇主指示清潔工支援灌漿作業而死亡。依據勞安法第2條第4項規定。因為支援灌漿作業，就業場所已經擴充，雇主應負之勞安法提供安全防護措施的責任，也隨之擴展[29]。

　　再依據職安法第2條第1款及職安法施行細則第2條第2項規定，適用對象及於「自營作業者及其他受工作場所負責人指揮或監督從事勞動之人員（指與事業單位無僱傭關係，於其工作場所從事勞動或以學習技能、接受職業訓練為目的從事勞動之工作者）」。所以，借調關係下至第三人處工作、派遣人員至要派機構[30]處工作者，以及技術生、實習生等類似僱傭關係者，均在其內。惟對於海（船）員及礦坑勞工，則應依其特別法的規定[31]。另外，對於從事家庭代工者〔同於德國的「家內勞動者」（Heimarbeiter）〕，由於法無明文規定委託者應負擔家庭代工者的機器設備費用、以及並無規定委託者欲進入代工家庭所應遵循的程序（例如在一定期間前通知家庭代工者並獲得其同意，且會同工會或勞資會議勞方代表進入），況且，包括勞動檢查法等並無代工家庭勞動檢查的特別規定，因此，欠缺進入代工處所監督的可能性，所以不在適用之內。針對最高法院103台上字第642號判決認為承攬關係（指定作人與承攬人之間的關係）無勞基法、勞安法、勞工安全衛生規則及職災勞工保護法之適用。在職安法2013年7月3日修正施行後，已限縮為無勞基法及職災勞工保護法之適用。另一方面，最高法院96年度台上字第1247號判決（義大製罐案）認為受到（舊）勞安法第5條符合安全衛生設備標準之適用者，不因為僱傭或承攬關係而有不同。此一見解似乎有誤，蓋在（舊）勞安法時代，應該只有受僱人／勞工才有適用。

　　雖然如此，在體例上較為難於理解的是，有關自營作業者的職業安

升降路出入口門不能開啟之。」

[29] 最高法院95年度台上字第2102號判決（共同體企業行案）參照。

[30] 最高法院107年度台上字第1910號民事裁定（中華工程公司案）參照。

[31] 大客貨車駕駛人員雖應遵照汽車運輸業管理規則等特殊規定，但其眾在管理，有關安全衛生的部分較少。

全衛生責任，係規定在職安法在第六章附則中。依據第51條第1項規定：
「自營作業者準用第五條至第七條、第九條、第十條、第十四條、第十六
條、第二十四條有關雇主之義務及罰則之規定。」這顯示出將自營作業者
納入職安法適用對象，有其結構上的困難。因其是為自己工作的人（自僱
者），其既無雇主、也無勞工。所以，相對於第39條、第45條是以等同勞
工的身分受到保障，第51條第1項則是以等同雇主的身分，準用雇主的義
務及罰則。在此，自營作業者主要是負擔前置的勞動保護義務與責任，以
免傷害到第三人。

　　職安法除了一體適用的規定外，對於特別需要保護的勞工族群也有個
別的規定。亦即第29條的未滿18歲者、第30條的妊娠中之女性勞工不得從
事特定的危險性或有害性工作。在此，為了保護青少年勞工及妊娠中女性
勞工的工作權，上述禁止規定必須是基於生物上的原因（biologisch）所
強制要求者。

　　值得注意的是，在法院實務上，對於被保護照顧人有將之擴充至可
得特定之人者。最高法院96年度台上字第1163號判決（勞委會案）：高院
對於勞安法及勞檢法之立法目的，與最高法院不同。最高法院認為爆竹煙
火管理條例的規範目的，與勞委會依據勞安法第5條第2項規定授權訂定的
爆竹煙火製造業安全衛生標準（已廢止）相同。應綜合判斷所欲產生的規
範效果及當今社會發展之因素，認定勞安法及勞檢法所欲保障之對象，除
了工作場所中之勞工外，其規定意旨是否有及於特定人的保障，亦即附近
居民生命、身體及財產之權益。雖然如此，本書以為本案是在訴諸國家賠
償，可否採取較寬解釋？是否會導致雇主及勞檢單位應依勞／職安法及勞
檢法對於居民負擔義務與責任？似乎仍宜再斟酌。

第二目　事物的範圍：廠場的勞動保護、前置的（vorgreifen）勞動保護
　　職安法為傳統的／典型的，以及狹義的勞工保護法，國家採取干預性
的立法，提供勞工機械設備的安全衛生防護。經由2013年7月3日的修正，
擴大其適用對象與適用範圍。其除了提供廠場的勞動保護外，也參考先進
國家的作法，提供前置的勞動保護。在廠場的勞動保護部分，主要是技術

的勞動保護，但也有兼及於社會的勞動保護及醫護的勞動保護。在這裡，技術的勞動保護是在避免勞工受到廠房設備及生產方式的危害。醫護的勞動保護是在提供勞工一個安全的工作環境，而社會的勞動保護則是包括工作時間保護及童工／青少年工、女工的保護（職安法第29條、第30條參照）。

　　至於所謂前置的勞動保護，係指將安全健康保護提前至製造安全機具及產品的階段（職安法第5條第2項、第7條至第9條參照）。其係採取製造人責任原則（das Prinzip der Herstellerverantwortung），以取代國家冗長的，但卻又可能存在漏洞的許可程序或管制措施。傳統的廠場的勞動保護係針對技術的與社會的勞動保護，其規範目的首重於藉由國家干預性的立法，給予受僱者安全與健康的直接保護。即提供其面對機械、設備、器具及工作時間的與女性／母性勞工、青少年勞工（尤其是童工）的保護。這也是世界各國向來職業安全衛生法規的規範重點。前置的勞動保護則是重在生產／製造及原（材）料的安全，將勞動保護的階段提前至產品及原（材）料的製造與導入市場的階段。較重要的是，前置的勞動保護一般被認為是經濟法與競爭法規範領域不可或缺的一部分[32]，經由此一經濟法與競爭法彼此間的妥協，架構了前置勞動保護〔（不問是規範化（Regulierung）或去規範化（Deregulierung）的〕未來發展。而為使前置的勞動保護達到規範的目的，必須設立一有效的市場監督機制[33]。只是，在此一階段，並無法納入勞工的自我管理與負責的機制（例如職安法第23條的職業安全衛生組織）。

　　至於在照顧義務之內容，依據職安法第20條及第21條規定，雇主於僱用勞工時，負有施行體格檢查之義務。藉此以發現勞工是否不適於從

---

[32] Pieper, Regulierung und Deregulierung am Beispiel der Entwicklung des Arbeitsschutzes, AuR 2011, 401.

[33] 以歐洲聯盟而言，即設立有歐洲聯盟化學品管制局／署（Europäische Chemikaleinagentur, ECHA），以監督化學品條例（Chemikalienrecht）的運用。

事某種工作時。果如此，即不得僱用其從事該項工作[34]。而健康檢查發現勞工因職業原因致不能適應原有工作者，除予醫療外，並應變更其作業場所，更換其工作，縮短其工作時間及為其他適當措施。一旦雇主因未對勞工實施（定期）健康檢查，以致於未能及早發現勞工自身疾病而逕僱用，且於勞工在職期間復未注意勞工之身體健康狀況有無改變，而未能予勞工醫療，並及時採取縮短其工作時間、改變排班表、增加休息時間等適當措施，終致勞工因而死亡，即可認雇主已違反民法第483條之1及職安法規定等保護勞工之法律，應可認定雇主已違反職安法之保護照顧義務，而應負職安法及民法之責任。惟究難謂雇主過失之行為與勞工之死亡間必定有相當因果關係，而須再個案審查認定之[35]。

　　另外，對於勞工安全衛生的教育訓練亦屬於照顧義務內容之一（職安法第32條第1項參照）[36]。依職業安全衛生教育訓練規則第16條、第17條第1項、第17條之1及附表14之規定，雇主對於新僱勞工或在職勞工於變更工作前，應依實際需要排定一般安全衛生教育訓練，不得少於3小時；對製造、處置或使用危害性化學品者應增列3小時（合計至少6小時），此外應定期使其接受安全衛生在職教育訓練每三年至少3小時[37]。也就是說，公司除了每年雖有辦理一般之安全衛生教育及消防訓練外，另需對於製造、處置或使用危害性化學品者辦理關於危害性化學品之職業安全訓練[38]。

---

[34] 此亦是健康檢查的目的所在，逾此範圍，即有侵害勞工工作權或隱私權之疑慮。再者，解釋上並非所有工作均需要進行健康檢查，只有確實具有勞工保護目的及公益目的者，雇主始得要求健康檢查。只可惜職安法第20條、第21條似未考慮及此。有關隱私權的保障，請參閱司法院大法官會議釋字第603號解釋、高雄高等行政法院107年度簡上字第1號行政判決。

[35] 反對說，台灣高等法院105年度勞上字第59號民事判決參照。

[36] 最高法院107年度台上字第1910號民事裁定（中華工程公司案）參照。

[37] 勞動部職業安全衛生署民國107年3月15日勞職綜3字第1070003686號函參照。

[38] 台灣高等法院台南分院107年度勞上字第1號民事判決參照。

第三款 違反保護照顧義務的法律後果

針對雇主之違反職安法上之義務，勞工除了依照職安法第39條提出申訴外，另可採取如下之救濟手段。

第一目 履行請求權（職安法第32條第1項、第33條、第34條）

在雇主違反照扶義務以致有危害勞工生命、身體及健康之虞時，勞工得請求雇主履行該義務，必要時，勞工並得提起履行義務之訴。這是由於職業安全衛生法令具有雙重性格，其亦給予勞工私法上的請求權，已如前述。至於民法第483條之1係民法第184條第2項之「保護他人之法律」，亦已加以說明，勞工當亦得依之要求雇主履行義務。此種履行請求權，尤其是在危險已具體成形且可以加以指證時，特別具有重要性，蓋雇主應立即地採取必要的措施。

值得一提的是，德國實務上卻少有勞工訴請雇主履行勞工安全衛生法令義務之案例出現。學者間普遍認為勞工可以尋求更簡易有效的救濟管道，而無須提起訴訟。亦即勞工可以求助於（與雇主共同形成勞工安全措施之）員工代表會（Betriebsrat）或在用盡企業內的救濟管道而無效後，再向勞工安全主管機關檢舉，由其以公法的強制手段（行政罰或刑罰）加以制裁，既省時、又有效。此種比較法上的發現，或可供我國參考之用。

只不過，依據職安法第23條第1項規定：「雇主應依其事業單位之規模、性質，訂定職業安全衛生管理計畫；並設置安全衛生組織、人員，實施安全衛生管理及自動檢查。」另依據職安法施行細則第32條規定：「本法第二十三條第一項所定安全衛生組織，包括下列組織：一、職業安全衛生管理單位：為事業單位內擬訂、規劃、推動及督導職業安全衛生有關業務之組織。二、職業安全衛生委員會：為事業單位內審議、協調及建議職業安全衛生有關業務之組織。」職安法施行細則第33條並規定職業安全衛生人員指事業單位內擬訂、規劃及推動安全衛生管理業務者，包括職業安全衛生業務主管、職業安全管理師、職業衛生管理師及職業安全衛生管理員。雖然雇主與勞工可以藉由職業安全衛生委員會及職業安全衛生人員來監督職業安全衛生事務，但在實際效用上到底有多大？工安事故是否因

之大量降低？恐怕才是關鍵之所在。因此，衡諸目前工安事故仍然層出不窮，以及其嚴重性常導致勞工家破人亡，吾人以為勞工仍有善用履行義務之訴的必要，以迫使雇主履行其保護照顧義務及遵守職業安全衛生法令所規定之義務。

第二目　不作為請求權

這是指雇主之行為危害勞工之生命身體健康之權利時，勞工得否要求停止此種危害行為，否則拒絕提供勞務？此尤其是指雇主所提供之防護設施或措施不完全或具有缺陷時。對此，本書以為應參考職安法第18條第2項的規定，其係以「工作場所有立即發生危險之虞」為前提。所以，如本書第二章所述者，在雇主之「設施或措施瑕疵已達嚴重危及勞工人身安全之程度」，勞工始能拒絕工作，同樣地，也是在危險或瑕疵重大達此程度時，勞工始能行使不作為請求權。

第三目　勞務拒絕權（含工資請求權？）

在雇主違反保護義務時，尤其是未盡到保護設施或措施，或安全衛生的管理之義務時，勞工得否自行停止工作（行使給付拒絕權）對抗之？此在民法僱傭契約（尤其是民法第483條之1）並未有所規定。如基於附隨義務之不可對抗性，勞工也不得引用同時履行抗辯權作為主張依據。對此，學者間有認為事涉勞工之人身安全，或者以雇主之附隨義務與勞工的服勞務間實質上具有牽連性，應類推適用同時履行抗辯權之規定[39]。惟本書以為有條件的勞務拒絕權為宜，以免勞工動輒以職業安全設置或管理有缺失為由，而拒絕提供勞務。蓋保護照顧義務實為受僱人服勞務之前提，若僱用人不履行該等義務，則無法達成契約之目的，惟在有危害生命身體健康之虞時，特別是當工作場所已現實地發生職業災害時，即難再期待勞工仍不拒絕服勞務而僅依民法第483條之1請求事後之救濟。果然如此，無論從保護受僱人或預防職業災害的觀點，即應肯認受僱人得拒絕服勞務。

---

[39] 林誠二，論勞工服勞務受害之賠償請求權，台灣本土法學，第15期，2000年10月，頁126，註釋8。另請參照最高法院74年度台上字第355號判決。

　　詳言之。在此，如果雇主提供之防護設施或措施不完全或有缺陷，雖然僱傭契約並無如承攬契約之瑕疵擔保規定（民法第492條），承攬人因此負有修補之義務。但是，基於雇主基於勞動契約履行保護照顧義務的重要性，勞工得基於不完全給付理論或類推適用民法第492條規定，訂一合理的期間，要求雇主除去或補正後重新提出。只是，如果屆期雇主未從事除去或補正，或雖已進行除去或補正，但仍然未達到法定的要求或標準時（例如公車上未配備滅火器或公車方向指示燈毀損），除非其嚴重程度已達危及勞工的生命、身體、健康權，否則，（一方面雇主應受到公法規定的制裁，另一方面）勞工仍然負有提供勞務之義務。在此，「設施或措施瑕疵已達嚴重危及勞工人身安全之程度」，與職業安全衛生法第18條第1項及第2項「工作場所有立即發生危險之虞」之情形，尚有不同（雖兩者的區隔界線未必分明）。依本書所見，只須達到前者的嚴重程度，勞工即可「自行停止作業及退避至安全場所」，亦即行使勞務拒絕權或類推適用民法第264條之同時履行抗辯權，並無須達到後者「工作場所有立即發生危險之虞」之程度。只不過，根據職業安全衛生法第36條第1項的「勞工於停工期間應由雇主照給工資」[40]，則是限於同法第18條第2項「勞工執行職務發現有立即發生危險之虞時」之情形。

　　職安法第18條第3項且明定工資請求權，這是因為雇主對於有工作能力及意願、且已準備提供勞務的勞工陷入受領遲延所致。除了職安法的規定外，勞動檢查法第26條有事業機構不得使勞工在危險性工作場所工作、第27條至第29條也有勞動檢查機構命令停工的規定，這同樣會導致勞工無須提供勞務、但有工資請求權。

第四目　契約終止權

　　此一部分，主要是跟隨職安法第18條之「工作場所有立即發生危險之虞」及第36條「勞工於停工期間應由雇主照給工資」規定而來。也就是說，無論是前者或後者，由於工作場所、設備或工具的瑕疵已嚴重危及

---

[40] 最高法院96年度台上字第1163號判決（勞委會案）：雇主應於停工期間照給工資。

勞工的人身安全，如果雇主無法在合理期間或勞工所訂期間內除去或補正者，勞工即可依民法第489條之「重大事由」或勞基法第14條第1項第6款之「雇主違反勞動契約或勞工法令，致有損害勞工權益之虞者」，終止勞動契約。

　　另外，法院實務也認為：原告（勞工）以長期從事徒手一人搬移五斤沖床模具等重物，造成腰椎椎間盤突出併神經根病變，要求被告（雇主）給予職業災害補償及休養，經雇主拒絕後，依勞基法第14條第1項第6款終止契約並請求資遣費[41]。

　　在實務上也可能發生的是，職業安全衛生法也有課予勞工一定作為或不作為之義務，例如第32條第3項、第46條。這表示勞工之作為義務並不是不真正義務。因此，雇主可以勞工不履行此一義務，而對之請求履行（補正：類推適用給付遲延），對之懲戒、甚至終止契約（勞基法第12條第1項第4款參照）。而在勞工故意或過失違反職安法上之義務，而導致雇主權利上之損害時，雇主並得依據民法第184條第1項上半段或第2項及相關的職安法規定，向勞工請求損害賠償。

第五目　損害賠償請求權

　　雇主之負有損害賠償之義務，除了職安法的規定為民法第184條第2項之保護他人之法律規定外，也包括雇主在勞動關係上負有將職安法的規定予以實施之義務，否則即負有債務不履行之責任[42]。可以說，職業安全衛生法規具有形成勞動關係內容的效能。

　　此一損害賠償請求權存在之意義或價值，是在於雇主如果只單純違反職安法（未造成職業災害），勞工得否基於雙重效力理論而為此項賠償請求？亦即職安法第26條至第28條、第45條第2款是否並不以有損害的造成為前提？至於在法院實務上，針對雇主或事業單位違反勞安／職安法之義

---

[41] 最高法院102年度台上字第1593號判決（坤保案）參照。

[42] 除了民事責任外，雇主不遵守職安法上之義務，如導致勞工發生刑法上之構成要件時，例如過失傷害（刑法第284條）或過失致人於死（刑法第276條），仍須受到刑法的制裁。

務，導致勞工傷亡者，法院均直接以職業災害賠償或補償責任加以論處，未見法院再加以勞安／職安法上之責任者。理論上，勞安／職安法上之行政及刑事責任，雇主或事業單位並無法免除。這也沒有違反禁止一事二罰之原則。

例如：針對兩位勞工分別擔任與鉛的製作有關的大爐冶煉及助理工程師之工作，但兩人均在工作一年多後，發生鉛中毒的各種疾病。兩位勞工起訴主張侵權行為損害賠償。法院審理援引當時的勞工安全衛生設施規則第十三章第333條（修正後為職安衛生設施規則第292條）[43]之規定。並主張（舊）勞安法及（舊）勞工安全衛生設施規則係民法第184條第2項之保護他人之法律，一旦雇主因違反該等法規，即應推定其具有過失，構成民法第184條第1項之侵權行為。最高法院審酌之後，以為原告之主張有理[44]。

而針對一位擔任作業員之女性勞工，在雇主未對其施以職前訓練及安全衛生教育的情況下，即令其負責操作衝床機械，以致發生意外而受到手指截肢之後果。原告（被上訴人）在此係援引（舊）勞安法第23條、第24條及民法第184條主張侵權行為的損害賠償。蓋依據（舊）勞安法第23條之規定：「雇主對於勞工應施以從事工作及預防災變所必要之安全衛生教育、訓練。」而第24條則規定：「雇主應負責宣導本法及有關安全衛生之規定，使勞工周知。」在該案中，被告（上訴人）雖主張有簡單示範給勞工如何操作機器「時間約有一個禮拜、每天大概是一個半小時左右」。惟高等法院認為：「衝壓機械具有高度危險性，上訴人依（舊）勞安法第二十三條第一項，對於被上訴人施以教育、訓練，其所要求者不僅在於雇主應使勞工熟悉機器之操作，尚須使勞工知悉機器之危險性及預防危險之必要程式及訓練，是尚非單純予以簡單示範或操作即告符合前述之規定。……且據證人證稱職前訓練有時由證人教原告，有時是老闆親自教

---

[43] 依據職業安全衛生設施規則第292條之規定，雇主對於有害氣體、蒸氣、粉塵等作業場所，應依規定採取一定的防護措施。

[44] 最高法院91年度台上字第2466號判決參照。

他，亦足認上訴人公司並無完整的職前訓練，不合（舊）勞安法第二十三條之規定。」[45]

　　吾人如觀上述兩個判決，可知最高法院及台灣高等法院均是援引當時的勞安法、勞工安全衛生設施規則及依據勞安法所制定之其他法規之規定，且均是採取嚴格認定之態度，特別是台灣高等法院之判決尤然（勞工必須要有一定合理期間的實際操作，學習避險，始能確實了解機器的危險性及預防危險發生），其目的當在於落實（舊）勞安法第1條之立法目的，以確保勞工安全、健康，故其見解當屬妥當、可採。

　　另外，在一件涉及維修堆高機而致失能的案件中，勞雇雙方及法院審理的焦點，主要是集中在雇主有無盡到勞安法第23條之安全衛生教育訓練[46]。在該案中，原告陳天○受僱於丁鴻公司擔任高塔清理安裝技術員。其起訴主張陳祖○、楊○○、紀○○分別為丁鴻公司之負責人、經理、維修組組長，明知其未經堆高機維修作業訓練，命伊及訴外人李○○進行維修。被告未注意有無使用防護措施，且未全程指派監工在現場督導，致使其受到職災而失能，為此請求職業災害賠償及補償。被告丁鴻公司、陳祖○、楊○○、紀○○則主張原告違反紀○○的指示，始造成傷害，被告並無過失。高等法院審理結果認為：陳天○係在工廠外之停車場維修系爭堆高機，丁鴻公司所提供之空間並無不足，無違反勞安法第5條[47]、勞安衛生設施規則第22條之情事。丁鴻公司亦已依據勞安法第23條規定，對於陳天○施以安全衛生教育訓練。勞委會依勞安法第23條第2項所訂定之訓練規則，僅有一般機械或堆高機「操作作業」時所需之教育訓練，而未規定堆高機「維修作業」時需何教育訓練。則陳天○請求丁鴻公司等，依民法第184條第2項、第185條負連帶損害賠償責任，自屬無據。且丁鴻公司等非商品製造人或商品輸入業者，無從依民法第191條之1負連帶損害賠償責任。針對紀○○部分，其既為丁鴻公司維修組組長，自應知悉維修堆高

---

[45] 台灣高等法院92年度上字第963號判決參照。
[46] 最高法院100年度台上字第1180號判決（丁鴻案）參照。
[47] 作者按：應是指第2項就業場所之通道。違反者，依第34條第2款處以罰鍰。

機應準備何種設施工具以避免危害之發生，但卻未明確告知如何維修，即離開現場，未慮及維修過程中可能有架高貨叉之需要，而放任陳天○及李孝澤在現場以隨處尋覓所得之鐵管及木塊作為支撐進行維修，以致造成陳天○傷害，紀○○指導監督之過失與陳天○間之傷害具有相當因果關係。自應由僱用人丁鴻公司與紀○○，對陳天○負連帶損害賠償責任。最高法院審理結果則認為：針對丁鴻公司抗辯陳天○逾越紀○○具體指示，非紀○○所能注意之範圍，自難謂有過失，且刑事法院已經判決無刑法第284條第2項後段業務過失致重傷罪，此攸關紀○○應否負侵權行為責任，自屬重要之防禦方法，但高等法院並未於判決理由項下說明其取捨意見，自有理由不備之違法。

對於上述最高法院100年度台上字第1180號判決，本書以為：堆高機「維修作業」的教育訓練是否應回到第23條第1項處理？果如此，即有肯定的餘地。而原告陳天○請求丁鴻公司等，依民法第184條第2項、第185條負連帶損害賠償責任，應是主張違反勞安法第23條也是民法第184條第2項之違反保護他人之法律，而要求職災損害賠償。至於僱用人丁鴻公司與紀○○，對陳天○負連帶損害賠償責任部分，其法律依據是民法第188條？或第224條？其侵害陳天○何種權利？身體、健康？法院似應予以說明。最後，針對最高法院認為陳天○逾越紀○○具體指示，非紀○○所能注意之範圍，本書以為重點不在具體指示，而是有無提供相關的措施或工具，陳天○及李孝澤並無自備措施或工具之義務。

只不過，法院實務也有未論及職安法及其相關規定者。例如在一件員工劉○○駕駛堆高機（移動式起動機）導致兩側膝上截肢失能的案件中，原告請求職業災害賠償及補償。本案中，原告並未主張雇主（被告）違反勞安法中堆高機之勞工安全衛生義務（勞安法第5條第1項第4款；勞安設施規則第124條以下、第155條以下），法院在判決中也未對之加以審究[48]。

---

[48] 最高法院99年度台上字第2037號判決（貿聯案）參照。

第二項　職業安全衛生法及其相關子法之重要規定

第一款　職業安全衛生法

　　就2013年7月3日修正公布，並自2015年1月1日施行的職安法觀之，其體例上與舊法時代的勞安法一致，也是六章，章名完全一樣，總共有55條條文，擴大了保護對象與保護內容，也擴大適用的行業到「各業」（第4條規定參照）。亦即：除了第一章總則（尤其是第1條之立法目的：「為防止職業災害，保障工作者安全及健康，特制定本法；其他法律有特別規定者，從其規定。」其將原適用對象之勞工，擴大外圍至工作者）、第五章「罰則」（包含刑事罰之有期徒刑、拘役、罰金與行政罰鍰），以及第六章附則外，第二章「安全衛生設施」、第三章「安全衛生管理」、第四章「監督與檢查」等均含有相當重要的規定，且往往授權中央主管機關另訂標準或辦法訂定之。

　　以第一章總則而言，第1條明示其立法宗旨為「防止職業災害，保障工作者安全及健康」，即在確保「人人享有安全衛生工作環境」之權利，以顯示雇主追求企業利益的退讓，並且確立其在「預防、補償、重建」三位一體的職業災害法制中「預防」的地位。本法僅為基本規定，提供最低的勞動保護，藉此以防止職業災害及減少或防止其他與工作有關的危險。若其他法令有勞工安全衛生的特別規定，即應優先適用各該法律之規定。諸如礦場安全法、鐵路法、船舶法、爆竹煙火管理條例、公務人員保障法及依據公務人員保障法第19條授權訂定之公務人員安全及衛生防護辦法，即為特別規定[49]。依本書所見，針對建築業工人及民用航空運輸業的勞工，建築法及民用航空法應該有一些具有優先適用效力的特別規定。

　　第2條的用詞定義增訂「工作者」一項，擴張適用對象至勞工以外之「自營作業者及其他受工作場所負責人指揮或監督從事勞動之人員」，使得在具有指揮監督的情形下，非勞工的勞務提供人也能受到職業安全衛生法的保障，例如自然承攬人（Soloselbständiger）（即未僱用勞工的自營

---

[49] 職業安全衛生法2013年6月18日第1條修正理由參照。

作業者）[50]、從事勞動之志工[51]或職業訓練機構學員等。雖然如此，由於其定義仍屬抽象，具體個案中的當事人是否在此範圍，仍需法院確定之。例如關係企業下總公司派至從屬公司工作的勞工及派遣機構派至要派機構工作的派遣勞工屬之，但是，承攬人派至定作人處工作的勞工或受任人派至委任人處工作的勞工，則不屬之。至於在家庭從事幫傭或看護工作者，由於與一般生產性的行業有別，其風險的種類及防止方法也不同，因此並不屬之。又，如其發生職業災害，是否得主張職業災害的賠償或補償，必須依照民法、勞基法或勞保條例的規定而定。至於其是否受到職業災害勞工保護法之適用，也必須按照該法的規定而定。整體來講，面對勞動保護受到非規範化（deregulation, Deregulierung）的衝擊與挑戰，能否藉由職安法第2條予以適度導正？似乎並非無疑。

　　尤其是針對在企業職場外工作的勞工，例如具有勞工身分的電傳勞工（Teleworker）、家內勞工〔家庭代工者（Heimarbeiter）〕、移動辦公室（Mobile Office）或家庭辦公室（Homeoffice）勞工[52]〔所謂「外部勞工

---

[50] 德國勞工法學者Deinert認為自然承攬人也應該有法定的最低工資保障的設計，而且，基於其必須負擔機器設備等的投資成本，因此其最低工資的額度理應高於勞工的最低工資。Deinert, Die heutige Bedeutung des Heimarbeitsgesetzes, RdA 2018, 365.

[51] 相關論述，請參閱Kreutz, Entsprechende Anwendung von Arbeitsschutzvorschriften auf ehrenamtlich tätige Personen, AuR 2009, 196 ff.

[52] 在以其為勞工／勞動契約的前提下，乃有勞動事件法第2條第1項第1款之適用。至於有關電傳勞動（Telearbeit）、家內勞動（Heimarbeit）、移動勞動（Mobilarbeit）及家庭辦公室（Hmeoffice）等不同的工作型態區分的法律問題，請參閱Voigt, Homeoffice ≠ Mobile Arbeit, AuR 2018, 452 ff。這四種工作型態，家內勞動者因為具有經濟從屬性（可以有家屬幫忙，但不得僱用他人或使用履行輔助人）、且不承擔企業經營風險、但無人格從屬性（只有小幅度的獨立自主性），因此被家內勞動法（Heimarbeitsgesetz, HAG）界定為類似勞工（Arbeitnehmerähnliche Person）。家內勞動法並且針對工時及工資等訂定私法上的最低保障（例如第12條以下有危險保護的規定），且其對工資的保障尤其詳細。企業組織法（Betriebsverfassungsgesetz, BetrVG）第5條第1項第2款並且將家內勞動者作為該法所指之勞工看待，因此，工作委託者欲與家內勞動者終止契約時，必須經過員工代表會（Betriebsrat）的公聽。最近，在平台經濟之下，德國學者有認為群體勞工（Crowdworker）或可將之納入家內勞動法適用者。Deinert, a.a.O., 366;

／外務員（Außenarbeitnehmer）」[53]〕，其除了適用職業安全衛生法規的問題外[54]，主要是面對工時法律問題，特別是必須遵守（每日及每週的）最高工時及最低休息時間的法律規定，在此，雖然勞基法第30條第6項及勞基法施行細則第21條之出勤紀錄並不分事業場所內或事業場所（一體適用）外，惟對於在家中或其他處所（旅途、旅社、公園等處）工作，畢竟有其特殊性，特別是該類勞工得否自行決定在休息日、例假及國定假日等非工作時間（或稱不利時間）工作，所以，如為避免爭議，除了在團體協約或勞動契約明定、或者必要時透過指示權確定外，理應參考勞動部所發布之（性質為行政指導之）「勞工在事業場所外工作時間指導原則」二(四)至(七)，或者由雇主記載[55]或者由勞工（以數位科技的方式）自行記載延長工作時間，以有效且正確地記載此種彈性工作方式的勞務提供時間。

　　然而，無論是電傳勞工的家中職場、家內勞工或家庭辦公室職場或移動辦公室勞工的變動職場，其是否符合職安法施行細則第5條第1項第1款勞動場所的定義[56]？並非無疑。依據該項規定，「於勞動契約存續中，由

Krause, Digitalisierung der Arbeitswelt, Herausforderungen und Regelungsbedarf, Gutachten B zum 71. Deutschen Juristentag 2016, S. B 106, 112.

[53] Deinert, a.a.O., 361.Deinert認為移動勞動、電傳勞動或家庭辦公室等概念，並非規範的，而是現象學的（法律思想）。且彼此間有所重疊，都不以工廠工作為限，而是包括記帳工作、辦公室文書工作、甚至數位科技的職員工作。只是，各自的重點不同而已。例如家庭辦公室重在工作的地點，且係為達到較佳的私人生活領域與工作的契合。原則上，這些工作者都具有獨立自主性，都是在自己選定的處所工作一定期間（地點自主性），所以並非勞工身分。

[54] 傳統的職業安全衛生法規及職業災害救濟法規均是針對工業2.0所做的規範，亦即住居所與工作場所有明確的區域間隔，而這已無法滿足工業4.0的職場環境需要。

[55] 雇主亦可將本身的記載權責，授權勞工代行之。

[56] 依據德國工作場所規則（Arbeitsstättenverordnung, ArbStättV）第2條第7項規定，針對電傳勞動的家中職場，只在該電傳勞動的工作位置是由雇主出資所設立的、且以存在一定期限為準之螢幕性工作（Bildschirmarbeitsplatz）時，始受到適用。其範圍實屬有限。

雇主所提示，使勞工履行契約提供勞務之場所」[57]，解釋上雖無排除上述的家中職場或變動職場，但是，該規定的原意，應該是在將事業單位內有固定工作位置的勞工，在其到事業場所外工作的情況，例如汽車駕駛、建築工地工人或業務員，納入保障。況且，移動辦公室勞工的變動的職場，似乎無法符合「由雇主所提示，使勞工履行契約提供勞務之場所」的要件。再者，無論是家中職場或變動職場，其所面臨最大的問題，應是勞工主管機關能否或如何進行勞動檢查[58]。在此，又是以雇主已為勞工在家庭或其他場所已設置或提供以存續一定期間的機器設備為前提（雖然我國的勞動法規並無此一明文要求），蓋勞工本無自行準備或提供器具設備的義務[59]。對此，即使是主管機關的勞動檢查員，亦不當然因進行勞工安全衛生的檢查，而得以不受限制地進入勞動者之住宅。主管機關為了進行勞動檢查，而得以拘束企業所受到來自憲法及法律的保護，並無法擴及於勞動者之住宅。為了確保其勞動檢查無違法之虞，勞動檢查員仍應事前獲得勞動者的同意[60]（而且，勞動檢查法規應明訂必須由勞工團體陪同檢查）。

　　雖然如此，為了落實此次職安法修正擴大適用行業及對象的目的，如果勞工在職安法適用的行業工作者，則其在家中職場或變動職場提供勞

---

[57] 至於電傳工作者、家庭代工者、移動辦公室工作者或家庭辦公室工作者的身分如係自營作業者，則應依職安法施行細則第5條第1項第2款「自營作業者實際從事勞動之場所」，予以處理。如其以自營作業者的身分參加勞工保險，即會受到勞工保險的保障。例如其從家中或其他地點前往他處用餐，於用餐往返應經途中發生事故而致傷害，即得受到勞工保險被保險人因執行職務而致傷病審查準則第17條視為職業傷害的適用。相關論述，Voigt, a.a.O., 454 f.

[58] 其實，雇主、工會或職業安全衛生組織是否有權進入勞工的住宅，以確保職業安全衛生法令被遵守，也具有爭議，主要是憲法上的居住自由（憲法第10條參照）及民法上之所有權或占有權必須受到優先保障。詳細的論述，請參閱楊通軒，電傳勞動所引起勞工法上問題之研究，2002年5月，初版，頁192以下。

[59] 在勞工自行設置或提供機器設備的情形下，解釋上，勞工得引用勞基法施行細則第7條第6款規定，向雇主主張工作用具費。

[60] Otten, Heim-und Telearbeit, 1996, C Rn. 52。楊通軒，電傳勞動所引起勞工法上問題之研究，頁194以下。

務，該職場及職場中的器具即使非雇主所提供，但如果已符合「由雇主所提示，使勞工履行契約提供勞務之場所」的要件，即停留之處為雇主所設置或所知悉、或勞工將停留之處告知雇主，而雇主並未有反對之意思表示者，即已符合此一要件。在此，雇主應依職安法第5條第1項：「雇主使勞工從事工作，應在合理可行範圍內，採取必要之預防設備或措施，使勞工免於發生職業災害。」亦即針對電傳工作或移動職場的特殊性，採取個人所需要的保護措施（含符合人因工程的設計）[61]。而這也是雇主照扶義務／保護照顧義的要求（雇主並不得將該義務轉嫁勞工負擔）。一般採取的保護措施有：工具如由雇主提供，應盡量降低危險性；為了降低隨時可連絡到勞工所可能造成的精神負擔，應明確地區隔開工作時間及非工作時間（下班時間）[62]，以及限制加班；禁止勞工在明確的危害健康的狀況下提供勞務；進行健康檢查等[63]。另外，在涉及家中職場或變動職場（電傳勞動、家內勞動／家庭代工、移動勞動、家庭辦公室）的情形，勞工往往會面臨職安法第6條第1項第12款「通道、地板或階梯等引起之危害」及第13款「未採取充足通風、採光、照明、保溫或防濕等引起之危害」之風險，這也是雇主所應該注意督促遵守的。至於勞工所使用之器具、桌椅等是否符合人因工程的要求，亦應加以注意。一旦經勞動檢查，雇主並未盡到上述義務者，即應受到職安法、勞動檢查法等相關勞動法規的處罰。而為明確化雇主的義務範圍，勞雇雙方理應在團體協約或勞動契約中予以逐項訂定，這樣也能保護雇主的權益。

第3條的主管機關，包括直轄市政府及縣（市）政府。除了其監督檢查職業安全衛生法規的落實外，似乎亦可發布安全衛生有關的勞動保護規定。惟依據憲法第108條第13款規定，勞動法及其他社會立法屬於由中央立法並執行之，或交由省縣執行之事項。果如此，其並無立法之權限。

至於第4條之適用行業，相異於勞安法第4條之正面表列的方式，本法

---

[61] Oberthür, Die Arbeitssicherheit im Mobile Office, NZA 2013, 247.

[62] Voigt, a.a.O, 455.

[63] Oberthür, a.a.O., 248.

係採取「適用於各業」的一體適用方式，但「因事業規模、性質及風險等因素，中央主管機關得指定公告其適用本法之部分規定」，即例外地採取部分適用本法的方式。例如漁業、海事服務業及公共行政業（包括公務人員以外之約聘僱、技工、工友、臨時人員等），即為適例。又如勞工人數五人以下之事業，考量其經營型態單純，亦得指定公告僅部分適用之[64]。可預見的是，將會有越來越多的公部門受僱人受到職安法及其相關子法的適用。

　　職安法第5條則是一新增的概括適用規定，加以雇主按照勞工工作的性質或危險性，在合理可行範圍內，採取必要之預防設備或措施，以避免勞工發生職業災害（第1項）。所謂「在合理可行範圍內」，表示必須符合比例原則，即雇主所支出的費用與達成的目的具有適當的關係。其並非要雇主負一絕對的無過失責任。立法者自知無法鉅細靡遺地對每一種生產活動或勞務過程制定特殊的規範，因此乃有此一概括條款，以涵蓋所有的危險源。其係一般責任規定，扮演補充條款的角色（Auffangklausel），要求雇主盡可能地按照工作的態樣，例如記者外勤採訪作業、保險業務員至客戶處接洽業務等場所不在雇主所能支配管理之範圍，雇主仍應事先評估風險，採取預防作為。依據立法理由，一般責任於實務上之考量要件為：1.危害確實存在；2.該危害可經確認[65]；3.該危害會導致或可能導致勞工嚴重之傷害或死亡；4.此種危害情況可改善，或是可以合理達到危害預防目的。而雇主可做的合理可行作為，則是採取例如安全作業指引及業界實務規範等方式的行為。

　　相對於第6條第1項針對特定事項的必要安全衛生設備及措施，第5條第1項適用於各業的所有事項，具有補充（強）的效果。惟違反此一規定，職安法並無制裁規定，故勞工及自營作業者（職安法第51條第1項參

---

[64] 職業安全衛生法2013年6月18日第4條修正理由參照。

[65] 所謂可經確認，係指依據一般的知識或生活經驗，可以知悉存在危險源者。在此，如在特定行業已可確認即已足，並不問個別雇主是否認知。此處的認知，也不以人類的認知為限，而是包括藉由測量工具而確認者。

照）僅能依據本條項及民法第184條第2項請求民法上的損害賠償。特別值得一提的，是第5條第2項規定，蓋其將職業安全的防免義務人，擴充至機械、設備、器具、原料、材料等物件之設計、製造或輸入者及工程之設計或施工者，要求其在設計、製造、輸入或施工規劃階段實施風險評估，致力防止此等物件於使用或工程施工時，發生職業災害。只是，其並非針對所有與工作有關之一般性的風險評估規定（即對於所有來自於工作位置本身、材料、機械、組織與過程，或基於勞工個人因素等所必須做的風險評估），故也無針對此一風險評估採取勞動保護措施的要求。在此，勞工得依據第5條第2項及民法第483條之1，要求雇主進行與其工作有關的風險評估義務[66]。一旦該等義務人違反此一風險評估義務，以致勞工發生職業災害，勞工當得依據第5條第2項及民法第184條第2項請求違反風險評估義務的損害賠償，但職業災害的賠償或補償責任，仍然只能按照民法、勞基法及勞保條例等規定請求。

其次，第二章「安全衛生設施」規定以下事項：第一，雇主對於特定事項的必要安全衛生設備及措施設置義務，以提供廠場的勞動保護。其中，在第1項列舉14項可能引起勞工危害的設備或事項，包括有機械設備、特殊艱辛性工作、水患火災與動植物[67]，以及工作場所與通路所引起者；在第2項則是列舉4項與長時間或不利工作時間才工作、與職場環境有關的身體或精神侵害，雇主所應妥為規劃及採取必要之安全衛生措施[68]。這是為因應新興工作相關疾病的預防需要，以保護勞工生理及心理健康而訂定。屬於符合人性需求的工作環境的建構，藉以保護勞工的勞動力及給予特殊照顧。蓋近年勞保職業病給付的統計顯示，絕大部分係起因於第2

---

[66] BAG v. 12.8.2008, NZA 2009, 102 ff.

[67] 職業安全衛生法2013年6月18日第6條修正理由四認為：鑑於近年發生動物園工作人員遭猛獸等咬死、洋蔥採收人員因真菌感染造成失明、醫事人員遭針扎造成愛滋病、C型肝炎、B型肝炎等感染，其他如生物實驗室工作人員可能遭微生物感染，畜牧業工作人員可能發生寄生蟲感染，或遭蜜蜂、紅火蟻等昆蟲叮咬傷，為避免類似事故發生，爰將第1項第7款之「生物病原體」修正為「動物、植物或微生物」，並移列為第12款。

[68] 這是社會事項的勞動保護。

項第1款及第2款的工作種類或方式。所以雇主有必要採取諸如作業方法、工時管理、人力配置等必要措施，以降低肌肉骨骼疾病。此種工時管理，傳統上屬於工作時間保護的範疇，此處再加以規範，顯示因工時過長所造成的過勞現象，必須加以防治。而第3款之增訂，則是鑒於近年醫療業及服務業迭傳勞工遭暴力威脅[69]、毆打或傷害事件，引起勞工身心受創[70]。雇主所應採取預防之必要措施，包括例如危害評估、作業場所動線規劃、保全監錄管制、緊急應變、溝通訓練及消除歧視、建構相互尊重之行為規範等措施。而為落實第1項及第2項的要求，中央主管機關並得訂定必要安全衛生設備及措施的標準及規則（第6條參照）。

　　第二，針對製造者、輸入者、供應者或雇主要求其提供前置的勞動保護。亦即將安全健康保護提前至製造安全機具及產品的階段，以建立源頭自主管理制度，減少末端使用機械設備勞工的職業災害風險（職安法第5條第2項、第7條至第9條參照）。第7條以下並有一系列針對機器、設備或器具、化學品、機械的安全衛生規定，並且有相應的安全衛生訂定的授權規定。第三，針對具有特殊潛在危險性的化學品、有容許暴露標準之作業場所、從事石油裂解之石化工業等工作場所、經指定具有危險性之機械或設備等，其製造、輸入、供應或供勞工或工作者（第14條第1項參照）使用，必須遵守職安法及相關的子法規定，以避免勞工受害。第四，雇主提供勞工工作所在的建築物，必須由依法登記開業之建築師依建築法規及本法有關安全衛生之規定設計（第17條參照）。第五，針對工作場所有立即發生危險之虞之情形，雇主或工作場所負責人負有命令勞工退避之義務，勞工並且有權自行退避，並即向直屬主管報告，不會受到不利待遇或喪失工資請求權（第18條參照）。此一規定，賦予勞工面臨嚴重的，且無

---

[69] 解釋上也包括盯梢（Stalking），因此，在一定條件下，雇主負有保護勞工免於受到盯梢騷擾的義務。Göpfert, Siegrist, Stalking-Nach Inkrafttreten des Allgemeinen Gleichbehandlungsgesetzes auch ein Problem für Arbeitgeber? NZA 2007, 473 ff.

[70] 德文文獻，請參閱Gehlhaar, § 12 III AGG und der Anspruch des belästigten Arbeitnehmers auf Ergreifung (bestimmter?) Schutzmaßnahmen, NZA 2009, 825 ff.

法迴避的危險時，一個拒絕提供勞務的權利[71]。惟雇主如能舉證該勞工有濫用停止權時，則其對勞工所採不利處分如經主管機關認定，並應符合勞動基準法、勞資爭議處理法等勞動法令規定，即屬有效。須注意者，對於勞工主張雇主應盡到職安法上之義務，而可能面臨雇主採取不利處分，職安法並無一般的保護規定。惟勞工似可依據勞基法第74條第1項向雇主、主管機關或檢查機構申訴，蓋職安法為該項的「其他勞工法令」。第六，針對從事高溫度、異常氣壓、高架、精密、重體力勞動及對於勞工具有特殊危害等作業之勞工，應減少其工作時間、並且予以適當休息（第19條參照）。蓋這些工作較為艱辛或特殊危害，對於人體安全衛生構成較大的威脅，需要勞工較長的體力及精神回復時間。第七，雇主於僱用勞工時，負有施行體格檢查之義務。藉此以發現勞工是否不適於從事某種工作時。果如此，即不得僱用其從事該項工作（第20條及第21條）[72]。惟雇主不得濫用勞工健康檢查結果，以作為選工、配工及健康管理等目的以外之用途。第八，事業單位勞工人數在五十人以上者，應僱用或特約醫護人員，辦理健康管理、職業病預防及健康促進等勞工健康保護事項（第22條）。這是希望強化專業醫護人員從事勞工健康服務之制度，辦理勞工健康保護事項，以因應勞工工時過長或多樣化，所產生的過勞、肌肉骨骼等新興職業病的增加[73]。

　　再者，在第三章「安全衛生管理」部分，其重要規定如下：第一，雇主應依其事業單位之規模、性質，訂定職業安全衛生管理計畫；並設置安全衛生組織、人員，實施安全衛生管理及自動檢查（第23條第1項）。並且在事業單位達一定規模以上或有第15條第1項所定之工作場所者，應建置職業安全衛生管理系統（第23條第1項）。第二，經中央主管機關指

---

[71] 德國聯邦勞工法院在2017年3月28日判決，員工代表會（Betriebsrat）依據企業組織法（Betrebsverfassungsgesetz, BetrVG）第87條第1項第1項第7款於經危險評估存在一危險時，即得行使共同決定權，不以存在一直接的、客觀的危險為必要。BAG NZA 2017, 1132 = AP BetrVG 1972 § 87 Gesundheitsschutz Nr. 24.

[72] 此亦是健康檢查的目的所在，逾此範圍，即有侵害勞工工作權或隱私權之疑慮。

[73] 職業安全衛生法2013年6月18日第22條修正理由參照。

定具有危險性機械或設備之操作人員，必須具備中央主管機關認可之訓練或經技能檢定合格（第24條）。如此，始能確保其能安全地操作機械或設備。第三，在承攬關係上，為確保承攬人所僱勞工的安全衛生，明定承攬人就承攬部分負職安法所定雇主之責任[74]。而在承攬人所僱勞工發生職業災害時，原事業單位（定作人）應與承攬人連帶負責。另外，原事業單位（定作人）負有告知義務。如果事業單位與承攬人、再承攬人分別僱用勞工共同作業時，應採取一定之措施（第25條至第27條）。經由如此的個別負責或連帶負責的設計，始能盡量降低承攬關係的職業災害風險。有問題的是，有關承攬關係下的職業災害補償責任，勞基法第62條已有規定，職安法也是在規範安全衛生義務，所以，職安法第25條第1項下半段及第2項規定，如與勞基法第62條規定不盡相同，則在原事業單位（定作人）或承攬人違反職業安全衛生義務以致發生職業災害時，究竟應依職安法第25條第1項下半段及第2項規定處理？或勞基法第62條規定處裡？吾人如觀第25條第2項修正增列理由：「考量實務上承攬人勞工發生職業災害常面臨雇主無足夠資力賠償，造成職業災害勞工面臨求償無門之困境，爰依民法有關侵權損害行為之求償精神，增列第二項有關原事業單位侵權時之職業災害連帶賠償責任。」可知其係以「原事業單位違反本法或有關安全衛生規定」為前提。第四，由於未滿18歲者身體發育尚未健全，其健康、安全或道德應給予特殊保護，至於妊娠中之女性勞工之身體狀況需要特殊保護，以預防其個人健康及妊娠各階段胎盤及胎兒的成長受到危害，雇主不得使其從事特定的危險性或有害性工作（第29條、第30條）[75]。禁止妊娠中之女性勞工從事特定工作，係基於生物學上的原因所強制要求的。另外，中央主管機關指定之事業，雇主應對有母性健康危害之虞之工作，負有義務

---

[74] 所以，職業安全衛生管理辦法第3條之2第1項：「事業單位勞工人數之計算，包含原事業單位及其承攬人、再承攬人之勞工及其他受工作場所負責人指揮或監督從事勞動之人員，於同一期間、同一工作場所作業時之總人數。」解釋上應係指承攬人將原事業單位（定作人）的勞工人數計算在內。

[75] 此處並未規定身心障礙者勞工的特殊保護措施，而是在職業災害勞工保護法有部分規定。

採取危害評估、控制及分級管理措施；對於妊娠中或分娩後未滿一年之女性勞工，應依醫師適性評估建議，採取工作調整或更換等健康保護措施，並留存紀錄（第31條第1項）。此一規定係性別工作平等法第7條等規定的特別規定，不構成間接歧視（性別工作平等法施行細則第2條）。第五，為了確實達到安全衛生教育訓練的效果，以降低職業災害的發生，不僅應課以雇主責任，也應加以勞工接受安全衛生教育訓練的義務（第32條）。雇主並應宣導勞工安全衛生的規定，並且會同勞工代表訂定適合其需要之安全衛生工作守則（第33條、第34條）。

　　又，在第四章「監督與檢查」部分，其重要規定如下：第一，中央主管機關及勞動檢查機構對於各事業單位勞動場所得實施檢查（第36條）。第二，事業單位工作場所發生職業災害，雇主應即採取必要之急救、搶救等措施，並會同勞工代表實施調查、分析及作成紀錄（第37條）。第三，在工作者發現事業單位違反職安法或有關安全衛生之規定、疑似罹患職業病、身體或精神遭受侵害時，得向雇主、主管機關或勞動檢查機構申訴。雇主不得對申訴之工作者予以解僱、調職或其他不利之處分（第39條）。此處規定與勞基法第74條規定類似，只是後者較為完備而已。根據此一規定，勞工即被免除保密義務。惟其只有一分級的申訴權，即先向雇主申訴，如雇主未採取措施，則再向主管機關或勞動檢查機構申訴。勞工並不得直接向民意代表或新聞媒體公開事實始末，即並無告密或爆料的權利。此處並無工會或勞資會議介入處理的規定。另外，勞工之申訴權，似乎只見於第39條，對於雇主所採取的措施及所提供的器具，如無法確保勞工的安全衛生，並無一般的申訴規定。也就是說，即使勞工向雇主建議或要求改善，如雇主並未有所改善，勞工並無向主管機關或勞動檢查機構申訴之權。這與德國職業安全衛生法（Arbeitsschutzgesetz, ArbSchG）第17條第2項有類似的規定，尚有不同。

　　在第五章「罰則」，是針對違反第二章、第三章、第四章相關規定，依據其嚴重性，給予有期徒刑、罰金、罰鍰、限期改善等處分。第六章「附則」則是有自營作業者準用第5條至第7條、第9條、第10條、第14條、第16條、第24條有關雇主之義務及罰則之規定（第51條第1項）及其

他相關規定。

第二款　相關子法

第一目　職業安全衛生法施行細則

依據職安法第54條規定，中央主管機關訂定職業安全衛生法施行細則（以下簡稱職安法施行細則），全文共53條，並且自2014年7月3日施行。由於除第7條至第9條、第11條、第13條至第15條、第31條條文定自2015年1月1日施行外，其餘條文定自2014年7月3日施行，顯示出母法第7條至第9條、第11條、第13條至第15條、第31條規定，後於子法施行的怪異現象。也不禁令人懷疑：這在立法體例上有無問題？是否合於依法行政原則？與職安法相呼應，職安法施行細則也有幾乎完全相同的體例設計，分別為第一章「總則」、第二章「安全衛生設施」、第三章「安全衛生管理」、第四章「監督及檢查」、第五章「附則」，將職安法的規定予以具體化及明確化。

在第一章「總則」部分，其重要規定為：第一，針對「本法第2條第1款所稱其他受工作場所負責人指揮或監督從事勞動之人員，指與事業單位無僱傭關係，於其工作場所從事勞動或以學習技能、接受職業訓練為目的從事勞動之工作者」（第2條第2項參照）。如此，派遣勞工、建教生、技術生等乃受到職安法適用。第二，職安法施行細則第5條分別對於勞動場所、工作場所、作業場所加以定義，以釐清適用上的疑義。第三，針對「本法第2條第5款所稱職業上原因，指隨作業活動所衍生，於勞動上一切必要行為及其附隨行為而具有相當因果關係者」。根據此一定義規定，其係以勞動場所、工作場所、作業場所的保護為限，至於諸如通勤災害乃是職業災害保護的範疇，無法要求雇主提供安全上的防護措施。第四，有關「本法第5條第1項所稱合理可行範圍，指依本法及有關安全衛生法令、指引、實務規範或一般社會通念，雇主明知或可得而知勞工所從事之工作，有致其生命、身體及健康受危害之虞，並可採取必要之預防設備或措施者」。將其限制為必須為「依本法及有關安全衛生法令、指引、實務規範或一般社會通念」，「雇主明知或可得而知勞工所從事之工作」具有危害

之疑者,始令其採取預防行為,以免雇主無期待可能性。

在第二章「安全衛生設施」部分,其重要規定為:第一,針對職安法第6條第2項第1款之「重複性作業等促發肌肉骨骼疾病之預防」、第2款之「輪班、夜間工作、長時間工作等異常工作負荷促發疾病之預防」、第3款之「執行職務因他人行為遭受身體或精神不法侵害之預防」等所應妥為規劃,明定其內容應包含的事項(第9條至第11條參照)。第二,針對職安法第7條第1項所稱中央主管機關指定之機械、設備或器具;職安法第7條至第9條所稱型式驗證;職安法第10條第1項所稱具有危害性之化學品;職安法第10條第1項所稱危害性化學品之清單;職安法第10條第1項所稱危害性化學品之安全資料表;職安法第12條第3項所稱作業環境監測;職安法第15條第1項第1款所稱從事石油裂解之石化工業;職安法第16條第1項所稱具有危險性之機械;職安法第16條第1項所稱具有危險性之設備等(第12條至第24條參照),分別加以定義,以確保勞工的安全衛生。第三,有關職安法第18條第1項及第2項所稱有立即發生危險之虞時,指勞工處於需採取緊急應變或立即避難之特定情形之一(第25條參照)。如此,始能明確化具體的情形,避免勞工動輒採取退避權。至於職安法第18條第3項及第39條第4項所稱其他不利之處分,指直接或間接損害勞工依法令、契約或習慣上所應享有權益之措施(第26條參照)。第四,職安法第20條第1項所稱體格檢查,指於僱用勞工時,為識別勞工工作適性,考量其是否有不適合作業之疾病所實施之身體檢查。而職安法第20條第1項所稱在職勞工應施行之健康檢查,包括一般健康檢查、特殊健康檢查及特定對象及特定項目之健康檢查(第27條參照)。至於職安法第20條第6項所稱勞工有接受檢查之義務,指勞工應依雇主安排於符合本法規定之醫療機構接受體格及健康檢查(第29條第1項參照)。第五,為給予從事特別危害健康作業的勞工特殊健康檢查,職安法施行細則第28條明定職安法第20條第1項第2款所稱特別危害健康作業,指高溫作業等11項作業及其他經中央主管機關指定公告之作業。

在第三章「安全衛生管理」部分,其重要規定為:第一,明定職安法第23條第1項所定職業安全衛生管理計畫,包括工作環境或作業危害之辨

識、評估及控制等15項事項及其他安全衛生管理措施（第31條參照）。第二，明定職安法第23條第1項所定安全衛生組織，包括職業安全衛生管理單位及職業安全衛生委員會（第32條參照）。至於職安法第23條第1項安全衛生人員，指事業單位內擬訂、規劃及推動安全衛生管理業務者，包括下列人員：一、職業安全衛生業務主管；二、職業安全管理師；三、職業衛生管理師；四、職業安全衛生管理員（第33條參照）。此種職業安全衛生組職的規定，蘊含著勞工自我組織與管理的用意。與團體協約法第12條第1項第6款團體協約得約定安全衛生事項，形成相輔相成的機制。第三，在定作人與承攬人間，職安法第26條第1項規定之事前告知，應以書面為之，或召開協商會議並作成紀錄（第36條參照）。職安法第27條所稱共同作業，指事業單位與承攬人、再承攬人所僱用之勞工於同一期間、同一工作場所從事工作（第37條參照）。職安法第27條第1項第1款規定之協議組織，應由原事業單位召集之，並定期或不定期進行協議安全衛生管理之實施及配合等9項事項及其他認有必要之協調事項（第38條參照）。第四，雇主依職安法第33條規定宣導本法及有關安全衛生規定時，得以教育、公告、分發印刷品、集會報告、電子郵件、網際網路或其他足使勞工周知之方式為之（第40條參照）。第五，有關職安法「第34條第1項、第37條第1項所定之勞工代表，事業單位設有工會者，由工會推派之；無工會組織而有勞資會議者，由勞方代表推選之；無工會組織且無勞資會議者，由勞工共同推選之」。明定勞工代表之推派機構，使其具有合法的代表權限（第43條參照）。

在第四章「監督與檢查」部分，其重要規定為：第一，勞動檢查機構依本法第36條第1項規定實施安全衛生檢查、通知限期改善或停工之程序，應依勞動檢查法相關規定辦理（第46條參照）。第二，本法第37條第2項第2款所稱發生災害之罹災人數在三人以上者，指於勞動場所同一災害發生工作者永久全失能、永久部分失能及暫時全失能之總人數達三人以上者（第48條第1項參照）。第三，勞工因雇主違反本法規定致發生職業災害所提起之訴訟，得向中央主管機關申請扶助（第52條第1項參照）。

第二目　職業安全衛生設施規則

　　如同舊法時代的（舊）勞安法具有相當程度的抽象性及一般性，中央主管機關乃依據（舊）勞安法第5條第3項之授權，制定了內容鉅細靡遺之（舊）「勞工安全衛生設施規則」，以作為「一般勞工工作場所安全衛生設備、措施之最低標準」（第2條）（全文共328條）。中央主管機關也依據職安法第6條第3項規定，於2014年7月1日訂定修正公布「職業安全衛生設施規則」，並且自2014年7月3日起施行（作者按：這與職安法施行細則搶先施行一樣，在立法體例上已經違反依法行政原則），全文同樣為328條條文〔但是，實際上必須另加上第二章第二節侷限空間的7條條文（自第29條之1至第29條之7）、第十二章之一勞工身心健康保護措施的6條條文（自第324條之1至第324條之6）以及第十三章附則中新增的第326條之1至第326條之9〕。整理來看，職業安全衛生設施規則不僅鉅細靡遺，而且，有不少條文所規定的要求，超出於職安法及職安法施行細則之外。所以在法律適用上，除了職安法及／或職安法施行細則外，職業安全衛生設施規則的細部規定，尤其具有重要性，不得不同時予以引用。

　　綜觀該規則之規定，第一章總則為一般性的規定，其較重要者有：第一，第2條明定：「本規則為雇主使勞工從事工作之安全衛生設備及措施之最低標準。」此一規定，也在呼應職業安全衛生法為有關職業安全衛生的最低保護規範。第二，針對一些具有專業性的名詞，第3條至第19條之1給予定義性的規定，例如侷限空間[76]。這些定義性的規定，與職安法施行細則的各條定義性規定，形成互補的功能。因此，相關名詞的定義，必須按職安法施行細則或職業安全衛生設施規則的規定而定。第三，雇主設置之安全衛生設備及措施，應依職業安全衛生法規及中央主管機關指定公告之國家標準、國際標準或團體標準之全部或部分內容規定辦理（第20條參照）。

　　在第二章「工作場所及通路」部分，其係職安法第6條第1項第13款

---

[76] 我國勞工因在侷限空間工作而致傷亡者，每年均有一定的人數。

及第14款之細部規定。共有第一節工作場所、第二節侷限空間、第三節通路等三節。其中第一節及第三節並不以工作場所具有危險性為前提。雇主必須採取必要的安全措施或設置必要的設備，以避免勞工跌倒、滑倒、踩傷等之不安全狀態（第21條及第30條參照）。另外，機械災害之防止（第三章）、危險性機械、設備及器具（第四章）、車輛機械（第五章）、軌道機械（第六章）、物料搬運與處置（第七章）、爆炸、火災及腐蝕、洩露之防止（第八章）、墜落、飛落災害之防止（第九章）、電氣危害之防止（第十章）、防護具（第十一章）、衛生（第十二章）等加以規範。

第二節　職業安全衛生法之法律問題

第一項　提供安全防護措施的義務人及範圍

此處之問題為：事業單位（定作人）依據勞安法第16條至第18條（職安法第25條至第27條）應提供安全設施？或者是承攬人應依勞安法第5條（職安法第6條）提供？對此，法院的見解並不一致，以下即略加以說明：

一、定作人為義務人

針對承攬人之受僱人因執行職務而致傷亡，勞工有主張原事業單位（定作人）除依勞安法第17條負告知承攬人應採取措施之義務外，並應依勞安法第5條（職安法第6條）負提供安全衛生設備防止危害發生之措施之義務者。原事業單位（定作人）並應以違反勞安法第5條（職安法第6條）等條文，而對勞工的職業災害負連帶賠償責任。台灣高等法院台中分院審理認為：原事業單位（定作人）就被上訴於事故發生之際，並未提供防護衣，且未派廠內專業人員從旁監督，致使其受傷，其有違反勞安法之保護他人法令，依法應負損害賠償責任。……本件事故發生，一方起因於丁○○指示過失，一方起因於原事業單位（定作人）未提供安全措施所造成，兩者均為損害之共同原因，是丁○○、源○○公司應依民法第185條規定，連帶負損害賠償責任。此一原事業單位（定作人）應依勞安法

第5條（職安法第6條）提供安全衛生設備之見解，似未被最高法院所推翻[77]。

　　雖然如此，本書以為無論（舊）勞安法第16條或職安法第25條第1項前段：「事業單位以其事業招人承攬時，其承攬人就承攬部分負本法所定雇主之責任。」似乎無法解釋定作人負有提供之義務。反而，其規定的重點為「其承攬人就承攬部分負本法所定雇主之責任」，也就是說，依勞安法第5條（職安法第6條）要提供設備者，應該是承攬人才對。

　　其實，法院實務上有關原事業單位（定作人）之職安法上之義務，大多是集中在勞安法第17條（職安法第25條）之事前告知義務[78]。例如在一件涉及承攬契約是否已成立，而承攬人所僱勞工已進入污水集中池工作而導致中毒身亡，委託完成事務的人（基隆區漁會）是否應負民法第189條損害賠償責任的爭議案件中[79]，高等法院認為基隆區漁會與甲（作者按：自然人承攬）如已成立承攬契約，對於甲之履行輔助人（王○○）吸入過多有毒氣體死亡，自應依民法第189條規定負損害賠償責任。即使雙方尚未成立承攬契約，則從契約成立前的保護義務，基隆區漁會仍應類推適用定作人責任。其言曰：「縱如基隆區漁會所辯，只是請甲前往估價而已，但按契約成立前之交涉過程中，契約當事人間仍負保護義務[80]，承攬契約之定作人於契約成立之交涉過程，基於保護義務，對於其指示或定作有過失者，亦應負賠償責任，王○○既受僱於甲，縱只是輔助甲前往查看估價，亦應同受此保護。」北檢所也認為基隆區漁會未將污水集中池的環境、危害因素等告知承攬人及其債務履行輔助人，違反勞安法第17條及民法第184條第2項規定。

---

[77] 最高法院97年度台上字第453號民事判決（源柏洲案）參照。

[78] 例如最高法院96年度台上字第2821號判決（民泰塗料公司案）。依據勞安法施行細則第23條（職安法施行細則第36條），事前告知，應以書面為之，或召開協商會議並作成紀錄。

[79] 最高法院95年度台上677號判決（基隆區漁會案）參照。

[80] 有問題的是，這是前契約義務？或交易安全義務？從民法第189條規定來看，應該是後者。但由法院的用語及理由觀之，似乎是指前者。

　　惟其後最高法院則是認為承攬契約之成立，當事人必須就工作內容及報酬多寡意思表示合致始可（民法第490條）。甲的前往現場查看或估價行為，是否當然即成立承攬契約，非無再為詳審之必要。若雙方尚未成立契約，「法律評價上是否即負有等同於契約成立後之義務而類推適用定作人責任之規定？其法律或法理依據何在？」未據原審說明。對於勞安法第17條之告知義務及採取勞安法規定措施之義務，基隆區漁會既已告訴甲下面會臭，要他小心，足見並非未於事前提醒甲關於污水集中池之情況。「查基隆區漁會是否已具辨別有毒氣體之化學知識，或認知該集中池有毒氣體存在？未據原審查明，則若該會人員未具備上開有毒氣體之知識或認知，能否徒以該會人員僅為上開提醒，即令負未告知危險因素之過失之咎？亦待釐清」。

　　本書以為，上述爭議案件首應釐清者，為承攬契約是否已成立？對此，本書持肯定的見解。蓋依據民法第491條規定：「如依情形，非受報酬即不為完成其工作者，視為允與報酬。未定報酬額者，按照價目表所定給付之；無價目表者，按照習慣給付。」可知報酬多寡並非必定要事先確定，承攬契約才能有效，而是採取按照價目表或習慣的方式確定之。至於工作的內容，本案雙方當事人已明確達成「污水集中池馬達維修工程」之合意，況且，甲已僱用王○○攜帶工具前往，將污水集中池的水抽掉，開始進行馬達維修工程。這已經符合民法第491條規定的要件。而對於基隆區漁會既已告訴甲下面會臭，要他小心，是否已盡到勞安法第17條第1項／職安法第26條第1項之「告知該承攬人有關其事業工作環境、危害因素暨本法及有關安全衛生規定應採取之措施」之義務？本書以為應採否定見解為宜，蓋其過於簡略，無助於承攬人提高風險意識或預作避免災害的動作。也就是說，告知之內容，乃該事業一般作業環境、通常情形下可能發生危害之因素及應採取之安全衛生措施。在本案，基隆區漁會本身可能不具備上開有毒氣體之知識或認知，其並不需自聘或委託外部具有毒氣知識的專業人員來履行告知義務，惟仍然不可過於抽象或簡略，否則，基於勞安法／職安法係課原事業單位（定作人）無過失責任的精神，其即須負職安法上之責任。

又，在一件軍備採購案件中，上訴人／原告（中信造船股份有限公司）參與被上訴人／被告（國防部軍備局採購中心）所主辦的採購案，對於被上訴人的開標決定不服，提起訴訟。雙方當事人在訴訟中所爭執的另一違反勞安法第17條第1項及第18條第1項的爭議，該案法院判決亦認為定作人應負勞安法第17條第1項的告知義務[81]。

二、承攬人為義務人

針對在承攬關係中，有關勞安法第16條至第18條（職安法第25條至第27條）之提供安全設施及告知之義務，我國法院大多認為應由承攬人（次承攬人、再承攬人、最後承攬人）負責。即將其與原事業單位（定作人）必須與承攬人連帶負職業災害賠償或補償責任加以區隔[82]。例如再承攬人（政○公司）對其所僱用勞工，應依勞基法第8條，職安法第6條第1項第1、4、5款之規定，提供採取符合必要安全衛生設備及措施，以預防職業災害發生[83]。又例如最後承攬人（逢○公司）係勞安法第16條規定，必須設置符合標準之必要安全設備義務之「雇主」[84]。實務上，也有原事業單位（定作人）與承攬人約定員工之管理、衛生、安全等均由後者負責[85]，惟此並無損於職安法上應由定作人或承攬人所負責的安全衛生義務。尤其是職業災害的賠償或補償責任，並無法藉由此一約定而迴避。

此處的承攬人，有可能單純從定作人處承攬工作，並由自己所僱用員工完成。例如在一件爭議案中，原告（甲）起訴主張被告經濟部水利署第十河川局（丙）為定作人，被告嘉榮營造有限公司（乙）承攬其護案工

---

[81] 最高行政法院99年度裁字第1746號裁定（中信造船股份有限公司vs.國防部軍備局採購中心）參照。

[82] 最高法院100年度台簡上字第30號判決、台灣新北地方法院99年度勞簡上字第32號民事判決（吉皇案）參照。

[83] 最高法院107年度台上字第2030號民事裁定、台灣高等法院106年度勞上字第98號民事判決（政嘉公司案）參照。

[84] 最高法院95年度台上字第854號判決（台電案）參照。惟，其實勞安法第16條用語是「負本法所定雇主之責任」。

[85] 最高法院95年度台上字第2542號判決（費成案）參照。

程。被告馬○○（丁）僱用原告（甲）從事綁鋼筋工作。甲起訴主張丁為領班即工地負責人，其與乙具有僱傭關係，但乙並未提供任何勞工安全衛生教育訓練，致使其被鋼筋壓傷失能[86]。

　　但也可能是次（再）承攬人或最後承攬人僱用員工完成。如果是由承攬人就其承攬之全部或一部分交付再承攬時，即應由承攬人及次承攬人負勞安法第5條第1項第5款、勞工安全衛生設施規則第281條、勞安法第17條第2項規定之義務與責任[87]。在此，承攬人亦應依勞安法第17條第1項規定告知再承攬人。惟如果是勞工安全衛生法第16條（職安法第25條）之義務，則應負同法所定雇主之責任者，在事業單位以其事業招人承攬時，係指承攬人；再承攬者，則係指再承攬人而言[88]。

　　至於承攬關係的完成一定的工作，大多為一定工程的完成，其中以營造（建）工程居多，形成將特定工程再轉（分）包給其他廠商完成的營造文化現象。例如承攬關係為房屋興建工程，承攬人乙將「割壁工程」轉包予丙，丙復將「打壁工程」轉由丁完成[89]。又，例如田○公司將其所承攬工程中，有關鋼筋部分分包予吉○公司（再承攬人），依勞工安全衛生法第16條規定，吉○公司就其承攬部分，應負勞工安全衛生法所定雇主之責，而田○公司僅在職災補償部分，例外與吉○公司負連帶補償之責。在此種層層轉包的營造工程，往往會發生勞安法第18條（職安法第27條）是否為「共同作業」之爭議。按，所謂「共同作業」，係指事業單位與承攬

---

[86] 最高法院99年度台上字第1940號判決（嘉榮案）參照。

[87] 最高法院95年度台上字第2106號判決（力天鋼構企業社案）參照。

[88] 最高法院91年台上字第2383號判決、最高法院100年度台簡上字第30號判決、台灣新北地方法院99年度勞簡上字第32號民事判決（吉皇案）參照。所以，有問題的是，在最高法院95年度台上字第973號判決（民家／北昌營業案）中，法院認為承攬人及次承攬人應負勞安法第16條規定之義務與責任。

[89] 這裡可以思考的是，將工程切割成這麼細？其在經濟上或法律上的用意為何？如從勞工身心安全保障的角度，有無必要考慮立／修法限制或禁止之？基於此，不惟職安法第25條、第26條，連同勞基法第62條、第63條有關承攬關係的勞動法規設計，即在適度回應營造文化，其當然具有必要性與合理性。

人、再承攬人所僱用之勞工於同一期間、同一工作場所從事工作（勞安法施行細則第24條；職安法施行細則第37條）。法院實務似乎大多從寬解釋，例如在上述「割壁工程」及「打壁工程」轉包而致使丁受到腰椎骨折等傷害的爭議案中，丁主張承攬人與再承攬人未依規定設置協議組織、並且採取必要措施所致。最高法院即傾向肯定的態度。

惟亦有從嚴解釋者，例如上述田○公司將所承攬工程中，有關鋼筋部分轉由吉○公司（再承攬人）完成的爭議案中，法院即認為：次按事業單位與承攬人、再承攬人分別僱用勞工共同作業時，為防止職業災害，原事業單位應採取左列必要措施：其他為防止職業災害必要之事項，勞工安全衛生法第18條第1項第5款固定有明文。惟查，本件上訴人（吉○公司）乃於配筋施工時，架設於高空鐵塔之鋼索，因吊鋼筋之鋼索與角鐵動磨擦，致使鋼索磨損斷裂，吊掛於鋼索滑輪之鋼筋飛落碰撞其正下方正在配筋之上訴人（勞工黃○○）頭部，致上訴人頭部受重創（詳本院卷第57頁勞保申請書事故發生欄記載）。前開工安事故，顯發生於吉○公司單獨承作之鋼筋工程施作，而與勞工安全衛生規則第18條規範之「共同作業」無涉。即田○公司單純派員對吉○公司所僱用勞工從事工作為監督，或為維其事業場所安全秩序，對吉○公司之作業單純為管控，此種監督及控管並非從事田○公司之業務活動或必要輔助活動，並不能認有勞工安全衛生規則第18條所稱「共同作業」之情事。是本件事故應與有無違背勞工安全衛生規則第18條規定無涉。田○公司自無可能因違背前開規定而應對本件事故負賠償之責。

在承攬關係爭議案中，也有承攬人為具有特定專業工程背景（例如鐵窗裝設）的廠商，接受不特定的定作人訂約要求，派遣所屬勞工到定作人處完成工作的服務。例如在一件承攬人（上訴人）所僱用勞工（被上訴人）在從事集水槽修繕工作時，不慎跌落地面，致受有傷害的爭議案中，被上訴人主張其自民國104年6月15日起受僱於上訴人（雇主，自然人），負責鐵皮屋、採光罩、鐵捲門等新建、修繕工作。惟上訴人並非每日均有工作可指派予被上訴人。105年8月29日其在從事集水槽修繕工作時，不慎跌落地面，致受有傷害。主張上訴人未依職業安全衛生法第6條第1項第5

款及職業安全衛生設施規則第281條等規定，提供合於法令規格之安全帽及安全帶，致其因無安全防護，自高處跌落地面造成系爭職災傷害，合於民法第184第1項前段、第2項規定，應依民法第193條、第195條侵權行為規定賠償。另依職業安全衛生設施規則第225條第1、2項規定，按雇主對於在高度2公尺以上之處所進行作業，勞工有墜落之虞者，應以架設施工架或其他方法設置工作台。但工作台之邊緣及開口部分等，不在此限。雇主依前項規定設置工作台有困難時，應採取張掛安全網、使勞工使用安全帶等防止勞工因墜落而遭致危險之措施。使用安全帶時，應設置足夠強度之必要裝置或安全母索，供安全帶鉤掛。法院審理結果認為：依證人林○○證稱：即使有帶也沒有地方可以扣，安全網也不可能架設在外面等語，足證上訴人並未架設安全母索等供安全帶掛鉤，依上規定，堪認已違反職業安全衛生設施規則第225條及職業安全衛生法第6條第1項等保護他人之法律規定。

　　類似的案例為：被上訴人（勞工）受僱於上訴人從事製作鐵窗、鐵門等。雇主在未對其進行教育訓練的情況下，指示其前往客戶三樓住處換裝鐵窗浪板，因無安全防護措施，跌落受傷。高等法院及最高法院均認為修正前勞工安全衛生設施規則第23條規定：「雇主對於建築構造物及其附置物，應保持安全穩固，以防止崩塌等危害。」雇主應保持鐵窗之安全穩固，以防止崩塌。另外，勞工原工作內容係於工廠內製作鐵窗鐵門，雇主後續變更其工作內容，使其於第三人自宅從事鐵窗浪板更換作業前，應依勞工安全衛生教育訓練規則第16條第1項規定，使其接受符合該工作必要之安全衛生教育訓練，惟上訴人並未提供教育訓練[90]。

　　至於勞務提供的承攬部分，有承攬保全業務，負責將所僱勞工派至公寓大廈或其他處所從事保全工作而發生職業災害的情況。例如勞工陳○○受僱擔任保全，經派至誠豐天廈大樓執行保全職務，跌落該大廈16樓天台未加蓋的游泳池邊洩水洞，造成雙肩之肩關節均骨折，經醫院診斷為「雙

---

[90] 台灣高等法院（102年度重勞上更（一）字第6號）更審判決、最高法院105年度台上字第1528號民事判決（陳明旭即正豐五金工程行案）參照。

肩肱骨近端骨折術後併肩關節攣縮」，顯難回復，並經台中榮民總醫院鑑定為失能等級第7級，減少勞動能力百分之四十七。法院審理認為：勞工被派至誠豐天廈大樓值班，巡邏經過該大廈16樓天台，該游泳池邊洩水洞疏未加蓋、設置圍籬、燈光照明或其他警告標誌以防掉落坑洞之發生等情，為兩造所不爭執，該洩水洞雖屬於誠豐天廈管委會所管理，然聯安保全公司早亦知悉其存在之危險，此觀當時受僱於聯安保全公司之證人黃○於本院證稱：「（問：為何洩水洞沒有圍起來？）那塊（15樓跟16樓）以前是建商保留的位置，當時完全沒有用到，放空的，洩水洞是在16樓頂樓最靠近外側。當時社區有跟建商談到要做裝潢裝修之類，但還沒有決議下來。」等語即明，既明知或可得而知決議前有危害巡邏人員安全之虞，而未採取必要之設立圍籬或其他安全防範措施，致陳○○巡邏時跌落該洞，受有系爭事故之傷害，即有違反保護他人之法律之情事。

　　勞務的承攬也有承攬船務代理工作，將特定工作（例如解固作業）交由特定業者完成[91]。即上訴人從事船務代理業務，雖然依「船務代理業管理規則」第18條第1項第3款至第8款之規定，其業務範圍並不包括貨物裝卸，惟永○公司登記之業務及依法令所得從事之業務如何？與其實際從事之業務如何？本非必然相同，其向水晶輪（委託人）提出之上開費用摘要，亦未包含全部費用，若有其他支出，永○公司會另向水晶輪呈報，亦為永○公司所不爭，自不能以該費用摘要未記載解固費用，即認永○公司未負責系爭電扶梯之解固業務[92]。次查，水晶輪於基隆港之一切事務，均由永○公司代為處理，為永○公司所自承，於水晶輪進港後，永○公司即通知陳○○（再承攬人）前往解固，同時亦委託鎮○裝卸股份有限公司卸貨，及預定將系爭電扶梯堆放於碼頭，因發生系爭事故，而未施作等情，系爭電扶梯自船上解固，及運送至倉庫堆放，既均在永○公司辦理範圍內，則中間過程之本件解固，依常理自應包含在內。因此，永○公司應依

---

[91] 最高法院96年度台上字第315號判決（永然船務代理公司案）參照。

[92] 依勞委會民國91年9月27日勞安1字第0910050787號函釋，事業單位所交付承攬之「工作」，固不以登記之營業項目為限，然仍以事業之「經常業務」為範圍。

勞安法第5條第1項第4、5款、第23條第1項、第17條第1項、第18條第1項第1、3、5款等規定，應於事前告知勞工及承攬人有關之工作環境危害因素，及相關應採取之安全措施，以免發生職業災害，否則即屬違反該等保護他人之法律規定，應負連帶賠償責任。

三、受任人為義務人

　　在法院實務上，也有認為受任人應依勞安法第5條第1項第5款、勞工安全衛生設施規則第224條規定，負擔防止勞工墜落設施之責任者[93]。在一件工程顧問公司執行工程施工之監督或督導作業，是否應負勞安法上責任之爭議案中，上訴人（受任人）為「工程技術顧問業」，屬於勞安法第2條第3項規定的適用對象，提供工程專案管理服務。其依據政府採購法第22條規定，參與國防部總司令部的新建工程招標案，雙方簽訂委任契約，由上訴人執行工程施工之監督或督導作業。法院認為上訴人雖係辦理系爭工程之監督或督導作業，惟其相關服務項目仍須至工程施工現場進行，而須僱用勞工於該工程場所從事（承包商的）施工監督或督導作業，上訴人自應依勞安法第5條第1項第5款、勞工安全衛生設施規則第224條規定，設置適當強度之護欄、握把、覆蓋等防止勞工墜落之設施。上訴人（受任人）則舉出台北高等行政法院94年度訴字第1487號判決有不同的法律見解，即台北高等行政法院認為，原告與訴外人簽訂監造服務契約，負責監造施工機構（德〇公司）的工程進行，法院認為原告為保障自身所僱員工，「本應備置上述儀器」，倘其果認由施工機構設置即可，則依上述監造服務契約，其有審查承包商含勞工安全及衛生在內之施工計畫及通知承包商限期改善之權限，「依約亦應督促德〇公司設置」，而非全然之不作為，置其勞工安全於不顧，是被告認其未盡上述勞安義務，而為限期改善之處分，自屬適法有據等語云云。最高行政法院因而認為：「基本上仍肯定監造機構亦應依法提供安全設備，以落實勞工安全衛生法防止職業災害、保障勞工安全與健康之立法目的。」

---

[93] 最高行政法院98年度裁字第476號裁定（財團法人中華顧問工程司案）參照。

上述最高行政法院的見解固然言之有理，惟本書以為工程技術顧問與國防部總司令部所簽訂者，似非單純的委任契約，而是兼具有委任契約的性質（契約聯立或混合契約）。只是本案上訴人並非在建造，而是在監造，所以比較像受任人而已。只能經由解釋其兼具有承攬契約及委任契約的性質，始能適用勞安法第5條第1項第5款、勞工安全衛生設施規則第224條規定。否則，只能經由類推適用的方式，始能將勞安法上的規定適用於受任人。至於台北高等行政法院94年度訴字第1487號判決語意為只要施工機構或監造機構其中之一設置即可，但比較傾向由施工機構設置。雖然如此，其實，上述台北高等行政法院係認為監造機構只負有督促義務而已，而在施工機構不設置設施時，負有補充地（為自己？）設置義務。只是，其法律依據是否也因契約兼具有承攬契約及委任契約的性質？

四、要派機構為義務人

在一件涉及派遣勞工在要派機構處工作，因設施問題而受傷害，要派機構是否應負勞安法上之義務與責任，法院分別依據勞安法及職安法規定，而肯定要派機構的責任[94]。以下即分述之：

(一) 在2013年7月3日修正前的勞工安全衛生法時代

1. 最高法院105年度台上字第769號民事判決（中華工程公司案）

被上訴人為派遣勞工，2010年8月15日被派遣公司（共同被告／中勤人力資源管理顧問股份有限公司）派至要派機構（中華工程股份有限公司）進行垃圾清理作業，因該電梯井尚未裝設電梯，乃以二根鐵條架放木板充當吊料平台（下稱平台），作業中平台突然崩塌，致使其掉落至堆滿鋼筋、木條、污水、泥沙之地下一樓機坑內，嚴重受傷，經治療終身無工作能力。被上訴人主張上訴人未對伊施以任何勞工安全及衛生教育訓練，且在高度2公尺以上之工作環境未設置安全網及提供安全索予伊使用，違

---

[94] 依據勞動部2014年2月送行政院審查的派遣勞工保護法草案第18條規定：「要派單位於工作場所內提供勞工使用之設施及設備，不得因派遣勞工之身分而有差別待遇。」可知要派機構負有職安法上之義務與責任。這主要是基於對於派遣勞工的具體執行工作，要派機構較能監督及管理的考量。而且，要派機構要較能管控及消弭自己職場的危險源。

反修正前勞工安全衛生法（下稱勞安法）第23條、第5條第1項第5款、勞工安全衛生設施規則第225條及營造安全衛生設施標準第19條第1項等規定，依民法第184條第2項規定，應負損害賠償責任。

　　法院審理結果認為：惟要派公司對派遣勞工之使用遠超過對承攬人之勞工[95]，其因職業災害對派遣勞工造成侵害之可能性高於對承攬人之勞工，從整體保護需求而言，未受事業單位指揮監督之承攬人之勞工保護需求較低，該等勞工可受勞安法之保護；而要派公司實際指揮監督派遣勞工，其受保護需求較高，更應受到勞安法之保護。依舉輕以明重之論理性解釋，勞安法上之保護範圍應擴及派遣勞工。中勤公司派至系爭工程之派遣勞工悉由上訴人現場工程師工作調度，實際指揮監督，經證人黃○○證明屬實。兩造間雖無勞動契約關係存在，上訴人對被上訴人仍有保護照顧之義務，應負勞安法規定雇主對受僱勞工之保護義務。上訴人未能確實落實電梯井平台之防護設施；平台未依規定設置安全網，違反勞安法第5條第1項第5款及營造安全衛生設施標準第19條第1項之規定。上訴人未對被上訴人等從事清潔工作之人員實施必要之安全衛生教育及預防災變之訓練，亦違反勞安法第23條第1項之規定。

　　2. 台灣高等法院105年度重勞上更（一）字第3號民事判決（中華工程公司案）

　　在相同的案件事實中，法院認為：要派公司於派遣勞工給付勞務時，與其有一緊密的社會接觸，且在派遣關係上，要派公司類同雇主實際指揮監督派遣勞工並實質使用派遣勞工，依誠信原則考量，就工作環境及勞務給付可能性之風險控制上，派遣勞工如同要派公司自己雇用之勞工，在保護需求上應無不同。……派遣公司與要派公司間若非承攬關係，則該法第16條至第18條等規定，似無法適用於要派公司對派遣公司所雇之派遣勞工。……要派公司對派遣勞工之使用遠超過對承攬人之勞工，則要派公司因職業災害對派遣勞工造成侵害之可能性高於對承攬人之勞工，從整體保

---

[95] 有問題的是，這個如何比較？從指揮命令權？

護需求而言，未受事業單位指揮監督之承攬人之勞工保護需求較低，該等勞工都能受到勞安法之保護，而要派公司實際指揮監督派遣勞工，其受保護需求較高，更應受到勞安法之保護，依舉輕以明重之論理性解釋，勞安法上之保護範圍應擴及派遣勞工[96]。……綜上，中勤公司雖係被上訴人之僱用人，惟對被上訴人有實際指揮監督權者為上訴人，雖彼等間並無勞動契約關係存在，然要派公司即上訴人對派遣勞工即被上訴人仍有保護照顧之義務，則有關勞安法所規定雇主對受僱勞工之保護義務，亦應擴及派遣勞工即被上訴人。

查系爭切結書係供中勤公司派遣至上訴人系爭工程工地工作之勞工簽署而事先印製，屬定型化條款；且約定在被上訴人有違反所列之勞安規定時，不論上訴人有無違反勞安規定，一概免除上訴人對被上訴人之責任，等同使被上訴人預為拋棄日後對等同雇主地位之上訴人違反勞安規定時得主張之權利，依其情節顯失公平，且被上訴人簽署時亦無磋商之餘地，則依民法第247條之1第3款規定，系爭切結書亦屬無效。

上訴人每日之勞工安全衛生勤前教育及例行巡邏檢查中，並未要求清潔人員於電梯平台上進行清潔工作時需配戴安全索（帶），則被上訴人主觀上認定在電梯井平台上進行清潔作業時無墜落之危險，亦無配戴安全索（帶）之需要，並無違反系爭切結書第7款之規定，難認有何過失。……從而，尚難認被上訴人就系爭事故之發生有何過失可言，並無與有過失可言。

(二) 2013年7月3日修正的職業安全衛生法規定

在最高法院107年度台上字第1910號民事裁定（中華工程公司案）中，法院認為：依2013年7月3日修正的職業安全衛生法第2條第1款、職業安全衛生法第2條第2項，雇主（要派機構）負有提供安全索及架設安全防墜網之義務。雖然勞工未配戴安全索，但由於雇主未盡到架設安全防墜網

---

[96] 在職安法施行後，職安法第2條第1款已適用於派遣勞工，職安法施行細則第2條的立法理由，已經將派遣勞工納入「其他受工作場所負責人指揮或監督從事勞動之人員」之內。所以，解釋上，職安法第25條～27條應適用於要派公司與派遣勞工間。

之義務，法院認為「怠於採取必要之安全措施，上訴人（中華工程公司／要派機構）已違反上開保護他人之法律，被上訴人（派遣勞工）並無與有過失情形。」依其見解，要派機構必須對派遣勞工負職業災害的賠償及補償責任。

五、出賣人為義務人

在本件爭議案中，被上訴人（勞工）受僱於上訴人鎮碁公司擔任工務技術人員。因上訴人尊○公司向鎮○公司購買真空壓鑄機設備及提供相關安裝、技術移轉，而被派往尊○公司處安裝系爭設備，惟因使用尊○公司所提供之吊車及其吊掛之鋼索設備（吊掛設備）進行吊掛時，以人力進行翻轉測試，系爭模具鬆脫掉落，壓傷伊左手，受有第2至5指外傷性截肢等職業傷害。法院認鎮○公司及其法定代理人即上訴人王○○未考量產品設計而提供必要安全之衛生設備或保護措施，任伊徒手對吊運之模具進行翻轉，違反職業安全衛生法第5條、第6條第1項第1款、起重升降機具安全規則第63條第4、6、7款等保護他人之法律。按雇主對於防止機械、器具、設備等引起之危害，應有符合標準之必要安全衛生設備；對於使用起重機具從事吊掛作業之勞工，應使其於荷物起吊離地後，不得以手觸碰荷物，原勞安法第5條第1項第1款及當時之起重機安全規則第63條第6款均有明定。鎮○公司要求被上訴人為吊掛後人力翻轉程序，已違反上開保護他人之法律。被上訴人因服勞務受傷，核屬職業災害，其依民法第184條第2項前段、職災保護法第7條前段規定，請求鎮○公司負賠償之責，自屬有據。

至於尊○公司為經營鑄鋁事業，根據買賣契約出賣人並無義務提供系爭吊掛設備，而是應認系爭買賣契約約定意旨，其負有提供吊掛設備供鎮碁公司安裝及測試系爭設備之義務。系爭吊掛設備為其經營業務所使用之工具，則尊○公司對於其所使用之吊掛設備有生損害於他人之危險者，依民法第191條之3規定，即應對他人之損害負賠償責任（參邱聰智著，新訂民法債編通則上，90年10月，新訂一版二刷，頁245）[97]。

---

[97] 最高法院107年度台上字第803號民事判決（鎮碁公司、尊皇公司案）參照。

本書以為：對於尊○公司，雖然被上訴人主張尊○公司「本應注意提供必要安全之吊掛設備，然所提供之吊掛鋼索過粗，吊車擋豆又太短」，而法院也肯定其負有提供吊掛設備之義務。惟無論是高院或其後的最高法院，均將審理焦點放在民法第191條之3，至於其是否應負職法及起重升降機具安全規則之義務與責任？亦及其所提供之吊掛設備是否應該符合必要安全的標準，則未加以裁判。

第二項　其他法律問題

以下係針對職業安全衛生法第6條第1項安全衛生設備及措施的例示。

首先，在法院實務上，勞工或有主張雇主違反職安法，但卻未明確指出第6條第1項第幾款或第2項者。在最高法院105年度台上字第1500號民事判決（舜昕公司案）中，上訴人（原告／勞工）主張於某日晚間七時許，在被上訴人（被告／雇主）所有門牌號碼台中市○○區○○路○○○號之廠房外面通道上，與其同事王○○（共同被告）發生肢體衝突，致被推倒撞擊地上堆疊之鋼板側邊受傷。被上訴人依勞工安全衛生法等相關規定應提供安全防護措施，並盡工安教育訓練，配置合格之工安管理人員，且提供員工應有之糾紛處理、壓力紓解方式以及應有舒壓環境，避免員工在工作時間發生糾紛，惟被上訴人工廠機器及成品等物品雜列、堆疊，未提供安全工作環境，且上訴人及王○○工作超時、夜間工作常處於高度緊張狀況，未提供身心輔導改善情緒環境，造成上訴人、王○○情緒失控衝突，被上訴人管理階層人員亦未立即介入制止，未盡管理監督責任，容任王○○於上開時間在廠房動粗施暴，致上訴人受有上開重傷害；被上訴人不當勞安管理，與上訴人之受害，應有因果關係，被上訴人應依民法第184條第2項、第191條、第191條之3、職業安全衛生法第6條、勞動基準法第30條規定，應負獨立損害賠償責任。

法院審理結果認為：上訴人與王○○間，於下班時間所發生之個人糾紛，應屬偶發之傷害事件，尚無證據證明此與王○○加班、工作時間長短、工作壓力等有因果關係，且本件案發地點之通道，固有放置鋼板，大

概占通道三分之一寬度，惟該處係員工往來宿舍及辦公室之通道，尚非工作場所，且鋼板占據通道約三分之一寬度，其餘部分已足員工等通行，該處發生本件肢體衝突，係屬意外偶發事故，上訴人依民法第184條第2項、職業安全衛生法第6條、勞動基準法第30條規定，訴請被上訴人賠償，亦屬無據。

　　依本書所見，上述被上訴人所主張及法院針對之加以判決者，應係職安法第6條第1項第1款、第13款及第2項第2款之規定。

　　其次，在大部分訴訟案件中，勞工都有明確指出職安法等相關規定條文，舉例如下：

一、職業安全衛生法第6條第1項第1款

　　(一) 吊車及其吊掛之鋼索設備（吊掛設備）之保護措施不足。職安法第5條、第6條第1項第1款，起重升降機具安全規則（下稱起重機安全規則）第63條第4、6、7款、民法第191條之3等。

　　最高法院107年度台上字第803號民事判決（鎮碁公司、尊皇公司案）：被上訴人（勞工）受僱於上訴人鎮碁公司擔任工務技術人員。因上訴人尊皇公司向鎮碁公司購買真空壓鑄機設備及提供相關安裝、技術移轉，而被派往尊皇公司處安裝系爭設備，惟因使用尊皇公司所提供之吊車及其吊掛之鋼索設備（吊掛設備）進行吊掛時，以人力進行翻轉測試，系爭模具鬆脫掉落，壓傷伊左手，受有第2至5指外傷性截肢等職業傷害。法院認鎮碁公司及其法定代理人即上訴人王齡娸未考量產品設計而提供必要安全之衛生設備或保護措施，任伊徒手對吊運之模具進行翻轉，違反職業安全衛生法第5條、第6條第1項第1款、起重升降機具安全規則第63條第4、6、7款等保護他人之法律。按雇主對於防止機械、器具、設備等引起之危害，應有符合標準之必要安全衛生設備；對於使用起重機具從事吊掛作業之勞工，應使其於荷物起吊離地後，不得以手觸碰荷物，原勞安法第5條第1項第1款及當時之起重機安全規則第63條第6款均有明定。鎮碁公司要求被上訴人為吊掛後人力翻轉程序，已違反上開保護他人之法律。被上訴人因服勞務受傷，核屬職業災害，其依民法第184條第2項前段、職災保護法第7條前段規定，請求鎮碁公司負賠償之責，自屬有據。

　　至於尊皇公司為經營鑄鋁事業，根據買賣契約出賣人並無義務提供系爭吊掛設備，而是應認系爭買賣契約約定意旨，其負有提供吊掛設備供鎮碁公司安裝及測試系爭設備之義務。系爭吊掛設備為其經營業務所使用之工具，則尊皇公司對於其所使用之吊掛設備有生損害於他人之危險者，依民法第191條之3規定，即應對他人之損害負賠償責任（參邱聰智著，新訂民法債編通則上，90年10月，新訂一版二刷，頁245）。

　　如前所述，本書以為：對於尊皇公司，雖然被上訴人主張尊皇公司「本應注意提供必要安全之吊掛設備，然所提供之吊掛鋼索過粗，吊車擋豆又太短」，而法院也肯定其負有提供吊掛設備之義務。惟無論是高院或其後的最高法院，均將審理焦點放在民法第191條之3，至於其是否應負職法及起重升降機具安全規則之義務與責任？亦即其所提供之吊掛設備是否應該符合必要安全的標準，則未加以裁判。

　　(二) 加壓成型機雖設置有緊急制動裝置，然非設於職業安全衛生設施規則所要求之適當位置。職業安全衛生法第6條第1項第1款及職業安全衛生設施規則之規定。

　　最高法院106年度台上字第834號民事判決（南豐鋼鐵公司案）：勞工主張雇主應在機械捲入點設置護罩、護圍或具有連鎖性質之安全門等設備，且應於適當位置設置緊急制動裝置，俾於緊急時能立即停止機械運轉，以提供伊安全、衛生之工作環境。詎南豐公司疏未注意及此，而將緊急制動裝置設置於機台之左側上方及該機械之另一面，無法因應處理突發狀況，致伊於民國99年7月28日操作加壓成型機時，左手遭機台捲入，因無法以右手按壓設置於機台左側之緊急制動裝置以停止機台運轉，而受有左側上肢機能完全喪失等重大傷害。

二、職業安全衛生法第6條第1項第4款

　　防止裝卸、搬運等作業中引起之危害。勞工安全衛生規則第124條以下、第152條以下、第155條以下。

　　(一) 最高法院102年度台上字第1593號判決（坤保案）：原告以長期從事徒手一人搬移五金沖床模具等重物，造成腰椎椎間盤突出併神經根病變，要求被告（雇主）給予職業災害補償及休養，經雇主拒絕後，依勞基

法第14條第1項第6款終止契約並請求資遣費。在民事訴訟進行中，被告主張同一事實已經勞保局、勞保監理會及行政訴訟確定原告所患之椎肩盤突出係普通疾病，不得視為職業傷病。高等法院固然認為被告設置管理【作者按：安全防護措施】欠妥善，原告得依職災勞工保護法第7條及侵權行為之法律關係，請求損害賠償。最高法院則認為被告在工作場所有提供推車供其搬運工作物、提供工作椅供原告坐著工作、提供天車供其吊掛較重工作物、提供堆高機供其進行進出貨，似無原告所稱需長期從事徒手搬移五金沖床模具等情事。

　　(二) 最高法院101年度台上字第544號判決（台玻案）：原告主張受僱於被告鹿港廠，因執行職務、搬運重物造成腰椎椎肩盤突出及退化性變化，需長期復健治療。原告以被告違反勞工安全衛生設施規則、設置管理缺失致伊受有損害而求償。被告則主張原告的椎肩盤突出為退化性變化，非屬職業疾病。且原告係在95年12月間發生車禍後始主張有椎肩盤突出之症狀。高等法院固然認為由勞委會職業病鑑定委員會鑑定報告，尚難認為係屬職業病。惟最高法院則認為參酌台中榮總洪東榮醫師所開立的診斷證明書及相關資料，高等法院並未詳加研求是否具有相當因果關係，也未說明其取捨諸多相關事證的意見。所為原告不利之論斷已嫌速斷。倘原告於上班途中發生車禍，則其是否受有職業傷害及得否據以對被告為請求，有待釐清。原審未遑闡明或查明，遽為原告不利之認定，亦嫌速斷。

三、職業安全衛生法第6條第1項第5款

　　防止有墜落、物體飛落或崩塌等之虞之作業場所引起之危害。勞工安全衛生規則第238條、第280條、第281條。

　　(一) 最高法院95年度台上字第2106號判決（力天鋼構企業社案）：法院認為：本件工廠現場係整棟大樓，並未區分區域，關於施工區○○路徑及如究應行走如何之路線，上訴人亦未帶同工人做現場了解，或指定路線等情，並為宗祺公司及證人即工人洪瑞澄、梁秋成等人供述甚明，是該工程之整個施作區域自屬其工作場所，該處一樓地面南側固設有臨時廁所，惟其餘三面皆為荒蕪之果園，工人為圖方便，亦多在該處如廁，業據上開在場工作之證人陳述明確，是被上訴人因工作中為如廁在其北側跌落受

傷，自係因在工作場所工作中之受傷無訛。力天企業社、丙○○（作者按：所以不是定作人／宗祺公司設）未確實在其工作場所設置安全設施（依勞安法第1項第5款規定設置防護網），致被上訴人受傷，自屬共同違反保護他人之法律而侵害其權利，並為共同侵權行為，應共負侵權行為之連帶賠償責任。

(二) 最高法院100年度台上字第940號判決（騰瑜案）：原告之被繼承人張○○原為高雄市政府養護工程處之受僱人。被告騰瑜公司承攬高雄市政府災害緊急搶救工程。被告之勞工鄭○○修剪超高行道樹枝，因落在另一被告中華電信公司電纜線上，導致中電信公司疏未保養之電桿斷裂倒塌，撞擊在樹下等候清掃樹枝之養工處人員張○○，致其頭部顱骨骨折、胸腹部出血死亡。原告請求損害賠償及精神慰撫金。法院審理認為：被告騰瑜公司應對鄭○○進行教育訓練，且訓練有所不足。法院認為養工處應依勞安衛生規則第280條提供安全帽及其他防護（反光背心）。養工處也有硬性要求人員必須穿戴。惟張○○違反規定並未戴安全帽，其對損害之發生與有過失，其過失責任比例為50%。

(三) 台灣高等法院高雄分院107年度勞上易字第37號民事判決（王誌陽案）：附帶上訴人主張其自民國104年6月15日起受僱於上訴人（雇主，自然人），負責鐵皮屋、採光罩、鐵捲門等新建、修繕工作。其在從事集水槽修繕工作時，不慎跌落地面，致受有傷害。主張上訴人未依職業安全衛生法第6條第1項第5款及職業安全衛生設施規則第281條等規定，提供合於法令規格之安全帽及安全帶，致其因無安全防護，自高處跌落地面造成系爭職災傷害，合於民法第184條第1項前段、第2項規定，應依民法第193條、第195條侵權行為規定賠償。另依職業安全衛生設施規則第225條第1項、第2項規定，按雇主對於在高度2公尺以上之處所進行作業，勞工有墜落之虞者，應以架設施工架或其他方法設置工作台。但工作台之邊緣及開口部分等，不在此限。雇主依前項規定設置工作台有困難時，應採取張掛安全網、使勞工使用安全帶等防止勞工因墜落而遭致危險之措施。使用安全帶時，應設置足夠強度之必要裝置或安全母索，供安全帶鉤掛。

法院審理結果認為：依證人林信良證稱：即使有帶也沒有地方可以

扣,安全網也不可能架設在外面等語,足證上訴人並未架設安全母索等供安全帶掛鉤,依上規定,堪認已違反職業安全衛生設施規則第225條及職業安全衛生法第6條第1項等保護他人之法律規定。

(四) 台灣高等法院104年度勞上字第54號判決(宇鴻公司案):莊明全站在鐵架工作時需穿著工作鞋,因莊明全係新進人員,宇鴻公司尚未發放工作鞋予莊明全,莊明全當時穿布鞋站在鐵架上,鐵架上有石灰粉,石灰粉遇冷空氣就會濕滑,致莊明全從鐵架上滑下來等語。

(五) 台灣高等法院106年度重勞上字第22號民事判決(亞力特公司案):起重升降機具。職業安全衛生設施規則第95條:「雇主對於升降機之升降路各樓出入口門,應有連鎖裝置,使搬器地板與樓板相差七點五公分以上時,升降路出入口門不能開啟之。」被上訴人疏未注意設置連鎖裝置,致其之員工侯○○(即上訴人之子)在作業場所2樓進行作業時,適系爭貨梯之搬器地板與1樓樓地板僅相差18公分,即與2樓樓地板相差遠超過7.5公分之情形下,因不明原因自2樓出入口門墜落升降路,致重摔於系爭貨梯搬器頂部而死亡,

法院審查結果認為:職業安全衛生法之立法目的,在防止職業災害,保障工作者安全及健康;所稱職業災害,乃指因勞動場所之建築物、機械、設備等原因引起之工作者疾病、傷害、失能或死亡(職業安全衛生法第1條及第2條第5款規定參照),足見職業安全衛生設施規則除規定雇主就升降機需設置上開安全設備(第73條)外,另要設置連鎖裝置之用意(第75條),乃在確保於貨梯地板與樓地板相距超過7.5公分時,不管在任何情形下,貨梯各樓層出入口之門均無法開啟,以避免墜落致使發生職業災害,是其所欲防止發生職業災害之對象,當亦包括明知公司禁止於貨梯運行中開啟貨梯門,及熟悉貨梯操作規則之勞工,自不得僅因勞工深諳貨梯操作規則即謂無保護其工作安全之必要。

又,最高法院107年度台上字第2030號民事裁定、台灣高等法院106年度勞上字第98號民事判決(政嘉公司案):被上訴人(原告/勞工)為再承攬人(政嘉公司案)所僱用之工地工人,其臨時工作井工作,未依指示穿著背負式安全帶即沿護籠爬梯,以致墜落。法院認雇主未適時採取進

場管制措施，任令未使用背負式安全帶，原在地面層待命工作之勞工即被上訴人進出高度在2公尺以上之地下工作井作業場所，前往挪移有妨礙支撐圍圖作業之臨時爬梯，致生墜落之職業災害，足認連福貴就本件被上訴人職業災害發生，確有過失，並為上訴人所不爭。

　　……可見被上訴人亦明知進入地下工作井均應使用背負式安全帶，再參酌被上訴人並於事發當日之工具箱集會（TBM）暨預知危險（KY）活動記錄表之預知危險活動欄上載有防墜落，應確實使用安全帶，並行簽名（見原審卷第77頁），可見被上訴人就本件自高處墜落之職業災害發生，亦與有過失甚明，被上訴人否認與有過失，尚不足採。

　　(六) 台灣高等法院台中分院106年度勞上字第19號民事判決（聯安保全股份有限公司台中分公司案）：勞工擔任保全，經派至誠豐天廈大樓執行保全職務，跌落該大廈16樓天台未加蓋的游泳池邊洩水洞，造成雙肩之肩關節均骨折，經醫院診斷為「雙肩肱骨近端骨折術後併肩關節攣縮」，顯難回復，並經台中榮民總醫院鑑定為失能等級第7級，減少勞動能力百分之四十七。法院審理認為：勞工被派至誠豐天廈大樓值班，巡邏經過該大廈16樓天台，該游泳池邊洩水洞疏未加蓋、設置圍籬、燈光照明或其他警告標誌以防掉落坑洞之發生等情，為兩造所不爭執，該洩水洞雖屬於誠豐天廈管委會所管理，然聯安保全公司早亦知悉其存在之危險，此觀當時受僱於聯安保全公司之證人黃立於本院證稱：「（問：為何洩水洞沒有圍起來？）那塊（15樓跟16樓）以前是建商保留的位置，當時完全沒有用到，放空的，洩水洞是在16樓頂樓最靠近外側。當時社區有跟建商談到要做裝潢裝修之類，但還沒有決議下來」等語即明，既明知或可得而知決議前有危害巡邏人員安全之虞，而未採取必要之設立圍籬或其他安全防範措施，致陳鴻銘巡邏時跌落該洞，受有系爭事故之傷害，即有違反保護他人之法律之情事。

　　(七) 台灣高等法院高雄分院105年度勞上字第6號民事判決（劉忠正即大承土木包工業案）被上訴人起訴主張：上訴人因承攬訴外人高雄市政府警察局六龜分局（下稱六龜分局）之靶場屋頂採光罩更新工程，而於民國103年12月27日偕同其僱用之被害人潘銘昌（為被上訴人之子）前往該靶

場工作。又潘銘昌於當日上午八時許，經上訴人指示爬上高約3層樓之採光罩準備勘查如何施工時，因採光罩老舊不堪負荷而破裂，致從約7公尺之高處墜落，因而受有顱腦損傷、胸部純挫傷之傷害，雖經送醫急救仍不治死亡（下稱系爭事故），應屬職業災害，且與上訴人違反安全衛生等相關法規，而未提供防墜設備及安全措施間，有相當因果關係，自應由上訴人負職災補償及侵權行為之賠償責任。

　　法院審理結果認為：按違反保護他人之法律，致生損害於他人者，負賠償責任，民法第184條第2項定有明文。而所謂保護他人之法律，包括直接或間接以保護個人之權利或利益為目的之法律；又雖非直接以保護他人為目的，而係藉由行政措施以保障他人之權利或利益不受侵害者，亦應屬之。另職業安全衛生法（下稱職安法）為保障工作者安全及健康之法令，此從該法第1條規定之意旨即明，故依職安法第6條第3項之授權所訂立之營造安全衛生設施標準（下稱營造設施標準）、職業安全衛生設施規則（下稱職安衛生規則）等行政規章，既均以保護勞工之安全為目的，衡其性質，應屬上開條文所稱以保護他人為目的之法律。又雇主對於防止有墜落、物體飛落或崩塌等虞之作業場所引起之危害，應有符合規定之必要安全衛生設備及措施；雇主對勞工於以石棉板、鐵皮板、瓦、木板、茅草、塑膠等材料構築之屋頂或於以礦纖板、石膏板等材料構築之夾層天花板從事作業時，為防止勞工踏穿墜落，應採取：1.規劃安全通道，於屋架或天花板支架上設置適當強度且寬度在30公分以上之踏板；2.於屋架或天花板下方可能墜落之範圍，裝設堅固格柵或安全網等防墜設施；3.指定專人指揮或監督該作業；雇主對於進入營繕工程工作場所作業人員，應提供適當安全帽，並使其正確戴用，為職安法第6條第1項第5款、職安衛生規則第227條第1項、營造設施標準第11條之1、第18條第1項第3款前段所分別規定。可見雇主使勞工從事屋頂作業時，負有應指派專人督導，於易踏穿材料構築之屋頂作業時，應先規劃安全通道，於屋架上設置適當強度，且寬度在30公分以上之踏板，並於下方適當範圍裝設堅固格柵或安全網等防墜設施之法定義務，甚為明確。

另潘銘昌為成年人，且先前已有相當之工作經驗，則其雖係聽命於上訴人之指示而從事更換採光罩之工作，但當時現場並無任何安全防護設施或提供安全防護設備，且採光罩係因老舊而欲更換，則其在施作前應可預見若貿然爬上採光罩踩踏，將有踏穿墜落之危險，縱上訴人未為上開安全防護設施（設備）之提供，其自應基於上開工地危險之認知而小心從事，或採取相關之注意防護措施（例如以繩索綑綁固定物或請求潘文長等人協助），以防免踏穿墜落之危險，故潘銘昌對於系爭事故之發生，自亦有部分較輕之過失。本院斟酌雙方過失情節、程度等情，認上訴人與潘銘昌之過失責任比例應以百分之七十五、百分之二十五為適當。上訴人陳稱潘銘昌之過失比例應提高至百分之三十，被上訴人認僅百分之十，均非適當。

四、職業安全衛生法第6條第1項第12、13款

台灣高等法院台中分院106年度勞上字第42號民事判決（航翅科技公司案）：上訴人（原告）張郭月昭之夫即上訴人張麗玲（原告）之父張〇〇受僱於被上訴人公司（被告）擔任守衛，因於上班期間餵食狗、清理狗之排泄物、狗籠整理等事務，而被犬隻衝倒，而且又因該管線槽間之內部地面有高出外部地面約23公分之高低差，且無任何緩衝或防護，導致張勝進跌倒致頭部撞擊，造成嚴重顱腦損傷，終至傷重死亡。上訴人主張張勝進死亡事故，係因被上訴人公司違反職業安全衛生法第6條第1項第12、13款：「雇主對下列事項應有符合規定之必要安全衛生設備及措施：……十二、防止動物、植物或微生物等引起之危害。十三、防止通道、地板或階梯等引起之危害。」第32條第1項：「雇主對勞工應施以從事工作與預防災變所必要之安全衛生教育及訓練。」等保護他人之法律規定，未對勞工張勝進實施安全衛生教育訓練，且對因犬隻動物、高低落差之地板引起之危害均未為必要之措施所致。

法院審理結果認為：按，雇主對於勞工應防止工作場所通道、地板或階梯及動物可能引起之危害，否則即屬違反保護他人之法律，致生損害於他人之侵權行為，應負損害賠償之責任。此項侵權行為損害賠償責任，於行為人為法人時，亦有其適用。張〇〇擔任被上訴人公司廠區之警衛保全工作，包括巡視使用廠區警衛室後方天然瓦斯管線槽及餵養槽內由李紹強

提供予公司廠區安全防護之用之多隻犬隻等工作在內。惟被上訴人提供予張勝進之上開工作場所，即圈養狗隻之瓦斯槽內部地面留有23公分之高低落差，及所圈養之狗隻未予綁住，均有危害於人之可能，就此危險未依上開法律規定採取取有效防止危害發生之措施，致張勝進於104年9月12日晚間七時進入工作時，遭該群狗隻衝擊後退時，於高低落差處跌倒，頭部撞擊致顱腦嚴重損傷，送醫不治。

五、職業安全衛生法第6條第1項第2、4、11款，職業安全衛生設施規則第184條

台灣高等法院台南分院107年度勞上字第1號民事判決（傳仕精密機械公司案）：上訴人（原告）主張於民國（下同）95年1月3日起受僱於被上訴人公司擔任倉管人員。其於103年2月28日在工廠整理客戶寄回被上訴人公司之返修品，以打磨機整理外觀，因產品表面上有鉚釘，切斷後跳到2米外的清洗溶劑（俗稱香蕉水）器皿內，引起器皿著火。上訴人欲將著火的器皿向門外傾倒，惟施力過大，溶劑潑到上訴人身上引起著火而受傷，經治療左側肢體癱瘓，肌力1至2分，日常生活完全無法自理，終生無法工作。其主張被上訴人被上訴人未提供符合職業安全衛生法第6條第1項第2、7、11款規定之必要安全衛生設備及措施，未符合職業安全衛生法第32條第1項規定對上訴人施以必要之安全衛生教育訓練。

法院審理結果認為：雇主未盡到各條款之規定：職業安全衛生法第6條第1項第2、7、11款規定，職業安全衛生設施規則第184條規定。另外，查業界俗稱「香蕉水」之清洗溶劑為多種化學品之混合物，主要成分因不同製造商而有差異，可能分有甲苯、乙酸乙酯、乙酸正丁酯等有機溶劑，該等有機溶劑同時為易燃液體，屬職業安全衛生法令所稱之危險性化學品（含危險物及有害物），除可能危害勞工健康外，亦可能引起火災爆炸。為防止勞工因未確實知悉危害性化學品之危害資訊，致引起職業災害，雇主應依「化學品標示及通識規則」之規定，辦理危害性化學品之標示、安全資料表、清單、揭示及通識措施等，另為防止前述有機溶劑引起勞工之健康危害，應依「有機溶劑中毒預防規則」，採取必要之控制措施、管理、防護措施、儲藏及空容器之處理，且雇主應依「職業安全衛生設施規

則」第277條、第287條、第287條之1及第288條規定供給勞工使用之個人防護具。至有關安全衛生教育及訓練,依職業安全衛生教育訓練規則第16條、第17條第1項、第17條之1及附表14之規定,雇主對於新僱勞工或在職勞工於變更工作前,應依實際需要排定一般安全衛生教育訓練,不得少於3小時;對製造、處置或使用危害性化學品者應增列3小時(合計至少6小時),此外應定期使其接受安全衛生在職教育訓練每三年至少3小時,有勞動部職業安全衛生署民國107年3月15日勞職綜3字第1070003686號函在卷可稽。

　　經詢問證人後,法院認為:足見被上訴人公司並不會主動發給防護器具,除就操作有機溶劑者沒有申購或沒有戴個人防護器並無罰則外,就何人有無領用、如何保管均無規範,且於上訴人在使用香蕉水作業時,未穿戴濾毒罐面罩及防護衣等,亦無人予以提醒或指正,足見被上訴人公司對於防護器具之管理甚為鬆散,並未使勞工確實使用,有違職業安全衛生設施規則第277條、第287條規定,應堪認定。

　　至於在勞工安全衛生在職教育訓練部分,法院審理認為:可見被上訴人公司每年雖有辦理一般之安全衛生教育及消防訓練,但從未對製造、處置或使用危害性化學品者辦理關於危害性化學品之職業安全訓練甚明,自有違反職業安全衛生教育訓練規則第16條、第17條第1項、第17條之1及其附表14之規定之情事,堪以認定。

　　綜上,上訴人主張被上訴人未供給勞工使用之個人防護具,並使勞工確實使用,沒有定期給予勞工安全衛生在職教育訓練,違反職業安全衛生設施規則第277條、第287條規定,及職業安全衛生教育訓練規則第16條、第17條第1項、第17條之1及其附表14規定等情,應為可採。則上訴人主張被上訴人違反勞工安全衛生法第6條第1項、第32條第1項規定,構成民法第184條第2項之侵權行為,自為可信。

第五章　職業災害救濟法

 案例 1

　　在一件職業災害的案件中，被上訴人起訴主張：伊為上訴人公司之員工，於1998年4月2日凌晨三時許下班後騎機車返家途中，在台灣省台北縣板橋市民生路二段民生橋前往板橋方向之紅綠燈前處，遭不明車子由身後擦撞而倒地受傷，此為職業災害。爰依勞基法第59條第1款請求上訴人補償醫療費用，並依同條第2款規定，請求上訴人補償兩年之工資及年終獎金。上訴人則以：被上訴人係喝酒騎機車自跌受傷，依「勞工保險被保險人因執行職務而致傷病審查準則」（下稱勞工傷病審查準則）第18條第6款規定，「酒醉駕車者」非屬職業災害，伊無須為任何職業災害之補償等語，資為抗辯。最高法院審理後，認為有關被上訴人「酒醉駕車」部分，由於係護士於護理記錄上自行填寫「病人（即被上訴人）係有喝酒騎機車自跌」，醫生當天並未指示作酒精測試，而證人亦證稱並未聞到酒味。因此，採認被上訴人之受傷，並非導因於喝酒騎車自跌。最高法院並且認為：「按勞基法與勞保條例均係為保障勞工而設，勞基法對於職業災害所致之傷害，並未加以定義，原審本於勞基法所規範之職業災害，與勞保條例所規範之職業傷害，具有相同之法理及規定之類似性質，並參酌勞工傷病審查準則第四條之規定，認被上訴人係屬勞基法第五十九條之職業傷害，於法並無違誤。」由於本案係涉及通勤災害之問題，可知最高法院認為通勤災害亦為職業災害也。（最高法院92年度台上字第1960號民事判決）

1. 何謂多軌制的職業災害救濟制度？

2. 目前我國職業災害的定義為何？勞基法中職業災害應否採取與職業安全衛生法相同的定義？

3. 勞基法所規範之職業災害，與勞保條例所規範之職業傷害，具有相同之法理及規定之類似性質？

4. 通勤災害作為職業災害的合理性為何？其認定是否亦採相當因果關係說？

案例 2

針對職業災害救濟，請回答下列問題：
1. 何謂雙重效力理論？其與雇主的保護照顧義務有何關係？
2. 職業災害勞工如依勞保條例及勞動基準法請求職業災害補償時，得否再依民法請求精神慰撫金？
3. 針對職業災害勞工依據職業災害勞工保護法所獲得之補助或補助，雇主得否主張抵充？
4. 請說明職業災害預防、補償及重建三者間之關係。

第一節　緒論

在勞動關係中，雇主與勞工雙方間固然並非身分上的生命共同體，惟其具有特別的信賴結合關係卻是一不爭的事實。由於勞動關係為一繼續性債的關係，勞工難免會有面臨給付障礙之情境，諸如給付不能、給付遲延、不完全給付及受領遲延等。其中，民法第227條之不完全給付即與職業災害有相當程度的關聯，蓋雇主負有一提供勞工安全衛生設備以預防職業災害發生之附隨義務（照扶義務或保護照顧義務）[1]。一旦勞工因雇主所提供之設施有缺陷而身心遭受傷害，雇主即履於積極侵害債權，依民法第227條之1、第483條之1及第487條之1負債務不履行的責任。此一基於債之關係的損害賠償責任，與勞工基於侵權行為所主張之損害賠償，共同構成勞工傳統的職業災害的救濟途徑[2]。

---

[1] 職業安全衛生法第1條參照。另外，請參照最高法院106年度台上字第834號民事判決（南豐鋼鐵公司案）。

[2] 至於法官及公務員因執行職務而發生意外的救濟問題，請參閱Reich, Dienstunfälle von Richtern und von Beamten, die nicht dem Erfordernis einer Dienstreisegenehmigung unterliegen, RiA 2013, 67 ff.

　　惟在職業災害救濟法制的發展上，為提供勞工完善的職業災害保障，立法者進而本於無過失責任主義，制定勞工保護法及社會保險法的補償規定。所以，台灣目前有關職業災害之救濟，主要可區分為職業災害之（侵權行為與債務不履行之）賠償及職業災害之補償兩大體系，而在補償部分又係由勞工保險條例（以下簡稱勞保條例）之職業災害給付[3]、勞動基準法（以下簡稱勞基法）之職業災害補償所構成。惟除此之外，尚有一補充性、但又具有特別法性質的（自2002年4月28日施行的）職業災害勞工保護法（以下簡稱職災勞工保護法），將保對象及範圍予以完滿化。尤其是對於以往勞保條例非強制投保之職災勞工，職災勞工保護法當能發揮一定的保護作用[4]。該法在第7條採取推定過失規定，與民法第184條第2項的規定相同，至於第8條、第9條的各種補助與津貼，則具有給付行政或社會救助的性格等三大制度所組成。勞保條例、勞基法、職災勞工保護法三者所使用之名稱不同，內容互有所異，彼此間或為抵充關係或為兼得關係，不宜混淆[5]。而為促使職業安全衛生法令之落實，立法者並且制定了一系列

---

[3] 這是以勞工（被保險人）與保險人（勞動部勞工保險局）訂立勞工保險契約（性質為行政契約）為前提。也就是說，雇主應依勞保條例為勞工參加勞工保險，否則，即使是強制保險，在申報主義之下，雇主若未盡到加保義務，勞工也只能依勞保條例第72條第1項規定，向雇主請求損害賠償。請參照台北高等行政法院106年度訴字第1412號行政判決、台灣高等法院106年度勞上易字第72號民事判決。

[4] 另一方面，隨著2009年1月1日修正的勞工保險條例第五節（第53條以下）失能給付的施行，提供給職災勞工失能年金的保障，當能夠進一步完善職災勞工保障的體系，值得吾人肯定。

　　在此，附帶一提的是，在工廠法2018年11月27日廢止之前，其第45條規定「依法未能參加勞工保險之工人」，即可作為向雇主請求侵權行為損害賠償的依據。依據民法學者的見解（孫森焱，民法債編總論（上冊），2012年2月，修訂版，頁196以下），性質屬於勞工保護法之工廠法，是民法第184條第2項規定之「保護他人之法律」。本書以為工廠法第45條及第46條規定，性質與勞基法第59條規定相同，得與勞保條例職業災害規定搭配運用。

[5] 惟在用語上，勞保條例第四章第三節節名使用「傷病給付」一語，而勞保條例第34條第1項使用職業傷害補償費、職業病補償費，勞工保險被保險人因執行職務而致傷病審查準則為職業傷害、職業病。勞基法第59條以下規定則為「職業災害補償」一語，而此

的職業安全衛生法規及勞動檢查法規[6]，其立法之嚴謹可謂相當程度的具體而微。藉由勞動檢查、完備化職災通報系統，並且強化雇主及勞工對於職業災害的警覺心，庶幾能減少職業災害的發生。

　　綜上，職業災害誠然並非僅是理論上的探討而已，而是涉及勞工血淋淋的傷痛與死亡、其家屬永恆的痛楚，以及國家社會人力的損失，因此，有必要針對其基本理論、職業災害之賠償、職業災害之補償、職業災害之補助與津貼，以及通勤災害等相關問題，加以探討。

第二節　職業災害的意義與成立要件

第一項　意義

第一款　法令規定

　　所謂「職業災害」，係指勞工因執行職務遭遇災害，而致傷害、失能、死亡或疾病者而言。其可區分為職業傷害及職業病兩者。所謂執行職務，係客觀上在執行勞動契約所約定的工作或雇主所交付的工作。惟現行法上，勞動基準法第2條或第59條及職災勞工保護法第7條並未對「職業災害」之意義加以界定。而是在職安法第2條第5款有所定義：「職業災害：指因勞動場所之建築物、機械、設備、原料、材料、化學品、氣體、蒸氣、粉塵等或作業活動及其他職業上原因引起之工作者疾病、傷害、失能或死亡。」此一定義，一直為法院實務所引用。另外，職安法施行細則第6條規定：「本法第二條第五款所稱職業上原因，指隨作業活動所衍生，

　　一用語也普遍為學者間及實務界所採用，例如最高法院92年度台上字第2687號判決謂：「勞工職業災害保險之保險費全部由雇主負擔……，依勞保條例發給『職業災害補償費』，雇主得以之抵充……。」

[6] 我國原適用近四十年（1974年4月16日制定公布）的勞工安全衛生法，經立法院通過修正更名為「職業安全衛生法」，並且在2013年7月3日公布。其施行日期，由行政院定為2015年1月1日。本章除在判決、函釋及文獻見解所提及的「勞工安全衛生法」或「勞安法」前加註「舊」字外，一律以新修正的職業安全衛生法及其附屬法規為準。

於勞動上一切必要行為及其附隨行為而具有相當因果關係者。」同樣也常見於法院裁判中。

　　另外，勞保條例亦未對於「職業災害」之意義加以界定。反而是行政院勞工委員會（以下簡稱勞委會）依據勞保條例第34條第2項所訂定之「勞工保險被保險人因執行職務而致傷病審查準則（以下簡稱勞工保險傷病審查準則）」第3條規定：「被保險人因執行職務而致傷害者，為職業傷害（第1項）。被保險人於勞工保險職業病種類表規定適用職業範圍從事工作，而罹患表列疾病者，為職業病（第2項）。」惟此一條文，僅是描述性規定，並未對於職業傷害及職業病的內容加以實質上界定。勞工保險傷病審查準則第4條以下則是明確地規定各種事故所致之傷害或為職業傷害（第12條）、或視為職業傷害（第4條至第11條、第13條至第17條）[7]、或為職業病（第19條、第20條）、或視為職業病（第21條、第21條之1、第22條）。其在視為職業傷害部分，亦係綜合實務經驗所得，形成與職業病種類表兩相對照的「職業傷害種類表」架構。其中，與通勤有關者為數尤多（第4條、第9條、第10條、第17條）。至於勞工傷病審查準則第18條所列舉的9項「不得視為職業傷害」，即是上述通勤事故的排外規定。解釋上，其他與通勤事故無關的事件，直接擬制具有相當因果關係或業務起因性，惟對是否具有業務執行性仍需經價值判斷；至於與通勤事故有關的事件，則只做是否確有通勤事實的價值判斷，而不問其相當因果關係或業務起因性。

　　除此之外，勞委會依據勞保條例第34條第1項所訂定之「勞工保險職業病種類表」、及其依據「勞工保險職業病種類表」第八類第2項規定所增列之「勞工保險職業病種類項目」[8]等上述規定，則是更為具體地類型

7　其中，第4條係對於「通勤災害」的規定：「被保險人上下班，於適當時間，從日常居、住處所往返就業場所之應經途中發生事故而致之傷害，視為職業傷害（第1項）。被保險人為夜校生或建教合作班學生，於上、下班直接往返學校與就業場所之應經途中發生事故而致之傷害，亦同（第2項）。」實務上行政機關及法院即是依據該條規定，對於各種不同的路途上所發生的事故，論斷其是否屬於「通勤災害」。

8　行政院勞工委員會於97年5月1日以勞保3字第0970140166號令核定增列「勞工保險職業

化各種職業病，以免界定因果關係時發生困難[9]。此與勞工保險傷病審查準則第21條之1的規定，「被保險人罹患精神疾病，而該項疾病與執行職務有相當因果關係者，視為職業病」有所不同。後者，並非謂「精神疾病」即為勞保條例第34條第1項後段規定之職業病種類，而是需要經過個案審查認定[10]。所以，勞工以罹患憂鬱症為由，依據勞基法第59條向雇主請求職業災害補償，基於精神病並未列為職業病種類項目之一，即應回歸勞工保險傷病審查準則第21條之1規定處理。

　　上述勞工保險傷病審查準則及各種職業病種類表的規定，都是國家機關基於政策上的考量而來（此從其法律用語多為「視為」職業傷害或職業病，即可知其有很高的裁量性），目的在明確化（或者：更適宜說「強制規範化」）其為執行職務之一，具有業務執行性及業務起因性，其立法格式近於德國帝國保險條例（Reichsversicherungsordnung，簡稱RVO）第548條以下之規定[11]。吾人如就這些條文擴充的範圍觀之，則勞保條例的職業災害範圍，即要比職安法第2條第5款所規定者來得寬（至於職安法第2條第1款雖規定「工作者」，但因目的在擴張職業安全衛生的保護對象，不應誤解其職業災害人的適用範圍，較勞保條例及勞基法為廣）。其理由或在於職安法的職業災害定義，重點置於雇主可以採取預防措施加以避免者，蓋該法的目的是透過安全健康的措施與管理，以防止職業災害的發生[12]。而勞保條例、勞工保險傷病審查準則所規定者，卻是較重於促進社

病種類項目表」，分為六類52項。如將勞保條例第34條第1項附表及勞委會核准增列之職業病項目加總起來，合計已達121項。在民國98年4月間，勞委會再度修正、增列「勞工保險職業病種類項目表」四12項職業病種類項目，使得職業病項目總數達到163項。該新修正的「勞工保險職業病種類項目表」於98年5月1日開始施行。在民國99年9月3日及101年9月21日，勞委會再度分別增列二項職業病種類，使得「勞工保險職業病種類項目表」總數達到167項。其後，並且逐年增加。

[9]　勞委會另外發布「勞工保險塵肺症審定準則」，提供認定塵肺症之基準。

[10]　最高行政法院100年度裁字第2829號裁定參照。

[11]　例如帝國保險條例第550條規定，勞工上下班途中所生之災害（通勤災害），視為職業災害。

[12]　所以，職安法是在規範職業災害發生前的設施與措施，而將職業災害讓由其他法令規

會安全的考量（勞保條例第1條規定參照）。尤其是勞工保險傷病審查準則並不以防免可能性，作為唯一的考量（試問：針對通勤災害，雇主如何加以防免？[13]要求雇主提供交通車？）。所以，也不問其業務執行性與業務起因性。

第二款　實務見解

第一目　行政解釋

　　對於職業災害之意義，行政機關曾經引用（舊）勞安法第2條第4項的規定，來認定工會幹部因工會會務而受傷亡是否屬於職災。依據行政院勞委會民國78年9月5日台（78）勞保2字第20863號函：「依據（舊）勞工安全衛生法第二條第四項所稱之職業災害，謂勞工就業場所之建築物、設備、原料、材料、化學物品、氣體、蒸氣、粉塵等或作業活動及其他職業上原因引起之勞工疾病、傷害、殘廢或死亡。故工會幹部執行各項會務發生事故，如與作業活動或執行事業單位之職務無關，不宜以職業災害論。」[14]

範處理（勞保條例、勞基法、民法等）。也因此，職安法第25條第1項下半段的規定：「原事業單位就職業災害補償仍與承攬人負連帶責任。再承攬者亦同。」第2項也將勞基法第63條第2項規定移置過來。此種立法體例上似有疑義，似應將職安法第25條第2項移至勞基法第62條及63條始為正確。蓋不知其重覆規定的用意為何？須知違反職安法上之義務者，不必然會發生職業災害之後果也。兩個法律雖然密切相關，但畢竟各有立法目的，且各自對違法行為加以制裁也。

[13] 即使從民法第483條之1的規定中，似乎也難以推論出雇主負有保護勞工避免發生通勤災害的義務。

[14] 其實，在內政部主管勞工事務時代，已有相同見解的函示。依據內政部74年10月8日台（74）內社字第348500號函：「工會幹部因執行工會會務……得請公假。……其執行工會會務對工會而言，雖為因『公』，但對於雇主而言，則不能為執行職務。如發生事故時，除依勞保條例規定請領普通事故保險給付外，其與職業災害事故給付之差額，似應由所屬工會予以道義上的補救，以免與勞工保險條例之規定混淆。對於此類案件之審理，請依『勞工保險被保險人因執行職務而致傷病審查準則』有關規定，就個案發生之事故予以認定。」
依據德國的通說，勞工參加員工代表會之活動或選舉、大會固然受到職災保險的保障，但工會幹部執行工會會務的行為則不在保障之列。請參閱Schaub, Arbeitsrecht-Handbuch, 12. Aufl., 2007, S. 1108 Rn. 24.

　　再者，依據行政院勞委會在民國78年12月1日所召開會議之結論：勞保條例與（舊）勞安法對職業災害的認定應一致，其認定應依（舊）勞安法第2條第4款職業災害之定義為準。一俟認定，勞工即可依勞保條例相關規定要求給付勞工保險職業傷病給付及要求雇主依勞動基準法予以職業災害補償。

第二目　法院實務

　　針對單純涉及勞工保險職業災害補償者，法院對於職業災害之定義，多有直接引用勞保條例第34條第1項前段：「被保險人因執行職務而致傷害或職業病不能工作。」作為其裁判依據者[15]。也就是說，法院根本未提及勞基法第59條或職安法第2條第5款的職業災害定義，甚至連勞工保險被保險人因執行職務而致傷病審查準則第3條之職業傷害及職業病之定義，亦不引用。前者，因爭議不在請求勞基法之職業災害補償，故尚可理解。惟後者之未引用，實際上即未對於勞工保險職業災害有所界定，畢竟，勞工保險傷病審查準則第3條為勞保條例第34條第1項的解釋性或描述性規定。

　　其次，較為重要者、也是實務上爭議的焦點所在：對於職業災害之意義，法院實務上有認為勞動基準法之「職業災害」應與當時的（舊）勞安法第2條第4款（即現行職安法第2條第5款）之「職業災害」同義者。例如台灣桃園地院92年度勞訴字第33號判決：按勞動基準法對於職業災害雖未設定義，然參酌（舊）勞安法第2條第4項規定，勞工就業場所之建築物、設備、原料、材料、化學物品、氣體、蒸氣、粉塵等或作業活動及其他職業上原因引起之勞工疾病、傷害、殘廢或死亡，即屬所謂職業災害。又台灣桃園地院92年度勞訴字第8號判決：按職業災害，係指勞工於執行其業務上之工作時，因工作的意外事故，而致使工人發生死亡、殘廢、傷害或疾病的災害。依（舊）勞安法第2條第4項規定，勞工就業場所之建築物、

設備、原料、材料、化學物品、氣體、蒸氣、粉塵等或作業活動及其他職業上原因引起之勞工疾病、傷害、殘廢或死亡為職業災害。

　　惟亦有法院認為勞動基準法之「職業災害」與（舊）勞安法第2條第4款之「職業災害」不完全同義者。例如台灣高等法院91年度勞上字第28號判決：勞動基準法對於職業災害未設定義，至於勞安法第2條第4項規定：「本法所稱職業災害，謂勞工就業場所之建築物、設備、原料、材料、化學物品、氣體、蒸氣、粉塵等或作業活動及其他職業上原因引起之勞工疾病、傷害、殘廢或死亡。」然該條係規定於（舊）勞安法，雖可作為勞動基準法第59條「職業災害」判斷之參考，惟非為唯一之標準。同樣之用語亦見之於台灣桃園地院90年度勞訴字第32號判決以及台灣高等法院87年勞上字第5號判決[16]。

　　值得注意的是，對於「職業災害」的意義，最高法院92年度台上字第1960號判決並非將勞動基準法與當時的（舊）勞安法對照觀之，而是認為勞動基準法與勞保條例之職業災害「具有相同之法理及規定之類似性質」，似乎是認為兩者的定義相同。依之：按勞動基準法與勞保條例均係為保障勞工而設，勞動基準法對於職業災害所致之傷害，並未加以定義，原審本於勞動基準法所規範之職業災害，與勞保條例所規範之職業傷害，具有相同之法理及規定之類似性質，並參酌勞工傷病審查準則第4條之規定，認被上訴人係屬勞動基準法第59條之職業傷害，於法並無違誤。[17]

　　見解相同者，台灣高等法院104年度勞上字第54號判決認為勞基法第59條「職業災害」定義應「參考」勞工保險條例第34條「職業傷害」定義。這是因為勞基法第59條對於所謂「職業災害」未有定義規定，所以參

---

[16] 有關台灣高等法院87年勞上字第5號判決之評釋，請參閱林更盛，勞基法上職業災害因果關係的判斷－評台灣高等法院87年勞上字第5號判決，台灣本土法學雜誌，第40期，2002年11月，頁23以下。

[17] 相對地，在最高法院106年度台上字第2864號判決中，上訴人（被告）主張勞委會鑑定報告僅認係執行業務所致，非屬勞基法第59條規定之職業災害。似乎即在主張勞保條例的職業災害定義，與勞基法之職業災害定義不同。

考[18]勞工保險條例第34條規定，所謂「職業傷害」，指被保險人即勞工因執行職務而致傷害或職業病。法院並認為被上訴人（原告）雖擔任工務部運轉操作員，但其在廢液焚化爐鄰近50公尺從事保溫鐵板之安裝工作，其所致傷害屬於「勞工保險被保險人因執行職務而致傷病審查準則」第8條規定「被保險人於必要情況下，臨時從事其他工作[19]，該項工作如為雇主期待其僱用勞工所應為之行為而致之傷害，視為職業傷害。」雖然如此，在該案中，法院實際上仍然「再參考」（舊）勞工安全衛生法第2條第4項的「職業傷害」定義，並以（舊）勞安法施行細則第2條第4款「所衍生之附隨行為並具有合理連結關係」，認為被上訴人所從事保溫鐵板之安裝工作，係伴隨該對同一場區操作廢液焚化爐勞務給付之工作所衍生之附隨行為並具有合理連結關係，自仍屬莊○○之業務範圍，傷害與從事前開業務範圍之維修相關工作間具有因果關係。整體而言，法院認為勞基法第59條之職業災害，應參考勞保條例第34條及（舊）勞安法第2條第4項之職業災害定義。法院似乎不認為三個法律的職業災害定義有何不同。

　　另外，針對職災勞工保護法第7條之職業災害，法院間有認為依職災保護法第1條後段規定：「本法未規定者，適用其他法律之規定。」自應參酌（舊）勞安法規定解釋之[20]。言下之意，亦是採取職安法第2條第5款之職業災害之定義。

第三款　學者見解

　　至於學者部分，對於勞動基準法之「職業災害」是否與（舊）勞安法第2條第4款之「職業災害」同義，亦可區分為同義說及不同義說。持同義說者認為：所謂職業災害，係指勞動者於提供勞務時，因工作之意外事

---

[18] 所謂「參考」，似乎是採取類推適用而非直接適用的法學方法。

[19] 這也包括從事公差之行為。相對應的，勞工保險傷病審查準則第9條則是針對從事公差的通勤事故。

[20] 台灣高等法院105年度勞上字第59號民事判決參照。惟所謂「參酌」，似乎同樣是採取類推適用而非直接適用的法學方法。

故，而致其發生死亡、殘廢、傷害或疾病之災害[21]。由於勞動基準法及勞保條例均未明文對之加以定義，故一般均以（舊）勞安法第2條第4款之規定為準，作為其定義，依之，（舊）勞安法所稱職業災害，謂勞工就業場所之建築物、設備、原料、材料、化學物品、氣體、蒸氣、粉塵等或作業活動及其他職業上原因引起之勞工疾病、傷害、殘廢或死亡。基於本條之規定，可知職業災害之原因有三類：1.勞工就業場所及其內存在之物質所引起者；2.作業活動上原因所引起者；3.其他職業上原因所引起者[22]。

　　持不同義說者，主要是從兩者之立法目的不同，作為立論的基礎。如有認為：「（舊）勞安法之適用行業範圍與勞動基準法不同，而且著重於安全衛生設施之管理，與勞動基準法目的不同；（舊）勞安法對於職業災害係採刑事處罰（第31條第1項及第32條第1項第1款），而且除了以職業災害之發生為前提外，並以違反（舊）勞安法規定之行為為構成要件，即如無違反（舊）勞安法之行為，則縱已生職業災害之結果，亦不予處罰。」[23]亦有認為：「由立法目的而論，（舊）勞安法旨在維護勞工於作業環境中從事作業活動時之生命安全與健康，因此對雇主課以相當責任，要求其對就業場所之建築物、機具設備、原料……等，採取特定安全衛生設施。然超出就業場所以外，實際上已不在雇主所得控制的範圍，如主張雇主對之負『預防職業災害』之安全衛生責任，顯屬不可能。因此一般依據（舊）勞安法施行細則第4條有關『職業上原因』係指『隨作業活動而衍生，於就業上一切必要行為及其附隨行為而具相當因果關係者』」，認為在就業場所以外與作業活動相牽連的行為亦包括在內，在解釋上似有所不當。故（舊）勞安法與勞動基準法及勞保條例的『職業災害』，在概念上或應有所不同，其定義並不能一體適用。」[24]附帶一言者，上述職業災

[21] 黃程貫，勞動法，1996年，頁436；黃劍青，勞動基準法詳解，1997年，頁406。

[22] 呂榮海，勞基法實用 I，1986年2月，三版，頁327；又依行政院所提勞基法立法說明欄之記載，亦係與（舊）勞安法第2條第4款所定「職業災害」同義。

[23] 黃虹霞，職務災害補償相關法律問題，萬國法律，第126期，2002年12月，頁67。

[24] 王惠玲，職業災害爭議與補償，勞工法規研討會，行政院勞工委員會，1997年，頁9-4。

害之定義，係以當時的（舊）勞安法第2條第4款為準，在勞安法修正為職安法後，當是以後者為準。只是，新修正的職安法第2條第5款的外延／範圍似乎較舊法為寬，這在職業災害的認定上當會發生一定程度的影響。

第二項　成立要件

　　勞工只在其人身遭遇傷亡時，始有職業災害可言。財物上的損害並非職業災害處理之對象。這是因保險給付與職業災害補償之目的只在於減輕或除去勞工因遭遇職業災害所致生之經濟上不利益（即原有薪資之替代）。至於人身傷亡所指之肉體上及精神上的不利影響，應該包括對身體輔助設備之損害。此處之「身體輔助設備」，解釋上應包括義齒、義肢、輪椅、拐杖，甚至導盲犬等。至於眼鏡是否在內，似應排除在外[25][26]。至於勞保條例第44條所排除的器具及各種費用給付，被保險人得依勞基法第59條向雇主請求補償。

　　職業災害是否成立，必須視勞工是否在雇主所指定之工作場所、到達或離去指定工作場所通勤途中而受傷害、因執行職務、遭遇意外傷害、罹患職業病、殘廢或死亡，以及執行職務與傷亡間是否存在因果關係而定[27]。

第一款　相當因果關係說

　　我國學者間及實務界在討論職業災害之成立時，大體上均認為要有

---

[25] 同説：Schaub, a.a.O., S. 1118 Rn. 51。惟Schaub亦認為依社會法典第七部第8條第3項之規定，其範圍擴及於「其他的輔具」，解釋上即可包括眼鏡在內。Vgl. Boemke, Arbeitsrecht, 2001, 169.

[26] 就勞保條例第44條的規定觀之，其係謂「醫療給付不包括法定傳染病、……義齒、義眼、眼鏡或其他附屬品之裝置、……」，表示勞保局不給付該筆「裝置」的醫療費用。反面解釋，設如職災勞工已先裝置有身體輔助設備，而於職災時受損，則其當可請求職災給付也。

[27] 王澤鑑，勞災補償與侵權行為損害賠償，收錄於：民法學說與判例研究第三冊，1981年3月，頁264以下。

因果關係[28]，亦即參酌民法及刑法一般所承認的相當因果關係理論。以損害賠償之債而言，必須以損害之發生與責任原因事實之間，具有相當因果關係為成立要件。所謂相當因果關係，係指依經驗法則，綜合行為當時所存在之一切事實，為客觀之事後審查，認為在一般情形上，有此環境，有此行為之同一條件，均發生同一之結果者，則該條件即為發生結果之相當條件，行為與結果即有相當之因果關係。反之，若在一般情形上，有此同一條件存在，而依客觀之審查，認為不必然皆發生此結果者，則該條件與結果並不相當，不過為偶然之事實而已，其行為與結果間即無相當因果關係。須注意者，即使雇主違反職安法上之義務，而勞工事實上也發生災害，但並不能謂當然即為職業災害，而是須要經過個案事實的具體審認，以確定其有無相當因果關係。

　　所以，針對職業災害的成立，勞工法令有無相當因果關係之規定？其內容為何？實務界的見解如何？以及台灣學者對於相當因果關係說之（適用於職業災害之）看法如何？均有必要加以說明。

第一目　法令規定

　　無論是勞保條例、勞動基準法、職業安全衛生法或職災勞工保護法，均無相當因果關係之規定。職安法施行細則第6條規定：「本法第二條第五款所稱職業上原因，指隨作業活動所衍生，於勞動上一切必要行為及其附隨行為而具有相當因果關係者。」另外，勞工保險傷病審查準則第21條、第21條之1對於職業病的部分，亦有規範到相當因果關係。亦即：「被保險人疾病之促發或惡化與作業有相當因果關係者，視為職業病。」（第21條）[29]「被保險人罹患精神疾病，而該項疾病與執行職務有相當因

---

[28] 台灣高等法院105年度勞上字第59號民事判決參照；但亦有不言及因果關係者，如民事法律專題研究（六），1989年，頁350之法律問題研討結論。

[29] 參照行政院勞工委員會民國88年11月19日台（88）勞保安3字第0049502號函：「勞工工作時腦幹出血是否屬職業災害疑義，應經醫師診斷是否為職業上原因引起，再據以論斷。」

果關係者,視為職業病。」(第21條之1)[30]上述職安法施行細則第6條及勞工保險傷病審查準則第21條、第21條之1雖有提及相當因果關係,但並未加以定義。

第二目　內容

　　職業災害固係指勞工因執行職務遭遇災害,而致傷害、殘廢、死亡或疾病而言。勞工對於職業災害的傷亡,無論是請求損害賠償或損失補償,甚至是請求職業災害給付(職業災害補償)[31],均須以具有相當因果關係為前提。此並不因勞保條例或勞基法之職業災害補償採取無過失責任主義,即可免除相當因果關係的審查[32]。以職業病而言,如前所述,勞工所罹疾病如係在勞工保險職業病種類表或增列勞工保險職業病種類項目之中、且符合該職業病之要件者,即當然被擬制為具有相當因果關係。至於是否符合該職業病之要件,即由勞政機關(勞動部勞工保險局)及法院具體審查認定之[33]。此尤其在是否符合「職業促發腦血管及心臟疾病(外傷

---

[30] 值得注意者,林更盛,勞基法上職業災害因果關係的判斷─評台灣高等法院87年勞上字第5號判決,台灣本土法學雜誌,第40期,2002年11月,頁38,註釋51謂:「又勞工傷病審查準則第21、22條雖以『相當因果關係』作為認定職業病之標準,惟吾人似乎未必一定要解釋成為採取學說上的相當因果關係說,因為在此同時涉及醫學知識,而這和法學上相當因果關係之相當與否並無太大關聯。」

[31] 勞工保險條例第34條參照。至於職災勞工保護法之補助或津貼,無論其性質為保險給付或社會救助,解釋上職業災害與工作亦必須具有相當因果關係。

[32] 但是,在最高法院95年度台上字第2542號判決(貴成案)中,針對勞工以頭下腳上的方式跳入水圳中撿拾椰頭,而致受傷殘廢,在認定其是否為職業災害時,法院強調職業災害補償制度之特質係採無過失責任主義,受雇人縱使與有過失,亦不減損其應有之權利。最高法院似乎以為無過失責任主義下,即無須審查相當因果關係。

[33] 例如,在台北高等行政法院106年度訴字第1412號行政判決中,對於被保險人是否符合職業引起旋轉肌袖症候群之職業病,勞工保險局及法院均認為被保險人從事搬運工理貨、駕駛工作,未見明顯抬舉過肩之動作(僅部分)、其工作中未有一半以上時間須負重於肩或高舉過肩(每日2小時),而且其過去有肩關節疾患,再加上復又罹患高血壓、糖尿病及心臟血管疾病(已裝設支架),縱經相當治療,是否仍能擔任「長期負重舉手過肩,或須瞬間肩部強烈運動」之搬運工作,實非無疑。綜此,不符合職業引起旋轉肌袖症候群之認定基準,為自身普通疾病。

導致者除外）之認定參考指引」（過勞）者，常常涉及工作時間的認定爭議為然[34]。例如受僱醫師尚未納入勞基法，則因其「工作性質有別於一般勞工，其合理工時似應酌其工作性質加以評定；以勞基法工時相關規定檢視定其合理工時，是否允洽，並非無疑」[35]。又，例如異常工作負荷（超時工作）雖為形成腦血管及心臟疾病之要因，惟必須認定其已達明顯惡化的原因時，始可認定為職業病[36]。至於不在職業病種類表中者，則如同職業傷害般，必須由勞政機關及法院具體認定之。

　　在實務上同樣認定不易者，係被害人本身已帶有疾病（例如糖尿病、三高），則被害人之身體狀況，加上外來之加害行為，在通常情況下即會發生該當結果時，應認該加害行為與損害間有相當因果關係存在[37]。否則，即應否定之。

　　如按照學者與法院實務的看法，依據相當因果關係說，職業災害必須在勞工所擔任之「業務」與「災害」之間有密接關係存在，而所謂密接關係即指「災害」必須係被認定為業務內在或通常伴隨的潛在危險之現實化（即已經實現、形成）。此一定義，與上述傳統民法損害賠償所要求之相當因果關係，內容上似乎仍有差異，並且也較符合認定職業害的實態。吾人觀我國多數法院的裁判，一方面似乎仍以探討是否具有此一關係為準，而較少及於以下所論述之「業務執行性」及「業務起因性」者[38]；另一方面，法院裁判所引用之相當因果關係的定義，似乎兼有引用傳統損害賠償

---

[34] 最高法院106年度台上字第1052號民事判決參照。另請參閱台中高等行政法院106年度簡上字第43號行政裁定。法院認為：勞動部104年5月14日勞動條3字第1040130857號函釋（勞工……在指定之場所提供勞務或受另等待提供勞務，該些時間屬於勞動基準法所稱之工作時間），只是就工作時間如何認定之釋示，並非認定勞工罹患腦中風出血符合職業傷病給付要件與否之規範依據。

[35] 最高法院106年度台上字第15號民事判決（奇美醫院案）參照。

[36] 台灣高等法院105年度勞上字第59號民事判決參照。

[37] 最高法院48年台上字第481號判例要旨、103年度台上字第2252號判決意旨、台灣高等法院105年度勞上字第59號民事判決參照。

[38] 此可以最高法院106年度台上字第1052號民事判決及台灣高等法院105年度勞上字第59號民事判決為例。

之債者或較符合職業災害之賠償或補償者[39]，由於勞保條例或勞基法之職業災害補償採取無過失責任主義，法院對於相當因果關係的審查大多採取從寬的態度，惟亦有少數採取嚴格審查者[40]。

　　承上而來的問題是，我國法院實務對於職業病之認定，似乎也有逸脫於相當因果關係之外，而採取條件說之理論者。舉例而言，針對一件勞工從事橡膠工作致肺癌併肋膜轉移是否為職業病的爭議案件中[41]，由於該病不在職業病種類表或增列職業病種類項目之中，遂由中央勞政機關送請職業疾病鑑定委員會進行鑑定，鑑定委員會認為：依流行病學資料或職業疾病案例顯示該項工作可能造成或加重此疾病，該個案暴露資料雖不完全，但無法排除疾病與工作之因果關係，遂依勞保條例及勞工保險被保險人因執行職務而致傷病審查準則第20條之法規用語，增列「執行職務所致疾病」，作為勞保給付之依據，以維護職災勞工之權益。此一鑑定結果並為最高行政法院所採[42]。本書以為鑑定委員會及最高行政法院所採「執行

---

[39] 舉例而言，台灣高等法院104年度勞上字第54號民事判決即是採取較符合職業災害之賠償或補償的定義。

[40] 例如台灣高等法院93年度重勞上字第4號判決（貴成案）。該案中，法院認為「依「相當因果關係說」之理論，職業災害之成立，必須在「業務」與「災害」之間有密接關係存在，即造成職業災害之原因，須雇主可得控制之危害始有適用。若危險發生之原因非雇主可控制之因素所致，自不宜過分擴張職業災害認定之範圍，否則無異加重雇主之責任，而減少企業之競爭力，同時亦有礙社會之經濟發展。本案上訴人以「頭下腳上」的方式跳入水圳之動作，難認與其執行職務間具有相當因果關係。」同樣採取嚴格審查態度者，最高法院95年度台上字第1805號判決（華大林組案）（其前審為台灣高等法院94年度勞上字第17號判決）。

[41] 最高行政法院101年度判字第944號判決參照。該案實際上是事業單位不接受鑑定結果而提出異議、之後並向行政法院提起撤銷之訴，惟被以鑑定結果僅為事實陳述或事實通知、觀念通知，未具對外發生法效性，性質上非行政處分而被駁回。其言曰：鑑定委員會之鑑定結果係專業鑑定意見之提供，作為原審參加人保險給付或直轄市、縣（市）主管機關作成行政處分及法院受理爭訟之參考，因非屬行政處分，尚無得請求撤銷之情形。

[42] 最高行政法院採取與中央勞政機關相同的看法，認為鑑定結果僅為專業鑑定意見之提供，並非行政處分，不得對之採取行政救濟。

職務所致疾病」之理由「無法排除具有因果關係」，實際上是依據條件說而來，並不正確。蓋如依勞工保險傷病審查準則第20條的「執行職務致疾病」，也是要正面舉證具有相當因果關係，而非如鑑定委員會或勞動部所言的反面推論。而且，一般認為「執行職務致疾病」即為職業疾病，而職業病即為職業疾病之簡稱，難謂「執行職務致疾病」係一可異於職業病的獨立領域。

　　承上，針對職業災害之賠償或補償，由於認定相當因果關係不易，為避免糾紛，實務上遂有以「業務執行性」及「業務起因性」作為判斷之標準。該項標準並且為部分學者所採納[43]。在認定是否為職災時，首需判斷勞工之行為是否具有業務執行性。如是，再判斷該行為與職災間是否具有一定的因果關係，即業務起因性。以下即分別說明之。

一、業務執行性

　　所謂「業務執行性」，係指勞工依勞動契約在雇主支配狀態下提供勞務之意。惟雇主如指示勞工從事非勞動契約約定之工作（例如指示大貨車駕駛從事壓鑄工作[44]、指示清潔工支援灌漿作業[45]），勞工因而傷亡，由於職務範圍已經擴充或變更，不僅雇主職安法上之安全防護措施責任隨之擴展，其職業災害責任亦然。在此，勞工之「行為」必須是在執行職務（betriebliche Tätigkeit），始有發生職業災害可言。至於是否執行職務，實務上係採取從寬解釋的立場，即勞工所擔任之「業務」，其範圍較通常意義之業務為寬，除業務本身外，業務上附隨的必要、合理的行為亦包括在內。此在勞工保險傷病審查準則第4條至第17條有具體規定。舉例而言，擔任貨車司機者除駕駛工作外，搬運貨物即係其業務上附隨的必要、合理的行為[46]。此種從寬解釋的立場，亦為學者所採，例如林更盛教授即

---

[43] 黃越欽，勞動法新論，2012年9月，四版，頁266。

[44] 最高法院97年度台上字第871號判決（恩裕案）參照。

[45] 最高法院95年度台上字第2102號判決（共同體企業行案）參照。

[46] 參照台灣高等法院91年度勞上字第28號判決、台灣桃園地院90年度勞訴字第32號判決、台灣台南地院90年度勞訴字第15號判決、台灣高等法院94年度勞上字第17號判決、最高法院95年度台上字第1805號判決。

認為「翹腳」是屬於檳榔販售小姐職務上之行為,檳榔販售小姐如因長期「翹腳」而致癱瘓,即屬職災。蓋其雖非直接執行職務、亦非必然行為,惟該行為係雇主直接指示或與之有合理關聯者,似亦應認為屬於執行業務之範圍[47]。

　　參加企業所舉辦之活動(betriebliche Gemeinschaftsveranstaltungen),無論該活動係由企業所舉辦、同意或資助,如係強制全體的或部分的勞工參加者,則仍在職業災害補償之列[48]。此處,依據勞工保險被保險人因執行職務而致傷病審查準則第15條規定:「被保險人參加雇主舉辦之康樂活動或其他活動,因雇主管理或提供設施之瑕疵發生事故而致之傷害,視為職業傷害。」則企業所舉辦之旅遊、卡拉OK、運動大會(如台積電、台塑企業每年均舉行運動大會)等休閒活動亦包括在內[49]。如果雇主在事業場所外舉辦活動,則無形中會擴大雇主因管理不善而應負擔職業災害責任的風險。例如事業單位舉辦旅遊,公司要求勞工提供本身自有交通工具搭載其他同事,因勞工駕駛車輛操作不當導致其他同事傷亡之行為。此一勞工駕車搭載同仁之行為,即有可能被認為在外形客觀與內在關聯上(與僱用人所委辦職務具有通常合理關連性,為僱用人所能預見),與執行公司旅遊活動之職務有所關聯[50]。雖然如此,針對提供本身所有交通工具搭載其他同事的勞工,其是否即可認為是在執行職務(民法第188條)?並非無疑。也就是說,其本質上是否為自願樂意助人,且不具法律意義的生活事實?以免其依據民法第188條應負最後的損害賠償責任[51]。

　　原則上,職業傷害需發生於工作之所在地。只要在執行職務之中,

---

[47] 林更盛,勞基法上職業災害因果關係的判斷─評台灣高等法院87年勞上字第5號判決,頁40。

[48] 勞工保險傷病審查準則第10條係使用「指派」一詞,惟該條係針對通勤事故。

[49] MünchArbR, Blomeyer, § 59, Rn. 6; Boemke, a.a.O.,166。然而,對於此種優良或良心企業所舉辦的有益於員工紓壓的活動,似不應過度要求雇主負責職災責任始較為合理。所以,在個案運用上,似不宜過於嚴格解釋。Schaub, a.a.O., S. 1109 Rn. 26.

[50] 最高法院105年度台上字第394號民事判決參照。

[51] 惟,最高法院105年度台上字第394號民事判決係採肯定說。

雖然是在休息間或準備工作中,均屬之[52]。例外雖是在自我住宅,但是已在為雇主提供勞務,仍受職業災害補償之保護[53]。至於參與勞資會議之活動,包括會議或教育訓練等,亦在執行職務之範圍[54]。惟如係參加工會之活動,則必須視情況而定。如係工會幹部受所屬團體之指派參加勞工教育活動,則基於平等原則亦受到職災保險之保障(勞工保險傷病審查準則第10條第2項)[55]。除此之外,工會幹部執行工會各項會務,如與作業活動或執行事業單位之職務無關,其所發生之事故即不能以職災論[56]。

　　最後,職業病亦為職業災害。相異於職業傷害之突發性,職業病係一基於長期執行職務所引發有害於人身之疾病。為了避免界定因果關係時發生困難,各國皆綜合經驗事實,在事前予以類型化[57]。目前我國則是依勞保條例第34條後段所發布之勞工保險職業病種類表,由中央主管機關依據勞工保險職業病種類表第八類第2項核定增列之職業病種類項目或有害物質所致之疾病(勞工傷病審查準則第19條)來加以認定[58]。然而對於未在職業病種類表之疾病,如依最新的醫學知識得認定為得歸因於執行職務所致者,勞工保險機關及雇主仍應予以補償。而此亦明定於勞工保險傷病審

---

[52] 勞工保險被保險人因執行職務而致傷病審查準則第6條:被保險人於作業時間中斷或休息中,因就業場所設施或管理上之缺陷發生事故而致之傷害,視為職業傷害。Schaub, a.a.O., S. 1108 Rn. 22; MünchArbR, Blomeyer, § 59, Rn. 6;黃程貫,勞動法,1996年,頁436;黃劍青,勞動基準法詳解,1997年,頁423以下。

[53] BSG v. 8.12.1994, DB 1995, 677 = NJW 1995, 1694 = BB 1995, 782.

[54] 內政部民國75年6月16日台(75)內勞字第412006號函參照。

[55] 行政法院88年度判字第3601號判決參照。再依據行政院勞工委員會民國93年6月4日台勞保三字第0930025805號函:「查勞工保險被保險人因執行職務而致傷病審查準則第10條規定,係以被保險人經雇主或所屬團體『指派』參加者為原則,因此於審查時,應依個案事實予以認定。上開條文規定之相關活動,並不以組織區域為限。」

[56] 參照內政部民國74年10月8日台(74)內社字第348500號函、行政院勞工委員會民國78年9月5日台(78)勞保2字第20863號函。

[57] 王惠玲,職業災害爭議與補償,勞工法規研討會,行政院勞工委員會,1997年,頁9-5;Aufhauser and Bobke, Warga, Einführung in das Arbeits-und Sozialrecht der Bundesrepublik Deutschland, 2. Aufl., Rn. 386.

[58] 黃劍青,勞動基準法詳解,1997年,頁412以下。

查準則第20條：「被保險人罹患之疾病，經行政院勞工委員會職業病鑑定委員會鑑定為執行職務所致者，為職業病。」

二、業務起因性

依據相當因果關係說，職業災害必須在勞工所擔任之「業務」與「災害」之間有密接關係存在，而所謂密接關係即指「災害」必須係被認定為業務內在或通常伴隨的潛在危險之現實化（即已經實現、形成）。「業務起因性」即是指伴隨著勞工提供勞務時所可能發生之危險已經現實化，且該危險之現實化為經驗法則一般通念上可認定者[59]。例如基於天然災害所發生的傷害，因其與執行職務僅有偶然的牽連，並無業務起因性可言[60]。

如以個案觀察，法院判決有明白業務執行性與業務起因性者。例如在台灣高等法院94年度勞上字第17號判決（華大林組案）中，針對原告受到其他勞工自背後攜械施以暴力襲擊受傷，是否為職業災害？高等法院從業務起因性的角度，否定其為職業災害。其言曰：按勞基法第59條所稱因職業災害而殘廢，參照勞工安全衛生法（下稱勞安法）第2條第4項規定，係指雇主提供工作場所之安全與衛生設備等職業上原因所致勞工之傷害所致殘廢而言。承此，職業災害之認定標準，須具備職務遂行性與職務起因性之要件。其所謂職務遂行性係指災害是在勞工執行職務過程中所發生之狀態；而職務起因性，則係指災害與職務間有因果關係而言。經查上訴人係因陳○○自其背後攜械暴力襲擊而受傷，該暴力事故發生地點雖係在工作場所，但其發生原因與雇主即華大林組公司須就勞工因施行勞務所可能面臨之危險負其責任之情形並不相符，非華大林組公司可得控制危險之範圍，而上訴人之所以與陳○○發生爭執，尚無從認為係因上訴人擔任現場工程主辦職務所增加之危險所致，自不具備職務起因性要件，非屬於職業

---

[59] 參台灣高等法院87年勞上字第5號判決；台灣高等法院94年度勞上字第17號判決；最高法院95年度台上字第1805號判決。

[60] Schaub, a.a.O., S. 1106 Rn. 18a。惟勞工傷病審查準則第13條則規定：「被保險人於執行職務時，因天然災害直接發生事故導致之傷害，不得視為職業傷害。但因天然災害間接導致之意外傷害或從事之業務遭受天然災害之危險性較高者，不在此限。」

災害之性質。

　　惟之後，最高法院雖未明言業務執行性與業務起因性，但是，其首先認為上訴人擔任「現場工程主辦，因糾正陳○○施工而遭陳○○施以暴力致受傷害等情，業據聲請訊問證人李柱為證」。次言「苟上訴人確係於執行職務之際遭應受其指揮監督之工人施以暴力而受傷，可否謂上訴人非因作業活動或其他職業上原因受傷而不屬職業災害，非無進一步推求餘地」。本書以為其似係肯定具有業務起因性。另外，鬥毆如係因勞工不服從指揮而起，應該承認其為職業災害。

　　又，台灣高等法院91年度勞上字第28號判決即係涉及業務起因性有無之顯例[61]。惟法院並未明言業務起因性。該案中，被上訴人（原告）於民國（下同）85年6月12日起受僱於上訴人（被告），擔任貨車司機及搬運鐵材之工作。自85年6月26日起即因下背痛而至醫院就診（距到職後僅十餘日），86年1月14日亦因下背痛而至長庚紀念醫院急診治療。86年4月5日工作中卸貨搬運時，因腰椎舊疾復發，兩度住院治療（分別為86年4月6日至4月9日及86年5月18日至6月30日），終致腰椎間盤突出及下肢（右大腿）萎縮，已造成重度肢障而無法工作。第一審在認定腰椎間盤突出、下肢（右大腿）萎縮，是否因職業災害所造成時，認為：該傷害乃伴隨著勞工提供業務時所可能發生之危險，且該危險之現實化復為經驗法則一般通念上可以認定。

　　惟台灣高等法院則採信上訴人（被告）之陳述，認為腰椎間盤突出、下肢（右大腿）萎縮與所從事之業務間並無因果關係。其理由約有：1.被上訴人於進入上訴人公司工作前，原已有腰椎舊疾，但並未告知上訴人。其於86年4月5日並無上班工作，並無因執行職務而致傷害之可能；2.勞保局之所以（改認被上訴人之傷害係屬職業傷害而）給予職災給付，係因訴外人藍○○出具證明書證明被上訴人曾於85年9月16日及9月23日於送貨至「源誠企業社」時下貨搬運重物腰椎扭傷。惟藍○○於二審已否定之。被

---

[61] 其前審是台灣桃園地院90年度勞訴字第32號判決。

上訴人上班不到二週即發生下背痛就醫情事，顯見其下背痛及其後確定之病因椎間盤突出應與受僱於上訴人工作無因果關係，則因椎間盤突出所引起之右大腿萎縮即更與本件工作無關。綜上，由於被上訴人無法就職業災害之業務起因性加以舉證，被上訴人之主張即不足採，上訴人即無給付職災補償之義務。

　　最高法院106年度台上字第2864號民事判決同樣係涉及腰椎椎間盤突出是否執行職務所致的爭議，惟與上述法院判決相同的，法院並未明言業務起因性。該案中，被上訴人（原告）自民國（下同）92年6月26日受僱於上訴人擔任貨運司機，據其主張，其每日駕駛貨運車10餘小時，每週工作六日，長期造成身體過大負擔，98年間經診斷出第五腰椎第一薦椎椎間盤突出合併左側神經壓迫，同年8月19日接受第五腰椎部分椎板切除及第一薦椎椎間盤切除手術。嗣於100年9月14日再因第五腰椎第一薦椎椎間盤突出合併神經壓迫，進行第五腰椎第一薦椎椎間盤手術，並經診斷係職業病。由於雙方續發生勞資爭議，經兩造同意進行職業病鑑定，最後經行政院勞工委員會（現為勞動部）職業疾病鑑定委員會鑑定確屬職業病。法院審理結果認為被上訴人擔任司機工作，每日駕駛貨運車，經年累月造成身體過大負擔，出現腰部酸痛並延伸至左腿，合併有麻木、無力等狀況，並接受腰椎椎間盤手術，經財團法人天主教聖馬爾定醫院診斷其為職業病。而職業疾病鑑定委員會亦再委請國立成功大學醫學院附設醫院（下稱成大醫院）鑑定，綜合判斷為：91年「拖車司機振動暴露調查研究」之調查時間與個案駕駛工作時間較相近（92年至101年），較符合當時之道路路況及駕駛車輛狀況，同時該調查研究為勞工安全衛生研究所之季刊，較具公信力。該研究指出在當時高速公路服務品質下，正常行駛的司機每天容許暴露時間應在6小時以下，而個案每日工作時間為8至14小時，職業上之暴露時間已超過每天容許時間。法院認為：在考量疾病的證據、暴露的證據、時序性、流行病學證據及其他因子後，個案之第五腰椎第一薦椎椎間盤突出符合腰椎椎間盤突出之職業病認定基準，應為執行職務所致疾病。被上訴人所患之第五腰椎第一薦椎椎間盤合併神經壓迫、左腓神經損傷，應為職業病。

第三目　學者見解

　　台灣學者對於職業災害之因果關係之論述，多不分是社會法（如勞保條例）或勞工法（如勞動基準法），而以此二領域的職業災害係屬同一觀念為出發點[62]。且在內容上多有將之區分為「業務執行性」及「業務起因性」者。惟對於此二者之具體內容如何？有未明示見解者；有依據日本法例簡單敘述其內容者；亦有明確地從相當因果關係說的理論，導出職災的認定應採「工作執行性」及「工作起因性」者[63]。

　　值得注意的是，林更盛有系統地分別從民法及勞動／社會法等面向討論因果關係[64]。在民法上，因果關係的結構應區分為：責任成立的因果關係（Haftungsbegründende Kausalität），及責任範圍的因果關係（Haftungserfüllende Kausalität）。至於認定因果關係的標準，我國通說則採相當因果關係說。此說主張因果關係是由「條件關係」及「相當性」所構成的，故在適用時應區別二個階段，並且論述了法規目的說及其他幾個學說。

　　至於在勞動／社會法上的討論，林教授先引用了台灣司法實務、學說上有關相當因果關係說、「業務執行性」與「業務起因性」，以及學者間有關重要條件理論之討論。並且也引述德國勞動法／社會法的相關討論，得出其通說係採取重要條件理論。其論述的範疇，包括重要條件理論的源起與演進、意涵、功能、重要條件理論與相當因果關係說的比較、重要條件理論與法規目的說的比較，可謂具體而微，頗有可觀之處。

　　末了，林文並且提出其見解：首先，在因果關係的判斷上，涉及價值判斷及專業知識的因素，如因果關係明確地涉及專業科學知識方面的判斷，法院原則上應尊重專家鑑定意見；反之，就明確地涉及價值判斷的部分，法院原則上應自行認定，不受專家鑑定意見的拘束。再者，在因果關

---

[62] 林更盛，勞基法上職業災害因果關係的判斷－評台灣高等法院87年勞上字第5號判決，頁29。

[63] 魏朝光，勞動職業災害之補償，1993年，頁17以下。

[64] 林更盛，勞基法上職業災害因果關係的判斷－評台灣高等法院87年勞上字第5號判決，頁25以下。

係的結構上，「業務遂行性」是在處理導致勞工意外的行為是否在其職務範圍內，係屬於價值判斷的問題。而「業務起因性」則是因果關係所要解決的問題。此之「業務起因性」可以細分為「責任成立的因果關係」及「責任構成的因果關係」。第三，相當因果關係說主要係針對過失責任，其正當性在於將行為人無法合理預見的異常牽連排除於責任之外。而我國勞動基準法之雇主職災補償責任既為無過失責任，而非過失責任，況且雇主是否承擔補償之責，主要係以勞工執行職務上之危險是否實現為準——這點至少是和危險責任較接近的，因此於此援引因果關係說未必恰當[65]。為了適當地解決職災認定的問題，「吾人或許應避免過度倉促地採取任何一特定學說，而應兼採相關學說或理論中具說服力的觀點，以便保持彈性，實現個案正義，避免以特定學說過度挾制、拘束實務和理論的發展，或許才是較佳的解決之道。換言之，勞動基準法上職災因果關係的認定標準，應當保有某程度上的開放性、可變動性（可變動的體系）。」[66]

上述對於職業災害因果關係的認定，應遵循專業知識先行／尊重原則、而後再做價值判斷者，也為我國法院所實踐[67]。尤其是針對勞工受傷後減少勞動能力之程度，首先應由醫療院所鑑定，而後再由法院綜合評估相關衡量標準與勞工個人之教育程度、專門技能、年齡等情形，以得出其結果[68]。

法院甚至認為：「法院固得就鑑定人依其特別知識觀察事實，所為判斷而陳述之鑑定意見，依自由心證資為裁判之依據。但就鑑定人之鑑定意見可採與否，仍應踐行調查證據之程序而後定其取捨。倘法院不問鑑定意見所由生之理由如何，遽採為裁判之依據，不啻將法院採證認事之職權委諸鑑定人，與鑑定僅為一種調查證據之方法之趣旨，殊有違背。……就其

---

[65] 由林更盛的論述，可知勞工如果係依據民法侵權行為的規定，主張職災的賠償，則相當因果關係說又有適用的餘地矣。

[66] 林更盛，勞基法上職業災害因果關係的判斷—評台灣高等法院87年勞上字第5號判決，頁37以下。又，林文在頁39列了一個具體適用的認定標準，頗具有參考價值。

[67] 最高法院96年度台上字第2821號判決（國泰世紀案）參照。

[68] 最高法院96年度台上字第90號判決（宏福製革廠案）參照。

鑑定過程及論斷之依憑則付之闕如。本件原審僅依台中榮總之鑑定書，遽以論斷被上訴人喪失勞動能力百分之七十，而未依調查證據之程序，說明其心證形成之理由，亦有未洽。」亦即強調其得進行理論的認識與實踐的評價（價值判斷）[69]。

第四目　中央勞政機關見解

至於我國行政機關對於職災的解釋，有僅從因果關係出發，而未明言「業務執行性」及「業務起因性」者；亦偶有直接引用「業務執行性」及「業務起因性」，且也（間接地）指出該案係屬於「業務起因性」者；有連因果關係、「業務執行性」或「業務起因性」均未提及者。因此，吾人僅能綜合個別解釋的全文，而推論其究係涉及「業務執行性」或「業務起因性」。

首先，單從因果關係出發的例子，最著名的，當屬行政院勞委會民國92年5月21日勞保3字第0920027159號函有關勞工於工作場所或出差途中感染嚴重急性呼吸道症候群（SARS）者之職災保險給付或職災勞工保護法各項津貼補助：「(一)勞工因作業活動及伴隨活動所衍生，於就業上一切必要行為及其附隨行為而具有相當因果關係所引起之疾病，屬職業災害。有關工作場所如醫院醫師、護理人員、醫療技術人員等為診治、照顧可能或疑似感染SARS者而遭感染者，為職業災害，至醫院工友、監護工於工作場所感染SARS者，亦依上開原則處理；(二)有關因出差或公差途中感染SARS者，其職業災害依勞工保險被保險人因執行職務而致傷病審查準則規定就個案事實狀況認定。」綜上之說明，吾人以為其係與「業務起因性」有關。

再者，直接引用「業務執行性」及「業務起因性」加以說明，且也（隱藏地）指出該案係屬於「業務起因性」者。如行政院勞委會民國91年11月19日勞保3字第0910059238號函：「查職業災害之認定須具有業務之起因性與執行性，依據勞工保險被保險人因執行職務而致傷病審查準則

---

[69] 最高法院95年度台上字第2106號判決（力天鋼構企業社案）參照。

第十三條規定：『被保險人於執行職務時，因天然災害直接發生之傷害，不得視為職業傷害。但因天然災害間接導致之意外傷害或從事之業務遭受天然災害之危險性較高者，不在此限。』蓋因天然災害之發生，係屬與業務無關之自然現象，惟人類無法抗拒，一般不認為具有業務起因性，故先進國家之職災保障相關規定，均未將天然災害直接造成之傷害視為職業災害[70]；惟若依勞務性質、作業環境、事務場所設施狀況等，於天然災害發生之際，有執行職務之必要（例如於天然災害當時參與防洪、救災工作）或具有易遭受災害之情況時，則可視為因附隨於業務之執行所致之傷害，而視為職業災害。惟應依個案事實狀況加以認定。」[71]

第二款　重要條件理論

如上所述，我國學者間及實務界在討論職業災害之成立時，大體上均認為要有因果關係[72]，亦即採取民法及刑法一般所承認的相當因果關係理論，而未考量職業災害補償（尤其是勞保條例之職業災害給付）帶有社會保險的特質，而應作不同的處理。對此，從比較法來看，德國學說及實務上早已採取所謂的「重要條件理論」（Theorie der wesentlichen Bedingung）[73]，以取代（或修正）以往刑法上的等價說（Äquivalenztheorie）及民法上的相當因果關係理論（Adäquanztheorie）。依據等價說，只要是對於結果之發生與以原因之條件（亦即沒有該條件的話，結果即不會發生），即是結果之發生原因（conditio sine quo non），依此，將導致責

---

[70] 作者按：德國勞工法學者Schaub亦採否定說。Schaub, a.a.O., S. 1106 Rn. 18a.

[71] 2004年10月25日那坦颱風來襲，台視記者平宗正於採訪員山分洪子計畫時為大水沖走溺斃，應屬於「於天然災害發生之際，有執行職務之必要」之狀況，具有業務起因性。蓋記者的工作特性，常需接近危險的事物或地域。而且該事件的發生，係溪水突然暴漲而平員不及走避所致。設如溪水已達胸部以上，隨時可致人命於死，則應另當別論。對於此一事件之評論，請參閱管中祥，死了一位記者之後風災報導該怎變？中國時報，2004年11月1日，D2版。

[72] 但亦有不言及因果關係者，如民事法律專題研究（六），頁350之法律問題研討結論。

[73] BSGE 1, 72, 76; 30, 167, 178; 33, 202, 204.

任過度的擴張，因此對職業災害保險法並不適當[74]。至於依據相當因果關係理論，則當一特殊的事故發生時（作者按：例如宿舍發生火災而致傷亡），仍需承認其原因力，亦會造成責任之不當擴大，因此亦不適用於職業災害保險[75]。

　　依據重要條件理論，只有對於職災結果之發生具有重要意義的原因或共同原因，始為造成損害之條件[76]。在判斷此問題時，係依實際生活之觀念而定。因此所謂的重要條件理論是一個價值概念（Wertbegriff），而那一或那些條件必須法律上將之視為重要原因或共同原因，即是一個價值判斷（Wertentscheidung）的問題[77]。惟此處之重要條件之因果關係，以具有「重大可能性」（überwiegende Wahrscheinlichkeit）為已足，並不要求「幾近確定之可能性」（an Sicherheit grenzende Wahrscheinlichkeit）[78]。德國即依據此重要條件理論來對因果關係作雙重的檢驗（doppelte Kausalitätsprüfung）。首先，在被保險的職務與職災間須存有一因果關係，此稱為「責任起因之因果關係」（haftungsbegründende Kausalität）；其次，在職災與人身傷亡間亦須存有一因果關係（此在釐清職災的「範圍」），稱為「責任構成之因果關係」（haftungsausfüllende Kausalität）。對於前者而言，設如勞工之職業災害主要係起因於內部的因素，例如癲癇，則不具責任起因之因果關係。這是因該職災係該內部因素不可避免之後果。然而如果內部之因素再度因執行職務時而發生，例如工作環境不佳導致心臟

---

[74] 例如計程車司機載客時間遲到，而當他載運乘客往車站時，恰巧雷電擊倒一棵樹木而擊中車身，導致乘客受傷，則假使他不「遲到」，就不會發生乘客受傷結果。

[75] 民法上之相當因果關係理論，是指：設如一條件對於損害之發生並不重要，只因一特殊狀況之連結而造成損害者，則該條件並不具有因果關係（ursächlich）。亦即當該條件一般而言適於引發該結果者，該條件即具有相當因果關係（adäquat sächlich）。Schaub, a.a.O., S. 444 Rn. 4 ff.

[76] MünchArbR, Blomeyer, § 59, Rn. 13; Schaub, a.a.O., S. 1118 Rn. 52 f.

[77] BSGE 1, 150, 156; 18, 101, 193; Krasney, a.a.O., Rn. 17.

[78] 王惠玲，職業災害爭議與補償，勞工法規研討會，行政院勞工委員會，1997年，頁9-6；Krasney, a.a.O., Rn. 19.

病復發，則具有責任起因之因果關係[79]。對於後者而言，責任構成之因果
關係主要是在界定企業的與個人的風險範圍（Risikosphäre）。如果事故
直接導致傷害，例如從梯子跌下而折斷一條腿，則可確定具有責任構成之
因果關係。但如果一職災事故引發一已存在之人身傷害時（例如原已有精
神疾病，藉由藥物而控制中，現因職災事故而引發），即顯現責任構成之
因果關係之重要性。在此，對於職災而造成原來的疾病惡化時，如確能區
分原來的疾病及惡化之部分，則只有在惡化之始具有責任構成之因果關
係。如無法區分兩者，則全部損害視為具有責任構成之因果關係。[80]至於
違反禁止行為（verbotswidriges Handeln），並不影響職業災害之成立，
僅於勞工故意造成災害時，該勞工及其遺屬喪失全部或部分之職業災害補
償。[81]此例如「自我致殘之行為」（Selbstverstümmelung）、[82]自主的跳
車傷亡、全醉而無法執行職務所致生之傷亡等[83]。

第三節　多軌制的職業災害救濟制度

第一項　職業災害之賠償
第一款　侵權行為

　　在勞保條例及勞基法對於勞工的職業災害有補償救濟法制之前，民
法的侵權行為及債務不履行，即係勞工獲得賠償的主要依據所在。也就是
說，勞工以其生命身體健康等權利受到損害，而依侵權行為規定求償，或

---

[79] Krasney, a.a.O., Rn. 44 ff. Boemke, a.a.O., 166。廠場的或企業的活動，例如旅遊（Betriebsausflug）亦具有責任起因的因果關係。

[80] Schaub, a.a.O., S. 1118 Rn. 52 f.; MünchArbR, Blomeyer, § 59, Rn. 13; Krasney, a.a.O., Rn. 50 f。我國勞工保險被保險人因執行職務而致傷病審查準則第21條參照。

[81] 參照勞保條例第23條。行政院勞工委員會民國79年11月5日台（79）勞安2字第25311號函：事業單位場所內載有「禁行機車」標誌，勞工違反上開規定致滑倒受傷，仍應以職業災害處理。

[82] Schaub, a.a.O., S. 1105 Rn. 15.

[83] Schaub, a.a.O., S. 1105 Rn. 16.

者以雇主違反保護照顧勞工之義務（照扶義務），而依債務不履行之規定請求損害賠償[84]。此一傳統的民法損害賠償途徑，並不因勞基法及勞保條例的職業災害補償規定而受到排除適用，勞工或其家屬或為之支出殯葬費之人依侵權行為或債務不履行規定求償者，在法院實務上仍然時常見之。勞工或其父母子女如依民法途徑請求損害賠償，即得依民法第194條、第195條請求精神慰撫金。而且依照法院實務見解，配偶可得的賠償額度高於子女[85]。另外，直系血親卑親屬的額度高於直系血親尊親屬[86]。

第一目　民法第184第1項規定

依據民法第184條第1項前段之規定：「因故意或過失，不法侵害他人之權利者，負損害賠償責任。」受僱人之生命、身體、健康係屬於此處所保護之客體，僱用人一旦未盡到維護工作環境安全衛生之義務而致勞工受到傷亡，即應負侵權行為責任。在此，只要雇主違反善良管理人之注意義務，即負有過失責任[87]。例如雇主裝置機器之際，不慎掉落，傷及在旁協助之勞工，即應依本條規定負損害賠償責任。然而實際上類似此類直接由雇主之行為侵害勞工之身體權者，並不多見。雇主之侵權行為責任，主要來自其所提供之設施具有瑕疵（例如鍋爐年久失修爆破、提供的電鑽漏電），尤其是未建立合理必要之企業管理及安全體制（特別是職安法及其相關子法中的安全衛生措施與設施）。

論者間也有主張雇主負有一侵權行為法上之交易安全義務（安全保

---

[84] 1999年4月21日增訂之民法第227條之1甚至規定：「債務人因債務不履行，致債權人之人格權受侵害者，準用第一百九十二條至第一百九十五條及第一百九十七條之規定，負損害賠償責任。」以避免（債權人只能回頭依據侵權行為規定，請求非財產上損害賠償之）法律割裂適用之不當情形，以達到充分保障債權人權益之目的。

[85] 最高法院95年度台上字第854號判決（台電案）之前審判決（台灣高等法院台中分院92年度重訴字第59號判決）參照。

[86] 在台灣高等法院96年度重上字第30號判決中，針對故意致人於死，死者的父、母、子各自請求1,000萬元的精神慰撫金，法院判決父、母各自400萬元，死者之子可得1,000萬元。

[87] 最高法院19年上字第2476號判例參照。

護義務），勞工得引為損害賠償的依據[88]。此一部分，詳請見第二章之說明，此處不再贅述。

第二目　民法第184條第2項規定

其次，依據民法第184條第2項規定：「違反保護他人之法律，致生損害於他人者，負賠償責任。但能證明其行為無過失者，不在此限。」此一1999年4月21日修正之內容，依據修正理由說明，係一「獨立侵權行為之類型」，而非只是「舉證責任之規定而已」。

有問題者，此處之「保護他人之法律」，究竟包含那些法規？對此，職安法、職業安全衛生設施規則，以及職安法的其他附屬法規，應屬其中之一固屬無疑。而最高法院91年度台上字第2466號判決、台灣高等法院92年度上字第963號判決即是引用當時的勞工安全衛生法第5條、第23條、第24條、勞工安全衛生設施規則，以及鉛中毒預防規則之規定，認其為民法第184條第2項規定「保護他人之法律」，而判決被告應負賠償責任[89]。另外，施行至2018年11月21日的工廠法，在其有效施行期間，其適用的範圍及對象越來越小，實際的功用也日益萎縮，但其第7條、第三章（工作時間）、第四章（休息及休假）及第八章（工廠安全與衛生設備）等規定之目的，亦在於預防職業災害的發生，故其亦屬此處「保護他人之法律」之

---

[88] 有關侵權行為法上之交易安全義務（安全保護義務）之說明，國內文獻部分：林更盛，承攬關係中職災補償責任—最高法院90年度台上字第948號判決評釋，台灣本土法學雜誌，第34期，2002年5月，頁72以下；陳建志，安全保護義務規範之研究—以僱傭、勞動關係為中心，私立中國文化大學勞工研究所碩士論文，2001年6月，頁1以下，頁27以下。德國學者部分：Heinze, Unerlaubte Handlungen, in: Lexikon des Rechts, Schuldrecht (Hrsg. v. Konzen), 1996, S. 215 ff.; Musielak, Grundkurs BGB, 7. Aufl., 2002, Rn. 682, 776 f。【作者按：只不過，Musielak此處的說明似與前契約義務有混淆不清，而且也與商品製造人責任界限有重疊的疑慮】；Esser, Schmidt, Schuldrecht Band I Algemmeiner Teil Teilband 1, 7. Auf., 1992, § 4 III 2, S. 77 f.(Verkehrssicherungspflichte); Medicus, Schuldrecht II Besonderer Teil, 2. Aufl., 1985, S. 323 f.; Volker, Emmerich, BGB Schuldrecht, Besonderer Teil, 8. Aufl., 1996, § 23 Rn. 11

[89] 最高法院77年度台上字第839號判決亦持同樣見解。

—90。

　　只不過，民法學者在討論民法第184條第2項之「保護他人之法律」，固有以工廠法為例者。但亦有認為隨著企業的大型化及機械化，職場上充滿著無法預知的危險性，有必要適度地將傳統的過失責任原則，轉向為無過失責任原則者，以保障受僱人及社會大眾之權益，而工廠法的制定，即是其著例[91]。如此一來，即難免發生工廠法的定位問題。蓋必須先經定位，始能推演出其法律效果。亦即：如果是推定過失責任，則行為人無法證明其無過失時，即應負損害賠償責任。在此，其本質上仍在制裁加害人及賠償損害；而如果是無過失責任，行為人根本無舉證免責的可能，其本質是在分散風險及填補損害。

　　對此，本文以為工廠法本質為公法（特別行政法）的勞工保護法，根據司法院大法官會議釋字第275號解釋意旨及行政罰法第7條第1項規定：「違反行政法上義務之行為非出於故意或過失者，不予處罰。」但應受行政罰之行為，僅須違反禁止規定或作為義務，而不以發生損害或危險為其要件者，推定為有過失，於行為人不能舉證證明自己無過失時，即應受處罰。也就是違反行政法者，推定行為人具有過失。因此，從工廠法的一些規定觀之，例如第7條（童工、女工工作項目之限制）、第41條（安全設備）、第42條（衛生設備）及第43條（預防災變訓練）規定，其應係採推定過失責任的性質（所謂「保護他人之法律」）；至於另外一些規定，尤其是第44條（對未加入勞保工人傷殘之補助）及第45條（受領撫卹費之順序）規定，其應係採無過失責任主義的規定。如此解釋，庶幾能合乎工廠法個別規定的立法目的。同理，勞基法的個別規定，例如勞基法第59條之職業災害補償，其應係採無過失責任主義的立法，職業災害勞工可依之請

---

[90] 林誠二，論勞工服勞務受害之賠償請求權，台灣本土法學雜誌，第15期，2000年10月，頁127。

[91] 鄭玉波，民法債編各論（下冊），1980年1月，五版，頁139；孫森焱，民法債編總論（上冊），2012年2月，修訂版，頁196以下。

求法定基數或額度的職業災害補償[92]。但在其他的規定，例如第5條（強制勞動之禁止）及第6條（抽取不法利益之禁止）規定，其性質應係屬於保護他人之法律。在雇主有違反第5條或第6條規定之行為時，勞工得依據民法第184條第2項規定，請求損害賠償

第三目　職業災害勞工保護法第7條規定

依據職災勞工保護法第7條規定：「勞工因職業災害所致之損害，雇主應負賠償責任。但雇主能證明無過失者，不在此限。」由其用語觀之，似與民法第184條第2項之規定相近，即採取舉證責任倒置之立法方式，尚非採取無過失責任主義。因此，理論上而言，職災勞工當可依據民法第192條以下之規定，請求雇主賠償其減少勞動能力、所增加生活上之費用，以及非財產上損害之慰撫金。惟雇主亦可向其主張適用民法第217條與有過失之規定而減免其責任[93]。

然而，法院間有認為：按人格權受侵害時，關於非財產上之損害，依民法第18條第2項規定，須法律有特別規定者，始得請求賠償相當金額，然觀諸職災勞工保護法第7條之規定，並無關於賠償非財產上損害之規定，原判決依職災勞工保護法第7條規定准上訴人鄧○○關於非財產上損害（即精神慰撫金）之請求，於法無據[94]。對此，本書以為最高法院似未慮及上訴人除了職災勞工保護法第7條之外，另外已引用民法第184條第1項前段、第2項、第193條第1項、第195條，其見解似不足採。

---

[92] 採取劃一的損害補償，是在給予企業主或雇主事先估算風險及支出的範圍，因其免除或降低受僱人或受害者請求補償的門檻，故排除了慰撫金請求權。即使是在職業災害勞工保護法第6條第1項的殘廢、死亡補助，基於其社會救助的後補性質，解釋上也排除了慰撫金請求權。另外，在無過失責任主義的思想下，（雇主）責任保險（損害保險制度）也隨之建立與推廣。企業或雇主希望藉之控制經營的風險。相關見解，請參閱，鄭玉波，民法債編總論，頁138；黃茂榮，非財產上損害及減少勞動力之算定，頁299；劉宗榮，新保險法，2011年9月，二版，頁392以下、425。

[93] 台灣高等法院105年度勞上字第59號民事判決參照。

[94] 最高法院107年度台上字第873號民事判決（江申公司案）參照。

第四目　侵權行為損害賠償請求權範圍

一、財產上損害賠償

(一) 人身損害

勞工因身體健康受害之財產上損害，包括所受損害及所失利益兩者。也就是，其因而支出醫療、看護費用（民法第184條）與增加生活上需要（例如護具[95]、輪椅、義眼、義齒、義肢[96]）（民法第193條）為所受損害，至於所減少收入與勞動能力喪失或減少（民法第193條）為所失利益。在此，有關人身侵害的損害賠償，必須考慮被害人的主觀利益（被害主體的關聯性），以定其賠償數額。即其以受僱人的身分（職務、職位）及其收入，會影響所受損害及所失利益的數額。此也適用於慰撫金高低的量定。此處，勞工主張減少收入的損害賠償，並非以一（現）時的工作收入短少為計算基礎，而是應考量其未來可能的收入。亦即在個案情形下，綜合考量勞工的受傷後的回復狀況及勞動力減損程度、年齡、專業能力、工作經驗、勞動市場狀況等因素後，決定減少收入之可能數額。在此，似應納入勞工從事其他工作（包括在原雇主處從事其他較輕易的工作）以彌補其損失，或接受職業／轉業訓練以從事其他工作，以增加收入的可能性。也就是說，民法第217條之與有過失（怠於減少損害）亦適用於此，以免勞工藉口拒絕工作或轉職或接受職業訓練。這也較符合現代積極勞動市場政策的原意。在裁判上，加害人如提出過失相抵的抗辯，法院即應依職權加以審認。

在醫療費用部分，包括醫治及療養（含復健）所需之必要費用，且不問已支出者或將來應支出者。在此，吊點滴之營養液、輸血屬於必要者。另外，與醫療相關的必要費用，如往返住居所與醫療院所間之交通費（主要是計程車費）、住院之膳食費、診斷證書費等，亦在其內。至於看護費用，指被害人必須僱用他人看護的費用。惟被害人並未僱用他人，而是由

---

[95] 包含勞工眼睛受傷、經醫師開立證明需要矯正而配戴眼鏡的費用。

[96] 依據勞工保險條例第44條規定，勞工保險局對於被保險人裝設義眼、義齒、義肢，並不給予醫療給付。

親屬基於親情自行看護，被害人基於公平正義原則，亦得向加害人請求比照僱用職業護士看護之費用[97]。於此，最高法院在法學方法論上，係採取規範化的損害概念[98]。此一職業護士的費用，係以我國看護工作者的費用為準，而非外籍看護工的費用。

　　至於勞動能力喪失或減少，指勞工因受傷致喪失或減少工作能力、以致於收入減少者。惟即使被害人實際所得並未減少（例如雇主繼續給付原工資數額），只要其職業上工作能力或謀生能力已經喪失或減少，仍得請求損害賠償。亦即勞動能力本身具有財產價值，受到侵權行為法的保護。喪失或減少勞動能力，其本身即為損害[99]。在法學方法論上，此同樣採取規範化的損害概念，並且修正了傳統的差額說。須注意者，勞動能力損害賠償的計算，並非採取客觀化的認定基準（國民平均所得[100]或勞工保險條例所定失能給付標準[101]），而是採取具體主觀的認定基準，即以被害人個人情形具體認定其勞動力受侵害所生之損害。在此，應就被害人受傷前後的身體健康狀態、教育程度、專門技能／職業[102]、社會經驗等方面比較後酌定之，不能以一時一定之收入或現時之收入為準，而應以其能力在通常情形下所可能取得之收入為準[103]。而如果是外國籍人士（含外勞），還要區分其在台（工作）期間及其回其所屬國後的收入等因素，分段計算其勞動能力的損害[104]。由於就業服務法第5條第1項並無「國籍」

---

[97] 最高法院88年度台上字第1827號判決參照。依此判決，請求權人為被害人，而非實際進行看護之親屬。

[98] 王澤鑑，損害賠償，2017年3月，頁158。

[99] 王澤鑑，損害賠償，2017年3月，頁161以下。最高法院92年度台上字第439號判決、93年度台上字第1489號判決參照。

[100] 最高法院88年度台上字第2930號判決參照。

[101] 最高法院88年度台上字第2208號判決參照。

[102] 這裡的職業，包括必須納入考量轉業或再就業之可能性。

[103] 最高法院61年台上字第1987號判例、63年台上字第1394號判例、91年度台上字第1823號判決、103年度台上字第1953號判決參照。依本書所見，在這裡，似應納入考慮從事相同或類似工作者之收入。

[104] 最高法院97年度台上字第1838號判決、100年度台上字第2250號判決、103年度台上字

之設置，此一分段計算並無違反禁止差別對待原則。

　　有問題的是，父母子女或配偶因勞工身體健康受害而為之支出醫療、看護費用與增加生活上需要，得否依侵權行為（第184條第1項）規定，向加害人請求賠償？對此，由於其屬純粹經濟上損失，並不成立侵權行為。惟基於事理之正當性或公平原則，並不宜使加害人免責，故應類推適用民法第218條之1規定，請求被害人讓與其對加害人之損害賠償請求權[105]。至於民法第192條係限於「不法侵害他人致死」之情況，立法者在立法理由已說明直接賦予間接被害人請求權之理由，顯示出立法者的意志與政策選擇，不應類推適用於「勞工身體健康受害」之情況。

　　而在勞工受傷死亡之情形，間接被害人亦得請求一定事項的財產上損害賠償（第192條）。惟基於公平原則，間接被害人必須承擔直接被害人的與有過失[106]。其中，對於勞工原具有法定扶養請求權之人，得基於固有的權利向加害人求償[107]。只是，此一固有的扶養請求權係身分法上的專屬權，因權利人（被扶養人）死亡，而歸於消滅，其繼承人並不得繼承其身分關係。此一侵權行為之損害賠償，並且準用於不完全給付債務不履行（第227條之1）。

　　上述勞工因身體健康受害而支出醫療、看護費用之賠償請求權，在勞工死亡後，得作為遺產繼承[108]。惟勞工如繼續生存之利益（例如未死亡時應得的收入或工資），並不在第192條及第194條得請求範圍之內，非

　　第1953號判決參照。

[105] 王澤鑑，法定扶養義務人為被害人支出醫藥費之求償關係，收錄於：民法學說與判例研究（四），頁195。

[106] 最高法院73年台上字第182號判例參照。

[107] 相同地，勞基法第59條第4款之父、母、子、女及配偶之死亡補償請求權，亦是獨立請求權。

[108] 相同地，勞工（被保險人）依勞工保險條例第33條、第35條所取得之傷病給付，因性質上為財產上之權利，亦得作為繼承之標的。台北高等行政法院93年簡字第956號判決參照。

被害人以外之人並不得請求賠償[109]。即其並非繼承的標的（不採繼承權說）。同樣地，由於民法第192條間接被害人只在一定事項得請求賠償，不在其內者即不屬之，故雇主並不得因勞工死亡無人（為其）工作，而主張受有營業上收入的損害[110]。即使勞工因身體健康受害無法工作，雇主受有營業上損失，亦因其為純粹經濟上損失，而不成立侵權行為。倒是，在實務上，不乏雇主繼續給付工資者，果如此，基於事理之正當性或公平原則，不宜使加害人免責，所以，雇主得請求勞工讓與損害賠償請求權，由其代位求償（民法第225條第2項）[111]。比較複雜的是，假設勞工係因為執行職務或通勤而受到第三人侵害（通常是顧客或客戶、用路人），在具有因果關係下，勞工除得向雇主請求職業災害賠償或補償外，並得向第三人請求損害賠償（兼得），雇主並無代位求償權[112]。

(二) 物的損害

如前所述，職業災害係指勞工遭受災害，以致受傷、失能、死亡及罹患職業病而言。並不包括勞工物的損害。也就是說，勞工如因職業災害而同時受到物的損害時（如本身所穿戴衣服或飾件毀壞），其或者依（基於民法第482條而來的）保護照顧義務，或者依一般侵權行為請求損害賠償。

二、非財產上損害賠償（慰撫金）

非財產上損害，指不能以金錢計算之損害，例如身體、健康、名譽本身所受之損害。被害人遭受非財產上損害，亦得請求回復原狀或回復原狀所必要費用。如不能回復原狀，例如身體健康受傷雖經治療，但猶存身心痛苦時，以法律有特別規定為限，得請求非財產上損害賠償（慰撫

---

[109] 最高法院54年台上字第951號判例參照。

[110] 類似情形是：常受勞工捐獻、而現因勞工死亡失去該捐獻來源的特定機構或單位，亦屬間接被害人，並無損害賠償請求權可言。

[111] 吾人由勞工請假規則第4條第3項規定，似乎也可得出如此之結論。

[112] 依據勞工保險條例規定，勞工保險局在給付勞工職業災害補償後，亦無代位求償權。倒是，依據全民健康保險法第82條規定，針對普通傷病事故，保險人（中央健康保險局）於提供保險給付後，得依規定代位行使損害賠償請求權。

金）。目前，民法慰撫金係以人格法益及身分法益為對象（第194條、第195條）。此一慰撫金兼具填補損害及慰撫被害人的功能。除此之外，即使對於被害人具有特殊意義或特殊感情之財產權受害，例如世代傳襲之寶或日記本，並不得請求相當金額之賠償。被害人不得主張類推適用民法第195條規定。此一侵權行為之損害賠償，並且準用於不完全給付債務不履行（第227條之1）。

(一) 民法第194條

依據民法第184條第1項及第194條規定，勞工因職業災害致死者，其父、母、子、女及配偶，雖非財產上之損害，亦得請求賠償相當之金額（精神慰撫金）。民法第194條並非獨立的請求權基礎，而是必須具備侵權行為的要件，始會發生此一請求權。也就是說，民法第194條必須與第184條第1項結合運用。我國的慰撫金請求權與一些國家只能請求道德上的損害賠償（與Schmerzensgeld有異）者，尚有不同。子女如果是非婚生子女，必須有受撫養的事實始可（民法第1065條第1項）。在此，父、母、子、女及配偶實際上是侵權行為的間接被害人，其非財產上損害請求權係法律所創設之獨立請求權，而非繼承被害人的請求權[113]。

有問題的是，勞工因身體健康受害（喪失工作能力），其父、母、子、女及配偶因此所生之精神痛苦，得否請求賠償相當之金額（慰撫金）？得否類推適用民法第194條或第195條第2項規定？對此，依據慰撫金的構成要件原則（Tatbestandsprinzip），除被害人外，即使其他第三人受有非財產上損害，亦不得請求賠償[114]。此與民法第195條第3項因「身分法益」受害慰撫金請求權，尚有不同。後者之身分法益，係指配偶身分所生法益受害（例如配偶一方被強姦或與第三人通姦）或父母對未成年子女的保護及教養權（監護權）受害（例如未成年子女被誘拐離家出走或因

---

[113] 台灣高等法院106年度重勞上字第22號民事判決（亞力特公司案）：起重升降機具未依職業安全衛生設施規則第95條設置連鎖裝置。

[114] 王澤鑑，損害賠償，2017年3月，頁276。最高法院56年台上字第1016號判例參照。

車禍成為植物人[115]）。

　　另一個問題是，在勞工遭遇職業災害而死亡時，其遺屬如可獲得勞保條例（第62條以下）或其他社會保險給予的死亡給付保障，甚且可獲得勞基法第59條第4款之死亡補償，則其再依據民法第194條主張精神慰撫金時，是否會形成過度保障而應予以抵充或排除？對此，本書以為我國立法者似無將民法第194條的非財產上的損害賠償（Schmerzensgeld）與勞保條例及其他社會保險死亡給付或勞基法的死亡補償，加以結合起來的考量。雖然如此，假設職災勞工本身依據勞保條例或勞基法請求職災補償，其慰撫金請求權即被排除（因為無過失責任主義），則基於同樣的法理，似乎即應肯定排除民法第194條的精神慰撫金請求權[116]。

(二) 民法第195條

　　如同民法第194條一樣，第195條第1項並非獨立的請求權基礎，而是必須具備侵權行為的要件。換句話說，第195條必須與第184條第1項結合運用。

　　例如勞工因職業傷害，造成其手術住院治療，術後需以脊椎骨架保護休養六個月，並以拐杖或助行器行走，日後可能永久性地難以恢復從事其傷前之主要工作（電纜鋪設、卡車駕駛），而僅能從事較為輕便工作，衡諸社會一般觀念，其精神上受有相當之痛苦，自得請求上訴人賠償精神慰撫金。法院審酌其所受上開傷害非輕，惟其本身亦與有過失，再考量雇主與勞工所受教育程度，公司資本額及每年營業額，勞工係國中畢業，為原住民，名下並無任何財產，雇主名下則有股利憑單，利息所得共60萬4,630元，綜合兩造之學、經歷、社會地位、資力及被上訴人所受之傷害程度與精神上痛苦等一切情況，法院認勞工請求賠償80萬元之精神慰撫

---

[115] 最高法院100年度台上字第992號判決、100年度台上字第2219號判決參照。

[116] 類似的例子：德國的german wings在2015年5月於法國墜機，由於死亡乘客的家屬已取得社會保險的給付（乘客當然可以再加保意外險或死亡險），故依照德國法律，家屬將難以再向german wings主張精神慰撫金，或者即使可以，金額也很少（selten und wenig）。

金，核屬適當，應予准許[117]。

第二款　債務不履行

第一目　保護照顧義務（民法第483條之1）及積極侵害債權的適用

　　台灣有關雇主對於勞工生命、身體、健康之保護義務，首見於民法第483條之1及第487條之1之規定[118]。其係導出於雇主的附隨義務（照扶義務），相當程度地彌補了台灣制定法以往所欠缺如德國民法第618條雇主對勞工之生命與健康負保護義務之規定的漏洞。雖然第487條之1並非全然採取無過失責任主義（但民法學者認為受僱人之請求損害賠償，固以損害之發生，非可歸責於自己之事由所致者為限，惟對僱用人而言，此項損害賠償責任，則為無過失責任，不問僱用人有無過失，對於受僱人因服勞務所遭受之損害，均應負損害賠償責任[119]），但其對於未被勞保條例或勞動基準法納入的勞工，仍然具有一定程度的保護意義[120]。

　　以下，進一步加以說明之：

一、民法第227條之不完全給付

　　民國88年4月21日修正，89年5月5日施行之民法第227條，係不完全

---

[117] 台灣高等法院106年度勞上字第98號民事判決參照。

[118] 該等條文係於1999年4月21日始修正通過，並且自2000年5月5日起施行，其適用的時間尚不長，故其在實務上所能發揮之作用尚待觀察。

[119] 劉春堂，民法債編各論（中），2011年11月，初版第四刷，頁15。須注意者，民法第546條第3項也有相同的規定方式，「受任人處理委任事務，因非可歸責於自己之事由，致受損害者，得向委任人請求損害賠償。」民法學者也認為該條項係無過失責任的規定。劉春堂，民法債編各論（中），2011年11月，初版第四刷，頁181；鄭玉波，民法債編各論（下冊），1980年1月，五版，頁446；史尚寬，債編各論，1981年7月版，頁382。

[120] 惟民法第483條之1僅適用於受僱人之生命、身體、健康，並不及於受僱人財物上的損害。受僱人對於因執行職務所受的財物上損害，除了得以僱用人違反民法第482條照顧扶助義務外，並得依侵權行為請求回復原狀或金錢賠償（民法第213條以下）。假設其財物受有毀損請求賠償減少之價額（民法第196條）外，並且應可類推適用民法第546條第3項規定，向僱用人求償。相關說明，請參閱楊通軒，個別勞工法—理論與實務，2017年9月，五版一刷，頁361以下。

給付〔積極侵害債權（positive Forderungsverletzung）〕之實定法上之依據。依之，關於不完全給付之構成要件及法律效果，得類推適用給付不能及給付遲延之規定。此種立法方式，與德國舊民法時代無積極侵害債權之明文規定不同[121]。惟德國2002年1月1日修正施行的民法第280條第1項已經納入積極侵害債權的規定[122]。不完全給付得適用於所有債之關係，不問係法定的或約定的，故勞動關係亦在適用之列。尤其是積極侵害債權之類型，特別強調違反附隨義務，而附隨義務卻是勞動關係倫理色彩的表現，故積極侵害債權於勞動關係中之運用，甚為重要。

　　如以雇主而言，其積極侵害債權之發生，主要是起因於違反附隨義務（照扶義務）時[123]。對此，勞工得對之訴請履行。雇主之附隨義務中，提供勞工安全設備以免發生職業災害，除原先已於勞保條例及勞動基準法採無過失責任主義外，目前已被明定於民法第483條之1及第487條之1之中。蓋依據民法第483條之1規定：「受僱人服勞務，其生命、身體、健康有受危害之虞者，僱用人應按其情形為必要之預防。」雇主乃負有一「高度的保護義務」。一旦雇主違反保護義務時，勞工似乎即得行使給付拒絕權[124]。由於民法僱傭契約適用對象，並不限於適用勞基法的勞工，故所有的受僱人均得主張勞務拒絕權。只是，（舊）勞安法第10條第1項並未明定此一權利，而是在新修正的職安法第18條第2項中，始明定：「勞工執行職務發現有立即發生危險之虞時，得在不危及其他工作者安全情形

---

[121] 有關德國積極侵害債權之論著，請參閱Emmerich, Das Recht der Leistungsstörungen, 4. Aufl., 1997, 222 ff.

[122] 林易典，月旦法學雜誌，2002年6月，第85期，頁228以下。另參閱Zöllner and Loritz, Hergenröder, Arbeitsrecht, 6. Aufl. 215, 220 f., 446 f.

[123] 除了保護義務外，雇主所負之附隨義務還包括：促進義務（尤其是僱用義務。另外有給予服務證明書等）、平等待遇義務、保障休假義務等。

[124] 林誠二，論勞工服勞務受害之賠償請求權，台灣本土法學雜誌，第15期，2000年10月，頁126：此義務為雇主之附隨義務，而非勞工之服勞務之對待給付義務，理論上無民法第264條同時履行抗辯權之適用，但為保障勞工之安全，本文以為此二債務實質上有牽連性，應類推適用同時履行抗辯權之規定，使勞工於雇主善盡其保護義務之前，得拒絕服勞務。

下，自行停止作業及退避至安全場所，並立即向直屬主管報告。」理論上，勞工既是有權拒絕提供勞務，則在不可歸責於勞工事由的未工作期間，其並不會喪失工資請求權。只是，對此，原來勞安法第10條並未加以規定[125]。但在職安法第18條第3項中已經予以明定。另外，職安法第36條第1項的「勞工於停工期間應由雇主照給工資」，則是針對被檢查機關（構）檢查不合格，因疑慮發生職業災害而予以停工，致使勞工連帶受到波及，故保障其工資請求權而言。

而在損害賠償上，依據民法第227條之1規定：「債務人因債務不履行，致債權人之人格權受侵害者，準用民法第一百九十二條至第一百九十五條及第一百九十七條之規定，負損害賠償責。」經由此一規定，本來勞工按照民法侵權行為規定，可以獲得較廣範圍的損害賠償請求，乃得以拉平。如此一來，加上原本舉證責任及消滅時效方面的優點，勞工依據債務不履行求償，似乎要比依據侵權行為求償較為有利[126]。

二、民法第487條之1之「無過失賠償義務」？

依據民法第487條之1規定：「受僱人服勞務，因非可歸責於自己之事由，致受損害者，得向僱用人請求賠償。前項損害之發生，如別有負責任之人時，僱用人對於該應負責者，有求償權。」對此，學者間有認為「因非可歸責於自己之事由」時，受僱人始得求償，顯然過於嚴苛。應於

---

[125] 同樣地，勞動檢查法（以下簡稱勞檢法）第27、28條的規定，也幾乎與勞安法第10條的用語完全相同。就此觀之，台灣高等法院95年度上國字第5號判決引用勞檢法第26、27條規定謂：雇主除不得使勞工在該場所工作，「並應於停工期間照給勞工薪資」。其當時見解似乎與當時法條的規定不合。

[126] 有關這方面的說明，可以參閱王澤鑑，契約責任與侵權責任之競合，收錄於：民法學說與判例研究，第一冊，1980年6月，五版，頁404以下；孫森焱，民法債編總論（上冊），2012年2月，修訂版，頁192。另外，原本針對侵權行為過失責任主義發展而來的無過失責任主義，也被立法適用於債務不履行的歸責事由上，例如民法第487條之1第1項及第546條第3項規定。這顯示出重大原則在兩者間共用或互用的現象，或許這正如民法學者所言，「債務不履行本質上是侵權行為之一形態」，所得出的自然結果。只不過，在立法上，是否也應該修正侵權行為的損害賠償請求，準用債務不履行的舉證責任及消滅時效規定？讓兩者完全拉平？這樣做，在法理上通嗎？

「非全係可歸責於自己之事由」而受損害時，受僱人即得求償，只是應適用與有過失之規定而已[127]。上述論點，顯然較能衡量勞資雙方的權益，自然較為可採。

有問題者，民法第487條之1規定，是否課以雇主負「無過失賠償義務」？學者間有持肯定說者，其以為：受僱人所受之損害，縱係因天災等不可抗力之事由所造成，僱用人亦應負責；如非因天災等不可抗力之事由，而係另有加害人（此加害人可能係另一受僱人）者，僱用人亦須負責。惟基於造成損害者應負最後責任之法理，僱用人得向加害人求償[128]。

然而，多數學者似均認為民法第487條之1要求「受僱人必須無可歸責之事由」始得求償，因此，該條文並非全然採取無過失責任主義。受僱人如依該條起訴請求者，仍須證明造成損害之違法的事實存在。而僱用人如欲免除損害賠償責任，則須證明「受僱人具有可歸責之事由」始可，單純地證明自己並無故意、過失或損害的發生起因於其他的原因或損害的發生別有應負責之人時，均不足以使其免除責任[129]。

第二目　「雙重效力理論」（Doppelwirkung）

我國早在勞工保護法（尤其是（舊）勞安法及其相關子法、勞基法等）及勞保條例的職業災害給付制定施行之前，對於工廠法第7條第7款、第11條、第12條、第42條至第44條及第45條、第46條等規定，學者或者將

---

[127] 林誠二，論勞工服勞務受害之賠償請求權，台灣本土法學雜誌，第15期，2000年10月，頁125。

[128] 林誠二，論勞工服勞務受害之賠償請求權，台灣本土法學雜誌，第15期，2000年10月，頁125；劉春堂，民法債編各論（中），2011年11月，初版第四刷，頁15。

[129] 由此觀之，民法第487條之1的規定，與德國民法第618條之採取受僱人負「釋明義務」之立法例，尚有不同。蓋德國民法第618條係為了減輕受僱人的舉證責任而為，僱用人如能舉證自己並無故意、過失或損害的發生起因於其他的原因者，即可免責。有關德國民法第618條「釋明義務」之說明，請參閱MünchArbR, Blomeyer, § 96, Rn. 34; MünchKomm, Lorenz, a.a.O., Rn. 74; Schaub, Arbeitsrecht-Handbuch, 12. Aufl., 2007, S. 1087 Rn. 41.

之解釋為無過失責任的規定，或者將之解釋為推定過失責任的規定（即民法第184條第2項的「保護他人之法律」）[130]。並有認為保護勞工之立法，亦具有私法上之效果。勞工保護立法之規定得形成勞動契約之內容，成為最低之勞動條件。依本書的看法，這種主張其實就隱含雙重效力理論的內涵。此一理論的產生，在德國可以遠溯至1920年代[131]，甚至更早[132]。

　　其後，立法者為了具體化民法第483條之1之雇主的照扶義務，所制定之公法上的勞工保護及防止意外之法規，原則上構成了雇主所必須嚴格遵守之不可更易的契約上的義務（unabdingbare Vertragspflichten）。通說均認為該等公法上的勞工保護及防止意外之法規，具有雙重的性格〔雙重性格原則（Grundsatz der Doppelnatur）〕或雙重的效力〔雙重效力原則（Grundsatz der Doppelwirkung）〕。亦即一方面雇主被課以遵循該等公法規定之義務，一旦違反即會受到一定的處罰（含行政罰及刑事罰）（公法上的效力）；另一方面，該等規定亦當然地成為勞動契約之內容，雇主應依之盡到照顧保護之義務，勞工並且可依之要求雇主確實履行（私法上的效力）。藉由此種雙重性格，雇主在遵照公法的勞工保護及防止意外法規時，也同時盡到其對於勞工的私法義務，不至於出現兩者不一致的現

---

[130] 黃茂榮，非財產上損害及減少勞動力之算定，收錄於：民事法判解評釋（Ⅰ），1978年9月，初版，頁296以下；採取推定過失責任說。

[131] Nipperdey, Die privatrechtliche Bedeutung des Arbeitsschutzrechts, in: Die RG-Praxis im deutschen Rechtsleben, Bd. 4, 1929, 230. 引自王澤鑑，雇主未為受雇人辦理加入勞工保險之民事責任，收錄於：民法學說與判例研究第二冊，1981年8月，三版，頁250。

[132] 其實，早在1911年，德國法律學者Theodor Kipp所著Über Doppelwirkung im Recht一文中，即已提出法律上雙重效果的理論，雖然其主要係針對私法上的法律效果而為（尤其是「無效法律行為之撤銷」），但是否對於勞工保護法的具有私法效力的發展，有所影響，由於時間上的相近，實在難以祛除本文作者如此的聯想，不過這有待於學者的進一步了解與研究。相關介紹，請參閱王澤鑑，法學上的發現，收錄於：民法學說與判例研究第四冊，1982年4月，四版，頁13以下。Kipp, Über Doppelwirkung im Recht, insbesondere über die Konkurrenz von Nichtigkeit und Anfechtbarkeit: Festschrift Maritiz(1911), 211 ff.

象[133]。

　　然而，並非所有的公法上的勞工保護及防止意外之法規，均同時為勞工提供一私法上的請求權，而是該等法規「適合於建構一勞動契約的義務之標的」始可。至於所謂公法上的勞工保護及防止意外法規之內容「適合於建構一勞動契約的義務之標的」，係指該等法規的目的在於直接提供個別勞工的保護，亦即勞資雙方可以自由地約定給予勞工一「履行請求權」（Erfüllungsanspruch），始足以當之。換言之，公法上的規定如果僅有組織的或規範法上的（ordnungsrechtlich）功能、或者其係以全體的勞工為對象者，即未能自然的或經由雙方的約定而具有私法上的效力[134]。因此，勞工是否具有履行請求權，必須將所涉及的公法的規定，在民法第483條之1的規範目的下，逐案地加以審查；惟設如經過個案審查而仍具有疑義時，原則上即視其具有私法上的效力，勞工可以依之要求雇主履行之[135]。

第三款　職業災害賠償之困境

　　如上所述，勞工對於雇主本可主張侵權行為（民法第184條第1、2項；職災勞工保護法第7條）或債務不履行之損害賠償請求權[136]，但台灣學者大多以侵權行為作為請求權討論之對象。實則雇主之行為已構成侵權責任與契約責任之競合。兩者在成立要件、舉證責任、賠償範圍、抵銷及

---

[133] 林更盛，承攬關係中職業災害案例評釋，法學叢刊，第174期，1999年4月，頁169以下；MünchArbR/Blomeyer, § 96, Rn. 6.

[134] 同理，同樣是規定在道路交通管理處罰條例中之禁止行為，如是要求汽車駕駛人在特定地點減速慢行，否則處以一定罰鍰者（第44條）。其立法目的是在保護參與交通者之安全，應屬「保護他人之法律」。反之，如是禁止慢車駕駛人裝載有惡臭氣味貨物，而不為適當之裝置者（第76條），其目的應係在維護環境的整潔，故非屬「保護他人之法律」。

[135] 林更盛，承攬關係中職災補償責任－最高法院90年度台上字第948號判決評釋，台灣本土法學雜誌，第34期，2002年5月，頁73；MünchKomm, Lorenz, a.a.O., Rn. 7, 21.

[136] 葉俊榮，勞工職業災害賠（補）償制度的檢討與改進：行政管制與損害賠償的聯結，社會科學論叢，第39期，1991年5月，頁20；林永頌，勞工法規研討會，1997年4月，頁17-9、17-10。

時效等方面，均有不同。就身體或健康受到侵害而言，法律賦予侵權行為之損害賠償範圍較為廣泛，主張侵權行為自然較為有利；但就舉證責任、抵銷及消滅時效而言，主張債務不履行則較為有利。因此，對職業災害之勞工而言，侵權責任或契約責任何者對其較為有利，必須依具體個案而定之[137]。難謂主張侵權責任絕對較主張契約責任有利。

　　在實體法上，勞工主張民法上之損害賠償請求權時，雇主可依民法第217條主張勞工與有過失（Mitverschulden, Contributory negligence）而減免其責任[138]。依第217條第1項規定，損害之發生或擴大，被害人與有過失者，法院得減輕賠償金額或免除之。該條第2項規定，重大之損害原因，為債務人所不及知，而被害人不預促其注意或怠於避免或減少損害者，為與有過失。按損害之發生或擴大，被害人既與有過失，基於自己之過失，自己負責之法理，以及任何人皆不得將基於自己過失所生之損害轉嫁於他人之公平原則，於其向加害人請求損害賠償時，由法院斟酌雙方原因力之強弱及過失之輕重，以定責任之有無及其範圍，深合事理及誠信原則，具有普遍妥當性，現代各國莫不採納之[139]。此項原則，原則上對一切損害賠償之債，不論其所由發生之法律關係為何，皆可適用[140]。因此當勞工對雇主主張損害賠償時，雇主當得對之主張過失相抵[141]。在此，

---

[137] 王澤鑑，契約責任與侵權責任之競合，收錄於：民法學說與判例研究第一冊，頁399以下。

[138] 台灣高等法院105年度勞上字第59號民事判決：勞工罹患疾病本身，及因此致死之風險比例，實不能逕認為其有過失。雇主必須舉證證明勞工對其本身之健康管理及疾病預防有何疏誤，始能認其與有過失。

[139] 參照最高法院54年台上字第2433號判例；鄭玉波，論民法上之過失相抵與海商法上之共同過失，收錄於民法實用─債之通則，頁306以下；孫森焱，民法債編總論，頁329；李忠雄，民法上過失相抵之研究，法令月刊，第46卷第12期，1995年12月，頁16以下。

[140] 史尚寬，債法總論，頁292以下；王澤鑑，第三人與有過失與損害賠償之減免，收錄於：民法學說與判例研究第一冊，頁63以下。

[141] 魏朝光，我國職業災害補償法制及其適用，東海大學法學研究，第8期，1994年9月，頁316：稱之為「損益相抵」。但是，損益相抵與過失相抵並不相同，不得混用，吾人

即使職災勞工依據職災勞工保護法第7條規定請求賠償，因其係過失推定，雇主仍可主張過失相抵。

　　然而，在法院實務上，或有對於與有過失採取較嚴格的審查者。以台灣高等法院105年度重勞上更（一）字第3號民事判決（中華工程公司案）為例，雇主即使有提供安全索，但在其每日所做之勞工安全衛生勤前教育及例行巡邏檢查中，並未要求勞工（擔任清潔人員）於電梯平台上進行清潔工作時需配戴安全索（帶），則被上訴人主觀上認定在電梯井平台上進行清潔作業時無墜落之危險，亦無配戴安全索（帶）之需要，並無違反雙方切結書的約定，難認有何過失。此一見解並為其後的最高法院所採[142]。

　　在程序法上，勞工遭到職業災害而主張侵權行為或債務不履行之損害賠償時，如雇主不願給付，必須以訴訟為之（民事訴訟法第277條、勞資爭議處理法第58條規定參照），且在民國88年4月21日民法增訂第487條之1之前，勞工如非以「違反保護他人之法律」（民法第184條第2項），而是以一般侵權行為求償，則其必須舉證證明雇主有過失，因此在時間上往往拖延甚久，無法濟勞工之急需。雖然勞工之舉證責任隨著第487條之1之公布施行而不再存在，但勞工往往必須以訴訟途徑求償之情況並未隨之消滅。為此，世界各國乃以社會保險之方式，對於勞工給予勞災給付，而不問雇主是否有故意或過失。台灣則除上述兩種求償途徑外，在勞基法中另有職業災害補償之規定。並且在民國91年4月28日起開始實施職災勞工保護法，以彌補現行職業災害勞工保護制度之不足。惟吾人觀職災勞工保護法第7條規定，其係採過失推定責任主義，而非無過失責任主義。立法體例近於民法第184條第2項規定。

　　觀民法第216條之1的規定，「基於同一原因事實受有損害並受有利益者，其請求之賠償金額，應扣除所受之利益。」其適當的例子應是職業災害勞工無法前往工作，所節省之費用，包括交通費用及飲食費用等。所以，可知雇主提出與職災勞工相對抗者，係過失相抵，而非損益相抵。有關損益相抵之說明，請參閱孫森焱，民法債編總論，頁448以下。

[142] 最高法院107年度台上字第1910號民事裁定參照。

　　最後，為免職業災害勞工獲得賠償及補償的雙重得利現象，其依民法侵權行為或債務不履行、或依職災勞工保護法第7條所請求的損害賠償（包含財產上損害及非財產上損害），應與其依勞基法第59條請求的補償予以抵充（勞基法第60條參照）[143]。法院間也認為勞基法第60條「雇主依前條規定給付之補償金額，得抵充就同一事故所生損害之賠償金額」之立法精神，旨在避免勞工雙重得利，而可予抵充之勞工保險給付亦僅限於同性質者始有適用，俾符勞工保險之制度建置。是勞工保險條例所規定之傷病給付及失能給付，均係就勞工因傷不能工作之期間，為維持勞工之生活所為之給付（作者按：即所得替代），此與侵權行為法規定減少勞動能力之損害賠償，亦係就被害人因傷無法工作期間所為之賠償相當，均係針對同一損害事故所為之補償及給付，是勞工已依勞工保險條例受領傷病及殘廢給付，於同一性質及金額範圍內，即不得再依侵權行為法律關係請求賠償，或勞工已依侵權行為法律關係獲得賠償，於同一性質及金額範圍內，亦不能再依勞工保險條例受理傷病及殘廢給付[144]。

　　雖然如此，法院間也有採取部分抵充者。依之：民法侵權行為之損害賠償與勞基法第59條之補助，兩者之意義、性質與範圍均有所不同，但給付目的有部分重疊。就重疊部分可以抵充。[145]此一見解似有疑義。蓋無過失責任主義的目的是填補損害，重點在分配正義，而過失責任主義在回復原狀，目的在制裁加害人。一個是賠償，另一個是補償，目的如何重疊呢？可以說都有填補受災勞工損害之目的嗎？果如此，則不僅目的重疊，而是賠償與補的償額度也重疊。從填補損害制度的精神及根據「補充求償」主義的原意，應該是全部抵充。

　　與抵充略有關係，在實務上也曾發生問題者為：職業災害勞工在訴

---

[143] 台灣高等法院105年度重勞上更（一）字第3號民事判決（中華工程公司案）參照。

[144] 台灣高等法院105年度重勞上更（一）字第3號民事判決（中華工程公司案）參照。另請參照最高法院95年度台上字第2106號判決（力天鋼構企業社案）、最高法院96年度台上字第90號判決（宏福製革廠案）。

[145] 最高法院96年度台上字第1227號判決（峪豐營造案）參照。

訟外或訴訟中與雇主達成調解或和解,則之後得否再行請求損害賠償或補償?對此,法院實務上採肯定說者及否定說者均有。例如經勞資爭議調解程序成立,雇主並且已給付慰撫金。嗣後勞工再起訴請求侵權行為損害賠償。法院有認為調解之事項為醫療費用、原領工資之不足差額及殘廢補償之差額等屬於勞基法第59條規定之事項,並不包括慰撫金及勞動能力之減損[146]。另外,職業災害勞工雖另案已與雇主和解確定,並且拋棄其餘請求,但其後卻再訴請賠償或補償,法院亦有認為其主張有理者[147]。不過,法院也有認為簽訂和解契約後,不得再請求損害賠償及職災補償[148]。

　　吾人觀上述肯定說與否定說之差異,主要還是調解或和解的內容,是否已將民法損害賠償(含財產上損害及非財產上損害),以及勞基法第59條第2款至第4款之補償全部包括在內。此完全以調解書或和解書記載之內容為準。如果雙方只針對部分項目達成調解或和解,即使職業災害勞工表明拋棄其他請求,法院仍然採取割裂處理方式,而肯定勞工嗣後的請求。在此,基於抵充理論,如果職業災害勞工所請求之損害賠償,已經將民法上的各種財產上損害及非財產上損害包括在內,或者其所請求之職業災害補償已將勞基法第59條第2款至第4款之各個項目含蓋在內,則解釋上即無可能之後再行請求勞基法的職業災害補償或民法損害賠償的餘地。

第二項　職業災害之補償

　　職業災害補償包括勞保條例之職業災害給付及勞基法上之職業災害補償兩部分。兩者均採無過失責任主義,且均將損害額予以定型化,但一者為社會保險,另一者為雇主自己責任。依據勞基法第59條規定,兩者為抵充關係。

---

[146] 最高法院96年度台上字第90號判決(宏福製革廠案)參照。
[147] 最高法院96年度台上字第1247號判決(義大製罐案)參照。
[148] 台灣高等法院105年度勞上字第59號民事判決參照。

第一款　勞保職業災害補償

　　有關職業災害的補償，勞保條例之規定較勞基法之規定為早。此與先進國家由雇主個人責任，發展成社會保險責任不同。根據憲法第15條規定「人民之生存權、工作權……應予保障」、第155條規定「國家為謀社會福利，應實施社會保險制度。人民之老弱殘廢，無力生活，及受非常災害者，國家應予以適當之扶助與救濟」。可知社會安全制度為我國憲法的基本國策，國家於財政能力足以負擔時，即有義務立法推行之。而台灣在民國39年實施「台灣省勞工保險辦法」及自47年公布、49年實施之「勞工保險條例」，即為社會安全制度之具體表現。其目的即在於經由社會法的給付去除實際的或可能的危險狀態，以及給勞工從心理上建立其安全感。自斯時起，職業災害保險即與普通事故保險形成兩個個自獨立的保險類別（勞保條例第2條參照）。彰顯出，職業災害保險是社會安全制度之一環。

　　職業災害保險為社會保險的一個支幹，經由此職災保險與失能保險、老年年金保險的聯合，始能對於在社會上具有從屬性之勞工及其家屬，於遭到命運的打擊而經濟上命臨毀滅時，給予充分地保護[149]。這也是將職業災害補償予以社會保險化之理由。台灣的勞保條例即是順應時代潮流及社會需要所採取之「保險型」（Insurance Model）勞災補償[150]。因此不問雇主對於職災之發生是否有過失，勞工均有補償請求權[151]。依據勞保條

---

[149] Söllner, Grundriß des Arbeitsrechts, 11 Aufl., 1994, 51 ff.; Zöllner and Loritz, Hergenröder, a.a.O., S. 17 ff.

[150] 在此，黃茂榮認為勞保條例中的傷殘給付與死亡給付「實有責任保險之性質」，保險人於給付後，並不享有保險法第53條之代位權。其見解是否正確？並非無疑。最起碼在職業災害補償後，為避免職業災害勞工的雙重獲利（double recovery），似應賦予保險人代位求償權。相關討論，黃茂榮，非財產上損害及減少勞動力之算定，頁299；黃茂榮，投保責任保險不排除侵權責任，收錄於：民事法判解評釋（I），1978年9月，初版，頁314；王澤鑑，勞災補償與侵權行為損害賠償，收錄於：民法學說與判例研究第三冊，1981年3月，初版，頁254，263，272以下。

[151] Brox and Rüthers, Henssler, Arbeitsrecht, 16. Aufl, 2004, Rn. 369。值得注意的是，最高法院95年度台上字第854號判決認為：「職業災害補償，基本上亦為損害賠償之一種，

例第15條第1款規定，職業災害保險費全部由投保單位（企業體）負擔，受僱勞工無需繳納保險費。政府也不作補助。雇主所應負擔保險費之高低，除依勞工薪資之高低外，並且按照事業單位之實績費率與經驗費率而定[152]。所以，職災保險固然具有社會保險之功能，但職業災害之責任本質上仍屬全體雇主之責任，而未由全體社會大眾來負擔。故其職業災害保險係一「企業集體責任」，而非「社會集體責任」。這一點，與德國職業災害保險法制並無不同[153]。

　　我國勞工保險採取綜合保險制度，保險分類為普通事故保險及職業災害保險。前者分生育、傷病、失能、老年及死亡五種給付。後者分傷病、醫療、失能及死亡四種給付。有關職業災害的規定，分散在勞保條例的各章節及各條文中，另外，勞工保險被保險人因執行職務而致傷病審查準則、勞工保險職業病種類表、增列職業病種類項目等也將職業傷害與職業病具體化、類型化。至於職業災害勞工醫療期間退保繼續參加勞工保險辦

雇主之職業災害補償責任，乃係基於勞動基準法第59條之特別規定，依此規定，對於雇主雖採無過失責任主義，即雇主不得以自己無過失為由拒絕賠償。惟損害賠償之法則，我國規定於民法第213條至第218條，其中第217條規定之過失相抵，係為促使被害人注意履行其應盡之義務，以避免或減少損害之發生，職業災害補償既為損害賠償之一種，自仍有民法第217條之適用。」其實，最高法院在87年度台上字第233號判決中，即已持如此的看法。至於學者間持同樣見解者，林誠二，論勞工服勞務受害之賠償請求權，台灣本土法學雜誌，第15期，2000年10月，頁131。之前，鄭玉波亦謂：「損害賠償責任之成立，固以賠償義務人之具有過失為原則，但賠償義務人依法應負無過失責任者亦有之，斯時仍有過失相抵規定之適用。吾人切不可拘泥於過失相抵之字樣，遽認為非被害人與加害人雙方均有過失，則不得適用此之規定。」也就是說，無過失責任與過失相抵是兩回事，並非不能於個案中同時存在。鄭玉波，民法實用──債之通則，1980年10月，六版，頁308以下。

[152] 發生職災次數多或較嚴重，則保費較高；反之，則較低。

[153] 王惠玲，職業災害爭議與補償，勞工法規研討會，行政院勞工委員會，1997年，頁9-9謂：將職業災害視為社會危險而轉嫁給社會整體，則淡化了災害來源之企業之可非難性，易使企業主忽視其職業災害預防義務，因此在制度設計上，大多數國家規定由企業主負擔全額的保費，採取「企業集體責任」，而非「社會集體責任」，我國勞工保險條例亦採之。

法、勞工保險職業災害保險實績費率實施辦法、勞工保險職業災害保險適用行業別及費率表、勞工保險被保險人退保後罹患職業病者請領職業災害保險失能給付辦法、勞工保險預防職業病健康檢查辦法等，也都是按照勞保條例授權所制定，影響職災勞工的權益至鉅。

　　勞保條例中直接明定與職業災害有關者有：第2條第2款、第13條第3項（職業災害保險費率，分為行業別災害費率及上、下班災害費率）與第4項（實績費率）、第15條第1款後段與第2、3、4款、第19條第5項、第20條、第20條之1、第34條（職業傷害補償費或職業病補償費）、第36條、第54條、第64條等。

第一目　職業災害保險（實施）原則

一、無過失補償原則

　　職業災害保險法制之建立，目的在落實社會政策，藉由強制保險的要求，以之克服勞工以民法侵權行為或債務不履行請求損害賠償所遭遇的困難[154]，一俟有勞動災害發生，不問加害人（雇主、同事、事業單位外之第三人）有無故意過失，勞工保險機關立即予以給付，以保障勞工得以享有合乎人類尊嚴之生活。原則上，即使被保人本身具有故意或過失，亦不影響其職業災害補償請求權。

　　例外地，為避免高度的道德風險或鼓勵犯罪，針對被保險人及其近親，勞保條例設有排除或限制給付的規定。亦即，依據第23條規定：「被保險人或其受益人或其他利害關係人，為領取保險給付，故意造成保險事

---

[154] 王澤鑑謂：「勞工執行職務遭受意外災害，不合侵權行為要件者，固無請求權，惟縱具備侵權行為要件，主張權利實際上亦有困難，其理由有二：1.侵權行為法係採過失責任主義，被害人證明加害人（尤其是雇主）之過失，殊非易事；2.勞工靠出賣勞力謀生，欠缺提起訴訟之時間、精神及能力。」王澤鑑，勞災補償與侵權行為損害賠償，收錄於：民法學說與判例研究第三冊，1981年3月，初版，頁261。
　林永頌，勞工法規研討會，1997年4月，臚列了職業災害補償之相關缺失，計有：職業災害發生前後之勞動檢查未落實、勞保條例未能確實保障所有勞動者之權益、勞基法職業災害補償採雇主個人責任之不切實際、以及勞災訴訟之各種瑕疵，從實體法及程序法分別加以說明，可謂相當完整。由此觀之，即使社會保險之勞保條例，仍然有諸多缺陷，亟待予以修正。

故者，保險人除給予喪葬津貼外，不負發給其他保險給付之責任。」這表示：如果並非「為領取保險給付」，即使故意造成保險事故，例如故意自殺或自殘，仍得領取保險給付。另外，依據第26條規定「……因被保險人或其父母、子女、配偶故意犯罪行為，以致發生保險事故者，概不給予保險給付」，此一條文係基於避免鼓勵犯罪而為。例如被保險人執行職務中故意攻擊第三人，以致於本人也受到傷亡的結果。

二、預防及重建優先於補償原則

　　勞工保險條例規範的重點係在保險給付，此可從其第2條及第四章詳細地規定各種種類給付知之。其在給予勞工一合乎人性尊嚴的基本生活保障。屬於傳統社會保險的任務與功能。

　　不過，隨著現代科技的發展，勞工面臨職業災害的可能性也日益增加，喪失或減少勞動力以致無法維持本身及家庭生活的風險也隨著升高。因此，現代化的職業災害保險法制，對於職災勞工的保護與救濟，除了給予職業災害補償外，更在於避免職業災害的發生（預防）及加以職災勞工原有勞動力重建／再生與生活重建，形成預防、補償、重建三位一體、彼此互補、環環相扣的保護網。其間之關係為：預防先於補償、重建先於補償，即補償之殿後性。如此，始能確實達到減免職業災害發生及促使職災勞工重新回到職場的目的。而對於醫療復健後無法經由職業重建回到職場者，即應啟動補償程序，以確保其基本生活無虞。

　　目前有關職業災害之預防，主要是規定在職業安全衛生法及其附屬法規[155]。舉凡安全衛生設備及措施之設置、安全衛生教育訓練之實施，均在於預防職業災害的發生。其次，依據勞保條例第39條之1：「為維護被保險人健康，保險人應訂定辦法，辦理職業病預防。前項辦法，應報請中央主管機關核定之。」中央勞政機關並且發布「勞工保險預防職業病健康檢查辦法」，以經由職業病健康檢查途徑達到預防的功能。再者，依據職災勞工保護法第10條「為加強職業災害預防及職業災害勞工之重建，事

---

[155] 職業安全衛生法第1條規定，為防止職業災害，保障工作者安全及健康，特制定本法；其他法律有特別規定者，從其規定。

業單位、職業訓練機構及相關團體辦理下列事項，得向勞工保險局申請補助：……」。亦即經由勞工保險局補助辦理「一、職業災害之研究。二、職業疾病之防治。……四、安全衛生設施之改善與管理制度之建立及機械本質安全化制度之推動。五、勞工安全衛生之教育訓練及宣導。……。」以達到預防的目的。至於預防的經費，是由中央主管機關自勞工保險基金職業災害保險收支結餘提撥專款來用（職災勞工保護法第3條第1項參照）。

　　至於在重建部分，依據職災勞工保護法第10條「為加強職業災害預防及職業災害勞工之重建，事業單位、職業訓練機構及相關團體辦理下列事項，得向勞工保險局申請補助：……」。亦即經由勞工保險局補助辦理「六、職業災害勞工之職業重建」，以落實重建的目標。重建重在經由各種設施與措施，以實地操作的方式，逐步地回復原有的專業能力，促使其從事原有工作。惟其必須有充裕的人力與設備，且可能需要長時間的重建過程，端非短期的勞工保險局的補助即可見其成效。因此，重建需要一制度化與制式化的施行過程，以及推動重建的機構。職災勞工保護法第10條將重建讓由「事業單位、職業訓練機構及相關團體」推動，其是否確實擁有此一重建的能力（與決心）？不禁令人懷疑[156]。再者，職災勞工保護法第10條雖規定由勞工保險局補助重建費用，惟該法並未明定重建經費的來源（此與預防經費明定在第3條不同）[157]。此或將影響重建的制度性功效。依本書所見，雇主基於照扶義務，本應盡力於促成職災勞工經由重建回復原有工作能力，故似應課雇主（至少部分）負擔重建的相關費用。

　　無論如何，上述重建的思想，法院在針對勞基法之職業災害補償時，也予以肯定。例如最高法院95年度台上字第2542號判決（貴成公司案）則認為：按勞基法第59條之補償規定，係為保障勞工，加強勞、雇關係、促

---

[156] 中央勞政機關或勞動部勞工保險局是否有此種經由重建，職災勞工回到原有工作位置的統計報告？

[157] 因此，較有可能的是，由中央勞政機關編列公務預算支應。果如此，這將使重建變成國家責任矣。

進社會經濟發展之特別規定，性質上非屬損害賠償。且按職災補償乃對受到「與工作有關傷害」之受僱人，提供及時有效之薪資利益、醫療照顧及勞動力重建措施之制度，使受僱人及受其扶養之家屬不致陷入貧困之境，造成社會問題，其宗旨非在對違反義務、具有故意過失之雇主加以制裁或課以責任，而係維護勞動者及其家屬之生存權，並保存或重建個人及社會之勞動力，是以職業災害補償制度之特質係採無過失責任主義，凡雇主對於業務上災害之發生，不問其主觀上有無故意過失，皆應負補償之責任。

見解相同者，台灣高等法院105年度勞上字第59號民事判決謂：「按勞基法第59條之補償規定，係為保障勞工及其家屬之生存權，並保存或重建個人及社會勞動力、加強勞、雇關係，促進社會經濟發展之特別規定，性質上非屬損害賠償。」只是，其將補償解釋為「重建個人及社會勞動力」，似乎非原始意義的重建概念，而是屬於廣義的重建（含生活重建、社會生活重建），也近似於職業教育訓練的其他工作能力[158]。嚴格而言，補償本就不是重建，重建難謂為補償的一部分。

吾人觀職災勞工保護法第18條規定「……；對於缺乏技能者，得輔導其參加職業訓練，協助其迅速重返就業場所」，是在經由職業訓練學習新的工作技能，與職災勞工的職業重建尚有不同。同樣與重建無關者，係職災勞工保護法第27條：「職業災害勞工經醫療終止後，雇主應按其健康狀況及能力，安置適當之工作，並提供其從事工作必要之輔助設施。」在此，雇主有一按照勞工醫療終止後健康狀況及能力，調動至適當工作位置的義務（不包括調動工作地點）。雇主違反此一規定者，「主管機關應通知限期改善，並處新台幣5萬元以上30萬元以下罰鍰。經限期改善或繼續限期改善，而未如期改善者，得按次分別處罰，至改善為止」（第33條參照）。惟對於此一調動，根據同法第24條第3、4款：「三、雇主未依第二十七條規定辦理。四、對雇主依第二十七條規定安置之工作未能達成協議。」勞工得對於是否「適當」提出異議，而拒絕雇主的調動。

---

[158] 除非作為補償之用的職災保險基金有一部分提撥為重建之用，尤其是做職業訓練之用，否則，法院的見解似不值採。

　　只不過，上述職災勞工保護法第27條的調職規定，似乎少見於法院實務。如法院有認為「勞工遭遇職業災害後，在復健期間或醫療終止復職時，如無法勝任勞動契約原所約定之工作，參照勞基法施行細則第7條規定及104年12月16日增訂勞基法第10條之1規定之法理，雇主如欲調動勞工從事其他工作，應與勞工協商，並於不違反勞動契約約定之情形下，依照調動五原則……」[159]。另外，也有法院認為：「然勞動契約倘無限於擔任某特定種類工作之約定，依其工作性質亦非屬因具備特殊技能而僱用者，參照勞基法第10條之1第3款規定意旨，雇主在不違反勞動契約之約定情形，本得在勞工體能及技術可勝任範圍內，調動勞工之工作。故此類型勞工因遭受職災傷害而不能工作，倘經治療恢復至具備從事雇主所提供之其他適宜工作之工作能力，已可返回職場貢獻其部分生產力，就市場經濟效率之觀點，不可能任令其浪費生產力，應認『不能工作之醫療期間』之限制已經解除，而不以經治療恢復至足以勝任原來工作之能力為必要。」[160]本書以為為何不引用職保法第27條之特別規定，以強調雇主負有調動之義務？

　　雖然如此，針對職災勞工醫療期間的調職，法院認為：「基於誠信原則及權利義務相對原則，勞基法第13條前段所稱同法第59條規定之醫療期間，應係指勞工因職業災害接受醫療，而不能從事原勞動契約所約定之工作，抑或勞工未能從事原約定工作，且未經雇主合法調動勞工從事其他適當工作之期間而言，俾符合保障勞工權益，加強勞雇關係，促進社會與經濟發展之立法宗旨。是以勞工於職業災害醫療期間，如已堪任原有工作，或經雇主合法調整其工作，而其工作已無礙於職業災害之醫療者，勞工基於勞動契約關係，仍有服從雇主指示提供勞務之義務，如其有無正當理由繼續曠工三日，或一個月內曠工達六日之情形，雖於職業災害醫療期間，雇主仍得依勞基法第12條第1項第6款之規定終止其勞動契約，此乃因職業災害醫療期間內勞工所為之惡意行為，應不受勞基法第13條保護之

[159] 高雄高等行政法院106年度訴字第69號行政判決參照。
[160] 高雄高等行政法院106年度簡上字第23號行政判決參照。

故。」[161]

三、法定職業災害原則：勞工傷病審查準則的「視為」

　　職業災害包含職業傷害及職業病兩部分，前者係指勞工短時間內所遭致的職業意外，後者，勞工的促發疾病通常需要長時間的醞釀過程。前者，不問勞工從事危險性的工作或本質上非危險的工作，都可能發生意外。是否為職業傷害，端視是否具有相當因果關係而定。

　　後者，多年來已建構一「法定職業災害原則」，即依據勞保條例第34條第1項規定，中央勞政機關已制定勞工保險職業病種類表、增列職業病種類項目，將從事特定工作而致特定疾病者，予以明確化、具體化、類型化為職業病。如此，以免除相當因果關係或業務起因性認定的困難，並避免法律適用上的不一致。雖然如此，針對尚未納入職業病種類表及增列職業病種類項目中之疑似職業病者，包括疾病之促發或惡化，以及被保險人罹患精神疾病與作業／執行職務是否有相當因果關係，或者由勞工保險機關，或者由職業病鑑定委員會認定之。

　　另外，依據勞保條例第34條第2項規定，中央勞政機關已制定勞工保險被保險人因執行職務而致傷病審查準則，以作為認定職業傷害的依據。其中，除第3條第1項、第12條為職業傷害外，第4條至第17條均為「視為」職業傷害，其將執行職務的範圍適度放寬，不惟具有擴充職業傷害的類型化功能，也形成有如與「職業病種類表」兩相對立的「職業傷害種類表」的現象。

第三目　個別問題

一、職業災害與實績費率制

　　依據勞保條例第13條第3項規定「職業災害保險費率，分為行業別災害費率及上、下班災害費率二種，……」。第4項規定：「僱用員工達一定人數以上之投保單位，前項行業別災害費率採實績費率，按其前三年職業災害保險給付總額占應繳職業災害保險費總額之比率，由保險人依下列

---

[161] 高雄高等行政法院106年度訴字第69號行政判決參照。

規定，每年計算調整之：一、超過百分之八十者，每增加百分之十，加收其適用行業之職業災害保險費率之百分之五，並以加收至百分之四十為限。二、低於百分之七十者，每減少百分之十，減收其適用行業之職業災害保險費率之百分之五。」第5項規定，「前項實績費率實施之辦法，由中央主管機關定之。」此即職業災害的實績費率制。中央勞政機關並依第5項規定，制定「勞工保險職業災害保險實績費率實施辦法」，台灣並自1996年起開始實施「職業災害保險實績費率」。其目的係藉保險費的降低，以激勵雇主重視勞工安全衛生設備的改進及工作環境品質的提升，並且達到減少職業災害。目前，依據勞工保險職業災害保險實績費率實施辦法第3條第1項規定：「本條例第十三條第四項所稱僱用員工達一定人數以上之投保單位，指僱用被保險人數七十人以上者。」

　　因此，實績費率的實施，係在落實職業災害保險精神，促使企業體所繳之保險費與其企業體發生職災之次數或嚴重性掛鉤，亦即採取經驗費率，以免對於勞工安全衛生表現良好之廠商造成一種制裁。

二、申報主義與通勤災害

　　依據勞保條例第11條規定，符合第6條規定之勞工[162]，各投保單位應於其所屬勞工到職、入會、到訓之當日，列表通知保險人；其保險效力之開始，自應為通知之當日起算。勞保實務上，向來採取申報主義：自投保單位將加保申報表送交保險人或郵寄之當日零時起算勞保效力（勞工保險條例施行細則第14條第1項），而非以交付保費為生效要件，勞工保險也並無採取商業保險的核保程序。

　　有問題的是，如採取「將加保申報表送交保險人或郵寄」的申報方式，則對於按照勞動契約首日報到上班、而在通勤途中發生交通意外者，則並無勞工保險傷病審查準則第4條第1項之適用。因此，即使從勞保條例第11條之「到職、入會、到訓」或勞保條例施行細則第14條第1項「將

---

[162] 此處的勞工，包括試用期間勞工及工讀生。前者，請參照最高法院95年度台上字第2727號判決（新店客運案）、最高法院95年度台上字第1805號判決（華大林組案）；後者，請參照最高法院96年度台上字第90號判決（宏福製革廠案）。

加保申報表送交保險人或郵寄」規定，確實係採取申報主義，但中央勞政機關已解釋：「核釋勞工保險條例第11條規定，符合第6條規定之勞工，經事業單位通知前往辦理報到手續之應經途中發生事故而致傷害者，投保單位於當日列表通知保險人辦理加保，其保險效力之開始，自當日零時起算，該等勞工得依規定請領勞工保險職業災害保險給付。」[163]依此，係將勞工保險之生效與勞動契約之生效同時發生，惟仍須投保單位於當日列表通知保險人辦理加保為前提，而且，保險人在審查申請保險給付時，得要求提出勞動契約及報到單以為憑證。

三、老年人力資源與職業災害保險

　　勞工保險係以15歲以上65歲以下之工作年齡的勞工為對象（勞保條例第6條第1項參照）。首次參加勞保之勞工，如年逾65歲，則不得加保[164]。依據勞保條例第58條第6項，被保險人已領取老年給付者，不得再行參加勞工保險。蓋對於已領取老年給付者，顯示其已無工作意願，並以老年給付作為所得的替代（司法院大法官會議釋字第310號解釋參照）。

　　雖然如此，我國由於面臨少子化及老年化，並且為充分地利用老年人力資源，對於領取各種老年年金者，固不得參加就業保險。惟中央勞政機關函釋認為：「核釋勞工保險條例第58條第6項規定，已領取勞工保險老年給付再從事工作或於政府登記有案之職業訓練機構接受訓練者，投保單位得為其辦理僅參加職業災害保險。該等被保險人於保險有效期間發生保險事故者，得依勞工保險條例規定請領職業災害保險相關給付。請領職業災害保險失能給付或死亡給付者，不須扣除已領取勞工保險老年給付。至於年逾65歲已領取公教人員保險養老給付、軍人保險退伍給付、老年農民福利津貼或國民年金保險老年年金給付者，如再從事工作或於政府登記有案之職業訓練機構接受訓練，投保單位亦得為其辦理僅參加職業災害保險，並自中華民國104年1月1日生效。」[165]

---

[163] 行政院勞工委員會民國97年6月30日勞保3字第0970140259號令參照。
[164] 行政院勞工委員會民國102年1月16日勞保2字第1020140029號函參照。
[165] 勞動部民國103年11月19日勞動保3字第1030140437號令參照。

　　此一函示固然立意良善，然而，其難免違反勞保條例第6條第1項、第58條第6項規定的疑慮。蓋前者工作年齡之65歲上限，並不區分首次受僱者，或已領老年給付後再受僱從事工作者；後者，法條既已明定「被保險人已領取老年給付者，不得再行參加勞工保險」，即表示普通事故保險及職業災害保險均被排除。因此，立法者果然欲允許其加保職業災害保險，即應修正第58條第6項增列但書為宜。同樣有疑慮的是，依就業保險法第5條規定，年滿15以上65歲以下受僱勞工應參加就業保險。如此，函示放寬年逾65歲已領取年金者得參加職業訓練，即有逾越母法之疑。

四、職業災害失能給付不重複保障原則

　　勞工一旦遭遇職業災害，經過醫療之後，可能會面臨同時符合領取失能給付、老年給付及死亡給付的條件。基於保險給付的經濟原則、適當保障原則及不重複保障原則，勞保條例第65條之3規定：「被保險人或其受益人符合請領失能年金、老年年金或遺屬年金給付條件時，應擇一請領失能、老年給付或遺屬津貼。」以避免發生被保險人重複請領以致於過度保障的情況。

第二款　勞基法職業災害補償

第一目　勞工保護法的性質（與工廠法的比較）

　　勞動基準法之職業災害補償，與勞保條例之職業災害補償相同，係在保障職災勞工最低限度之「合乎人類尊嚴之生活」，並且以無過失責任主義取代過失責任主義。蓋近代企業規模不斷擴大，伴隨而來之企業危險增加，相對而言，職業災害亦隨之增加。如於發生職災時拘泥於依民法上之侵權行為規定請求賠償，將會遭致過失責任舉證困難等問題，造成明顯不公之現象。因此各國在保護勞工健康與安全的勞動政策上，即由「勞工自我責任說」轉變成「雇主無過失責任說」。據此，只要勞工發生職業災害，不問本身有無過失，雇主即應給予職業災害補償。

　　法院間也有認為[166]：雇主縱合於勞基法規定，非謂就勞工因職業災

---

[166] 台灣高等法院105年度勞上字第59號民事判決參照。

害致死主觀上即無過失。即使雇主已遵照勞基法第84條之1規定的程序，將工時約定送請主管機關核備，一旦勞工發生腦血管及心臟疾病（過勞）等情事，無論雇主是否已盡到職安法上之尊重及注意義務，其仍應負擔無過失補償責任。

　　另外，勞基法與勞保條例兩者補償之內容均為定型化與定額化。勞保條例之給付項目有醫療給付[167]、傷病給付、殘廢給付及死亡給付；而勞基法之補償項目有醫療補償、工資補償、終結補償、殘廢補償、喪葬費及遺屬補償。其相異者為終結補償及其補償之額度。如只從此觀之，則勞基法之職災補償似較勞保條例之職災給付為優。然而，設如雇主拒絕履行勞基法第59條之各項補償時，職災勞工只能循勞資爭議處理法調解、仲裁或裁決之程序或提起民事訴訟，則其將面臨花費時間、金錢而最後仍無法獲得合理補償的風險。而勞保職災給付通常較為迅速。只不過，不問是勞保條例，或是勞動基準法，均未能將所有的勞工涵蓋進去，形成一部分之勞工發生職災時，只能依民法的規定或職災勞工保護法第7條規定，請求損害賠償之不合理現象。

　　再者，與勞保條例之職業災害補償不同的是，勞基法上之職業災害補償基本上仍為雇主個人責任[168]（近似於危險責任），即加以雇主部分的或全部的強制責任。其帶有無過失責任主義「分配正義」的內涵[169]，並且受到社會主義思想的影響。至於雇主對於補償之履行，得直接由自己向受災害之勞工或有請求權之家屬等為給付，或透過保險第三人（尤其是保

---

[167] 依據勞保條例第76條之1規定：「本條例第2條、第31條、第32條及第39條至第52條有關生育給付分娩費及普通事故保險醫療給付部分，於全民健康保險施行後，停止適用。」台灣係於1994年8月9日公布施行全民健康保險法。

[168] 王澤鑑，勞災補償與侵權行為損害賠償，收錄於：民法學說與判例研究第三冊，頁263：認此為責任型（Liability Model）之勞災補償模式。

[169] Esser, Grundlagen und Entwicklung der Gefährdungshaftung, 1941, 69f。引自王澤鑑，侵權行為法之危機及其發展趨勢，收錄於：民法學說與判例研究第二冊，1981年8月，三版，頁168。

險人）給付（商業保險或責任保險）[170]。而如果雇主拒絕履行時，勞基法另有罰鍰之規定，主管機關得基此而強制雇主履行補償義務（勞基法第79條第1項第1款規定）[171]。

又，依據勞基法第59條但書的規定：「同一事故，依勞保條例或其他法令規定，已由雇主支付費用補償者，雇主得予以抵充之。」因此，勞保條例之職災給付與勞動基準法之職災補償間為一抵充關係。從勞基法第59條、第60條[172]規定觀之，其立法精神旨在避免勞工雙重得利，如果勞工保險的給付同性質，即可予以抵充，俾符勞工保險之制度建置。勞工在遭遇職業災害後，即可依勞保條例請求勞保局職災給付[173]，並且可依勞基法請求雇主給予職災補償。惟並非兼得勞保局及雇主所給付的職業災害補償。此處，職業災害之補償金額應以勞基法之職災補償金額為準，設如雇主申報勞保薪資以高報低，則因勞基法第59條之職災補償係以勞工之平均工資為準，而非以勞保投保薪資為準，雇主即需對平均工資之差額予以補足[174]。

在此，所謂「勞動基準法之職災補償金額」，即是指勞動基準法施行細則第10條第7款之職業災害補償費。惟是否包括同條第4款之醫療補助費

---

[170] 最高法院96年度台上字第1227號判決（峃豐營造案）、最高法院95年度台上字第854號判決（台電案）參照。值得注意的是，上述最高法院在95年度台上字第854號判決中，係認為雇主得主張「類推適用」勞基法第59條予以抵充，而非直接適用。此一見解是否正確？並非無疑。依本書所見，商業保險是屬於勞基法第59條本文之「其他法令規定」，因此，直接適用始為正確。

[171] 魏朝光，我國職業災害補償法制及其適用，東海大學法學研究，第8期，1994年9月，頁311以下。

[172] 最高法院96年度台上字第1227號判決（峃豐營造案）：商業保險也要抵充。

[173] 勞保局所給付的職災補償，包括被保險人受第三人侵害而致傷亡的情況，例如通勤事故。在此種情況下，被保險人可兼得第三人所為的損害賠償，而非勞保局給付職災補償後，可代位向第三人請求損害賠償。相關案例，請參照最高法院96年度台上字第1227號判決（峃豐營造案）、台灣高等法院106年度上易字第456號民事判決、台灣高等法院106年度勞上字第33號民事判決（新光人壽保險公司案）。

[174] 黃劍青，勞動基準法詳解，1997年，頁430。

（勞工遭遇職業災害後接受醫療）及第6款之慰問金（勞工遭遇職業災害後接受醫療或死亡）或奠儀（勞工遭遇職業災害死亡）？也就是說，這是職業災害補償的另一種形式給付？或者是雇主道德上的自願給付？對此，本書以為應採取與第7款同樣的處理，均可作為抵充之用[175]。倒是第4款之醫療補助費及第6款之慰問金或奠儀實際上隱含著另一層意義或要求，亦即：一旦勞工發生職業災害而致傷亡，雇主均應先提出一部分的補償費或損害賠償費，以作為醫療補助費及慰問金或奠儀之用，目的也在適度緩和職業災害勞工及其家屬所需費用的短絀，以免他們墮入需要借款支用的困境〔由此觀之，基於雇主的保護照顧義務，遭遇職業災害勞工或／及其家屬應可依據勞動基準法施行細則第10條第4款及第6款規定，向雇主請求先行給付一定的、適當的額度的補償費或損害賠償費，以作為緊急應變之用。為達成此一目的，確保職業災害勞工或其家屬能獲得一定額度的補償費，立法者似應在勞動基準法第59條中增列第2項，明定雇主應提出工資的一定倍數（例如3倍或5倍）或可能的職業災害補償總額的一定比例的金額，作為先行給付之用〕。另外，針對受僱於僱用未滿五人之第6條第1項第1款至第3款規定各業之員工（勞保條例第8條第1項第2款），由於該類人員只是得準用勞保條例之規定參加勞工保險，亦即非強制加保的對象，因此，雇主並無為員工加保之義務。且該條之立法方式或法律用語與第9條之規定「被保險人有左列情形之一者，得繼續參加勞工保險」並不相同，後者且在勞保條例施行細則第21條及第35條詳細分別規定投保單位不得拒絕繼續加保及保費之分擔比例，顯示出立法者的保障決心[176]。由此觀之，勞保條例第8條第1項第2款之任意加保，應是員工或雇主的任意一方有意加保時，經過他方的同意為之。一旦經過此一程序，其保費的分擔比例，即依照勞保條例第15條第1款規定為之。如此一來，該等受僱於僱

---

175 不同意見說：台灣高等法院105年度勞上字第59號民事判決：喪葬輔助款不得抵充。

176 根據勞工保險條例逐條釋義第93頁說明：「所謂得繼續加保勞工保險，其發動權在受僱勞工，依施行細則第21條規定，雇主不得拒絕。」勞工保險條例逐條釋義，行政院勞工委員會，2011年12月

用未滿五人之事業之員工一旦罹患職業傷害而請求職業災害補償,雇主即得主張抵充。

　　有問題的是,由於受僱於僱用未滿五人之事業之員工並非強制加保的對象,實務上遂不乏員工加入職業工會而申報加保者(或者員工自行決定加保者、或者經向雇主表示願意加保但雇主未表同意者、或者雙方合意由員工經職業工會加保,而雇主代付部分或全部的保費者),其一旦罹患職業傷害而請求職業災害補償,雇主是否仍得主張抵充?即非無疑。對此,從法理上而言,本來該類員工或者不加保勞工保險,或者一旦表示願意加保,而雇主也同意,則只得由雇主申請成立投保單位(勞保條例施行細則第13條參照)後為員工加保,並無雙方合意轉經由職業工會加保的可能。一旦違反,投保單位尚且會遭受勞保條例第24條及第72條的不利。不過,有鑒於此種加保的情況,不乏見之於勞保實務者,再加上司法院大法官會議釋字第568號及第609號解釋意旨強調,勞工依法參加勞保及因此所生公法上權利,應受憲法保障。從而勞保條例第24條有關取消該被保險人資格規定之適用,應以該勞工是否確有實際從事工作為認定依據。

　　根據上述大法官會議的解釋意旨,中央勞工主管機關遂以民國97年9月22日勞保2字第0970076993號函明令處理原則如下:「經勞保局查明確有受僱於勞保條例第八條規定之自願投保單位者,其加保資格予以承認;而受僱於勞工保險條例第六條規定僱用五人以上之強制投保單位,考量被保險人之勞保相關權益,自該局查定之日起取消其職業工會加保資格,並依第七十二條規定處罰雇主應加保未加保之責任,且通知雇主應為所屬員工盡速辦理參加勞保並持續追蹤,以保障員工權益。」另外,依據勞委會民國97年7月15日勞保2字第0970016076號函:「……受僱於勞工保險條例第六條規定五人以上強制投保單位者部分,考量被保險人之勞保相關權益,自貴局(勞保局)查定之日起取消其職業工會加保資格,並依第七十二條規定處罰雇主應加保未加保之責任,且通知雇主應為所屬員工自查定之日起辦理參加勞工保險。……。」

　　吾人由上述勞委會的函示觀之,應可區分成受僱於僱用未滿五人之事業之員工加入職業工會,以及受僱於勞工保險條例第6條規定僱用五人

以上之強制投保單位而加入職業工會者。針對前者，勞委會係採取較寬的處理方式，即其加保職業工會的資格有效，不會遭致保險人查定取消資格並依第72條規定處罰雇主應加保未加保之責任。反之，針對後者，則是自查定之日起取消其職業工會加保資格，並依第72條規定處罰雇主應加保未加保之責任，且通知雇主應為所屬員工自查定之日起辦理參加勞工保險。後者的處理方式，兼顧被保險人的勞保權益，自是允當[177]。倒是，其所謂「查定之日」，應不包括被保險人發生職業傷害，而被保險人發現之情況，因此，如在此種情況下，被保險人仍將被取消加保資格，並且只能依第72條規定向雇主請求損害賠償。而在此種情況下，被保險人仍得依據勞基法第59條請求職業災害補償。惟雇主得主張職業災害補償與損害賠償抵充。

　　綜上說明，可知受僱於僱用未滿五人之事業之員工加入職業工會者，其加保資格持續有效，發生職業傷害時，亦得向勞保局請求勞保給付，並且再依勞保第59條請求職業災害補償，惟雇主當得主張抵充。

　　再附帶一言者，勞工依職災勞工保護法所獲得之職業災害失能、死亡補助（職災勞工保護法第6條第4項）、所請求之損害賠償（職災勞工保護法第7條）及所領取之補償或津貼（職災勞工保護法第8條、第9條），雇主得否主張抵充[178]？對此，首先，依據職災勞工保護法第6條第4項規定：「雇主依勞動基準法規定給予職業災害補償時，第一項之補助得予抵充。」因此，雇主當得抵充之[179]。其次，職災勞工保護法第7條為推定過失責任，屬於民法第184條第2項之保護他人之法律。勞工所獲得之損害賠償，性質上為民法之損害賠償。依據勞基法第60條規定，雇主得主張抵

---

[177] 類似之情形，亦見之於勞保條例施行細則第26條規定。依之，勞保條例第6條第1項第7款之被保險人，其所加保之投保單位非其本業隸屬之職業工會者，保險人於知悉後應通知原投保單位轉知被保險人限期轉保。

[178] 至於職災勞工保護法第6條第4項所規定之「雇主依勞動基準法規定給予職業災害補償時，第一項之補助得予抵充。」，係指中央勞政機關得主張其依第1項給付之職業災害失能、死亡補助，予以抵充（即減免補助）。

[179] 最高法院96年度台上字第1227號判決（峪豐營造案）參照。

充[180]。

　　再者，職業災害勞工依職災勞工保護法所領取之補償或津貼，由於其係由勞工保險基金職業災害保險收支結餘提撥專款所支付，屬於社會救助的性質，與賠償或補償殊異，故無抵充可言。例如針對職業災勞工保護法第8條第1項第5款之看護補助，法院間有認為看護補助是加入勞工保險之勞工於發生職業災害時，勞保局基於維護受職災勞工之權益，所給予之補助津貼，屬給付行政之一種，並非損失補償，與上訴人應負侵權行為損害賠償責任，尚非出於同一原因，且與勞基法第59條所定雇主補償之性質、項目及範圍均不同，上訴人主張應予抵充相當於看護費之損害賠償或自該請求中扣除云云，並無可採[181]。

第二目　責任型的設計

　　勞基法之職業災害補償，係採取無過失責任主義，一旦勞工發生職業災害、且工作與災害間具有相當因果關係，雇主即應負最終的結果責任，因此，屬於責任型的設計。有問題的是，當勞工向雇主請求職業災害補償時，雇主得否以勞工與有過失，而主張減免賠償額度？對此，以下即說明之。

　　緣勞工之主張職業災害補償，是否有與有過失／過失相抵之適用，主要係涉及補償的性質是否為損害賠償。對此，否定說認為，按勞基法第59條之補償規定，係為保障勞工、加強勞雇關係、促進社會經濟發展之特別規定，性質上非屬損害賠償[182]。此由同法第61條第2項尚且規定該受

---

[180] 反對說：台灣高等法院105年度勞上字第59號民事判決（萬安保全公司案）：勞基法第59條屬對勞工之補償，與職災保護法第7條、民法第184條第1項前段、第192條第2項、第194條為損害賠償之規定，二者性質既不相同、規範目的亦異，亦難認被上訴人已受領逾勞基法第59條所定職業災害補償之金額時，便消滅其損害賠償請求權。

[181] 台灣高等法院105年度重勞上更（一）字第3號民事判決（中華工程公司案）參照。

[182] 最高法院95年度台上字第2542號判決（貴成案）參照。在該案中，針對上訴人（勞工）以頭下腳上的方式跳入水圳中撿拾榔頭，而致受傷殘廢。法院認為「職業災害補償制度之特質係採無過失責任主義，凡雇主對於業務上災害之發生，不問其主觀上有無故意過失，皆應負補償之責任，受雇人縱使與有過失，亦不減損其應有之權

領補償之權利不得抵銷[183]，即可窺見，應無適用民法第217條規定（最高法院100年度台上字第1180號、89年度台上字第1920號、87年度台上字第1629號判決意旨參照），按過失相抵原則，減輕或免除雇主補償責任之餘地（最高法院89年度第4次民事庭會議決議參照），故事業單位就勞工依勞基法第59條規定請求所為過失相抵抗辯，並無理由[184]。否定說最主要之理由，係認為補償重在彌補勞工之損害，而非追究勞工或雇主的故意過失[185]。

相對地，持肯定說者認為基於勞動基準法的職業災害補償，只是採取與勞工保險條例「職業災害補償」相同的用語，其本質上為雇主的損害賠償責任，況且，基於民法第217條類推適用於無過失責任（危險責任）之一般法理[186]，職業災害補償似應做相同的處理[187]。

法院實務也有認為職業災害補償，基本上亦為損害賠償之一種，雇主之職業災害補償責任，乃係基於勞基法第59條之特別規定，依此規定，對於雇主雖採無過失責任主義，即雇主不得以自己無過失為由而拒絕賠償，惟損害賠償之法則，我國規定於民法第213條至第218條，其中第217條規定之過失相抵，係為促使被害人注意履行其應盡之義務，以避免或減

利。……上訴人以「頭下腳上」之跳水方式跳入水圳之動作，縱有不當，能否謂非執行職務，亦非無疑。」依本書所見，法院似未考量因果關係之有無或以頭下腳上跳水，是否違反一般的社會通念。

[183] 惟法院引用抵銷似有問題，蓋抵銷與過失相抵係不同的法律概念。

[184] 台灣高等法院104年度勞上字第54號判決（宇鴻公司案）參照。

[185] 即使勞工依民法請求損害賠償，法院實務一般也採取從嚴認定的態度，不輕易認定勞工與有過失。例如最高法院95台上677號判決（基隆區漁會案）：承攬人甲的履行輔助人（王奇毅）難認與有過失，蓋其接受甲的指揮監督進入污水集中池工作，甲未提供防免危害發生之安全設備所致。

[186] 最高法院88年度台上字第2302號判決參照。

[187] 採取同說者：林誠二，論勞工服勞務受害之賠償請求權，台灣本土法學，第15期，2000年10月，131頁。反對說：王澤鑑，損害賠償，2017年3月，頁383；最高法院1979年3月21日68年度第3次民庭庭推總會決議、最高法院82年度台上字第1472號判決參照。

少損害的發生。職業災害既為損害賠償之一種，自仍有民法第217條之適用[188]。

依本書所見，補償本非賠償，補償並無制裁加害人的涵義。但是，這可能比較適合於勞保職災補償的原意，而在勞基法第59條的補償則有抵充之設計，至少在雇主補充給付的部分具有損害賠償的意義。這是我國「補充求償」主義設計的當然解釋。也就是說，我國是採補充責任主義，仍然具有制裁及苛責的性質。如果是德國的「以勞災補償取代侵權行為」的設計，始可謂其非損害賠償的性質。

第三目　承攬關係的職業災害問題

一、與職／勞安法規定的整合（含因果關係的認定）

如前所述，目前職安法第2條第5款係明確定義職業災害之所在。由於勞保條例、勞基法及職業災害勞工保護法並無職業災害之定義，因此，學者間及實務界多有直接或間接引用職安法第2條第5款之規定，以解決職業災害之爭議者。

然而，職安法不僅有職業災害之定義，依據職安法第25條第2項規定：「原事業單位違反本法或有關安全衛生規定，致承攬人所僱勞工發生職業災害時，與承攬人負連帶賠償責任。再承攬者亦同。」承攬人或再承攬人之勞工得依之請求原事業單位連帶賠償。有問題的是，職安法第25條第2項與勞基法第62條第1項規定，用語多有雷同之處，但亦有些微不同。一旦勞工發生職業災害，究應如何主張其權利？

對此，誠如前面所述，雇主違反職安法上之義務者，並不必然會導致職業災害的發生。而勞工因執行職務而致災害，也非當然起因於雇主違反職安法上之義務。在邏輯上，雇主違反職安法上之義務，只是其中一個主要的起因而已，並非必然條件[189]。即使雇主違反勞安法第17條第1項及第18條第1項規定，而受到第34條罰鍰處分，也難謂其與受僱勞工的死亡間

---

[188] 最高法院95年度台上字第854號判決（台電案）之前審判決（台灣高等法院台中分院92年度重訴字第59號判決）參照。

[189] 最高法院96年度台上字第2821號判決（國泰世紀案）參照。

即當然有因果關係[190]。而假使勞工因雇主違反職安法上之義務，而致傷亡，則解釋上，雇主除應負職安法第34條等規定的行政制裁外，並應依職安法第25條第2項規定負連帶賠償責任。

有問題的是，針對諸如承攬關係下受僱（承攬人或再承攬人）勞工的職業災害救濟，法院似乎少有引用職安法第25條第2項規定[191]，而是大多以勞基法第62條作為求償依據者。此在法律適用上有無疑義？

其實，吾人如將職安法第25條第2項與勞基法第62條兩規定予以對照，即可知有以下之不同：1.前者係以違反職業安全衛生法上之義務而致職業災害為對象，後者則不限於導致職業災害之理由；2.前者明訂勞工得請求連帶賠償責任，而後者則是連帶補償責任；前者具有歸責性，後者則不追究可歸責性；3.前者將事業單位明定為賠償義務人，後者並未明定其應為補償義務人，而是同條第2項規定「事業單位為前項之災害補償時，就其所補償之部分，得向最後承攬人求償」[192]，此是否可當然解釋為強制補償責任？或者只是一任意的補償責任？並非無疑。蓋在專業化的時代，定作人由具專業能力的承攬人完成一定之事務，不僅符合現代經濟要求快速、效率的環境，也有利於減少職業災害的發生。現在強制定作人除一般監督責任外，亦須負擔專業的指揮監督責任，是否符合承攬法律關係的本質？是否會致使定作人實際上無法監督，但在發生職業災害時卻須連帶負責的後果？

雖然有上述三點不同，惟對於職安法第25條第2項的連帶賠償責任，解釋上或可將之限縮為勞工依據民法第184條第2項保護他人之法律，請求損害賠償。只不過，法院實務上似未分辨職安法第25條第2項與勞基法第62條兩規定的差異，而是在勞工因雇主違反職安法上之義務時，直接肯定

---

[190] 最高行政法院99年度裁字第1746號裁定（中信造船股份有限公司vs.國防部軍備局採購中心）參照。惟在該案中，雇主雖有提出如此之主張，但法院並未對此加以裁判。

[191] 例如在最高法院96年度台上字第315號判決（永然船務代理公司案）中，法院係引用勞安法第16條，判決定作人（永然公司）應與承攬人負連帶責任。

[192] 雖然勞基法第62條立法理由中，明確說明「故特規定事業單位應負職業災害補償之連帶責任」。但似乎與第62條第1項的條文用語有所不合。

勞工得依勞基法第62條請求定作人負連帶補償責任[193]。

　　例如在一件涉及承攬人、再承攬人及職業災害勞工請求職業災害補償的案件中，案中的最後承攬人是陳○○等三人，由陳○○等三人負責施工，再由陳○○僱用其妻陳蘇○○實際施作（但陳蘇碧鳳的扣繳憑憑單是由上訴人／民○公司出具，具有僱傭關係）。但陳蘇○○在安全衛生設備不足之施工架施工時，墜樓死亡，應由最後承攬人負勞安法第5條第5款規定之責任，並應由事業單位及各承攬人依據勞基法第62條規定連帶負職業災害補償責任。……最高法院亦是區分勞安法上的安全衛生責任與勞基法上的職災補償責任。首先，其認為「勞安法所謂之雇主，依同法第2條第2項及第3項之規定，須為該法適用範圍內僱用勞工從事工作之人始足當之。則陳蘇○○究否為上訴人所僱用，即與上訴人應否負雇主之責任攸關」。其既而認為，依勞基法第62條規定負職業災害補償責任時，「就其補償責任，僅得向最後承攬人求償」，「故上訴人向被上訴人／北○營造公司承攬工程後，倘又將一部分交由陳○○等三人承攬，而陳蘇○○係屬陳○○等三所僱用。依上說明，被上訴人向陳蘇○○為災害補償後，得否向上訴人求償其賠償陳蘇碧鳳家屬之金額，即非無疑」，「原審……對於陳○○等三人究係向上訴人承攬工程抑或為上訴人所僱用，以及陳蘇○○究係受僱於上訴人或陳○○等三人，前後認定不一，實情為何，有待原審調查明確，本院尚無從為法律上之判斷」[194]。如依本書所見，該案中，陳○○等三人係與上訴人／民○公司簽訂承攬契約，陳○○等三人應為自然承攬人。至於陳蘇○○雖為陳○○的妻子，但仍可與自然承攬人陳○○訂定勞動契約。只不過，無論是自然承攬人或其受僱人，均係居於履約的末端，實際上本身在提供勞務。

　　整體而言，職安法第25條第2項與勞基法第62條兩條文間規範重點略有差異，雖均有職業災害求償的規定，惟職安法究應以違反職業安全衛生

[193] 法院間有稱此為「類似不真正連帶債務關係」者。請參照最高法院96年度台上字第1227號判決（峪豐營造案）、最高法院97年度台上字第453號判決（源柏洲案）。
[194] 最高法院95年度台上字第973號判決（民家／北昌營業案）參照。

義務為重心，而職業災害之救濟實則應以勞基法第62條為準，如此，始能收規範間前後分工、各有所司的功能。故從體系一致性觀之，似應將職安法第25條第2項移至勞基法第62條統一規範之。這樣也與法院實務的運作相一致。

二、勞基法第62條第1項與職災勞工保護法第31條第1項的整合（特別法）

　　除了上述職安法第25條第2項與勞基法第62條間之關係外，職災勞工保護法第31條第1項也有職業災害救濟的規定。惟其與勞基法第62條的關係為何？

　　依據職災勞工保護法第31條第1項規定：「事業單位以其工作交付承攬者，承攬人就承攬部分所使用之勞工，應與事業單位連帶負職業災害補償之責任。再承攬者，亦同。」此一規定，顯然整合職安法第25條第2項與勞基法第62條規定間的差異，既明定事業單位為職業災害主體，而且明確化為職業災害補償責任。相對於勞基法第62條規定，應係一特別規定，應優先適用之。雖然如此，法院實務上同樣少有引用職災勞工保護法第31條第1項規定者。

第三項　職業災害之補充性保障及救助

　　有關職業災害勞工之補充性保障及救助，主要是規定在職災勞工保護法及其相關子法所規定之補償與津貼。以下即加以說明。

第一款　法令規定

　　勞工因職業災害而受傷、失能或死亡時，對於其本人及家屬的經濟與精神均造成巨大的衝擊與壓力。尤其是，有為數不少的職災勞工，因其未參加勞工保險而未能獲得社會保險的救濟，形成一種職災保護的漏洞。有鑑於此，自從1992年開始，部分民間團體即一直致力於「職業災害勞工保護法」（以下簡稱職災勞工保護法）的訂定工作，希望給予遭遇職災事故勞工及其遺屬必要及適度之補助，以維持其基本生活。在歷經七年有餘，立法院終於在2001年10月11日三讀通過，並於2001年10月31日公布，且於2002年4月28日施行，將台灣的職業災害補（賠）償的制度往前推進了一步。在實務上，也有職業災害勞工不引用勞基法第59條，而是依據職災勞

工保護法第7條與民法第184條第1、2項主張侵權行為損害賠償者[195]。

　　吾人如觀職災勞工保護法的經費來源，一是「勞工保險基金職業災害保險收支結餘」（第3條），另一是中央勞政機關所「編列專款」（第4條）。前者是在作為加強辦理職業災害預防及補助參加勞工保險而遭遇職業災害勞工之用，故其對象並不以加入勞工保險者為限。後者，則是在作為補助未加入勞工保險而遭遇職業災害勞工之用。所以，雖然前者仍然帶有部分的勞工保險給付的性質，係一補充性的保障（第8條規定參照）[196]。後者，則是屬於社會救助的性質（第9條規定參照）。兩者各有適用對象，依法勞工本人或遺屬可依勞工保險條例規定享有普通事故保險給付之保障，不得依職業災害勞工保護法第8條、第9條請領相關津貼補助。其後，行政院勞委會並且制定一系列的子法，以順利助成職災勞工保護法的實施。藉由該法的實施，以往勞保條例非強制投保之勞工或雇主故意或過失未為勞工投保勞工保險，所產生之不合理及不合法的現象，乃能獲得一定程度的救濟。以下即簡要敘述職災勞工保護法及其重要之相關子法的內容。

第一目　職災勞工保護法及其施行細則

　　職災勞工保護法之立法宗旨是：「為保障職災勞工之權益，加強職災之預防，促進就業安全及經濟發展，爰制定本法；本法未規定者，適用其他法律之規定。」（職災勞工保護法第1條）。職災勞工保護法之適用對象，包括已加入勞工保險之被保險人及未加入勞保之勞工。甚至，針對公教保險或軍人保險被保險人另外受僱從事勞動工作惟未參加勞工保險者，其於從事該勞動工作時遭遇職業災害者，因非屬執行公教或軍人職務所致之事故，自不得申領公教人員保險法或軍人保險條例規定之公傷保險給付，准依職業災害勞工保護法規定申領各項津貼或補助。同樣地，農民健康保險之被保險人如有實際受僱從事勞動而遭遇職業災害者，得依職業災

---

[195] 台灣高等法院105年度勞上字第59號民事判決參照。
[196] 惟多數認為其係社會救助或給予行政的性質。

害勞工保險護法規定申領各項津貼或補助[197]。而對於合法來台工作之外籍勞工，依職業災害勞工保護法規定申請家屬補助，仍應依規定提出家境清寒之證明[198]。再者，外籍勞工於職業災害醫療期間終止勞動契約並退保者，得依職業災害勞工保護法規定，繼續參加勞工保險普通事故保險至經醫師證明並經本會核准醫療期間屆滿之日[199]。

　　在適用對象上較有爭議的是，自營作業勞工是否亦在其內？對此，依據職災勞工保護法施行細則第15條規定，本法第9條第1項所定勞工，包括實際從事勞動之受僱（作者按：雇主？）或自營作業之勞工。因此，自營作業勞工自得依職災勞工保護法第9條規定，申請補助[200]。至於有關自營作業勞工之定義，依據職業災害勞工保護法第1條規定，本法未規定者，適用其他法律規定。而依據勞保條例施行細則第11條第2項規定：「所稱自營作業者，指獨立從事勞動或技藝工作，獲致報酬，且未僱用有酬人員幫同工作者而言。」基於此，不惟農事工作者或在馬路邊賣玉蘭花者，即使是基於承攬契約關係之承攬人獨立從事勞動（例如工程行負責人），如其有實際從事勞動工作，並加入職業工會為會員者，而於勞動工作時發生職業災害者，均為職災勞工保護法第9條第1項之勞工而受到保護。只不過，職業災害勞工保護法第6條僅適用於受僱勞工，雖包括無一定雇主的勞工[201]，但不及於自營作業勞工[202]。

　　就已加入勞保之被保險人而言，其一旦遭遇職災，即可在先申請勞保各項職災給付後，再請求各種補助及津貼（生活津貼、殘廢生活津貼、職業訓練生活津貼、器具補助、看護津貼、家屬補助，以及其他經勞委會核定之補助）（第8條第1項）。在此，舉例而言，職災勞工如欲申請第8條第1項第2款規定申請生活津貼者，必須於請領勞工保險職業災害傷病給

---

[197] 行政院勞工委員會民國91年8月6日勞保3字第0910033286號函參照。

[198] 行政院勞工委員會民國92年4月4日勞安1字第0920009451號函參照。

[199] 行政院勞工委員會民國92年12月23日勞保3字第0920071048號令參照。

[200] 行政院勞工委員會民國92年7月21日勞安1字第0920042238號函參照。

[201] 行政院勞工委員會民國92年7月21日勞安1字第0920042238號函參照。

[202] 行政院勞工委員會民國92年6月16日勞安1字第0920028785號函參照。

付期滿，經醫師診斷喪失部分或全部工作能力，身體遺存障害，適合勞工保險殘廢給付標準表第一級至第七級規定之項目者，始得檢附相關證明文件，向勞工保險局申請。各項津貼申請程序或應備書件，請逕向勞工保險局洽詢[203]。又，勞工保險效力終止後，勞工保險被保險人，經醫師診斷罹患職業疾病，且該職業疾病係於保險有效期間所致，且未請領勞工保險給付及不能繼續從事工作者，得請領生活津貼（第8條第2項）。請領第1項之生活津貼、殘廢生活津貼、看護津貼及第2項之生活津貼，合計以五年為限（第8條第3項）。

依據台灣高等法院105年度重勞上更（一）字第3號民事判決（中華工程公司案）：未按勞工保險之被保險人，在保險有效期間，於本法施行後遭遇職業災害，得向勞工保險局申請下列補助：……五、因職業災害致喪失全部或部分生活自理能力，確需他人照顧，且未依其他法令規定領取有關補助，得請領看護補助……，職業災勞工保護法第8條第1項第5款定有明文。查勞保局自100年5月起，按月發給被上訴人看護費1萬元，有勞保局民國100年5月25日保護1字第1000A501090A號函附於原審100年度救字第241號卷第3頁可稽。被上訴人並自陳其自100年5月後，勞保局有按月核發看護費補助1萬元，共計五年，總金額60萬元（見本院卷一第298頁反面）。惟上開看護補助是加入勞工保險之勞工於發生職業災害時，勞保局基於維護受職災勞工之權益，所給予之補助津貼，屬給付行政之一種，並非損失補償，與上訴人（雇主）應負侵權行為損害賠償責任，尚非出於同一原因，且與勞基法第59條所定雇主補償之性質、項目及範圍均不同，上訴人主張應予抵充相當於看護費之損害賠償或自該請求中扣除云云，並無可採。

就未加入勞保之勞工而言，如雇主未依勞動基準法規定予以補償時，得比照勞保條例之標準，按最低投保薪資申請職災殘廢、死亡補助。前項補助，應扣除雇主已支付之補償金額（第6條第1、2項）。在此，勞工之

[203] 行政院勞工委員會民國92年11月11日勞保3字第0920062032號函參照。

未加入勞工保險，不問是勞工保險條例第8條第1項第1款、第2款之任意保險而未加保，或是雇主違法未為勞工加保，其當然即無勞保條例之職業災害補償及普通事故給付，而應由雇主依勞基法第59條給予職災補償，或者依職災勞工保護法第6條第1、2項規定申請補助。對於雇主違法未為勞工加保，致其以無勞保條例之職業災害補償及普通事故給付者，勞工並得依勞保條例第72條請求雇主損害賠償。就此看來，中央勞政機關認為勞工尚未參加勞工保險（即保險效力生效前）遭遇職業災害者，「雇主得為其申請加保勞工保險，如仍具工作能力者，得承認其加保資格，在保險有效期間發生之保險事故，得領取勞保普通事故保險給付。」[204]或者在發生職業災害後，始辦理加保者，如有實際從事工作，得受理加保，惟其保險效力應依勞工保險條例第11條但書規定自通知之翌日起算。「惟其係於保險有效期間審定成殘者，仍得依本會民國95年5月18日勞保2字第0950025649號令釋請領普通事故保險殘廢給付」[205]。其見解實與勞工保險法理不合而不值採。

　　又，就未加入勞保之勞工而言，雇主依勞基法規定給予職業災害補償時，殘廢及死亡補助得予以抵充（第6條第4項）。舉例而言，未加入勞工保險之員工因使用雇主已投強制汽車責任保險之汽車發生事故，致生傷亡者，雇主得以強制汽車責任保險之保險金抵充其應負擔之職業災害補償金額[206]。另外，未加入勞保之勞工，於本法施行後遭遇職災，亦得比照前述已加入勞保者申請各項補助。惟請領生活津貼、殘廢生活津貼及看護津貼之補助，合計以三年為限（第9條第1、2項）。

　　除了上述之各種津貼及補助的保障外，為了平衡地處理勞工發生職災後之勞動關係的存續，雇主僅得於第23條所規定的情況下，終止勞動契約。而勞工則得於第24條規定的情況下，主動地終止勞動契約。如觀第27條之規定：「職災勞工經醫療終止後，雇主應按其健康狀況及能力，安置

---

[204] 行政院勞工委員會民國99年2月10日勞保3字第09901400341號函參照。
[205] 行政院勞工委員會民國97年1月28日勞保3字第0970140044號函參照。
[206] 行政院勞工委員會民國93年12月8日勞保3字第0930061304號函參照。

適當之工作，並提供其從事工作必要之輔助設施。」可知雇主應以為職災勞工安置適當的工作，為其考量的重點，而非只圖終止勞動關係。此一條文賦予雇主給予職災勞工安置適當工作的調職義務，與一般調動為雇主人事權運用者尚有不同。雖然如此，依據第24條第4款規定觀之，職災勞工得對雇主之安置工作予以拒絕，並行使契約終止權。

　　而一旦勞動關係被終止，雇主即應依勞動基準法之規定發給資遣費或退休金（第25條）。在此，有問題的是，如果職災勞工在治療期間或治療終止之際已年滿65歲，則雇主得否依據勞基法第54條第1項第1款予以強制退休？對此，中央勞政機關認為：勞工因執行職務致心神喪失或身體殘廢不堪勝任工作者，仍應符合職業災害勞工保護法第23條第2款規定，經治療終止後，經公立醫療機構認定心神喪失或身體殘廢不堪勝任工作，雇主始得終止勞動契約，尚不得逕依勞動基準法第54條第1項規定強制該勞工退休。[207]本書以為其見解並不正確，蓋從用語觀之，職災勞工保護法第23條第2款之規定，與勞基法第54條第1項第2款相近，故其應是重複勞基法第54條第1項第2款之規定，而非在將第54條第1項第1款與第2款混合使用，此從職災勞工保護法第25條之退休金規定，應亦可推知之。

　　又，依據職災勞工保護法第30條第1項規定：「參加勞工保險之職災勞工，於職業災害醫療期間終止勞動契約並退保者，得以勞工團體或勞工保險局委託之有關團體為投保單位，繼續參加勞工保險普通事故保險，至符合請領老年給付之日止，不受勞保條例第6條之限制。」基於此一規定，職災勞工之繼續保險，不受勞保條例第6條必須以其雇主或所屬機構為投保單位之限制，既言「於職業災害醫療期間終止勞動契約並退保者」，顯然包括職災勞工被雇主退保及其主動退保兩種狀況在內。所以，勞工實際受僱從事工作，於遭遇職業災害之醫療期間終止勞動契約並退保者，即可依規定辦理繼續參加勞工保險，如勞工因雇主為規避勞工保險相關責任，未依勞保條例規定辦理加保，而係將其轉由職業工會加保，嗣後

---

[207] 勞動部民國104年1月13日勞動福3字第1030136648號函參照。

於職業工會退保係因公司終止勞動契約所致,屬可歸責於雇主之情形,其所生不利益自難由勞工承擔,故該等人員仍屬職業災害勞工保護法第30條之保障對象[208]。

有問題的是,本條項之適用對象,是否包括定期契約工在內?對此,本文以為茲事體大,不宜驟然採取肯定的見解。這是因為勞工保險本是在職保險,不宜開放太多商業保險的通道。固然國家機關有義務照顧職災勞工的生活,但其可行的管道不少,例如補助其參加國民健康保險的保費,不必然要回到勞工保險。況且,定期勞動契約本會屆期結束,不會因為勞工發生職業災害而延長,對於遭遇職災的年輕勞工,允許其繼續參加勞工保險普遍事故保險,至符合請領老年給付之日止,其時間可能拖延甚長,即使其仍部分負擔保費,但對於專款財務的影響,恐怕仍然難以估計,允宜謹慎為之[209]。

最後,吾人如將第31條第1項:「事業單位以其工作交付承攬者,承攬人就承攬部分所使用之勞工,應與事業單位連帶負職業災害補償之責任。再承攬者,亦同。」與勞基法第62條第1項:「事業單位以其事業招人承攬,如有再承攬時,承攬人或中間承攬人,就各該承攬部分所使用之勞工,均應與最後承攬人,連帶負本章所定雇主應負職業災害補償之責任。」對照,可以發現前者已明定「事業單位」為應連帶負職業災害補償責任者之一。此或在於袪除後者需依靠解釋,始能令事業單位連帶負責的情況。可知立法者有意將前者作為特別法之意。

就職災勞工保護法施行細則而言,其規定的重點約有:1.將本法中申請各種津貼與補助的要件明文化(第5條至第8條);2.職災勞工依據本法第6條第1項之殘廢補助與死亡補助,僅能擇一領取(第9條);3.勞保局

---

[208] 行政院勞工委員會民國100年5月31日勞保3字第1000140181號函參照。

[209] 同樣(尤其是從社會保險法理及勞保保費設計缺失的角度)令人產生疑慮的是勞委會2013年10月16日勞保3字第1020140540號函。依之,針對已經領取勞工保險老年給付者(包括年逾65歲已領取公教人員保險養老給付、軍人保險退伍給付、老年農民福利津貼或國民年金老年年金給付者),如再受僱於勞工保險投保單位從事工作或「於政府登記有案之職業訓練機構接受訓練」者,投保單位得為其辦理參加職業災害保險。

受理本法第6條第1項、第8條第1、2項、第9條第1項及第20條之補助申請時，勞工職業災害之認定，準用勞工保險被保險人因執行職務而致傷病審查準則、勞工保險職業病種類表及中央主管機關核准增列之勞工保險職業病種類之規定（第10條）；4.勞保局審核本法規定之各項補助事項，得聘請專科醫師審查並提供意見，認有複檢必要時，得另行指定醫院或醫師複檢（第13條）；5.本法第9條第1項所定勞工，包括實際從事勞動之受僱（作者按：雇主？）或自營作業之勞工（第15條）。

第二目　職災勞工醫療期間退保繼續參加勞工保險辦法

　　本辦法係依據本法第30條第2項規定訂定之。亦即依據本法第30條第2項規定：「前項勞工自願繼續參加普通事故保險者，其投保手續、保險效力、投保薪資、保險費、保險給付等辦法，由中央主管機關定之。」其較為重要的規定有：1.職災勞工醫療期間退保自願繼續加保者，得向勞工團體，或向勞保局委託之有關團體辦理加保手續，或逕向勞保局申報加保。原投保單位亦得為其職災被保險人辦理續保手續。本法所稱勞工團體係指依工會法規定成立之工會（第2條）；2.繼續加保者，應於原發生職業災害單位離職退保之日起五年內辦理續保手續。前項勞工於原發生職業災害單位退保之日起五年內，有再受僱從事加保後又離職退保者，得辦理續保（第3條第1、2項）；3.職災勞工醫療期間退保自願繼續加保者，其保險費由被保險人負擔百分之五十，本法第3條第1項規定之專款負擔百分之五十。但依本辦法初次辦理加保生效之日期起二年內，其保險費由被保險人負擔百分之二十，其餘由專款負擔（第5條第1項）；4.職災勞工醫療期間退保自願繼續加保者，其投保薪資以離職退保當時之投保薪資為準，且繼續加保期間不得申報調整投保薪資（第6條第1項）；5.繼續加保者得請領同一職業傷病及其引起疾病之職業災害傷病給付或醫療給付（第7條第1項）。繼續加保者依前項規定請領職業災害傷病給付或醫療給付期間內，因同一職業傷病及其引起之疾病致生能或死亡者，仍得請領其得請求而未請求之職業災害失能或死亡給付（第7條第2項）；6.繼續加保者於續保後發生之事故，除不予傷病給付外，其他保險給付應依勞保條例規定

辦理（第8條）；7.職災勞工領取失能給付，且經評估為終身無工作能力者，不得繼續加保（第12條）。

第二款　基本理論

　　為了彌補我國以往的職災法制未能一體適用於所有提供具從屬性勞務之人之現象（尤其是非適用勞保條例之強制加保、且非勞動基準法適用對象之勞工，其只能回歸到民法184條、第483條之1、第487條之1尋求救濟），職災勞工保護法之適用對象，乃擴大及於依法已參加勞工保險之被保險人及未加入勞保的勞工[210]。亦即藉由職災勞工保護法及其相關子法之施行，以往勞保條例及勞動基準法之職業災害規定，未能保護全體勞工之漏洞，乃得以相當程度的填補。三個法律錯綜連結、環環相扣，構成台灣職災補償制度的保護網[211]。雖然對於未加入勞工保險而發生職災勞工的殘廢及死亡補助，性質上為社會救助，但是，依據職災勞工保護法第6條第4項規定，如雇主依勞基法規定給予職業災害補償時（亦即依勞基法第59條第3款及第4款給予殘廢補償及死亡補償時），第6條第1項之補助得予以抵充。此一條項真義之理解，理應一併參照同條第2項規定：「前項補助，應扣除雇主已支付之補償金額。」所以，第4項規定的發動權應該是勞保局，而且，其所主張者是「扣除權」，而非「抵充權」。蓋社會救助應該後於雇主個人責任，其並無代替雇主補助的義務，而其既非職業災害的當事人或關係人，何來抵充可言？因此，在雇主依勞基法第59條第

---

[210] 如前所述，職災勞工保護法第9條規定之未加入勞保之勞工，包括自營作業的勞工在內，顯示其保護範圍已超出「提供具有從屬性勞務」之外矣。而且，職災勞工保護法施行細則第15條亦已明定：「本法第九條第一項所定勞工，包括實際從事勞動之受僱或自營作業之勞工。」

[211] 例如職災勞工保護法第34條規定：「依法應為所屬勞工辦理加入勞工保險而未辦理之雇主，其勞工發生職災事故者，按僱用之日起至事故發生之日應負擔之保險費金額，處以四倍至十倍罰鍰，不適用勞保條例第七十二條第一項有關罰鍰之規定。但勞工因職災致死亡或身體遺存障害適合勞工保險給付標準表第一等級至第十等級規定之項目者，處以第六條補助金額之相同額度之罰鍰。」此一條文，加重雇主相當大的負擔，也提醒雇主不應輕忽職災的嚴重性。

3款或第4款職災補償時，職災勞工保護法第6條第1項規定當無適用之餘地。而在勞保局先行補助後，雇主再依勞基法第59條第3款或第4款補償職災時，勞保局即可發動扣除權。

　　職災勞工保護法之特殊性及重要性在於：1.其各種津貼與補助，給予依法已參加勞工保險之被保險人及未加入勞保的勞工，補充性的保障，使其獲得延續性的照顧；由於係補充性的措施，所以已參加勞工保險之勞工發生職災，須先申請勞工保險各項職災給付後，如經醫師診斷喪失部分或全部工作能力，且障害狀態相當於勞工保險殘廢給付標準表規定之項目，始能向勞保局申請各項生活津貼[212]；2.加強職災的預防及職災勞工之重建（所謂職業災害「預防、重建優先於補償原則」），以消弭職災發生之可能性，一旦勞工發生職災，於其醫療終止後，主管機關得依其意願及工作能力，協助其就業；對於缺乏技能者，得輔導其參加職業訓練，協助其迅速重返就業場所（第18條）；3.對於發生職災之勞工，雇主僅得於一定條件下始得終止勞動契約，其條件較勞基法之規定更為嚴密。而雇主亦應按職災勞工之健康狀況及工作能力，安置其適當的工作，並提供必要的輔助設施；4.將台灣勞工司法的建構，向前推進一大步。亦即，依據第32條規定：「因職災所提民事訴訟，法院應依職災勞工聲請，以裁定准予訴訟救助。但顯無勝訴之望者，不在此限。職災勞工聲請保全或假執行時，法院得減免其供擔保之金額。」此一規定，在2011年5月1日修正施行的勞資爭議處理法第58條規定，獲得進一步具體化的保障，依之：「除第五十條第二項所規定之情形外，勞工就職業災害補償或賠償，為保全強制執行而對雇主或雇主團體聲請假扣押或假處分者，法院依民事訴訟法所命供擔保之金額，不得高於請求標的金額或價額之十分之一。」

　　最後，猶欲一提者，論者有謂職災勞工保護法並非社會保險之範疇，如從其內容看，其性質或恐更近於社會救助。尤其是對於未參加勞工保險之勞工，於其發生職災時，職災勞工保護法亦提供其一定之補助與津貼，

---

[212] 行政院勞工委員會民國92年11月11日台（92）勞保3字第0920062032號函參照。

是否反而會鼓勵勞工不加入勞保以節省保險費？放鬆監督雇主有無為之加入勞保？或者甚至與雇主合意不加入勞工保險？凡此，均有待於主管機關預為綢繆、慎加防範。

第四節　通勤災害之救濟

第一項　法令規定

　　無論是勞保條例、勞動基準法或職業安全衛生法，均無通勤災害之規定。現行法令上對於通勤災害之規定，係見之於勞動部依據勞保條例第34條第2項授權訂定之「勞工保險被保險人因執行職務而致傷病審查準則」第4條、第9條、第10條第2項、第18條。依據第4條規定：「被保險人上下班，於適當時間，從日常居、住處所往返就業場所之應經途中發生事故而致之傷害，視為職業傷害（第1項）。被保險人為夜校學生或建教合作班學生，於上、下班直接往返學校與就業場所之應經途中發生事故而致之傷害，亦同（第2項）。」第9條規定：「被保險人因公差由日常居、住處所或就業場所出發，至公畢返回日常居、住處所或就業場所期間之職務活動及合理途徑發生事故而致之傷害，視為職業傷害。」第18條規定：「被保險人於第四條、第九條、……之規定而有左列情事之一者，不得視為職業傷害：一、非日常生活所必須之私人行為。二、未領有駕駛車種之駕駛執照駕車者。……。」[213]

　　值得注意者，實務上最高法院常有直接引用（舊）勞安法第2條第4

---

[213] 值得注意者，雖然同樣是通勤災害，第4條規定是「上下班應經途中」，而目前已經刪除的原第22條卻只規定「下班應經途中」，其理由為何？吾人推想之，或許為：勞工上班之前，通常已在居、住處所有充分休息，如其上班途中促發疾病，由於尚未開始工作，常是出於勞工本身之原因，不宜將該風險轉由政府或雇主負擔。至於下班應經途中所促發之疾病，則常因勞工工作勞累所致，一旦具有相當因果關係，允宜令政府及雇主負責也。

款（即現行職安法第2條第5款）之規定，作為通勤災害之依據者[214]。惟勞安法第2條第4款僅規定：「本法所稱職業災害，謂勞工就業場所之建築物、設備、原料、材料、化學物品、氣體、蒸氣、粉塵等或作業活動及其他職業上之原因引起之勞工疾病、傷害、殘廢或死亡。」並無半言隻字提及通勤災害。因此，最高法院實應強化其推理過程，以導出勞安法第2條第4款包括通勤災害之結論，否則即難免有跳躍之感。

依吾人所見，職安法第2條第5款之規定，與通勤災害較為有關者，厥在於「其他職業上之原因」一語。再依據職安法施行細則第6條規定，「本法第二條第五款所稱職業上原因，指隨作業活動所衍生，於勞動上一切必要行為及其附隨行為而具有相當因果關係者。」因此，可以思考的是：勞工之通勤及因之所致生之傷害，是否可以將之歸類為「隨作業活動所衍生，於就業上一切必要行為及其附隨行為」？如是，則其亦為職業災害也。

只不過，如本文前面所述者，勞工傷病審查準則是國家機關社會保險政策（含國家人口政策及家庭政策）的具體展現，性質上為法規命令，藉之取代業務執行性與業務起因性。通勤災害只是其中之一而已，將之視為職業災害，主因為勞工準備提出勞務之際所受的傷害，基於廣泛勞工的「無通勤即無勞務」之客觀事實[215]，不得不予以納入保障。所以，謂其法律依據在職安法第2條第5款規定，似非無疑。同樣地，也不在於民法第483條之1規定。法院間有認為：通勤途中所受災害原則上非屬雇主指揮監督下之典型職業災害性質，但依前開審查準則規定，如所受災害態樣該當法定通勤災害要件時，得視為職業災害，而受有職業災害法制之保護，前開審查準則第4條之規定，即屬保護性通勤災害之規定，惟此視為職業

---

[214] 例如最高法院82年度台上字第1472號民事判決。

[215] 行政院勞工委員會，勞工保險條例逐條釋義，2011年12月，頁345以下、351以下。勞工傷病審查準則既然是國家社會保險政策的表現，即有必要隨著時代的演變，而做不同的調整。例如第18條的排除適用，是否應納入第3條（主要是針對職業駕駛）？即有很大的討論空間。另外，第22條之1將接受職業訓練者納入適用對象，似乎也有疑問，蓋接受職業訓練究竟與執行職務有何等／類同之處？

傷害之法制,以擴大工作處所之概念提供勞工保護,原非以事故與被保險人行為之因果關係為設計基礎,是其僅於法令所定範圍及要件下有其適用[216]。此處的「職業災害法制之保護」,解釋上包括職業災害傷病、醫療、殘廢及死亡四種給付,而不以職業災害傷病補償為限。也就是說,傷病審查準則雖係依勞工保險條例第34條第2項授權而訂定,惟此乃因職業災害傷病給付之章節條文為規範職業災害保險給付(即職業災害傷病、醫療、殘廢及死亡四種給付)之第一順序,故立法者將授權依據訂於傷害給付章節內,而就立法技術言,既授權由中央主管機關定之,倘將同樣事項訂於每一章節條文內,即屬累贅[217]。

承上,雖然通勤災害已被納入勞工保險政策之中,但並非意味著即可得出「有通勤災害、即有職災補償」的結果(這可從傷病審查準則第18條的排除規定得知)[218]。反而是要依照個案予以審查,或者更確切的說,予以「類型化」。蓋如謂職業災害認定採取可變動的體系[219],其實更適合於通勤災害的認定(吾人或可稱之為「內容可變的通勤災害」),因為勞工傷病審查準則第4條第1項規定之「適當時間」、「應經途中」,均涉及價值判斷的過程,不得不綜合各種狀況以定之。尚且,基於其已逸出雇主可控制的風險範圍及將來可能要按照勞基法的職災補償範圍,在法解釋上,即不得採取過於寬鬆的認定標準或態度。這應該也是勞工主管機關或勞工保險機關所必須有的行政行為認知。

第二項　實務見解

觀目前的行政解釋或法院判決,對於通勤災害並非均採取寬鬆的態

---

[216] 最高行政法院101年度判字第537號判決參照。

[217] 最高行政法院101年度判字第537號判決參照。

[218] 勞工的職業災害補償既係採無過失責任主義,則勞工傷病審查準則第18條卻規定的9款排除職災給付事由,似乎隱含著與有過失的公平分配責任思想,且其並不問被保險人是出自於故意、重大過失或過失,而有不同對待。

[219] 林更盛,勞基法上職業災害因果關係的判斷─評台灣高等法院87年勞上字第5號判決,台灣本土法學雜誌,第40期,2002年11月,頁37以下。

度。以下即摘要敘述之。

一、行政解釋

　　早在內政部的時代，即已有通勤災害之函釋。依據內政部民國75年6月23日台（75）內勞字第410301號函：勞工上下班必經途中之意外事故，應包括交通事故及其他偶發意外事故，此類事故非出於勞工私人行為而違反法令者，應屬職業災害，但仍應就個案發生之事實情況予以認定。

　　其後，行政院勞委會有關通勤災害之函釋更多：1.行政院勞委會民國85年3月21日台（85）勞保3字第106717號函：「勞工上下班時間應經途中遭第三人之加害行為，是否為職災視個案而定」；2.行政院勞委會民國89年1月19日台（89）勞保3字第0001872號函：「勞工上下班時間應經途中遭不明人士突擊殺傷，是否為職災視個案而定」；3.行政院勞委會民國90年3月28日台（90）勞保3字第0013500號函：「職業工人外出購買原料，僅屬『執行職務』之前置工作，途中發生車禍，如有審查準則第十八條各款情事之一者，非職業災害」；4.行政院勞委會民國92年1月6日勞保3字第0910068332號函：「被保險人外出購買原料，僅屬『執行職務』之前置工作，如無私人行為及同準則第十八條規定違反交通管理處罰條例規定之重大交通違規事項，請將事故發生之實際狀況詳為陳述或提出其他足資證明文件，逕送勞保局依個案狀況認定」；5.行政院勞委會民國93年1月9日勞保3字第0930001397號函：「『勞工保險被保險人因執行職務而致傷病審查準則』之第四條規定：『被保險人上下班，於適當時間，從日常居、住處所往返就業場所之應經途中發生事故而致之傷害，視為職業傷害……』，其中應經途中之起點與終點，應以其是否已離開或抵達日常居、住所認定，公共使用或公司共有空間仍應認定為上、下班之應經途中。另行政院勞委會79年9月27日台勞保2字第21395號函停止適用」；6.行政院勞委會民國93年2月3日勞保3字第0930003370號函：「勞工保險被保險人為日間部學生，其於上、下班直接往返學校與就業場所之應經途中發生事故而致之傷害，如無『勞工保險被保險人因執行職務而致傷病審查準則』第十八條規定各款情事者，得視為第四條之職業傷害」。又，行政院勞委會民國95年1月25日勞保3字第0950000337號函：「『勞保被保

險人於上、下班途中,因私人恩怨遭他人撞擊致死』,由於『私人恩怨』並非於當次通勤途中發生,則該私人恩怨尚不涉及審查準則十八條第一款所規定之『非日常生活所必須之私人行為』之問題。」依其語意,即得視為第4條之職業傷害。

二、法院判決

　　台灣法院對於通勤災害是否為職業災害之判決,有持肯定說者,亦有持否定說者。惟似以肯定說者為多數,以下即例舉之。

(一)肯定說

　　1. 在最高法院92年度台上字第1960號民事判決中,本件被上訴人起訴主張:伊為上訴人公司之員工,於民國87年4月2日凌晨三時許下班後騎機車返家途中,在台灣省台北縣板橋市民生路二段民生橋前往板橋方向之紅綠燈前處,遭不明車子由身後擦撞而倒地受傷,此為職業災害。爰依勞動基準法第59條第1款請求上訴人補償醫療費用,並依同條第2款規定,請求上訴人補償兩年之工資及年終獎金。

　　上訴人則以:被上訴人係喝酒騎機車自跌受傷,依「勞工保險被保險人因執行職務而致傷病審查準則」(下稱勞工傷病審查準則)第18條第6款規定,「酒醉駕車者」非屬職業災害,伊無須為任何職業災害之補償等語,資為抗辯。

　　最高法院審理後,認為有關被上訴人「酒醉駕車」部分,由於係護士於護理記錄上自行填寫「病人(即被上訴人)係有喝酒騎機車自跌」,醫生當天並未指示作酒精測試,而證人亦證稱並未聞到酒味。因此,採認被上訴人之受傷,並非導因於喝酒騎車自跌。最高法院並且認為:「按勞動基準法與勞保條例均係為保障勞工而設,勞動基準法對於職業災害所致之傷害,並未加以定義,原審本於勞動基準法所規範之職業災害,與勞保條例所規範之職業傷害,具有相同之法理及規定之類似性質,並參酌勞工傷病審查準則第四條之規定,認被上訴人係屬勞動基準法第五十九條之職業傷害,於法並無違誤。」由於本案係涉及通勤災害之問題,可知最高法院認為通勤災害亦為職業災害也。

　　2. 台灣高等法院106年度勞上字第33號民事判決(新光人壽保險公司

案）

　　上訴人（原告／勞工）主張：伊自民國102年2月起受僱被上訴人擔任實習組長（楊：實習生？），負責招攬保險、收費、保戶服務等工作，伊於102年5月27日下班後欲返回承租之住所新北市新莊區建國一路51號1029室（下稱新莊區房屋），於是日18：15許騎乘機車行經台北市中正區凱達格蘭大道與公園路口時，遭訴外人鮑惠強駕駛自用小貨車撞擊，受有頭部外傷、腦震盪症候群、暈眩、周邊平衡障礙等傷害，依勞工保險被保險人因執行職務而致傷病審查準則第4條第1項規定，屬於職業傷害。

　　被上訴人主張上訴人求職時之應徵人員資料表所載通信地址為台北市松山區○○○路○段○○巷○○號5樓，正常上下班往返之合理途徑應如google map所示之車程約11分鐘，上訴人卻在下班後，遠超過住所半小時車程以上之路口發生系爭事故，顯非於適當時間往返就業場所與日常居住處所間所發生之交通事故，是系爭事故之發生與執行職務要無干係，不得視為職業災害。

　　法院審認：上訴人求職時之應徵人員資料表所載通信地址為台北市松山區○○○路○段○○巷○○號5樓，且其向被上訴人陳報希望第一順序之工作地點為台北市、第二為新北市，而其與被上訴人簽訂之傳統保險要保書上所載住處亦為松山區房屋，可見松山區房屋為其日常生活之居住處所。況且在系爭車禍發生後，於萬芳醫院診斷證明書所載地址亦為松山區房屋，至102年8月份投保之要保書仍記載住所為松山區房屋所在之地址，種種跡象顯示上訴人於系爭事故發生時之住所確為松山區房屋甚明。則上訴人之上班工作地點既為信義區就業場所，於102年5月27日車禍當時居住松山區房屋，其日常上下班往返之合理途徑應如google map所示之車程僅約11分鐘（見原審卷二第42頁），上訴人卻在102年5月27日17：32許下班後，於遠超過就業場所與日常生活居住處所半小時以上車程，於是日18：15許騎乘機車行經台北市中正區凱達格蘭大道與公園路口發生系爭事故，顯非於適當時間及合理交通途逕，因往返於就業場所與日常生活居住處所之交通事故，與執行職務無關，非屬勞基法第59條規定之職業災害甚明；故上訴人依勞基法第59條第1款前段、第2款規定請求被上訴人補償醫療費

用，及自102年5月28日至104年5月28日工資差額，並依勞工保險條例第54條第1項請求殘廢補償金等，均屬無據。

按勞工因遭遇職業災害而致死亡、殘廢、傷害或疾病時，雇主應依左列規定予以補償。勞基法第59條第1項前段定有明文。又依勞工保險條例第34條第2項所訂之勞工保險被保險人因執行職務而致傷病審查準則第4條第1項規定「被保險人上、下班，於適當時間，從日常居、住處所往返就業場所之應經途中發生事故而致之傷害，視為職業傷害」；惟勞基法就「職業災害」並未加以定義，而職業災害補償在解釋上須勞工因就業場所或作業活動及職業上原因所造成之傷害，即造成職業災害之原因原則須雇主可得控制之危害始有適用，若危險發生原因非雇主可得控制之因素，則不宜過份擴張職業災害認定之範圍，否則無異加重雇主之責任，而減少企業之競爭力，亦有礙社會之經濟發展，故是否符合上開規定，自應慎重認定，若非勞工於上、下班，於適當時間，從日常居、住處所往返就業場所之應經途中所發生之事故傷害，即非屬職業傷害。

本書以為：雖然上訴人向被上訴人求職時，已陳明住所為松山區房屋，並希望工作地點第一為台北市，並且在保險要保書、萬芳醫院診斷證明書等所載地址均為松山區房屋，然而，法院仍然應該具體探究上訴人事實上日常居住處所為何，亦即應該以事實上的居住處所為準，與契約所定的處所無關。如此始符合傷病審查準則第4條第1項規定的原意。

3. 台灣高等法院106年度勞上易字第11號民事判決（派遣勞工的通勤災害）（未加勞保）

上訴人（原告／派遣勞工）由被上訴人（被告／派遣公司）派遣至速外人處工作，上訴人下班時，騎乘機車發生車禍（下稱系爭車禍），受有外傷性顱內出血等傷害。上訴人以被上訴人未替上訴人投保勞工保險，致上訴人不得請領勞保給付，依民法第184條第1項前段、勞工保險條例第72條規定，請求被上訴人賠償損害。被上訴人主張其與訴外人陳家輝陳家輝等人簽定「順豐合作專案契約書」，由陳家輝等人承攬被上訴人所營業務，並由陳家輝等人僱用上訴人，故應由陳家輝等人為上訴人投保勞工保險，被上訴人並無為上訴人投保勞工保險之義務。上訴人因未領有駕

駛車種之駕駛執照駕車而生系爭車禍，依「勞工保險被保險人因執行職務
而致傷病審查準則」第18條第2項規定，系爭車禍不得視為職業災害，自
不得依勞動基準法第59條規定（楊：所以，這又牽涉到職業災害定義的
問題——兩者不同？），請求被上訴人賠償醫療費用與工資等語，資為抗
辯。

　　法院審理結果認為：經查被上訴人與訴外人順豐公司訂立服務合約，
約定被上訴人應提供作業人員前往順豐公司指定工作地點，並完成順豐公
司指定之理貨、倉儲管理或其他作業，有合約影本可稽。……又查證人陳
家輝亦於原審到庭結證稱：伊與上訴人為同事，一起到順豐公司工作，伊
與上訴人均受僱於被上訴人，由被上訴人發放薪資，請假要透過晚班主管
即訴外人周書宇，由周書宇回報給被上訴人法定代理人，伊與被上訴人訂
立「順豐專案合作契約書」，因為怕伊去順豐公司工作，就直接跟順豐公
司的主管接洽，不再經過被上訴人，所以才會訂此契約等語，有契約書影
本、原審言詞辯論筆錄可證。……從而上訴人與被上訴人兩造確實締結勞
動契約。

　　經查兩造訂立勞動契約後，上訴人於104年8月4日上午5時下班途中
發生車禍，受有外傷性顱內出血等傷害，應認屬於勞動基準法第59條所稱
之職業災害，即得依上開規定請求被上訴人給付醫療費用與工資補償（惟
上訴人因無照駕駛而不得請求）。即經查上訴人於97年間遭吊銷普通重型
機車駕駛執照，卻於104年8月4日下班途中無照駕駛機車，因前方機車突
然閃避動物而變換車道，上訴人閃避不及而撞擊，致生系爭車禍，為上訴
人所自陳，有民事起訴狀可稽。則依上開審查準則第18條第2款規定，上
訴人因系爭車禍所受傷害即不得視為職業傷害，無從依勞動基準法第59條
第1、2款規定請求被上訴人給付醫療費用與工資補償。

　　(二) 否定說

　　歷來明白否認通勤災害為職業災害者，當以台灣高等法院86年度勞上
字第36號判決為著例。該案中，上訴人（原告）為公車駕駛員，於83年12
月1日下班後，騎機車返家途中「摔倒受傷」，經台北市勞工局認定為職
業災害，但被上訴人（被告）並未給予職災補償。上訴人遂起訴要求被上

訴人給予勞動基準法第59條第2款前段所規定之職災補償。被上訴人則主張：上訴人係在下班後發生車禍，並非在執行職務中發生傷害，顯難謂為職業災害。……又縱應補償，原告係因自己不慎跌倒受傷，係可歸責於自己之過失行為，應有民法第217條過失相抵之適用。

　　台灣高等法院審理後認為：「按職業災害，係勞工於執行其業務上之工作時，因工作的意外事故，而致使工人發生死亡、殘廢、傷害或疾病的災害。惟勞動基準法就『職業災害』並未加以定義，一般均比照（舊）勞安法第二條第四款（現行職安法第二條第五款）對於職業災害定義之規定，即勞工就業場所之建築物、設備、原料、材料、化學物品、氣體、蒸氣、粉塵等或作業活動及其他職業上原因引起之勞工疾病、傷害、殘廢或死亡為職業災害。……然職業災害補償在解釋上，須勞工因就業場所或作業活動及職業上原因所造成之傷害，即造成職業災害之原因須雇主可得控制之危害始有適用。若危險發生之原因非雇主可控制之因素所致，則不宜過分擴張職業災害認定之範圍，否則無異加重雇主之責任，而減少企業之競爭力，同時亦有礙社會之經濟發展。」

　　「查本件交通事故，參酌前開勞安法有關職業災害之定義，上訴人所受之傷害，既非因就業場所之設備、或作業活動及職業上原因引起之傷害，而係於業務執行完畢後，在返家途中因交通事故所導致，該交通事故之發生已脫離雇主即被上訴人有關勞務實施之危險控制範圍，自非所謂之職業災害。雖行政院勞工委員會函釋有關勞工於上下班時間，必經途中發生車禍受傷，如無私人行為及違反『勞工保險被保險人因執行職務而致傷病審查準則』第十八條規定情事之一者，應屬職業災害等語。然該審查準則係依勞工保險條例第三十四條第二項規定訂定之，而勞動基準法第五十九條有關雇主應負之職業災害補償與勞保條例第三十四條第一項之勞工保險局應給付勞工職業傷害補償或職業病補償之適用範圍、給付義務人、有關職業災害與職業傷害之定義均不相同，勞動基準法及勞安法係在規範資方即雇主之責任，而勞保條例係在規定保險人即勞工保險局對被保險人之勞工有關勞保給付之範圍，兩者之立法目的本不相同，因此在認定是否構成職業災害，應依勞安法之定義為之，法院自不受上開函釋之拘

束，可依法律之解釋自行認定。準此，上訴人因本件交通事故所受之傷害既非職業災害，則雇主當無適用職業災害補償規定予以補償之餘地。」

　　上述台灣高等法院明白採取否定之見解，其論理相當的深入而具有說服力，誠值得吾人重視。惟類似該法院明白之用語者，並不常見於其他法院的判決上。例如最高法院78年台上字第371號判決，即簡要地認為勞動基準法第59條所稱職業災害，當指雇主提供工作場所之安全與衛生設施等職業上原因所致勞工之傷害而言。論者有以為從該法院之用語，當係採否定說者云云。惟，台灣高等法院96年度勞上易字第32號判決則又是明白地採取否定之見解，其語略謂：「職業災害應與勞工所從事之職務有相當因果關係，方屬允當，若危險發生之原因非雇主可控制之因素所致，則不宜過分擴張災害認定之範圍，否則無異加重雇主之責任，而減少企業之競爭力，同時亦有礙社會之經濟發展。……至於通勤災害是否得視為職業災害，而有職災補償規定之適用，則應視是否置於雇主之指揮監督之狀態下。是以勞工於上下班必經途中所發生之車禍或其他偶發意外事故，非因職業或作業之關係所自然引起之危害，實係第三者之不法侵害，應非職業災害。」

第三項　學者見解

　　對於通勤災害是否為職業災害，台灣學者亦可區分成肯定說者及否定說者。茲分別說明如下：

一、肯定說

　　所謂通勤災害（Wegeunfall），係指發生於住宅與工作場所路途間之突發事故。由於考量勞工為提供勞務，必須往返奔波於住處與就業場所間，該通勤之行為與提供勞務有密切的關聯性，因此亦必須予以補償。該住宅無需是勞工永久之住所（民法第20條），如為執行勞務而於工作場所另有其住居之處時（不限於法律上之居所，例如宿舍），則在往返路途間所發生之事故，仍應保護之。當然，勞工必須係為提供勞務而啟程，始受到保護。其保護自離開住宅家門或公寓（大廈），至踏入工作場所為止。至於受到保護的路線可以是多條，且不限於最短之路線。但原則上必須符

合社會通念上合理之路線與方式始可。設如於途中，勞工為自己利益之行為而中斷前進時，例如購買自己所需民生必需品、看病，則已逸出通勤路線之外（而且，即使再回到應經途中，也已經不符適當時間，而不再受到通勤災害的適用）。除非該中斷依照理性的思考方式係屬微不足道（geringfügig）時，則可視為未中斷，例如順道在小攤子購買報紙、順道為車子加油打氣、或至鄰近郵筒寄信等。當然，是否微不足道，仍需依個案而認定，有爭議時，仍有待於法院判定之。

對於通勤災害之認定，較難處理的問題為：

(一) 實務上常發生父母於上下班途中，順便接送小孩上下托兒所、幼稚園、小學、或甚至中學而發生車禍致傷亡，其是否為通勤災害之爭議。對此，勞保局一般係以被保險人之接送嬰幼兒，是否與「應經途中」大抵相符作為准駁之標準。吾人則以為：1.就接送的對象而言，將之限於嬰幼兒（托兒所、幼稚園、及小學一、二年級的學生），應屬妥當而可採；2.至於在經過的途徑方面，由於係為接送嬰幼兒，當可將「應經途中」作較為寬廣的解釋，即其雖然已偏離直接途徑、甚至是（與公司所在地）反方向的去接送嬰幼兒，亦在保障之列。蓋「勞工傷病審查準則」第18條第1款係規定：「非日常生活所必須之私人行為，不得視為職業傷害」。此一概括的條款，當係給予主管綜合個案的全部情況而做出一適當的認定。如從人性的觀點出發，「接送嬰幼兒」應可認為係「日常生活所必須之私人行為」而受到職業傷害的保障。

(二) 勞工在下班後並未直接返家，而是於宿舍休息一段時間後再返家於途中發生車禍，是否可認為職業災害？對此，內政部民國74年8月28日台（74）內勞字第333993號函認為：「其已非屬於『上下班時間』所發生之事故，難謂為職業災害。但雇主仍宜酌情，予以照顧。」對於內政部之上述解釋，作者以為：依據「勞工傷病審查準則」第4條第1項之規定，勞工只要「於適當時間」往返應經途中所發生事故而致之傷害，即視為職業傷害。並未要求勞工必須立即返家。因此，上述內政部之解釋不斟酌勞工滯留於宿舍時間之長久及其原因，即完全否定通勤災害之可能，自是不可採。

二、否定說

在職災的討論上，論者有將勞工遭遇車禍而致死傷之情形加以區分，而分別論斷其是否為職業災害或通勤災害者，即

(一) 勞工係在執行職務期間發生車禍者（包括以駕駛車輛為職務之職業駕駛及因執行職務而有駕駛車輛之非職業駕駛），由於車輛係由公司所提供，如因車輛故障或該駕駛不當所致之死傷，可認為職業災害。

(二) 勞工係於上下班途中發生車禍者（此包括：1.公司雖提供車輛，但勞工係因自己或他人之故意過失而生車禍；2.公司並未提供車輛，勞工係因走路、搭乘公共交通工具或自己的或他人的車輛發生車禍），由於車禍的發生與公司（雇主）無關，雇主客觀上亦無預防該危險發生之義務及可能，故非勞安法上之職業災害。

(三) 勞工於路邊工作發生車禍而致死傷，並非職業災害。其理由為：勞動基準法第七章之職業災害與勞安法同義，而勞保條例並未針對職業災害加以定義，能否謂因第三人之故意過失所致該勞工因執行職務時之車禍死傷屬職業災害，而有勞保條例職災給付及勞動基準法職災補償之適用，顯非無疑。

(四) 從保險給付的觀點及社會福利觀點而言，勞保條例之職災給付當可以包括通勤車禍在內。但就雇主之職災補償責任而言，因職災補償之規定為實質損害賠償，故不當然應與勞保給付作相同的解釋。

對於論者上述之見解，吾人以為或有加以說明之處：首先，在1.的部分，勞工既因執行職務而有駕駛車輛發生事故，應不問其係職業駕駛或非職業駕駛、亦不問該車輛是否由雇主所提供，概為一般職業傷害而非通勤災害。此應可由「勞工傷病審查準則」第3條第1項之立法目的所導出。再者，在2.的部分，勞工因通勤而生車禍，如係搭乘公司所提供的車輛，雇主防止或控制危險因素的能力及可歸責性，即驟然升高，原則上可視之為職業災害。至於步行、搭乘自己的或同事的車輛、或公共交通工具，固然係提供勞務的輔助行為所需，但勞工本身對於規避路上風險的控制能力，顯然要比雇主來得高，不宜擴大社會保險或雇主的風險承擔範圍，故原則上不視之為職業災害。所以，論者以雇主無法預防該災害之發生而否認其

為職業災害，此一論點具有相當的說服力。

第四項　小結

　　對於通勤災害，雖然「勞工傷病審查準則」第4條、第18條有對之加以明文規定。惟吾人以為不應採取過於寬鬆的態度，以免過度加重雇主、甚至保險人（勞保局）的責任，馴致引發勞工的道德風險。如綜合以上之討論，本文以為在處理此一問題上，或可採取如下之方式或程式：

　　（一）首先，考量通勤災害之風險，雖然「勞工傷病審查準則」第4條第1項已將之限縮於「於適當時間，從日常居、住所往返就業場所之應經途中發生事故」。惟途中之風險雇主確實甚難加以事先預防或排除[220]。況且，雇主對於「作業場所內」及「通勤途中」所應負之責任，因此也不應一視同仁。基於此，將通勤災害劃歸社會保險之勞工保險處理，而不再強制雇主依據勞動基準法第59條給予職災補償，應係一較為妥當的作法[221]。在目前的法制下，雇主只能採取責任保險的方式，以防免其職災補償責任。

　　（二）又，既然通勤災害與一般職業災害的職災責任不應完全相同，則兩者之間自然應該有明確區分，而不應將之混為一談。例如勞工於路邊工作發生車禍而致死傷，如果具有業務起因性，當然是屬於執行職務所生之職災，而非通勤災害，同時受到勞保條例及勞動基準法之保障。

　　（三）最後，在立法政策上，將「勞工傷病審查準則」第3條第1項「執行職務」之行為，排除於第18條適用之外，顯然並不妥當。亦即勞工如係執行職務（例如職業駕駛），雖其有「勞工傷病審查準則」第18條之交通違規情事，其因事故所致之傷害，仍然為一般的職業災害（因為車輛即為其工作場所），可以受到勞保局之職災給付，也可以請求雇主依勞動基準法第59條之規定為職災補償。其不妥之理由為：將非執行職務之行

---

[220] 對於在路途中所遭遇之風險，某種程度上，勞工甚至比雇主更有可能加以預防或排除。

[221] 目前日本對於通勤災害之處理，即是採取此種方式。

為（如通勤或公差）與執行職務之行為，以及將一般人民與執行職務之勞工，作一區別的對待（即要求非執行職務之勞工及一般人民必須遵守交通規則，而卻視執行職務勞工之交通違規行為於不見），誠非事理之平。即使有其時代的背景及社會正義的功能與價值，但似乎應該逐漸回歸職業災害的本質。況且，勞工既然不會因為違反第18條之規定而被剝奪職災補償或職災給付之保障，是否反而會引發雇主以此為理由，而要求其無視交通法規而執行職務？果如此，勞工是否真能因為第18條的網開一面而獲益[222]？此誠屬可疑也。

(四) 如就前面所引之最高法院92年度台上字第1960號民事判決而言，本文之見解為：最高法院之用語「勞動基準法對於職業災害所致之傷害，並未加以定義，原審本於勞動基準法所規範之職業災害，與勞保條例所規範之職業傷害，具有相同之法理及規定之類似性質，並參酌勞工傷病審查準則第四條之規定」，亦有待加以釐清。蓋，不僅勞動基準法對於職業災害所致之傷害，並未加以定義，勞保條例對之同樣並無定義。最高法院的表達方式，容易造成人民誤以為勞保條例有職業災害之定義；而且，通勤災害的定義與職業災害的定義亦不相同，最高法院僅以「並參酌勞工傷病審查準則第4條之規定，認被上訴人係屬勞動基準法第59條之職業傷害」，不僅理論基礎說明並不完備，無法釐清兩者間的異同，也有跳躍之感。另外，無論是實務界或學者間，一般均認為勞動基準法第59條之職業

---

[222] 在規範上，雖然第18條未納入第3條之執行職務之行為，但是，對照現在已有的法院判決，對於職業駕駛工作中所受到的傷害，仍然是按照業務執行性及業務起因性，個案地予以審查其是否職業災害。例如林更盛所著「勞基法上職業災害因果關係的判斷」一文，其所評釋的台灣高等法院87年勞上字第5號判決，即是涉及大客車駕駛遇襲受傷，是否為職業災害的專著。雖然如此，實務上不乏對於行車糾紛遭毆成傷，不問事件過程（尤其是駕駛主動挑釁而起）或駕駛本身有無重大違規行為，一律認定其為職業災害者（例如最高法院100年度台上字第2249號判決：統聯汽車客運股份有限公司案）。其失之過寬，自不待言。本文以為宜將職業駕駛的重大違規行為，類推適用第18條規定，排除於職業災害適用之列。如其違規行為導致本身傷亡者，甚至直接認定其為自我致殘之行為，而無庸予以保障。這樣應該比較符合用路人的期待及法律感情。

災害，係與（舊）勞安法第2條第4款（現行職安法第2條第5款）之規定同義，而非與勞保條例之職業災害同義。因此，最高法院「勞動基準法所規範之職業災害，與勞保條例所規範之職業傷害，具有相同之法理及規定之類似性質」之論調，迴避了勞動基準法之職業災害是否與勞保條例之職業災害同義之困境。雖然並未見之於其他法院的判決，也不見得會受到其他法院的跟進，惟此種表達方式，已經顯示了兩者間同中有異的本質，原則上應值得贊同。

　　另外，值得一提的是，最高法院92年度台上字第1960號民事判決係直接引用「勞工傷病審查準則」第4條第1項之規定，作為通勤災害之法律依據，而非再回頭引用（舊）勞安法第2條第4款（現行職安法第2條第5款）之規定。只不過其係使用「並參酌勞工傷病審查準則第4條之規定」的（較為緩和的）用語而已。此一作法，似不常見於其他法院的判決，惟卻並非無疑。蓋通說既認為勞動基準法第59條之職業災害，係與（舊）勞安法第2條第4款（現行職安法第2條第5款）之規定同義。則在確定雇主應對於勞工之通勤災害負補償責任時，自然以引用勞安法第2條第4款（現行職安法第2條第5款）之規定較為妥當。至於「勞工傷病審查準則」第4條之規定，則係針對社會保險之勞工保險而為，並非規範雇主與勞工間之職災補償關係。因此，勞工當然不能援引「勞工傷病審查準則」第4條之規定，而向雇主要求勞動基準法第59條之職災補償。由此觀之，最高法院「參酌」引用「勞工傷病審查準則」第4條之規定，以為勞工可以向雇主主張勞動基準法第59條職災補償之法律依據，實不能免於適用法條錯誤之疑。

事項索引

三劃

工作證明書　8, 38

工作時間戶頭　104, 196, 245, 246, 247, 248, 249, 251

四劃

公平正義　14, 31, 57, 63, 76, 80, 82, 368

不當勞動行為　15

公序良俗　5, 7, 27, 28, 29, 30, 67, 99

公平原則　31, 32, 41, 63, 369, 370, 379

不完全給付　35, 36, 37, 38, 39, 40, 43, 45, 48, 89, 90, 91, 92, 95, 96, 291, 336, 369, 371, 373, 374

不真正義務　40, 41, 46, 61, 277, 292

不完全債權　91

公民與政治權利國際公約　26, 103

五劃

主給付義務　35, 36, 39, 90, 92, 93

代位求償　58, 59, 60, 87, 88, 370, 383

代位權　59, 88, 383

加班申請單　139, 140

加班請（要）求書　139, 140, 144

本職優先原則　231

正負假　248, 249

六劃

安全保障的基本權利　5

年齡歧視　6, 7

危險管制原則　9

企業風險　173

交易安全義務　13, 37, 312, 363, 364

危險責任　48, 55, 61, 63, 72, 77, 78, 79, 82, 83, 84, 89, 358, 394, 400

自然承攬人　51, 282, 296, 297, 403

全有全無原則　64

全部賠償原則　64

同時履行抗辯　13, 94, 95, 290, 291, 374

休息一次運用原則　174, 179

休息禁止先行原則　178

休息禁止後行原則　178, 181

自主管理　303

七劃

先契約義務　32, 36, 37

具損害工作理論　63, 81

利益第三人契約　30, 47, 98

八劃

社會安全　3, 4, 11, 12, 13, 22, 23, 37, 61, 73, 87, 88, 166, 197, 340, 383

技術的勞動保護　16, 17, 18, 42, 43, 46, 89, 274, 286, 287

社會的勞動保護　11, 17, 19, 89, 274, 287

服務證明書　7, 8, 92, 374

附第三人保護作用理論　10

社會安全義務　13, 37, 73

社會正義　14, 22, 31, 82, 427

定型化契約　25, 26, 27, 28, 29, 30

附隨義務　33, 34, 35, 36, 37, 38, 39, 40, 41, 90, 91, 92, 93, 94, 109, 116, 122, 143, 174, 179, 192, 220, 227, 279, 290, 336, 373, 374

性騷擾　11, 34, 43, 44, 85, 86

事實上雇主　47

法規競合說　83, 90

使用人　30, 33, 50, 96, 97, 98, 99

夜間工作　102, 104, 106, 112, 116, 125, 126, 128, 135, 136, 145, 148, 153, 159, 182, 193, 195, 196, 197, 198, 199, 200, 201, 202, 211, 212, 213, 214, 215, 229, 232, 244, 251, 252, 255, 256, 260, 267, 308, 324

事實上勞動關係理論　150

夜點費　112, 199, 201

夜間津貼　201

空間自主　176, 216

空間主權　179, 216, 222

社會救助　11, 13, 337, 348, 366, 399, 405, 412, 413

九劃

促進義務　8, 38, 374

契約正義　23, 24, 25, 27, 28, 29

信賴利益　33

後契約義務　38

相當因果關係　58, 61, 62, 64, 65, 66, 67, 68, 74, 78, 82, 85, 275, 288, 295, 307, 327, 331, 335, 339, 340, 345, 346, 347, 348, 349, 350, 351, 354, 357, 358, 359, 360, 361, 390, 399, 414, 415, 423

重要條件理論　67, 357, 360, 361

退避　42, 95, 273, 291, 303, 308, 375

值班　102, 118, 119, 149, 175, 192, 197, 216, 217, 219, 225, 226, 227, 228, 229, 230, 231, 232, 233, 234, 235, 236, 237, 238, 239, 240, 241, 242, 261, 262, 263, 264, 265, 271, 318, 330

約定的正常工時　126, 127

值日夜　216, 217, 219, 221, 225, 226, 228, 230, 231, 232, 233, 242, 262

信賴工作時間　253

前置的勞動保護　286, 287, 303

風險評估　302

十劃

家庭代工　2, 131, 285, 297, 299, 300

家內勞動　2, 132, 285, 297, 300

家庭辦公室　2, 297, 298, 299, 300

通勤災害　8, 18, 117, 124, 191, 307, 335, 338, 339, 340, 341, 391, 414, 415, 416, 417, 418, 420, 421, 423, 424, 425, 426, 427, 428

消極利益　33

借調　47, 285

候傳時間　118, 119, 126, 191, 215, 221, 222, 223, 224

除外規定的正常工時　127

連續性工作　182, 186, 187, 198

時間自主　215, 248

時間主權　216, 222, 223, 239

家庭辦公室　2, 297, 298, 299, 300

差額說　56, 68, 368

十一劃

移動勞動　2, 297, 298, 300

第三人效力理論　3, 5

國家保護義務　4

從給付義務　33, 34, 35, 36, 39, 90, 91, 93

責任成立因果關係　64, 65

責任範圍因果關係　64, 65

集體補償　87

責任制工時　107, 155

排班　101, 106, 107, 111, 115, 132, 160, 183, 186, 190, 194, 195, 196, 197, 208, 225, 233, 234, 235, 236, 238, 240, 241, 246, 249, 250, 251, 262, 288

排班輪值　101, 225, 233, 234, 235, 236, 238, 240, 241, 262

移動辦公室　297, 298, 299

十二劃

間接第三人效力理論　5

間接適用說　5

就勞請求權　5, 90

單身條款　5, 6, 29, 99

間接歧視　6, 306

勞動事件法　24, 27, 90, 138, 141, 146, 297

等值原則　24

過失相抵　22, 41, 57, 58, 61, 62, 63, 69, 77, 79, 81, 367, 379, 380, 384, 399, 400, 422

勞動派遣　39, 47

責任保險　74, 86, 87, 88, 366, 383, 395, 408, 426

無薪休假　109, 110, 158, 244

間歇性輪值工作　118, 174, 234, 235, 241, 242

備勤時間　126, 131, 134, 174, 176, 188, 205, 206, 215, 217, 218, 219, 221, 222, 223, 224, 229, 252

超時工作　142, 349

勞動力處分權讓與說　205

勞動力實際支配　221

勞務拒絕權　94, 95, 290, 291, 374

十三劃

電傳勞動　2, 191, 297, 298, 299, 300

群體勞工　2, 297

誠信原則　8, 13, 21, 27, 31, 32, 34, 37, 39, 45, 57, 61, 63, 321, 379, 389

損益相抵　41, 57, 58, 60, 61, 69, 379, 380

照扶義務　45, 280, 289, 300, 336, 363, 373, 374, 377, 387

業務執行性　65, 339, 340, 341, 349, 351, 354, 355, 357, 359, 415, 427

業務起因性　65, 339, 340, 341, 349, 351, 354, 355, 356, 357, 358, 359, 360, 390, 415, 426, 427

經濟社會文化權利國際公約　26, 103

電傳勞工　297, 298

十四劃

製造人責任原則　287

十五劃

締約上過失　32, 33, 37, 40
履行輔助人　29, 30, 44, 48, 50, 96, 97, 98, 99, 297, 312, 400
慰撫金　22, 56, 63, 68, 69, 70, 71, 81, 86, 87, 328, 336, 363, 366, 367, 370, 371, 372, 373, 382
輪班（制）工作　193
輪班津貼　112, 197
彈性工時　104, 107, 132, 135, 183, 194, 195, 196, 197, 204, 234, 243, 244, 245, 246, 247, 248, 249, 251, 252, 256, 260, 262
輪值加班　102, 118, 119, 149, 174, 197, 225, 233, 234, 235, 236, 237, 238, 239, 240, 241, 242, 262, 263, 271

輪值工作　101, 102, 118, 119, 149, 174, 225, 233, 234, 235, 236, 237, 238, 239, 240, 241, 242, 261, 262, 263, 264, 265
履行請求權　40, 91, 92, 93, 95, 281, 289, 378

十六劃

積極侵害債權　38, 45, 336, 373, 374
雙重效力理論　44, 45, 116, 276, 280, 292, 336, 376, 377
雙重性格原則　44, 45, 280, 377

二十二劃

變形工時　104, 107, 115, 118, 126, 127, 128, 131, 132, 134, 135, 142, 148, 155, 157, 194, 195, 196, 199, 209, 210, 211, 212, 213, 214, 224, 243, 244, 245, 246, 249, 250, 251, 252, 260, 266
變形工時的正常工時　127

國家圖書館出版品預行編目資料

勞工保護法：理論與實務／楊通軒著. -- 初
　版. -- 臺北市：五南，2019.09
　　面；　公分
　ISBN 978-957-763-636-2（平裝）

1.勞動法規　2.論述分析

556.84　　　　　　　　　　108014621

1RB2

勞工保護法：理論與實務

作　　者 ― 楊通軒（315.7）

發 行 人 ― 楊榮川

總 經 理 ― 楊士清

總 編 輯 ― 楊秀麗

副總編輯 ― 劉靜芬

責任編輯 ― 林佳瑩、劉燕樺

封面設計 ― 王麗娟

出 版 者 ― 五南圖書出版股份有限公司

地　　址：106台北市大安區和平東路二段339號4樓

電　　話：(02)2705-5066　　傳　　真：(02)2706-6100

網　　址：http://www.wunan.com.tw

電子郵件：wunan@wunan.com.tw

劃撥帳號：01068953

戶　　名：五南圖書出版股份有限公司

法律顧問　林勝安律師事務所　林勝安律師

出版日期　2019年9月初版一刷

定　　價　新臺幣520元